영재교육 정책

-어제와 오늘-

이희권 지음

머리말

2000년 영재교육진흥법 제정과 2002년 영재교육진흥법 시행령 제정에 따라 영재교육이 제도권에 도입된 지 7년 여의 시간이 지났다. 도입 당시 소수의 학생을 대상으로 한 귀족 교육이니, 사교육을 팽창시킬 것이라는 우려와는 달리 각 영재교육기관마다 나름대로 차별화되고 특화된 영재교육 프로그램을 운영하면서 학교 현장에서 안정적으로 정착되어 가고 있는 것은 영재교육 정책담당자, 시도교육청 관계자, 영재교원 등의 세심한 정책 추진 노력 덕분이라고 할 수 있다.

그러나 영재교육이 보편화된 지금에 와서 돌이켜 보면 그간 외국 학자의 영재교육 관련 이론서 등은 많이 번역 보급되어 왔으나 아직 우리나라 영재교육의 특성과 여건을 고려한 영재교육 관련 연구 등이 활발히 이루어지지 못한 것은 다소 아쉬운 부분이다. 또한 대부분의 국가 교육정책이 발표되고 나면 별다른 기록 없이 흐지부지되어 가는 것을 보면서 개인적으로 안타깝게 생각하였다. 본서는 영재교육에 대한 심오한 이론서가 아니다. 또한 영재교육 실제 현장에 적용할 만한 내용을 담고 있지도 않다.

다만 필자가 교육과학기술부에 근무하면서 영재교육 도입당시부터 지금까지 국가의 영재교육 정책에 직간접적으로 관여한 경험을 바탕으로 영재교육 정책이 어떠한 과정을 거쳐 오늘에 이르렀는지를 체계적으로 정리하여 영재교육 정책형성 과정을 되돌아 볼 필요성을 느끼게 되어 부족하나마 그간 영재교육 정책 자료를 정리하는 작업을 하게 되었다. 이는 앞에서 밝힌 바와 같이 학문적인 이론서가 아니라 영재교육에 관심이 있는 학자나 학생들에게 미력하나마 우리나라 영재교육 정책형성 과정 등을 보여주기 위한 백서의 성격을 지니고 있다. 자료를 정리하는 과정에서 일부는 오래되고 자료가 충분하지 않아 구체적으로 기술되지 못한 부분도 있다. 가능하면 기억을 되살리고 최대한 자료를 수집하여 당시의 영재교육 정책이 어떠한 과정과 검토를 거쳐 수립되었는지를 서술하려고 애썼음을 밝혀둔다.

본서에는 영재교육 정책 성립과정, 그간 성과뿐 아니라 국가에서 수립한 영재교육진흥종합계획, 수월성 교육종합대책, 국가인적자원개발기본계획 등 영재교육의 기본정책들을 함께 제시하여 놓았다. 그리고 영재교육연구원으로 지정된 한국교육개발원에서 발간한 영재교육 관련 보고서는 지면상 본서에 제시되어 있지 않으나 대부분의 교육과학기술부의 위탁연구로 진행되고 발간되었으며 이러한 자료는 한국교육개발원에 보관되어 있다.

시간이 더 지나기 전에 영재교육 정책 자료를 정리하려는 조급함으로 인해 부분적으로 미흡한 점이 많이 있을 것이다. 집필과정에 정부 부처의 조직개편 등으로 부처명이 현재와 다르게 표기되고 혼재되어 사용되고 있음을 미리 밝혀둔다. 기회가 되면 본서 발간 이후의 영재교육 정책 추진 과정을 보완하여 영재교육 학자나 영재교육 전공 학생, 시도교육청 영재교육 담당자들에게 체계적인 영재교육 정책형성 과정을 제시해주고 싶다.

어려움 속에서도 흔쾌히 발간을 맡아 주신 박학사 구본하 사장님과 편집진에게 감사드린다. 또한 영재교육 기틀을 정립한 오승현 국장님, 법령제정에 애쓴 나향욱 과장님, 영재교육 중장기 비전 제시에 애쓴 김영곤 과장님께도 지면을 빌어 감사드린다. 끝으로 직장관계로 멀리 떨어져 있음에도 항상 용기와 격려를 주는 아내, 아빠 노릇도 제대로 못함에도 건강하고 밝게 생활하고 있는 딸 미정, 아들 강혁에게 이 책을 바친다.

2009년 5월

저자 이희권

차례

제 1 장

영재교육 정책의 변천

1. 영재교육진흥법 제정 이전

21세기 들어 지식기반사회로 급격히 전환되면서 세계 각국은 사람과 지식, 특히 우수 인적자원을 양성·확보하여 국가경쟁력을 높이려는 노력을 기울이고 있다. 우리나라에서도 2000년 영재교육진흥법이 제정되고 이어 2002년 영재교육진흥법 시행령이 공포됨에 따라 공교육 차원에서 영재교육이 실시되는 커다란 전기를 마련하여 우수 인재를 체계적으로 육성할 수 있게 되었다.

교육에 있어서 형평성과 수월성은 그 어느 것도 포기할 수 없는 중요한 가치들이다. 우리나라의 경우 1974년 고등학교 평준화 제도 실시 이후 30여 년 동안 교육의 기회 균등을 위한 형평성 교육을 추진해 오는 과정에서 수월성 교육에 정책역량을 결집하는 데 다소 미흡하였다.

OECD 회원국을 대상으로 한 국제학업성취도평가(PISA)에서 우리나라 학생의 학업성취수준은 수학, 과학에 있어 최상위인 것으로 나타났으나, 상위 5%학생들만 비교한 결과 상대적으로 수준이 낮은 것으로 나타났다. 또한 수학과 과학에 대한 흥미도도 낮게 나타나 이는 향후 교육의 질적 수준 저하와 국가 경쟁력 약화라는 새로운 교육문제로 대두될 수 있음을 보여 준다.

이러한 관점에 비추어 보면 그 동안 수월성을 추구하는 영재교육에 대해 교육 형평성면에서 논란도 있었으나, 공교육 내실화 및 평준화 정책 보완 차원에서 영재들이 그들의 특성에 적합한 교육을 받을 수 있는 프로그램과 기회를 제공하는 것이 교육적 관점에서뿐만 아니라 국가경쟁력을 높이는 차원에서 중요한 의미를 지닌다.

미국의 경우 영재를 국가의 장래, 안보 및 복지에 절대적으로 필요한 국가 인적자원으로 규정하고, 영재의 특수한 능력이 초·중등시기에 계발되지 못하면 국익에 기여할 수 있는 영재의 특별한 잠재력이 사장될 가능성이 높다고 하여 초·중등학교에서 영재교육의 중요성을 강조하고 있다.

우리나라의 경우 영재교육은 그간 "국가 경쟁력 강화"라는 국가적인 측면과 "교육기회의 형평성 제고"라는 개인적인 측면에서 논의가 이루어져 왔다. 특히, 영재교육진흥법의 제정 등 국가 차원에서 영재교육을 추진하게 된 가장 큰 이유는 "한사람의 영재가 수백만명을 먹여 살릴 수 있다"라는 이유, 즉 창의적인 인재의 육성·활용이 21세기 지식기반사회의 국가경쟁력을 좌우한다는 사실 때문이다.

그러나 국가적인 측면이 부각된 반면에 영재교육을 실시하는 또 다른 이유 즉, 개인적인 측면에서의 영재교육의 필요성은 간과되어 온 경향이 없지 아니하다. 영재교육은 우리 헌법 제31조에서 규정하고 있는 "국민의 교육기본권", 즉 "누구나", "능력에 따라", "균등하게 교육받을 권리"를 국가적 차원에서 보장하기 위한 수단이기도 하므로, 신체적·정신적 장애를 가진 학생에게 장애의 정도에 맞는 시설 등 교육여건과 교육과정을 갖추어 공교육 차원에서 특수교육을 실시하듯이 영재교육도 보통교육 체제 하에서는 그 능력을 충분히 발휘하지 못하고 타고난 잠재성을 사장 당할 우려가 있는 학생들을 위한 "균등한 교육기회의 제공" 차원에서 접근하는 하나의 방법이 될 수 있다. 1988년 "The Jacob K. Javits Gifted and Talented Student Act"라는 이름으로 제정된 미국의 영재교육법은 이런 취지를 보다 강조하고 있다고 볼 수 있다.

따라서 영재교육 정책을 추진하는 것은 개인의 타고난 잠재력을 계발하여 소질을 최고도로 발휘하게 하는 우리 헌법의 교육기본권에 충실하고, 그 결과 우수인재를 통한 국가경쟁력 강화를 함께 도모하려는 것이다.

우리나라에서 영재교육에 관심을 갖게 된 시기는 1980년대 초반이다(박성익 등, 2003). 1980년대 들어 영재교육에 관한 기초연구와 정책개발 연구를 시작하였으며 이를 토대로 한 과학고등학교 및 일반고등학교의 영재학급 설치 운영 등 영재교육에 대한 관심이 증대되기 시작하였다.

영재교육 정책 개발 측면에서 살펴보면 1981년 문교부(현 교육과학기술부)에서 의뢰하여 영재교육의 종합수행방안 연구가 수행되었으며 1982년에는 문교부에 그 동안의 연구 및 건의안을 토대로 과학고등학교 설립을 강력히 건의하였고 과학기술처도 한국과학기술원에 영재교육과정 설치안을 제안하였다. 이와 함께 영재교육연구·실험학교로써 1980년도에 구미고등학교를 설립하여 영재아 특수반을 설치 운영하였고 1981년도부터 각 시·도교육청의 과학교육원에서 과학영재교육 프로그램을 개발하고 실험적으로 운영하기 시작하였다.

1983년도에는 과학영재교육을 실시하기 위하여 경기과학고등학교가 최초로 설립되었고 이를 시작으로 과학영재교육을 본격적으로 실시하게 되었으며 그 이후 과학영재교육은 전국적으로 설립된 과학고등학교를 중심으로 이루어졌다. 1984년에는 광주, 대전, 경남과학고등학교 등의 3개교가 추가 설립되었으며 1984년에는 한국과학기술원법이 제정되어 한국과학기술대학이 설립됨으로써 영재교육이 고등학교 수준에만 국한되지 않고 대학수준으로 연계될 수 있게 되었다.

1983년에 들어서 과학영재뿐 아니라 타 영역 영재교육에 대한 관심이 점차 고조되어 음악, 미술, 체육 등의 다양한 분야에서 영재교육에 관한 학술세미나가 개최되었으며 이와 때를 같이 하여 한국영재학회도 창립되었다.

1985년부터 1987년까지는 취학 전 영재에 관한 관심이 고조되어 한국교육개발원에서는 취학 전 영재아의 지도를 위하여 부모용지도서, 학습자료 등을 개발하였으며 학부모와 시·도교육청 장학사들을 대상으로 취학 전 영재교육에 관한 연수도 실시하였다. 그리고 1987년에는 영재교육에 관한 기초연구, 정책연구, 교수·학습자료 개발 등을 본격적으로 수행할 수 있도록 한국교육개발원에 우리나라 최초의 영재교육연구실이 설치되었고 여기서 과학적성검사, 논리적 사고검사, 탐구기능 검사 등 영재판별에 관한 연구 및 도구 개발이 이루어졌다.

그 이후 1988년부터는 과학고등학교의 수를 지역별로 안배하고자 하는 정책의 취지에 따라 각 시·도교육청별로 1개교씩 설립함으로써 1992년도에 이르러 과학고등학교의 수는 총 11개교[1]가 되어 영재교육의 수혜를 받는 학생의 수도 늘어나게 되었다. 한편 1988년도에는 과학고등학교의 교육과정을 별도로 제정 1990년 3월부터 적용함으로써 과학고등학교의 교육내용과 수업방식이 획기적으로 변하게 되었다. 동시에 1988년도부터 1991년까지 한국교육개발원 영재교육연구실에서는 과학영재판별도구 개발 연구, 과

1) 2009년 현재 과학고등학교는 전국에 19개교가 운영되고 있으며, 이중 경기, 대구과학고는 영재학교로 전환될 계획으로 있다.

학영재심화학습 프로그램 개발연구, 한국의 과학영재교육 체제 확립을 위한 연구를 수행하였다.

1987년도에 교육부의 교육개혁심의회는 특수재능교육진흥방안에 관한 연구를 수행함으로써 지금까지 산만하게 진행되어 온 연구들을 정리하고 영재교육 전반에 걸친 문헌 및 실태파악, 제도적 장치, 판별, 교육 프로그램 등에 관한 정책을 건의하였다. 이를 바탕으로 1988년에는 중앙교육심의회의 위촉을 받아 한국교육 개발원의 영재교육 연구실은 "특수재능교육진흥방안 영재교육센터를 중심으로"라는 연구보고서를 제출하였다.

1990년대에 접어들면서 현대사회는 아이디어와 정보에 기반을 둔 경제전쟁의 시대로서 세계는 산업, 사회, 경제활동의 모든 측면에서 치열한 경쟁 속에 급변 하고 있다. 그리하여 정부와 사회에서는 이런 변화에 부응하고 국가의 국제경쟁력을 강화하는 길은 고급두뇌의 창의적 지식 생산능력을 계발하여 고부가가치를 창출해낼 수 있도록 영재교육을 체계적으로 실시하는 길밖에 없다는 인식이 팽배하게 되었다. 이런 필요성에도 불구하고 우리나라 교육은 평준화 정책으로 인하여 영재들의 창의성과 고급두뇌를 계발시킬 수 있는 학습기회를 제공해 줄 수 없는 형편이었다. 그리하여 1995년 5.31 교육개혁심의회 제2차 대통령보고서 "신교육체제 수립을 위한 교육개혁방안(1995. p.52)"에서는 각 분야별 영재를 판별할 수 있는 과학적인 도구를 개발 적용하여 영재를 조기에 발견하도록 하고 영재가 영재로서 교육을 받을 수 있도록 일반학교내의 영재교육과 영재교육기관을 통한 영재교육을 활성화하며, 연구소 또는 대학에 "영재교육센터를 설치·운영 지원한다."는 영재교육 강화방안을 제안하였다.

이에 따라 1998년 이후 전국 서울대학 등 15개 대학의 과학영재교육센터에서 중학생을 대상으로 영재교육이 실시되었다.

교육부는 1996년도에 한국교육개발원에 영재교육센터를 설치하여 1996년부터 2000년까지 "영재교육 활성화 체제 구축 연구"를 수행하게 하였으며 과학기술부는 1997년부터 대학부설 과학영재교육 센터의 설치운영을 지원하기 시작하였다. 이를 통해 과학영재교육센터-과학고등학교-한국과학기술원으로의 과학영재교육체제를 확립하였다. 1997년 한국과학기술원 부설 과학영재교육센터를 설치 운영한 후 1998년 9개 센터로 확대하였고 1999년에는 12개 센터 2000년에는 15개 센터를 확대한 이래 2009년 현재 25개 대학부설 영재교육원이 운영되고 있다. 이 센터들은 대체로 중학교 수준의 영재들을 대상으로 방학기간을 이용하여 연 평균 100시간에 걸쳐 수학, 과학, 정보과학 영역에서 영재교육을 실시하고 있다.

〈표 1.1〉 과학고등학교 현황(2008년)

지역	학교명	위치	설립년도	학급 수				학생 수				입학정원 및 경쟁률('08)
				1	2	3	계	1	2	3	계	
서울	서울과학고*	종로구	1989	7	7	4	18	156	153	32	341	160 2.12:1
	한성과학고	서대문구	1992	7	7	4	18	156	158	38	352	160 3.84:1
	세종과학고	구로구	2008	8	0	0	8	167	0	0	167	167 3.49:1
부산	장영실과학고	연제구	2003	4	4	4	12	82	82	10	174	82 5.10:1
대구	대구과학고*	수성구	1988	4	4	3	11	92	92	33	217	92 2.91:1
인천	인천과학고	중구	1994	4	4	3	11	93	91	6	190	92 3.17:1
광주	광주과학고	남구	1984	4	4	2	10	80	77	14	171	80 3.91:1
대전	대전과학고	유성구	1984	4	3	3	10	73	70	7	150	72 3.14:1
울산	울산과학고	울주군	2006	3	3	3	9	60	60	23	143	60 4.40:1
경기	경기과학고*	수원	1983	5	5	3	13	101	100	10	211	100 2.8:1
	경기북과학고	의정부	2005	5	5	3	13	99	102	30	231	100 3.3:1
강원	강원과학고	원주	1993	3	3	2	8	60	58	16	134	60 2.87:1
충북	충북과학고	청원	1989	2	2	1	5	47	46	8	101	46 3.15:1
충남	충남과학고	공주	1994	3	3	3	9	60	59	19	138	60 2.87:1
전북	전북과학고	익산	1991	2	2	2	6	50	40	8	98	46 4.93:1
전남	전남과학고	나주	1992	3	3	2	8	71	64	9	144	69 3.14:1
경북	경북과학고	포항	1993	2	2	2	6	40	40	9	89	40 2.33:1
	경산과학고	경산	2007	3	3	0	6	60	59	0	119	60 2.54:1
경남	경남과학고	진주	1984	4	4	3	11	94	92	29	215	92 3.67:1
제주	제주과학고	제주	1999	2	2	1	5	40	40	6	86	40 2.70:1
계				79	70	48	197	1,681	1,483	307	3,471	1,678 3.02:1

* 서울과학고는 2009년에 영재학교로 전환되었으며, 경기과학고는 2010년, 대고과학고는 2011년에 영재학교로 전환될 계획이다.

〈표 1.2〉 대학부설 과학영재교육원 현황

구분	설치대학	교육과정	구분	설치대학	교육과정
1998년 (8개)	서울대	중등	2001년	강릉대	초등·중등
	인천대	초등·중등		공주대	초등·중등
	아주대	초등·중등		서울교대	초등
	경남대	초등·중등	2003년	충남대	초등·중등
	경북대	초등·중등		울산대	초등·중등
	전남대	초등·중등		안동대	초등·중등
	전북대	초등·중등		순천대	초등·중등
	청주교대	초등·중등	2004년	경원대	초등·중등
1999년 (3개)	강원대	초등·중등		대진대	초등·중등
	부산대	초등·중등		경상대	초등·중등
	연세대	중등		목포대	초등·중등
2000년	제주대	초등·중등	2005년	군산대	초등·중등
				창원대	초등·중등

2. 영재교육진흥법 제정 이후

영재교육에 관심이 고조되어 가면서 이를 뒷받침할 법·제도적 기반 마련 필요성이 증대되었다. 이런 맥락에서 영재교육진흥법(2000. 1. 28 법률 제6215호) 및 영재교육진흥법 시행령(2002. 4. 18. 대통령령 제17578호)이 제정·공포됨에 따라 공교육 차원에서 영재교육 시행을 위한 법적 기반이 마련됨과 동시에 시·도교육청 등에서 본격적으로 영재교육이 이루어지게 되었다.

법제상으로 1997년 기존 교육법을 전면 개편(교육법을 교육기본법, 초·중등 교육법, 고등교육법으로 개편)하면서 교육의 이념과 제도에 관한 기본원칙을 규정한 교육기본법(1997. 12. 13 법률 제5437호) 제19조에 국가와 지방자치단체의 책무로써 영재교육에 관한 시책을 수립·시행할 의무규정을 두게 되었다.

영재교육 정책 추진을 위한 구체적인 법적 기반 마련은 행정부보다 오히려 국회가 주도하여 2000년 1월28일에는 이상희 의원이 대표 발의한 영재교육진흥법이 제정·공포(시행은 2002년 3월1일)되었다.

교육인적자원부에서는 그 동안 영재교육 관련 업무를 학교정책실 내 학교정책과에서 추진하다가 2001년 1월 교육부가 교육인적자원부 부총리 부서로 승격하면서 새로이 신설된 인적자원정책국 내 조정 2과로 이관되어 추진하게 되었다. 이관의 주된 배경은 영재교육이 학교교육이라는 한정된 시각에서 벗어나 국가 인적자원개발의 큰 틀 속에서 관계부처와 유기적인 협력 하에서 논의되는 것이 우리나라의 특수한 교육 현실 속에서 영재교육의 틀을 잡는 데 정책적 효율성이 높을 것이라는 정책적 판단 때문이다.

교육인적자원부는 「영재교육진흥법」이 마련됨에 따라 이의 차질 없는 시행을 위해 「영재교육진흥법 시행령」 제정 작업에 착수하여 2000년 12월에 각계의 의견수렴과 공청회 등을 거쳐 영재교육진흥법 시행령(초안)을 작성하였다. 특히, 2001년 5월 7일에는 대통령이 주재한 '인적자원관계 장관간담회'에서 그 동안 교육인적자원부에서 구상해 온 영재교육정책 추진방향에 대한 국무위원들 간의 논의가 이루어 졌다.[2)]

한편 교육부에서는 공교육 차원에서 영재교육 시행을 위하여 한국교육개발원 영재교육연구실에 위탁하여 영재교육 정책연구 및 판별도구 개발, 교수·학습자료 개발 등을 추진해 왔다.

---

2) 국무위원 간 주요 토의자료는 부록 1에 제시되어 있음.

영재교육 관련 업무가 학교정책과에서 조정 2과로 이관된 후 영재교육시행을 위한 방안들이 아직 마련되지 못한 상황이었다. 2000년 1월에 제정된 「영재교육진흥법」, 96년부터 한국교육개발원에서 연구해 온 수건의 정책연구보고서와 과학영재 선발도구만이 전부였다.

따라서 영재교육 정책을 차질 없이 추진하기 위해 가장 시급히 해결해야 할 문제로 「영재교육진흥법」에 따른 시행령을 제정하는 것과 영재교육 모델을 정립하는 것이었다. 우리나라의 특수한 교육현실에 비추어 볼 때 영재교육은 교육 제도, 학부모 및 일반국민들에게 끼치는 영향이 지대하여 영재교육 시행과 관련된 왜곡된 내용이 언론에 보도되는 경우가 많아 이를 바르게 시정하는 데 많은 시간과 노력을 보내게 되었다.

한편 각급 초·중·고 단위학교에서 실시될 영재학급 운영모델 정립을 위하여 광주유안초등학교 등 초·중등학교 4개교를 교육부 연구학교로 지정 운영하게 되었다.[3] 영재교육 정책연구학교 운영을 통해 단위학교에서 영재교육대상자 선발의 타당성, 프로그램 운영의 적정성, 교원의 영재 지도방법 등 영재교육 시행 상에 나타나게 될 여러 가지 상황을 대비할 수 있게 되었다. 이를 통해 각 연구학교 운영과정에서 드러난 미비점 등을 보완하는 방안을 사전에 준비할 수 있는 기회를 얻을 수 있게 되었다. 이와 관련 하여 2001년 2월 28일 교원징계재심위원회(현 교원소청심사위원회) 회의실에서 영재교육 정책방향 설명과 영재교육 연구학교 추진 관련 관계자 회의를 개최하여 운영 방향을 설정하였다.

가. 교육인적자원 분야 장관 간담회 등

2001년 5월7일에는 대통령이 주재한 인적자원관계 장관 간담회에서 그 동안 교육부에서 구상해 온 영재교육정책 추진방향에 대한 국무위원들 간의 논의가 이루어 졌는데, 그간 영재교육 추진현황은 2000년 1월, 영재교육진흥법 제정으로 제도화 기반 조성으로 2002년 3월 법 시행에 맞춰, 영재교육진흥법 시행령(안) 및 우리 현실에 적합한 시행 모델 모색 등과 관련한 그 동안 교육인적자원부의 입장은 "영재학교에 대해 2년간 연구학교를 운영, 문제점을 보완 후 2004년도부터 단계적으로 영재학교 지정을 검토"하는 것이었다.

---

3) 단위학교에서 이루어질 영재학급 운영모델 정립을 위하여 광주 유안초등, 경기 장곡초등, 서울 신방학중, 부산 주례여고 등 4개교를 영재교육 연구학교로 지정하여 2001년~2002년에 걸쳐 운영토록하고 운영 결과를 2002년 10~11월에 걸쳐 발표한 바 있다.

영재교육 기회를 폭넓게 제공하기 위하여 방과 후 활동 중심인 영재학급·영재교육원 활성화가 필요하지만, 영재학교의 경우는 영재학교 입학을 위한 사교육 과열, 영재교육 취지와 동떨어진 대입준비 교육 등 부작용 발생이 우려되어 신중한 검토가 필요하다는 데 의견이 모아졌다.

이에 따른 몇 가지 토의가 이루어 졌는데 우선 영재교육진흥법 규정상 제약 요인으로 명칭은 「진흥법」이지만 기존 교육제도에 광범위한 예외를 인정하는 「특별법」성격을 내포하고 있어 시행령에 학생 선발, 교육과정 운영, 교원 임용 등을 위임하고 있어 특례의 범위 설정 문제가 대두되고, 현행 영재교육진흥법은 한번 영재교육대상자로 선정된 학생들은 고교 졸업 때까지 계속 영재학교 또는 영재학급에 배치를 요구할 수 있고, 시·도교육감은 이를 의무적으로 수용하도록 규정하고 있어 영재성의 변화, 영재교육기관 간의 성격 차이 불인정, 영재교육대상자가 누적될 경우 국가차원의 영재교육 수요-공급 관리가 어렵고, 특히 영재학교 신·증설 및 대학입학 상 특전 요구로 연결돼 공교육 체제가 흔들릴 가능성이 있다는 점이 중점 논의되었다.

둘째, 영재의 범위 및 영재학교 운영방향으로 영재교육 대상자의 범위는 나라 에 따라 다양[4]하며 특히 "영재학교"는 학생선발 방법, 교육여건 등이 기존학교와 크게 달라 국민적 관심이 집중되어 있는 상황으로 우리나라 실정에 적합한 한국적 운영 모델 정립이 관건이며 영재학교 수의 다과 및 운영 주체에 따라 파급효과가 달라질 수 있는 점도 고려되어야 한다. 따라서 영재학교 개설여부, 형태, 시기 등에 대한 검토가 필요하다. 끝으로 과학고[5]의 영재학교 전환여부와 대학입시 문제 및 과학고의 영재학교 전환에 대해서는 찬·반 두 가지 견해가 대립[6]하고 있는 실정이었다.

이러한 토의주제로 논의를 거쳐 공교육 수준에서 국가·사회가 요구하는 우수한 인재양성을 위한 일반적 영재교육은 필요하다. 그렇지만 서울대 등 일류대 입학을 위한 영재교육이 되면 공교육 부실화를 초래하고 국가 인적자원 공급에도 차질이 생길 가능성

4) 중국 0.01%(常設 영재학급 중심) 미국 3~15%(프로그램 형태인 영재학급·영재교육원 중심)

5) 과학영재 육성을 목표로 19개 과학고 운영 중 총 재학생 3,500명, 전체 고교 재학생의 0.2%, 외국의 경우 영재학교는 과학고 중심이며 극소수로 운영하며, 미국의 경우 과학·수학고 15개교(주립), 러시아의 경우는 과학·수학고 5개교(국립 및 大學附設)가 운영 중이다.

6) 찬성론: 당초 과학고 설립취지를 달성하는 데 효과적 영재학교 설립여건을 충족하는 곳은 과학고 정도, 반대론: 대학입학 문제가 걸려 있는 한 영재학교로 전환해도 그 효과는 미지수

이 있다. 따라서 영재학급과 영재교육원 활성화에 중점을 두면서 영재학교는 극소수·제한적으로 운영하는 방향으로 추진하는 것으로 제안하였다.[7)]

나. 국가인적자원 개발회의

한편 2001년 5월부터 8월까지 영재교육 정책방향에 따라 시·도교육청, 관련 학회, 관계부처의 의견을 수렴하기 위한 수차례 회의를 거쳤고, 의견수렴 결과를 종합하여 2001년 8월30일 인적자원개발회의 실무회의[8)]에서 부처 간 협의를 거쳐 동 내용을 바탕으로 하여 2001년 9월12일 영재교육 정책 추진방안을 확정하였다.[9)] 여기서는 2002년 3월1일 영재교육진흥법의 시행에 대비하여 국가 고급인적자원의 발굴과 육성을 담당할 영재학교 등 영재교육기관의 설치·운영모델 등 앞으로의 영재교육 정책방향을 확정하였다.

특히 동 회의에서 영재학교의 운영방식을 결정하게 되었는데 이 결정에 따르면 영재학교는 전문화된 영재교육 실시를 위해 해당 분야 인력관리를 맡은 부처에서 기존 고등학교 중 적격학교를 선정, 시·도 교육감과 협약을 체결하고 영재교육을 주문하는 형태로 시행하도록 결정하였다. 이러한 방식은 우리나라에서도 이미 실업계 고등학교(현 전문계고등학교)와 전문대학이 협약에 의해 학생을 선발하는 전례가 있으며 이러한 협약에 의한 모델이 새로운 교육체제로 도입될 수 있음을 시사한다.

따라서 이러한 방식에 따라 과학기술부가 과학고를 대상으로 공모절차를 거쳐 부산과학고등학교를 영재학교로(2001. 11. 14)로 선정하게 되었다. 영재학교 지정·전환 조건으로 법령상의 영재학교 설립기준을 충족하고 협약을 체결한 경우에 한하여 허용하며, 관계부처가 협약을 통해 전문인력 양성에 필요한 영재교육을 실시토록 시·도교육감에게 주문하면서 소요경비를 지원하고 대학과도 협약을 체결하여 영재교육 지원 및 졸업생 진로대책 마련하도록 하였다. 그리고 운영대상 학교의 범위로 국가차원에서 고급

7) 영재학급·영재교육원은 2003년부터 지정·운영하고, 영재학교는 2004년 이후(국립학교 신설 또는 과학고 전환) 운영 검토

8) 인적자원개발회의 제5차 실무조정회의에서 2002년 3월 1일 시행되는 영재교육을 추진하기 위한 정책방향, 영재학교 등 영재교육기관의 지정 및 운영방안 기타 영재교육 시행을 위한 준비사항 등을 제시하여 부처 간 심도 있는 논의가 이루어졌다.

9) 우리나라 영재교육 정책의 기본방향을 설정하여 영재교육관별 지정조건 및 시행방안에 대한 구체적 내용을 담고 있다.

인적자원 양성이 절실한 분야부터 우선 시행 하되 극소수 학교 대상 시범 운영 후 성과를 보아 단계적 확대하며 고교과정 학교로 운영하되, 중학교 재학생도 선발할 수 있도록 하였다.

그리고 영재학급 및 영재교육원은 일반 초·중·고생 대상의 영재교육 기회 확대 차원에서 프로그램 식 운영 활성화를 유도하는 차원에서 이루어지고(미국·이스라엘도 프로그램 식 영재교육에 중점) 지정·운영권자인 시·도교육감 또는 전문 분야 관계부처의 자체 계획에 따라 추진토록 하며, 교육부는 판별도구 등 기초자료 지원역할을 수행하도록 방향을 정하였다. 지정 조건으로 지정권자가 자율적으로 법령 범위 내에서 지정요건을 정하며, 영재학급은 시·도영재교육진흥위원회 심의를 거쳐 시·도교육감 지정하고, 영재교육원은 교육청에 설치할 경우 시·도영재교육진흥위원회 심의를 거쳐 교육감이 지정하며 출연연구기관, 공익법인, 대학 등에 설치 시 중앙영재교육진흥위원회 심의를 거쳐 교육부장관 또는 관계 분야 장관 지정하도록 하였다.

그리고 영재학급 및 교육원의 시행을 위하여 영재학급은 연구학교(4개교, 2001~2002)운영 결과를 토대로 현장에 적합한 모델을 보급하며 방과 후 및 학교 연합 지역공동 영재학급 등 현실을 고려한 모델 권장하였으며, 영재교육원은 시·도교육청, 대학 등에서 시행중인 영재교육센터 등을 교원 및 시설기준 충족여부에 따라 연차적으로 전환하여 운영하도록 하였다.

그리고 과학기술부에서는 앞서 확정된 영재교육 정책방향에 따라 전국 과학고등학교를 대상으로 영재학교 전환 신청서를 공모하여 심사를 거쳐 부산과학고등학교를 과학영재학교로 선정하게 되었다. 교육부가 전면에 나서기 어려운 것은 70년대 이후 평준화 정책을 교육의 기본방향으로 추진하고 있는 상황에서 영재학교라고 하는 수월성 교육을 추구하는 것이 정책적으로 민감하게 다가오고 일반 국민들의 부정적 인식 등을 고려하여 특정 분야의 우수인재 양성을 위해서 관계부처와의 협약이라는 새로운 모델을 제시하고 측면 지원을 하게 된 것이다.

비록 교육부가 주도적으로 영재학교를 운영하지는 못하지만 우리나라 교육 체제 속에서 협약방식이라는 새로운 틀을 제시하여 관계부처를 끌어들여 재정지원을 받게 하는 실험을 시도한 점은 높이 평가되어야 한다. 어쨌든 과학기술부는 교육부의 정책방향에 다라 과학영재학교 설치방향을 2001년 9월 19일 인적자원개발회의[10]에 상정하여 영재

10) 우리나라 최초로 관계부처와 시도교육청간의 협약 방식을 통해 새로운 형태의 학교체제를 만

학교 추진의 기반을 마련하게 되었다.

한편, 영재교육진흥법이 2002. 3월부터 시행됨에 따라 영재교육기관(영재학교, 영재학급, 영재교육원)에서 영재교육을 담당할 교원을 연차적으로 양성하여 영재교육을 담당할 교사로서 요구되는 기본 소양을 넓히고 전문적인 능력과 자질을 함양 하기 위하여 교육부에서는 2001년에 영재교육을 담당할 교원 120명을 대상으로 처음으로 연수를 실시하였다. 시행 초기인 2001~2002년까지는 영재교육 연수담당 인적자원 등을 고려하여 영재교육 담당전문직, 시·도교육청 운영 영재교육 프로그램에 참여하고 있는 교사, 영재학급 연구학교를 운영 중인 학교 교사 등을 우선적으로 연수대상으로 선정하여 국가에서 주도하여 연수를 실시하되, 2003년 이후에는 각 시·도교육청별로 연수를 실시하고 국가에서는 사이버 연수시스템을 구축하여 기본교육 실시를 지원하는 방침을 세웠다. 여타 기관의 영재교육 연수 실적도 중앙영재교육진흥위원회의 심의를 거쳐 일정수준 이상이라고 판정되면 인정하도록 하였다. 연수교육과정은 연수기관에서 작성하되 외국의 사례를 참고하고 관계자의 의견 수렴 등을 충분히 거쳐 확정하도록 하였다.

영재담당교원 연수의 주요내용으로 영재교육에 대한 일반적 지식과 이론, 학교별, 교과영역별 영재교육과정의 내용과 특징, 학교별, 교과영역별 다양한 교수·학습, 평가전략, 영재교육대상자의 선발방법 구안 및 적용 능력, 영재교육 실시에 실제적으로 필요한 교수·학습방법 등에 관하여 60시간 연수를 실시하여 영재교육 담당교원의 전문성을 높이는 데 주안점을 두었다.

다. 영재교육진흥법 시행령 제정

이와 더불어 영재교육진흥법이 2002. 3. 1 시행됨에 따라 그 동안 정립한 영재교육정책 추진방안을 법적으로 뒷받침하기 위하여 영재교육진흥법 시행령(초안)을 수정, 전문가 협의 및 시·도교육청, 관계부처 의견조회를 거쳐 2001년 11월 17일 영재교육진흥법시행령(안)을 입법예고[11] 하게 되었다.

들어내는 실험적인 정책이 이루어지게 되었다.

11) 영재교육진흥법시행령(안)은 총 6장 53조, 부칙 3조로 구성되어 있으며 제1장(총칙), 제2장(영재교육진흥위원회), 제3장(영재교육대상자의 선발 등), 제4장(영재교육기관의 설치), 제5장(영재교육기관의 운영), 제6장(보칙), 부칙의 체계를 갖추고 있다. 향후 영재교육진흥법 개정과 관련하여 좀 더 구체적인 내용을 언급하도록 하겠다.

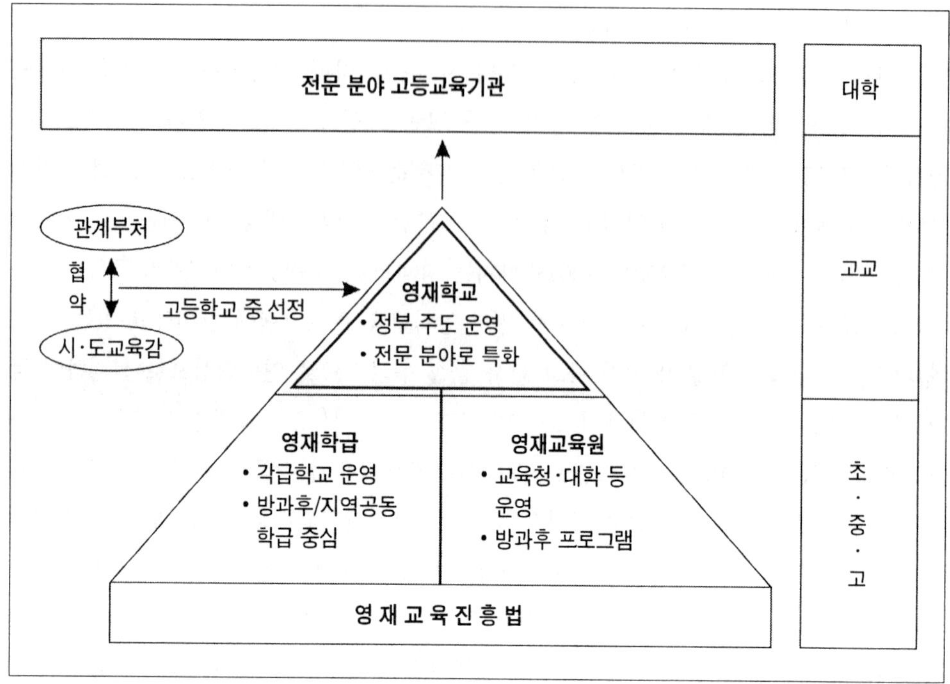

[그림 1.1] 영재교육 시행 모델

영재교육진흥법 시행령(안)은 2002년 3월1일 영재교육진흥법의 시행에 대비하여 영재교육진흥법에서 하위법령에 위임하고 있는 영재교육대상자의 선발절차, 영재학교·영재학급·영재교육원 등 영재교육기관의 설치·운영 절차 등 법률시행에 필요한 사항을 주로 담고 있다. 동 입법 예고안에 따르면 ▲영재학교는 기존의 고등학교 중에서 교육인적자원부장관이 시·도교육감의 추천을 받아 지정·전환하게 되고 ▲영재학급은 교육감이 초·중·고등학교에 설치하며 ▲영재교육원은 시·도교육청, 대학, 공익법인 등의 부설기관으로 교육감의 지정을 받아 설치하게 된다. 다만 영재학급과 영재교육원은 주말, 방과 후, 방학 중의 비정규교육과정인 프로그램 형태로 운영된다.

특히 교육인적자원부는 영재학교의 경우 적정학교를 선정, 관계부처와 시·도교육청 간 협약에 의해 운영되도록 함으로써 전문 분야 관계부처의 물적·인적지원 및 진로지도와 시·도교육청의 학교운영 역량이 결합되는 방식으로 운영할 수 있도록 하였다. 이러한 영재교육 시행체제에 따르면 초등학생이나 중학생은 비정규 교육과정인 영재학급 또는 영재교육원에서 잠재된 영재성을 계발하기 위한 기초적인 영재교육을 받게 되고, 고등학교 단계에서는 영재학교에서 본격적인 영재교육을 받게 되며, 그 시행모델은 [그림

1.1]과 같다.

또한 동 시행령(안)은 영재의 특성에 맞는 맞춤식 교육을 최대한 제공하기 위하여 영재교육기관에 교육과정 및 학사운영 등에 대한 자율권을 최대한 부여하고 있는 바, 특히 영재학교는 교육과정 운영, 수업일수 무학년제, 다 학기제, 교과서 채택 등을 독자적으로 결정·운영할 수 있게 된다. 영재학급 및 영재교육원의 입학자격은 학칙으로 정하도록 하고, 영재학교는 동학교가 고등학교 과정임을 감안, 중학교 학력 소지자로 입학자격을 제한하게 된다. 다만, 특히 우수한 영재아의 조기 발굴·육성을 위하여 중학교 재학생도 입학신청을 할 수 있게 하였다. 따라서 중학교 1~2학년도 입학신청을 할 수 있고, 영재학교에 입학하게 되면, 해당 중학교를 조기 졸업한 것으로 간주하게 된다.

그리고 영재교육대상자의 선발은 각 영재교육기관의 장이 다단계 절차에 의하여 선발하도록 하였다. 특히, 무분별한 영재교육 대상자 선발신청을 방지하고 학과성적이 아닌 잠재된 영재성을 평가하여 선발할 수 있도록 선발 신청시 학교장, 지도교사 또는 영재교육전문가의 추천을 반드시 받도록 하고, 각 영재교육기관별로 교원 및 영재교육전문가로 「영재교육대상자 선발위원회」를 구성하여 대상자를 선발하도록 하였다.

교육부에서는 입법예고 기간을 거쳐 동시행령(안)에 대한 공청회를 열어 각계의 의견을 수렴한 뒤 최종안을 확정하여 규제개혁위원회 심의 및 법제처 법제심의를 완료한 후 차관회의 및 국무회의에 상정하여 2002. 3. 1 영재교육진흥법시행령 공포·시행하는 절차를 거치게 되었다.

당시 영재교육진흥법시행령 제안이유로 영재교육진흥법(2000. 1. 28, 법률 제6215호)의 시행(2002년 3월 1일)에 따라 영재교육진흥위원회의 설치 및 영재교육기관의 설치·운영에 관한 사항 등 동법에서 위임한 사항과 시행에 필요한 사항을 규정함으로써 국가 고급인적자원의 조기발굴과 육성을 위한 영재교육 추진이 차질 없이 시행되도록 하려는 것이며, 주요 골자는 다음과 같다.

1. 교육인적자원부장관은 관계중앙행정기관의 협의를 거쳐 영재교육진흥종합계획을 수립하도록 하고, 수립된 종합계획에 따라 관계 중앙행정기관의 장은 부문별 시행계획을 수립·추진하도록 한다.
2. 관계중앙행정기관의 장은 관련 분야 영재교육진흥을 위해 영재교육기관의 시설비·기자재비 등 재정상의 지원을 하는 경우 관계 중앙행정기관의 장은 당해 영재교육기관의 설치·운영자와 법령의 범위 안에서 교육내용·교육방법 등에 관한

조건을 협약의 방식으로 정할 수 있다.

3. 영재교육에 관한 중요사항의 심의를 위해 교육인적자원부 및 시·도교육청에 각각 중앙영재교육진흥위원회 및 시·도영재교육진흥위원회를 구성·운영한다.
4. 영재교육대상자의 선정에 관한 시·도교육감의 권한은 이를 영재교육기관의 장에게 위임한다.
5. 영재교육대상자의 선발 등에 관한 사항은 당해 영재교육기관의 학칙으로 정하되, 이를 전형개시일 1월 전까지 공고하도록 한다.
6. 영재교육대상자로 선발되고자 하는 자가 영재교육기관에 선발신청을 하는 경우에는 학교의 장이나 지도교사 또는 영재교육전문가의 추천을 받아야 한다.
7. 영재교육대상자 선발의 전문성과 공정성을 기하기 위하여 각 영재교육기관별로 영재교육대상자 선발위원회를 둔다.
8. 교육인적자원부장관은 영재교육을 실시하기 위하여 국·공·사립의 고등학교 중 일부학교를 지정하여 영재학교로 전환하거나 대통령령이 정하는 바에 의하여 영재학교를 신설할 수 있으며, 이 경우 영재학교는 고등학교 과정에 해당하는 학교로 한다.
9. 영재학교의 시설·설치기준은 고등학교 이하각급학교설립·운영규정에 따르되, 학급당 학생 수는 20인 이하로 제한한다.
10. 교육인적자원부장관은 영재학교에 대한 평가를 실시하여 부적합하다고 판단되는 경우에는 그 지정을 취소할 수 있다.
11. 교육인적자원부장관 또는 시·도교육감은 국·공·사립의 초등학교·중학교 또는 고등학교에 영재학급을 설치·운영하게 하되, 동 학급은 비정규 교육과정으로 한다.
12. 영재학급을 둔 학교에는 영재교육에 필요한 시설·설비를 갖추되 영재학급의 학급당 학생 수는 20인 이하로 한다.
13. 교육인적자원부장관 또는 시·도교육감은 영재학급에 대한 평가를 실시하여 부적합하다고 판단되는 경우에는 그 지정을 취소할 수 있다.
14. 영재교육원을 설치·운영하고자 하는 자는 시·도위원회의 심의를 거쳐 시·도교육감의 지정을 받아야 한다. 다만, 관계 중앙행정기관으로부터 당해 영재교육원 설치·운영비의 과반액 이상의 재정지원을 받는 자 등 교육인적자원부장관이 정하는 기준에 해당하는 자는 중앙위원회의 심의를 거쳐 관계중앙행정기관의 장의

지정을 받아야 한다.

15. 영재교육원에는 영재교육에 필요한 시설·설비를 갖추되, 학급당 학생 수는 20인 이하로 한다.
16. 시·도교육감은 영재교육원에 대한 평가를 실시하여 부적합하다고 판단되는 경우에는 그 지정을 취소할 수 있음. 이 경우 당해 영재교육원의 장에게 의견진술의 기회를 주어야 한다.
17. 영재학교의 입학자격은 중학교 졸업자 또는 이와 동등 이상의 학력이 있다고 인정된 자로 한다. 다만, 중학교 재학생 중 영재학교의 영재교육 대상자로 선발된 학생은 영재학교에 입학할 수 있으며, 이 경우 당해 학생은 당해 중학교를 조기 졸업한 것으로 본다.
18. 영재교육기관의 교육과정 및 교과는 학칙으로 정한다.
19. 영재교육기관에서는 교과용도서의규정에 불구하고 당해 기관의 교육영역 및 목적에 적합하다고 인정되는 도서를 교과용도서로 채택·사용하거나 제작하여 사용할 수 있다.
20. 영재학교의 장은 학칙이 정하는 소정의 교육과정을 이수한 자에 대하여 고등학교 과정의 전부 또는 일부를 이수한 것으로 인정할 수 있다.
21. 영재교육기관으로부터 위탁교육을 받은 대학의 장은 당해 대학의 학칙이 정하는 바에 따라 위탁교육을 받은 학생에 대하여 당해 대학의 교육과정의 일부를 이수한 것으로 인정할 수 있다.
22. 영재학교에는 학년제, 학기제, 학급편성, 수업일수 등 학사운영에 관하여 초·중등교육법상의 특례를 인정한다.
23. 영재학교 및 영재학급, 영재교육원에는 영재교육을 실시하기 위하여 필요한 교원을 두어야 한다.
24. 영재학교 및 영재학급에는 교원자격증이 없는 자 중 일정한 임용조건에 해당하는 자를 계약제교원으로 임용할 수 있다.
25. 영재교육기관에는 별도의 배치기준에 의한 교원을 배치하여야 한다.
26. 교육인적자원부장관, 시·도교육감 및 관계 중앙행정기관의 장은 영재교육기관을 지도·감독하고 이에 대한 시정명령을 발할 수 있다.
27. 영재교육기관의 교원임용권자는 영재교육기관이 설치된 날부터 5년간은 영재교육담당교원 연수를 받지 않은 자를 교원으로 임용할 수 있도록 하되, 임용 후 1년

이내에 연수를 받도록 함 등이다.

확정된 시행령(안)은 2002년 1월 24일 국무총리실 행정사회분과위원회에 2002년 3월 1일 영재교육진흥법의 시행을 앞두고 2000년 9월 규제개혁위원회에서 '지식정보화 과제'로 채택한 「영재교육체계화를 위한 규제개선방안」에서 제시된 영재교육대상자의 선발, 영재교육기관의 설치, 영재교육기관의 운영 등에 관한 사항을 구체화한 영재교육진흥법시행령(안)의 주요 내용으로 지식기반사회 우수인재 양성을 위한 「영재교육진흥법시행령(안)」을 보고하였다.

특히 영재교육대상자선발과 관련한 주요 쟁점사항으로 영재교육대상자 선발권의 부여, 즉 각 영재교육기관에서 교육할 영재교육대상자 선발권을 교육감 또는 각 영재교육기관의 장 중 누구에게 부여할 것인가의 문제와 영재교육대상자 선발방법의 규정으로 제대로 된 영재교육 대상자를 선발하기 위한 선발방법 등 선발에 관한 구체적 사항은 어떻게 정할 것인가가 주요 논의사항이 되었다.

시행령(안)에 이와 관련하여 영재교육대상자의 선발권은 각 영재교육기관의 장에게 위임하도록 하였다.

이는 과학·예술·외국어 등 다양한 분야의 능력과 수준이 각기 다른 학생들을 대상으로 각 영재교육기관의 설립목적과 교육영역에 맞는 학생을 선발하기 위해 각 영재교육기관의 장에게 선발권을 부여하되, 영재학교의 경우, 전국적으로 극소수(2003년도 부산과학영재고 1교 개교)만 설립될 예정인 바, 영재학교장이 대상자를 선발하여야 사교육 과열 등의 부작용 감소하고 교육감이 일률적으로 선발권을 행사하게 되면 영재교육기관의 자율성을 침해하게 되고, 특히 공적인 차원에서 학생들을 영재와 비영재로 구분하는 결과를 초래하여 부작용 예상된 점을 고려하였다.

이와 관련하여 행정사회분과위원회에서는 전반적으로 교육인적자원부의 의견에 동의하였다. 그 근거로 초·중등교육법령상 학교선택이 제한되는 평준화 지역의 일반계 고교를 제외하고는 학교장이 선발권을 행사(초·중등교육법시행령 제77조)하는 현행 규정을 감안하고 영재교육진흥법 제5조제2항의 규정에 따라 법률상 교육감의 권한인 영재교육대상자의 판별·심사·선발을 당해 영재교육기관의 자율성과 다양성 및 기관별 교육역량을 감안하여 영재교육기관의 장에게 위임·위탁하되, 그 결과를 교육감에게 통보하도록 함이 타당하다고 판단된다.

또한 영재교육기관의 장에게 선발권이 위임됨에 따라 선발방법 등에 관한 구체적인

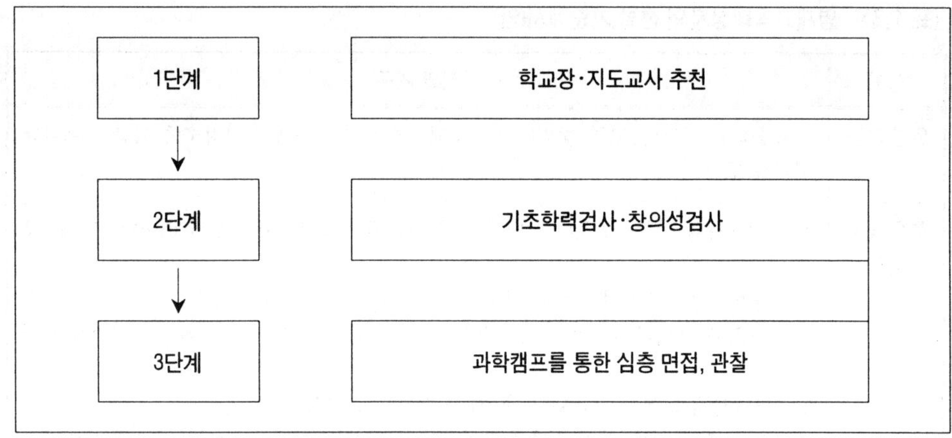

[그림 1.2] 부산 과학영재학교 학생선발방법

기준은 당해 영재교육기관의 학칙으로 정하도록 하였는데, 이는 영재교육대상자의 선발은 내신 성적, 지필고사 등에 의한 학업성적 위주보다는 해당 영재교육에 필요한 창의성과 능력을 가졌는지에 대한 판단이 중요하므로 대통령령에서 다양한 분야의 영재교육대상자 선발방법을 일률적으로 규정하기는 현실적으로 불가능하다. 다만, 학칙으로 선발방법을 규정할 경우에는 합리적이고 공정한 기준과 방법에 의하도록 대통령령에 규정함과 동시에 학업성적위주의 획일적인 방법으로 선발하는 것을 사전에 방지하기 위하여 교육부장관 또는 교육감이 학칙에 포함하여야 할 기준을 미리 정하여 고시할 수 있도록 보완장치를 두었다.

또한, 각 영재교육기관별로 전문가 및 교원으로 구성된 선발위원회의 심의를 반드시 거치도록 하여 선발에 있어서의 공정성과 합리성을 담보할 수 있도록 하였으며 [그림 1.2]에 제시된 부산 과학영재학교 학생선발방법이 그 예가 될 수 있겠다.

이에 대해 동 위원회에서는 교육부 의견에 동의하면서 법 제5조제1항에 규정된 영재교육대상자의 선발 등에 관한 사항을 대통령령에서 구체적으로 제시하는 것은 사실상 불가능하므로 당초 교육부는 〈표 1.3〉과 같이 「영재교육 대상자의 선발기준」을 동시행령에 규정하려 했으나, 법 해석상 및 집행상의 자의성과 모호성으로 인해 해당 영재교육기관의 장에게 학칙으로 정하도록 위임하는 것이 바람직하다고 보았다.

둘째, 영재교육기관의 설치와 관련하여 주요 쟁점사항으로 영재학교로 지정·전환될 학교의 학교급 및 영재교육의 영역, 초·중·고중 영재학교로 설립 또는 지정·전환을 허용할 범위 및 영재학교의 영재교육 영역을 어떻게 정할 것인가와 영재학교 등 영재교육

〈표 1.3〉 영재교육대상자의 선발 기준예시(안)

영역	선발 기준
일반 지능	• 표준화된 지능·사고력·창의적사고력 문제해결력 검사에서 일정수준 이상의 뛰어난 결과를 보인 자
특수 학문 적성	1. 특정교과의 전학년도 당해학년의 학교 성적에서 일정수준 이상의 뛰어난 결과를 보인 자 2. 표준화된 학력고사 학년석차 백분율이 일정수준 이상인 자 3. 표준화된 창의적 사고력 문제해결력 검사에서 일정수준 이상의 뛰어난 결과를 보인 자 4. 지역, 전국 또는 세계 규모의 경시대회 입상자, 문예상 입상자 5. 기타 소정의 검사, 관찰 결과에 근거하여 특수교과에서 매우 뛰어난 성취를 보인다고 전문가, 교사에 의해 인정된 자
창의적 사고능력	1. 표준화된 지능·사고력·창의적사고력 문제해결력 검사에서 일정수준 이상의 뛰어난 결과를 보인 자 2. 지역, 전국 또는 세계 규모의 경시대회 입상자, 문예상 입상자 3. 기타 소정의 검사, 관찰 결과에 근거하여 매우 뛰어난 창의적 능력을 지니고 있다고 전문가, 교사에 의해 인정된 자
예술적 재능	1. 음악, 미술, 종합예술 분야의 전문가 및 교사의 추천을 받은 자 2. 지역, 전국, 세계규모의 콩쿠르, 전시회, 박람회, 발표회 입상자
신체적 재능	1. 체육, 미술, 종합예술 분야의 전문가 추천을 받은 자 2. 지역, 전국, 세계규모의 체련대회, 체육대회, 발표회 입상자 3. 한 가지 또는 여러 종목의 스포츠, 체조, 무용에서 교사 추천을 받은 자
기타	1. 사회 지도자, 해당 분야의 전문가 추천을 받은 자 2. 컴퓨터, 바둑, 통역 등과 관련된 대회에서 입상한 자 3. 교사, 부모의 추천을 받은 자 4. 사회가 인정하는 재능

기관의 시설·설비 기준 등 설치기준, 영재학급 및 영재교육원의 학력인정 문제, 영재학급 및 영재교육원에서 받은 교과의 이수를 정규학교의 교육과정 이수로 인정할 것인가의 문제였다.

이와 관련하여 영재학교는 국·공·사립의 고등학교 중에서 지정·전환하도록 하되, 과학, 예술 등 특정 분야를 한정하지는 않도록 규정하였다. 이는 국가사회가 요구하는 소수 정예의 고급인적자원 확보를 위해서는 전일제 정규학교로서의 영재학교 운영이 필

〈표 1.4〉 영재학교 수의 다과에 따른 장단점

구분	다수 영재학교 허용	극소수 영재학교 허용
장점	• 폭넓은 교육기회 제공	• 공교육에 미치는 영향 최소화 하면서 우수한 인재 육성
단점	• 과학고·외고 전철 우려 • 영재학교 입학을 위한 사교육 과열	• 선발된 학생 진로관리에 대한 국가 책임이 가중

요하다는 국가발전 전략 측면의 필요성과 함께[12] 이는 초등학교와 중학교의 경우 의무 교육 과정임과 동시에 인성발달의 중요성이 강조되는 단계임을 함께 고려한 것[13]이다. 다만, 영재학교의 학교급은 고등학교로 한정하더라도 우수인재의 조기 발굴·육성차원에서 중학교 재학생도 입학을 허용하고 입학한 경우 조기 졸업한 것으로 간주하도록 하였다.

한편, 영재학교로 지정·전환할 학교의 교육영역(과학, 예술 등)을 한정하지는 않되, 일반 고등학교의 과도한 영재학교 전환을 막고 충실한 학교운영을 도모하기 위하여, 영재학교로의 지정·전환시 영재 학교로 전환될 학교의 설치·운영권자(교육감 등)와 관계 부처의 장이 재정지원, 학교운영, 학생선발 등에 관한 협약을 맺을 경우에만 지정·전환을 허용할 방침으로 그 근거를 대통령령에 규정하였다. 이러한 정책방향에 따라 과학기술부와 부산광역시 교육감이 2001. 11. 14, 부산과학고를 과학영재학교로 전환하기로 합의하고 협약서를 체결, 동 협약에 근거하여 과학기술부는 부산과학고에 재정지원을 하고, 학생선발·교육방법·교원임용 등의 내용을 주문하게 된 것이다.

또한 영재학교 신설의 경우에는 상위법인 영재교육진흥법에서 영재학교 신설의 주체를 국가로 한정하고 있으므로 국립으로만 가능(법 제6조)하도록 하였다. 이는 영재교육을 처음 실시하는 입장에서 국가차원의 우수인재 육성을 추진하되, 무분별한 학교설립을 막기 위한 입법취지 에 근거한 것이다.

12) 우리의 교육현실상 우려되는 영재학교 입학을 위한 사교육 과열, 입시준비 교육 등 부작용을 최소화할 수 있는 영재학교의 운영방안을 검토한 결과 영재학교는 고등학교급으로 한정함이 바람직하다고 판단(2001. 5. 7, 대통령 주재 인적자원개발 관계 장관회의에서 결정)

13) 외국의 경우에도 초등학교와 중학교에서 정규학교 형태로 영재학교를 설립·운영하는 사례는 없음.

이에 대해 동 위원회에서는 교육부 의견을 수용하면서 국가 차원에서 고급인적자원 양성이 절실한 분야부터 우선 시행하되, 극소수 학교를 대상으로 시범운영 한 후 성과를 보아 단계적으로 확대해 나간다는 방침과 영재학교의 지정·전환 조건 감안 시 합리적인 접근이라고 판단되었다.14)

그리고 영재학교 등 영재교육기관의 시설·설비기준은 영재교육에 필요한 시설·설비를 갖추도록 하되, 영재교육의 질 담보를 위해 학급당 학생 수는 20인 이하로 유지하도록 하였는데, 이는 영재학교의 기본적 시설·설비기준은 "고등학교 이하각급학교설립·운영규정(대통령령)"을 따르되, 기숙사, 멀티미디어 학습실, 학생 세미나실 등 필요한 시설을 갖추도록 하며(의무사항은 아님) 특히 영재의 특성에 맞는 맞춤식 교육을 위하여 학급당 학생 수는 20인 이하로 유지하고, 교과교원 외 전문상담교사와 사서교사를 반드시 두며, 교원1인당 학생수가 10인을 넘지 않도록 하였다.

영재학급 및 영재교육원은 영재교육에 도서관, 멀티미디어 학습실 등 필요한 시설·설비를 갖추도록 하되(의무사항은 아님), 학급당 학생 수는 반드시 20인 이하로 유지하도록 하였으나 동 위원회에서 다음과 같은 사유로 개선권고를 내렸다. 즉, 영재학교의 시설·설비 기준 등 물리적인 교육여건은 영재교육의 질 향상을 실질적으로 보장할 수 있는 요건중의 하나이나 현행 「고등학교 이하각급학교설립·운영규정」은 교사와 체육장의 기준 면적, 조도·소음·온도 등 교사의 내부환경 기준만을 규정하고 있으며 도서관, 멀티미디어학습실, 교원연구실 등의 시설에 대한 일반적 기준 내지 최저기준은 규정되어 있지 않다는 점과 국·공·사립의 학교 중에서 영재학교의 지정·전환 시 관계부처가 협약을 통해 영재교육을 실시토록 시·도교육감에게 주문하고 소요경비를 지원한다는 점을 감안할 때 비록 규제 강화적인 성격은 있으나 영재학교의 교육환경을 향상시키는 것이 필요하다고 판단되었다.

그리고 영재학급 및 영재교육원은 방과 후, 주말, 방학 중 또는 정규교과 활동이외의 특별활동시간 등을 이용한 다양한 형태로 운영하도록 하되, 정규교과의 이수로 인정하지는 않도록 하였는데, 영재학교를 고등학교로 한정함에 따라 우수한 인재의 조기 발굴·육성 및 영재교육기회의 확대차원에서 영재학급 및 영재교육원은 활성화하는 것이 정책

---

14) 협약체결 및 영재교육법령상의 영재학교 설립기준을 충족한 경우에 한하여 허용하고 관계부처가 협약을 통해 전문인력 양성에 필요한 영재교육을 실시토록 시·도교육감에게 주문하고 소요경비를 지원하며 영재교육 지원 및 졸업생 진로대책 마련토록 함.

방향이다. 다만, 영재학급과 영재교육원이 주로 초등학생 또는 중학생 등 의무교육과정에 있는 학생을 대상으로 함을 감안할 때, 영재학급·영재교육원에서 받은 교육의 내용이 정규교과의 이수로 인정될 경우 사실상 우열반을 편성하는 결과가 되어 형평성 문제가 제기될 우려가 있고 초등학교 단계부터 영재교육을 위한 과도한 사교육 부담과 함께 본래의 영재교육취지와는 달리 선수학습 및 심화학습 등으로 변질될 우려가 있으므로 다양한 형태를 통한 영재학급 및 영재교육원의 설치를 허용하되, 이른바 상설학급 형태의 "영재학급" 및 정규학력이 인정되는 "영재교육원"은 설치를 불허할 계획하고 있다.

끝으로 영재교육기관의 운영 관련한 주요 쟁점사항으로 영재학교 등 영재교육기관의 자율성 확보를 위한 규제개선 방안(교육과정, 학사운영, 교과서채택 등의 자율성확보 방안)과 영재학교 졸업생의 대학입학 등 진로 문제(대학입학 특례규정의 명문화 등) 영재교육담당교원의 전문성 신장을 위한 규제 개선 방안 등이다.

이와 관련하여 시행령(안)에서는 영재학교 등 영재교육기관의 운영에 관하여는 초·중등교육법상의 규제를 대폭 완화하여 자율성을 최대한 부여하도록 하였다. 영재학교의 경우 영재학교설립의 본래 취지에 맞는 교육을 실시하기 위하여 초·중등교육법령상의 교육과정 운영, 교과서의 채택·사용, 수업일수 등 학사운영에 관한 대부분의 사항을 학교가 자율적으로 결정·운영할 수 있도록 규제를 대폭 완화하였다.

영재학급 및 영재교육원은 그 법적 성격이 초·중등교육법에 의한 '학교'가 아니므로 학사운영 등의 기본적 제약이 없다.

〈표 1.5〉 영재학교의 자율운영을 위해 특례가 인정되는 사항

구 분	초·중등교육법령	특례 사항
교육과정	국가교육과정 준수	자율 운영
교과서 채택·사용	국정 및 검·인정 도서	자율 선택
수업일수	220일이내	자율
학년제	채택 의무	무학년제, 학점제 가능
학기제	2학기제	자율
위탁교육	불허	허용
학급편성	학년별 편성	교과별, 영역별 편성 가능
학교생활기록부	국가가 정한 기준에 따름	자율

〈표 1.6〉 특례입학대상자(고등교육법시행령 제29조)

1. 제53조의2의 규정에 의한 **산업체 위탁학생** 및 그밖에 교육부령이 정하는 위탁학생
2. 재외국민 및 **외국인**(제6호 및 제7호의 규정에 의한 재외국민 및 외국인은 제외한다)
3. 학사학위를 취득하고 3학년에 편입학하는 자(전문대학의 경우를 제외한다)
4. 특수교육진흥법 제10조의 규정에 의한 **특수교육 대상자**
5. 학교의 장이 정하는 **농어촌 지역의 학생**
6. **북한이탈주민** 및 부모가 모두 외국인인 외국인
7. 외국에서 우리나라 초·중등교육에 상응하는 교육과정을 전부 이수한 재외국민 및 외국인

시행령(안)의 영재학교 졸업생의 대학 특례입학은 대학의 자율권 침해, 타 학생과의 형평성, 현행 법령상의 특례입학의 인정범위 등을 고려하여 인정하지 않도록 하였는 데, 이는 현행 대학입시제도의 기본골격은 대학이 스스로 다양한 전형방법에 의하여 학생들의 소질과 적성에 맞는 전공을 선택할 수 있도록 유도하는 것으로 전형방법의 선택은 원칙적으로 대학자율임. 따라서 각 대학별로 정시 모집 외에 특별전형 등의 방법을 통하여 각종 경시대회 입상자, 학교장 추천자 등을 선발. 다만, 고등교육법시행령에서는 특별히 교육기회의 균등과 형평성 보장 측면에서 외국인, 농어촌 학생, 북한이탈주민 등을 특례입학대상자(정원 외 입학)로 규정하고 있다.

그리고 영재학교 졸업자에게 정원 외 특례입학을 허용할 경우 이는 기존 특목고 학생과의 형평성 문제, 대학의 입학전형결정의 자율권 침해 및 무엇보다 영재학교 입학을 위한 과외열풍 등의 부작용을 초래. 따라서 대학의 특별전형방법을 다양화하여 영재학교 졸업생이 대학입시에 있어서 불이익을 받지 않도록 하고, 국비 해외유학 등 지원방법을 강구할 예정이다.[15]

또한 영재교육담당교원의 전문성 제고를 위해 담당교원 임용 시 일정시간 이상의 연수를 의무화하고, 전보기한 제한 특례, 승진 시 우대, 특별연수 등의 사기 진작 방안을 규정하고 있는 데, 영재학교, 영재학급, 영재교육원에서 영재교육을 담당하는 교원은 교육인적자원부장관 또는 시·도교육감이 인정하는 일정시간 이상의 연수를 의무화하여 담당교원으로서의 전문성을 신장 및 담당교원의 전보기한 제한의 특례, 연구비 지급 승진

15) 부산 과학영재학교 졸업생 진로지도 방안 (과학기술부)으로 수학능력에 특별한 하자가 없는 한 졸업생 전원 KAIST 입학보장, 우수 학생의 국비 해외유학 기회 부여,· 각 대학의 특별전형 확대 권장 등을 들고 있다.

등 인사상의 우대조치 등 규정하고 있다.

라. 국가인적자원개발기본계획 수립

한편 정부에서는 선도적 지식국가로 새로이 도약하기 위하여 국가인적자원개발기본계획을 수립하였는데, 이 계획은 인적자원의 핵심인 사람과 지식을 국가 차원에서 종합적으로 개발 활용하기 위한 기본계획으로 작성되었다. 구체적으로 4대 영역 16개 분야[16]로 나누어 선정되었는데, 그 중 성장을 위한 지식과 인력개발 영역 중 '영재의 조기 발굴 및 육성'에 관한 계획이 들어가 있다. 계획에 담겨져 있는 주요내용으로 초·중등교육에서 우수한 인재를 조기에 발굴·육성할 수 있는 법적·제도적 기반을 마련하고, 관계부처가 전문 분야의 인재육성을 위해 적극적으로 참여할 수 있는 방안을 강구하여 영재교육 활성화를 도모하는 한편, 영재교육 대상자의 수준 및 능력에 따른 교육이 이루어질 수 있도록 영재학교, 영재학급, 영재교육원 등 영재교육기관별 특성이 반영된 기관 운영의 제도적 장치 마련과 동시에 현행 초·중등교육법령상의 교육과정과 학교운영에 관한 자율성을 대폭 확대하여 효과적인 영재교육이 이루어질 수 있도록 하고, 시설·학급당 학생수 등의 교육환경을 선진국 수준으로 조성하는 계획과 아울러 영재교육의 활성화를 위해 영재의 판별도구, 교육과정, 교원 연수 등 영재교육의 기반을 체계적으로 마련하고, 시·도별 영재교육 추진 협의체 등을 통한 관련 기관간의 지원·연계체제 구축하는 내용들이 들어 있다.

2001년 하반기에 들어와서 영재교육의 큰 틀인 영재교육기관 운영모델을 확립하고 영재교육 정책 추진방향 결정, 영재교육진흥법시행령 제정 등 영재교육 활성화에 따른 법·제도적 기반이 구축되었다.

이에 따라 교육인적자원부에서는 시·도교육청 차원에서 2002년 시행되는 영재교육에 대비하여 안정적으로 준비에 만전을 기할 수 있도록 시·도교육청 영재교육담당자 회의를 정기적으로 개최하여 영재교육의 정책방향을 논의하였다.

그리고 장학사들의 업무역량을 높이기 위하여 영재교육에 관한 연구 및 경험이 축적되어 있는 선진국의 영재교육기관 운영 현황을 살펴보기 위하여 교육부 관계자와 시·

---

16) 국가인적자원개발기본계획은 크게 전 국민의 기본역량 강화, 성장을 위한 지식과 인력개발, 국가 인적자원 활용 및 관리의 선진화, 국가 인적자원개발 인프라 구축 등 4개 영역에 따라 세부과제를 제시하고 있다.

도교육청 영재교육 담당 장학사로 구성된 시찰단이 영재교육이 정착되어 있는 미국으로 연수를 다녀왔다.[17)]

법적 준비 등이 마무리됨에 따라 2002년 영재교육 시행에 대비하여 시·도교육청에서 준비해야 할 사항에 대한 논의를 위하여 영재담당 장학사 회의를 개최하게 되었다. 이 회의에서는 시·도교육청에서 운영할 영재학급 및 영재교육원 운영계획 및 시·도교육청 자체 2002~2005 영재교육 중장기 추진계획 수립에 대해 논의하였다. 이는 2001년 12월 17일 정부 발표로 확정된 「국가인적자원개발기본계획」에 반영되어 있는 16개 과제 중 영재교육이 들어 있는 바, 동 시행 계획을 3월 중 열리는 인적자원개발회의에 상정하도록 되어 있어 시·도교육청별 영재교육 계획(안) 파악이 필요하였다.

2001년 12월 17일 정부 발표로 확정된 「국가인적자원개발기본계획」에 반영되어 있는 16개 과제 중 영재교육이 들어 있는 주요 내용은 다음과 같다.

1. 영재교육을 위한 제도적 기반 조성으로 초·중등교육에서 우수한 인재를 조기에 발굴·육성할 수 있는 법적·제도적 기반을 마련하고, 관계부처가 전문 분야의 인재육성을 위해 적극적으로 참여할 수 있는 방안을 강구하여 영재교육 활성화를 도모하고,
2. 영재교육기관의 특성이 반영된 영재교육 추진으로 영재교육 대상자의 수준 및 능력에 따른 교육이 이루어질 수 있도록 영재학교, 영재학급, 영재교육원 등 영재교육기관별 특성이 반영된 기관 운영의 제도적 장치 마련과,

---

17) 2002. 3. 1 영재교육진흥법 시행에 대비하여 시·도교육청 영재교육 담당자의 업무 추진 역량을 도모하고 선진국의 영재교육 실시현황 및 운영사례 체험 기회 제공으로 영재교육의 내실 있는 추진과 영재교육 업무담당자로서 능동적이고 창조적인 업무자세 확립하기 위하여 교육부가 주관하여 2001. 11. 28(수)~12. 7(금) (10일간) 미국의 인디애나 및 캘리포니아주에 있는 영재교육기관을 시찰한 바 있다. 주된 연수내용은 인디애나 과학, 수학, 인문학 고등학교 방문 1. 원격 교육센터 AP수업 참관 2. 영재수업 및 기숙사 참관 3. 원격 영재교육 담당교원 대상 수업참관 4. 도서관, 자료실 방문(Shared Information Service) 5. 인디애나 수학, 과학, 인문학 고등학교 교장 및 교사 면담라파예트 학교군(Lafayette School Corporation)소속 에제리아 초등학교(Edgelea Elementary School) 방문, 퍼듀 대학교 부설 영재교육연구소(GERI) 방문, 인디애나 주정부 영재교육 담당자와의 면담, 로웰 고등학교(Lowell High School), 후버중학교(Hoover Middle School) 클라렌돈 초등학교(Clarendon Elementary School), 지역 교육청 영재교육과 방문(GATE District Office), 프랭클린-맥킨리 지역학교구(Franklin-McKinley School District) 교육청 방문

3. 영재의 특성을 살릴 수 있는 교육여건 조성으로 현행 초·중등교육법령상의 교육과정과 학교운영에 관한 자율성을 대폭 확대하여 효과적인 영재교육이 이루어질 수 있도록 하고, 시설·학급당 학생 수 등의 교육환경을 선진국 수준으로 조성하고,
4. 영재교육 기본 인프라 구축: 영재교육의 활성화를 위해 영재의 판별도구, 교육과정, 교원 연수 등 영재교육의 기반을 체계적으로 마련하고, 시·도별 영재교육 추진 협의체 등을 통한 관련 기관간의 지원·연계체제 구축하는 것이다.

시·도교육청의 영재교육 추진계획을 바탕으로 2002. 4. 10 제3차 인적자원개발회의(의장: 부총리)에 국가인적자원개발 기본계획에 따른 『영재의 조기발굴 및 육성』 2002 시행계획을 심의안건[18]으로 상정하여 협의하였다. 동 회의에서 영재교육진흥법에 의한 영재교육진흥종합계획을 수립하기로 의결하였으며 향후 동 계획 수립을 위한 기획단을 구성하게 된다. 동 계획 수립은 향후 우리나라 영재교육 중장기 발전 계획의 토대가 되었다.

이에 따라 영재교육 시행계획 설명을 위한 담당과장 및 장학사 회의를 2002. 4. 19 한국교육개발원에서 개최하게 되었다. 동 회의에서는 시행령이 공포되고 영재교육이 본격적으로 추진하게 됨에 따라 영재교육대상자 선발, 영재교육기관 승인 등과 영재교육 시행을 위한 제반 논의가 이루어졌다.

또한 영재교육기관 운영 내실화를 위한 영재학급 운영 방안에 대한 논의가 이루어졌는데 영재학급 운영모델은 우선 교육부 지정 영재학급 연구학교(4개교) 운영 결과를 활용하되 가능하면 지역공동 영재학급 형태의 운영 권장하도록 하였다. 그리고 영재교육원 운영에 있어 시·도 및 지역교육청 운영 영재교육원 활성화를 주요사업으로 추진하되 지역 대학, 출연연구기관 등과 공동운영 방안도 강구하고, 현재 운영하고 있는 기존 영재교육 프로그램도 학생들의 영재교육 기회부여 차원에서 당분간 운영하면서 단계적으로 영재교육원으로 전환하는 방안 강구하도록 하였다.

이와 함께 영재학급 및 영재교육원 운영 소요경비 확보, 전임전문직 및 담당교사 확보, 영재교육 담당교원 연수, 연수시간, 연수대상인원, 담당강사 소요 등, 교수·학습자료

18) 인적자원개발기본법에 의해 운영되는 회의로 교육부총리가 의장이 되고 관계부처가 참여하고 있으며 동 회의에서는 영재교육 시행 계획을 보고하였다. 내용은 부록 참고.

및 선발도구 개발 등을 위한 영재교육 지원 예산 및 전담인력 확보방안도 논의되었다. 그리고 영재교육진흥법 시행령에 의해 시·도영재교육진흥위원회 구성 준비 및 「시·도 영재교육 협의회」운영 활성화 방안 등이 주요 회의 논의 사항이었다.

영재교육진흥법이 3월 1일 시행되도록 되어 있으나 시행령 제정에 차질이 생겨 시행일자가 다소 늦추어져 4. 18일 시행령을 제정 공포하게 되었다. 한편 2002. 3. 28 영재교육진흥법 제4조 및 동법시행령 제3조에 의한 영재교육 정책 심의를 위해 중앙영재교육진흥위원회를 구성하게 된다. 중앙위원회는 교육부 차관이 위원장이 되고 당연직 위원 및 위촉직 위원 등 15명 내외로 구성하게 되며 주된 기능은 영재교육에 관한 기본정책 및 영재학교의 지정 등 심의하게 되었다. 그 동안 중앙영재교육진흥위원회 구성·운영 기본 계획 수립(02. 1)하여 학회, 학계, 교육청, 교원단체, 시민단체 등에 심의위원 추천을 받아 부총리 결재를 거쳐 위원을 확정하였다.

위원 구성이 끝난 후 중앙위 제1차 회의를 2002. 4. 30 위원 전원이 참석한 가운데 김신복 차관 주재로 교육부 대 회의실에서 가졌다. 이 자리에서는 부위원장 선출과 2003년도에 개교할 부산과학고등학교의 영재학교 지정과 앞서 발표한 영재교육 시행계획에 대한 심도 있는 논의가 이루어 졌다.

마. 영재교육진흥종합계획 수립

한편 교육부에서는 영재교육진흥법 제3조에 의거 영재교육에 대한 중·장기 비전제시 및 영재교육 활성화를 위하여 2002년 9월까지 교육부, 과기부 등 7개 정부 부처로 구성된 기획단이 운영돼 범정부적인 영재교육 진흥 종합계획이 수립된다. 이는 5월9일(목) 제4차 인적자원개발회의(의장: 이상주 부총리)를 개최하여 고급 인적자원 육성을 위한 영재교육 활성화의 필요성에 의견을 모으고, 관계부처 합동 기획단을 구성하기로 했다고 밝혔다. 2002년 5월부터 가동될 「영재교육진흥종합대책 수립 기획단」은 교육인적자원부, 과학기술부, 문화관광부, 산업자원부, 정보통신부, 여성부, 기획예산처 7개 부처로 구성돼 영재교육 활성화를 위한 중·장기 추진방안을 수립하게 된다.

> **※ 영재교육진흥종합대책 수립 기획단**
> • 구성: 교육인적자원부 차관보(단장), 과학기술부 등 관계부처 국장
> • 기능: 영재교육 활성화를 위한 정책과제 협의
> 각 분야 영재육성을 위한 협력방안 협의

정부가 영재교육진흥 종합계획 수립에 착수하게 된 배경은 2002년 3월부터 영재교육진흥법 시행으로 법·제도적 기반이 마련됨에 따라 이제는 영재교육이 교육현장에서 내실 있게 실시되도록 하기 위한 구체적인 실천방안을 마련해야 할 필요성에 따른 것이다. 따라서 영재교육진흥 종합계획에서는 ▲영재교육 기본방향 및 중장기 발전방향 ▲각 영역별 영재육성 방안 ▲영재교육기관 설치·운영 ▲영재교육 담당교원양성 ▲법령 및 제도 개선 등 영재교육 활성화에 필요한 제반사항을 종합적으로 진단하고, 지식기반 사회에 부응하는 인재양성 차원에서 영재교육 정착방안을 종합적으로 제시하게 된다.

한편 동 계획 수립을 위한 정책연구를 위해 한국교육개발원을 전담연구기관으로 지정하여 영재교육진흥종합계획수립 연구를 병행하게 되었으며 관계부처 국장으로 구성된 기획단 아래 실무지원팀을 과장 및 사무관으로 구성하여 매주 토요일 정책연구진과 공동으로 워크숍을 개최하였다.

이와 함께 교육부 회의실에서 영재교육진흥종합계획 수립을 위한 제1차 합동기획단 회의를 개최하여 영재교육진흥종합계획 수립방향에 대한 논의가 있었다. 동 회의에서는 영재교육진흥종합계획 수립에 범부처가 적극적으로 참여하고 지원하도록 하며, 영재교육진흥종합계획 수립을 위한 실무작업팀 회의를 열어 작업일정 등 세부계획에 대해 논의하도록 하고 문화부에서는 예술영재 정책연구 수행 여부를 검토해 보도록 하는 한편, 기획예산처에서는 영재교육 활성화를 위한 예산을 적극적으로 지원하도록 하는 등의 협의가 이루어졌다.

한편 2002년 3월「영재교육진흥법」시행에 따라 영재교육에 관한 국가 차원의 비전 제시를 위한『영재교육진흥종합계획』을 관계부처 합동으로 수립, 9월중 인적자원개발회의 상정 예정으로 이에 선진외국의 영재교육 수범사례기관을 방문·조사하여 영재교육진흥 종합계획 수립의 기초자료로 활용하고자 담당과장 및 정책연구진을 중심으로 선진외국의 영재교육 벤치마킹을 위한 연수를 2002. 6. 20(목)～26(수)(6박 7일)간 호주(시드니) 및 싱가포르로 떠나게 되었다. 호주에서는 뉴 사우스 웨일즈 주정부, 시드니 걸스 하

이스쿨(Sydney Girls High School), 시드니 울랄라 초등학교(Woollahra Public School), 뉴사우스 웨일즈 대학 영재교육센터를 둘러보고 싱가포르에서는 싱가포르 교육부, 듀만 하이스쿨(Duman High School), 앵글로-차이니스 스쿨(Anglo-Chinese School), 난양 프리이머리 스쿨(Nanyang Primary School)을 둘러보고 영재교육체제 및 프로그램 분석, 영재의 선발·관리 등을 중점으로 조사, 영재육성 정책 및 영재교육 체제, 영재교육영역 및 대상자 선발방법, 영재교육 담당교원의 양성 및 교수·학습자료 등에 대한 조사를 하여 종합계획 수립에 반영하였다.

동 연수결과는 싱가포르 및 호주의 영재교육 정책 및 제도 등을 분석하여 수립 중인 「영재교육진흥종합계획」작성에 참고하고 싱가포르 및 호주의 영재교육 정책 중 우리나라에 일반화할 수 있는 사례는 적극 홍보하여 판별, 영재학급 운영 등 영재교육기관 운영에 참고하였다.

영재교육진흥종합계획 수립을 위한 실무 작업팀 및 정책연구진과의 매주 워크숍을 통해 부처별 의견을 조율하고 종합계획의 방향을 정립하는 데 중점을 두고 논의가 계속 이루어져 왔다. 이렇게 수립된 제1차 영재교육진흥종합계획[19]은 중앙영재교육진흥위원회 심의(2002.11.27)를 거쳐 인적자원개발회의에 보고(2002.11.29)확정하였으며 향후 5년간 영재교육 추진방향을 제시하게 되었다.

동 계획은 대한민국 정부 수립 이후 최초의 영재교육에 관한 정부차원의 종합적인 대책으로 이 계획에는 영재교육 기회를 대폭 확충하여 2007년까지 전체 초·중·고 학생의 0.5% 선인 4만 명 이상이 영재교육을 받게 하고, 교육청이나 대학에서 운영하는 영재교육원을 200개 이상으로 늘리고, 8,000여 명의 영재교육 담당교원을 양성하며, 수학·과학 분야와 함께 예술·정보통신 분야의 영재교육을 활성화하는 내용을 담고 있다. 뿐만 아니라 한국교육개발원 및 KAIST, 한국예술종합학교, ICU 등에 국가차원의 '영재교육연구원'을 운영하도록 하여, 영재판별도구 및 교수학습 자료를 2007년까지 130여 종 개발 보급하고 각 영재교육기관이 준수하여야 할 국가차원의 영재교육기준(National Standards on Gifted Education)을 설정·운영하도록 하는 등 매우 포괄적인 영재교육 지원 방안을 포함하고 있으며 현재 정부는 종합계획에 따라 수립된 정책을 일관되게 추진하고 있는 상황이다.

---

19) 영재교육대상자를 2007년까지 0.5%로 확대하는 것을 주요내용으로 한다. 자세한 내용은 부록을 참조.

2002년 정책연구로 수행된 「영재교육 진흥 종합 계획 수립 방안 연구」는 당시의 국내 영재교육 실태와 문제점을 분석하고 제1차 영재교육진흥종합계획의 핵심과제들을 제시하였다(조석희, 김홍원, 박성익, 정현철, 2002). 그 주요 내용으로 '영재교육 대상 영역 및 학생 수 확대', '영재교육 기관의 특성화', '대학교육과의 연계 강화', '영재교육 담당교원의 전문성 제고', '영재교육 연구·지원 기능 강화' 등 다섯 가지를 제시하고 있다.

1. 영재성 계발기회의 확대를 위해 영재교육 대상 영역을 수학, 과학에서 정보과학, 예술, 언어, 외국어 분야 등으로 확대할 필요가 있음을 강조하였고, 영재교육대상자 수를 당시 9,000명 선에서 약 40,000명 선으로 확대하는 방안을 담고 있다.
2. 영재학교, 영재교육원, 영재학급을 기관유형별로 특성화하여 영재학교는 고등학교급 정규교육과정을 운영하는 학교, 영재교육원은 각 분야 영재의 잠재력 및 창의성 계발, 영재학급은 방과 후, 주말 등을 활용하여 일반 학교에서 지역공동 영재학급으로 운영하는 방안들이 제시되었다.
3. 대학교육과의 연계 강화를 위해 영재교육을 받은 학생들이 대학에 진학할 때, 특정 분야의 탁월한 성취를 이룬 경우 최저학력기준을 완화해 주거나 대학 진학 후 특수 교육 프로그램을 제공하는 방안을 제시하고 있다.
4. 영재교육 담당교원의 전문성 신장을 위해 영재교육 관련 연수를 받게 하고 필요한 경우 해외 우수인력을 초빙하거나 대학, 연구소의 전문 인력을 파견하는 방법도 거론되었다.
5. 영재교육 연구 및 지원을 강화하기 위해 특정 분야별로 영재교육연구원을 설치 운영하고 해당되는 각 부처에서 지원할 것을 제안하였다. 이외에 종합영재교육연구원을 설치 운영하여 영재교육대상자 선발도구 개발, 프로그램 개발, 교사 연수, 교수학습 방법 연구 개발 업무를 수행할 수 있는 방안을 제시하고 있다.

바. 영재교육담당자 협의회

한편 2002년 5. 22 시도 담당자 회의를 열어 시·도교육청 공동 교수·학습자료 개발 및 영재교육 추진방향에 대한 회의를 부산대학교에서 개최하였으며 동 장소에서 열린 영재학회에 참여하여 영재교육 정보 교류의 기회를 가지게 되었다. 동 회의는 2002. 4. 19 개최된 영재교육 담당 과장 및 장학사 회의에서 시달된 "영재교육 시행방안 해설"에 이어 그 이후의 경과 및 중점 추진사항, 행정사항 등에 대한 논의가 있었다.

이와는 달리 시·도교육청에서는 2003년도 영재교육 실시를 위한 교수·학습자료 개발 및 교원 연수 등에 관한 협의가 이루어졌다. 사실 교수·학습 자료는 그 동안 교육개발원에서 개발 보급하였으나 실제 현장에서의 활용도가 높은 편이 아니었다. 사실 영재교육 대상자의 수준을 고려하여 개발된 자료가 아니었기에 그간 개발된 자료를 활용하는 데는 한계가 있었다. 그리하여 시·도교육청 공동으로 영재교육 대상자의 수준에 맞게 자료를 개발하는 것이 관건이었다. 그리하여야만 실제 영재교육 기관에서 활용도가 높아질 것이다. 따라서 한국교육개발원이 주관이 되어 시·도교육청 공동으로 예산을 투자하여 초·중등학교 영재 심화 교수·학습자료 개발을 하게 된 것이다. 이렇게 개발된 자료가 한층 체계적이고 영재 담당교원이 활용하는 데 유익한 자료가 되었다.

그리고 영재교육 담당교원 연수·배치에 관한 지침을 영재교육연수 이수 교사가 영재교육기관에서 영재교육을 담당할 수 있도록 관리 철저, 연수대상자 선정 시 영재교육기관에서 영재교육 담당할 교사 중심으로 선정에 철저, 영재교육 담당교사는 전보제한에 예외규정을 두어 계속적으로 영재교육을 담당할 수 있도록 별도 관리하도록 지침을 시달하였다. 또한 영재교육관련 예산반영 및 영재학급 연구학교 운영 공개 보고회 관련 사항을 협의하였다.

본격적인 영재교육 시행을 앞두고 2002. 12. 21 대전교육청 회의실에서 그 동안 교육부 및 관계부처 등과 협의를 거친 내용들을 논의하기 위하여 시·도교육청 영재교육 담당 장학사 회의 개최하였다. 특히 이 회의에서 시·도교육청 간 영재교육에 관한 정보교류 등을 위하여 협의회를 구성 운영토록 하였다. 동 협의를 분기별로 개최하여 영재교육 시행 상에 나타나는 문제점이나 영재교육에 필요한 교수·학습 자료의 공동개발과 관련된 내용을 지속적으로 논의할 수 있는 기반을 마련하게 되었다. 그리고 〈표 1.7〉에 제시된 바와 같이 영재학급 연구학교 운영 결과에 대한 논의를 거쳐 2002년도 영재학교 추진 방향을 설정하였다.

영재교육진흥법에 근거하여 한국교육개발원 영재교육센터를 영재교육에 관한 이론적 기초연구, 영재교육 정책연구, 영재판별에 관한 연구·개발, 영재교육 방법 및 자료의 연구·개발, 영재교육지원시스템 연구·개발, 교원 연수 자료의 연구·개발 및 연수 실시, 영재교육에 관한 종합데이터베이스 구축·관리 등을 하기 위한 영재교육연구원을 지정하여 영재교육 전문기관으로 발돋움하게 된다.

〈표 1.7〉 영재학급 연구학교 운영현황(2001년 당시)

구분 \ 학교		장곡초등	유안초등	신방학중	주례여고
학교위치		경기도 시흥시	광주광역시	서울시	부산광역시
학교 규모	학급수	38	43	35	30
	학생수	1,674	1,675	1,272	1,303
연구주제		잠재능력 발현 활동을 위한 영재아 선발 및 운영방안	심화학습프로그램 적용을 통한 초등학교 영재교육의 효율성 연구	자기주도적 학습프로그램 적용을 통한 영재교육 일반화 연구	일반계 고등학교의 영재학급 운영방안 연구
영재교육 영역		• 2~3학년: 수학·과학 통합반 • 4~6학년: 수학, 과학, 정보과학 3영역	• 3~6학년: 언어·사회반, 수리·탐구반	• 1학년: 언어 영역, 수리·탐구 영역	• 교과 영역별 수학, 과학, 외국어
영재교육 대상자수		143명(10.96%)	116명(9.91%)	34명(협력학교 13명 포함)	57명(7.3%)
운영시간		방과후 주1회 2시간	특별활동 및 재량활동 2시간	방과후 주 3회 각 90분	방과후 주 2회 4시간
선발방법		**다단계선발** • 1단계: 표준화검사 30% • 2단계. 교사, 아동, 학부모 추천, 수상 경력 10%→40% • 3단계: 표준화 (문제해결력 검사) 20% • 4단계: 관찰 10%	**다영역선발** • 지능검사 40% • 창의적 문제해결력 검사 20% • 창의성검사 20% • 담임교사추천 20%	**다단계선발** • 1단계: 지능검사, 학업성취도 200% • 2단계: 경시대회 150% • 3단계: 창의력검사,교사추천 120% • 4단계: 심층면접	**다단계선발** • 1단계: 추천 • 2단계: 표준화검사 • 3단계: 탐구과제물 부과 • 4단계: 심층면접 • 자가선발법 등 다양한 선발방법
선발위원회 구성		9명 교장, 학부모 2, 교사 4, 교감, 지역인사 1	8명 교감, 연구, 교무, 주제담당, 해당학년부장 4	구체적으로 명시되지 않음	10명 교감, 교육정보부장, 연구학교 담당자, 연구위원 6
운영 형태		방과후 영재학급	특별활동 영재학급	지역공동 영재학급(방과후)	방과후 영재학급

〈표 1.7〉 영재학급 연구현황 (계속)

구분 \ 학교	장곡초등	유안초등	신방학중	주례여고
영재교육반편성	10개 반 수학과학통합반 4 수학반 3 과학반 2반 정보과학반 1	8개 반 언어사회반 4 수리탐구반 4	2개 반 언어영역 1 수리탐구영역 1	6개 반 수학, 물리, 화학, 생물, 지구과학, 영어
교수학습프로그램	KEDI 개발자료를 참고하여 본교의 수준에 맞게 재구성하여 활용, 교수학습과정안 주 1회 작성	KEDI개발자료 및 선행 연구자료 재구성 활용	자체 제작 활용	자체 제작 활용
교수형태	3명의 교사가 팀티칭(역할 분담)	2명의 교사가 팀티칭	1명의 교사가 지도	1명의 교사가 지도
교사연수	전문가 초빙 및 자체연수	전문가 초빙 및 자체연수	전문가 초빙 및 자체연수	전문가 초빙 및 자체연수 및 특별 프로그램운영
사이버교육	홈페이지 개설 운영	홈페이지 개설 운영		홈페이지 개설 운영

사. 수월성 교육종합대책 수립

영재교육의 법·제도적 정비가 완료되고 2003년부터 공교육차원에서 영재교육이 시작되자 많은 학부모와 학생들로부터 관심이 늘어나게 되었다. 그러나 영재교육 대상자의 수요는 많은 반면 이를 수용할 수 있는 영재교육기관이 제한되어 있음으로써 사회 각계에서 우수학생을 위한 교육적 요구가 증대되기 시작하였다.

2004년 하반기에 들어 이러한 요구는 최고조에 이르러 교육부에서도 이를 위한 정책을 수립하게 되었다.

기존에 수립된 영재교육진흥종합계획이 있지만 이는 영재교육대상자를 대상으로 국한되어 있었으므로 이를 일반학생들까지 기회를 제공하는 쪽으로 확대하는 방안 마련이 필요하였다. 결국 영재교육과 또 다른 한 축으로 일반학교의 수월성 교육을 증대하는 내용을 수립하게 된다.

한편 일반 학교교육과 별도로 추진되고 있었던 영재교육은 2004년 12월 22일 교육인적자원부가 발표한 「창의적 인재 양성을 위한 수월성교육종합대책」을 계기로 학교교육의 수월성 추구와 연계하여 더욱 확대·추진하게 되었다. 수월성 교육종합대책은 현행 평준화 제도 하에서 학교교육의 보편성과 수월성을 조화롭게 추구하기 위해 마련되었으며 이는 영재교육기관뿐 아니라 일반학교에서 수월성을 극대화할 수 있는 방안을 제시한 것으로, 2010년까지의 추진목표를 구체적으로 담고 있다. 주요 내용은 2006년 고등학교에 AP 제도를 도입하고, 2007년까지 전체 중고교의 50%까지 수준별 이동수업과 트래킹 제도를 도입하며, 2010년까지 전체학생의 5%인 40만 명에게 이들의 수준에 맞는 수월성 교육을 실시하고, 영재교육 대상자를 1%인 8만 명으로 확대한다는 것이다. 또한 2010년까지 영재학교와 영재교육원을 각기 3개교와 250기관으로 확대하고 영재교육 전문교사를 11,000명까지 늘리는 등 기존의 「영재교육진흥종합계획」을 확대·추진하는 연장선상에 있는 정책이다.

수월성교육종합대책의 새로운 점은 조기진급 및 조기졸업제도의 실제적 운영을 위한 개선방안과 소외계층 학생도 영재교육의 혜택을 받을 수 있도록 한 점이라 할 수 있다. 동 대책은 당시 방송, 언론 등에서 주요 뉴스로 다루면서 우리사회의 수월성 교육에 대한 관심도를 가늠할 수 있었다.

제 2 장

우리나라 영재교육 정책 방향

1. 영재교육 정책의 세계적인 추세[20)]

세계 대부분의 나라는 고급 인력 자원의 개발만이 자국 발전의 주요 수단이라는 인식 하에 영재교육에 열을 올려왔다. 평준화 교육 체제를 운영하는 미국, 캐나다, 뉴질랜드, 오스트레일리아 등의 나라들은 영재교육이라는 특별교육을 실시함으로써 영재들의 지적 욕구와 특성에 알맞은 교육을 제공하고자 노력하고 있다. 이들은 영재들의 지적능력 수준, 관심 분야, 지역사회 및 학교의 여건과 특성에 따라 영재학교, 영재학급, 월반, 조기진학, 조기졸업, 지역별 공동 영재학교, 영재교육센터, 사사제도 등 다양한 방법을 동원하고 있다.

러시아, 중국, 헝가리, 폴란드처럼 인간의 개인차를 인정하지 않던 나라들까지도 이념적인 모순을 아랑곳하지 않고 영재를 위한 특별 교육으로 1950년대부터 각종 수학, 과학 경시대회를 통하여 영재를 조기 발굴하고 그들로 하여금 수학과 과학 분야에 관심을 갖도록 노력해왔다.

자원의 부족 및 지정학적 여건 등이 우리나라와 비슷한 이스라엘도 1970년대부터

---

20) 이하 내용은 교육부와 한국교육개발원 공동으로 2001년 10월에 2002년부터 시행되는 영재교육진흥법과 관련하여 영재교육 시행방안에 대한 시·도교육청 업무 담당자의 참고자료로 작성된 내용 중 일부를 발췌하였다.

다양한 방법과 수준으로 영재교육을 실시하고 있다. 이외에도 남미의 베네수엘라, 칠레, 아시아의 인도, 필리핀, 태국, 대만, 중국, 인도네시아, 말레이시아, 싱가포르 등이, 아프리카에서는 가나, 짐바브웨, 나이지리아, 남아프리카 공화국 같은 나라들까지도 일반 교육과 병행하여 영재를 위한 특별 교육을 실시하고 있다.

유럽의 여러 나라는 오랫동안 10~11세 학생들의 능력 수준에 따라 진학하는 학교를 달리하게 함으로써 학업적성이 우수한 학생들은 김나지움에서 교육을 받았다. 그러나 1980년대에 들어 김나지움에 진학하는 학생들의 비율이 증가하면서 김나지움 이상의 영재교육을 실시하기 시작하였다. 정부의 적극적인 정책적·재정적 지원으로 특수학교 설치와 일반 학교 내의 능력별 집단 편성, 상급학교 진학 시에 실시하는 입학시험을 통한 능력별 교육과 학교 외의 영재교육센터를 설립하여 다양한 방법으로 영재교육을 착실히 추진하고 있다.

2. 영재교육 정책

가. 영재교육의 목적

영재교육을 '왜 국가 차원에서 실시해야 하는가'는 간단한 내용 같지만 실제는 교육 정책에서 영재교육이 차지하는 자리와 영재교육대상자 및 영재교육 영역을 정하는 데 직접적인 영향을 미치기 때문에 분명히 정리하고 넘어가야 한다. 먼저 영재교육을 실시하는 목적은 국가발전, 그리고 학생들의 능력과 잠재력을 계발하기 위한 것 두 가지로 설명할 수 있다. 흔히들 첫 번째 목적인 '국가발전' 측면이 강조되고 있는데, 이는 소수정예 고급인력을 양성해야 할 필요성에 대한 인식에서 강조되고 있다. 이와 함께 '개인의 역량에 맞는 교육기회 제공'이라는 측면에서 영재교육이 실시되고 있다는 측면을 간과해서는 안 된다. 이 경우 형평성을 골간으로 하는 공교육 틀을 유지하면서 그 보완으로 잠재력이 뛰어난 학생들을 대상으로 수월성을 가미하는 교육을 실시해야 한다는 인식에서 시작하고 있다.

위 두 가지 목적 중에 어느 측면에 더 중점을 두느냐는 실제로 혼재돼서 나타나기 때문에 명확히 선을 가르기가 용이하지 않다.[21]

---

21) 미국의 'Jacob & Javits Acts'에서 '영재는 국가의 미래와 안보, 번영을 위하여 필수적인 국가의

굳이 나누자면 영재학교와 같이 소수의 창의적 영재를 대상으로 하는 학교는 국가의 정책적 필요성이 상대적으로 많이 반영될 것이고, 보다 많은 학생을 대상으로 하는 영재학급과 영재교육원의 경우에는 학생들이 지닌 잠재력을 계발할 기회를 부여해야 한다는 교육적 측면이 강조되는 것이 일반적인 경우라 여겨진다. 그럼에도 불구하고 영재교육은 소수의 잠재력을 지닌 학생을 위한 교육 또한 공교육이 수행하여야 할 기능이라는 본질적인 측면에서 접근하는 것이 여러 나라에서 공통적으로 강조되고 있다.

나. 영재교육의 영역

어느 분야의 영재교육을 실시하느냐 하는 것은 영재교육 시스템 구축과 밀접히 연관되어 있음과 아울러 정책방향을 결정짓는 중요한 부분이다. 그러나 영재교육대상자의 특성을 일률적으로 단정 짓기 어려움과 마찬가지로 영재교육의 영역 또한 포괄적이어서 단순히 설명하기에는 한계가 있다.

1) 법령에 정의된 영재교육 영역

2000년 공포된 영재교육진흥법 제2조에 영재를 '재능이 뛰어난 사람으로 타고난 잠재력을 계발하기 위하여 특별한 교육을 필요로 하는 자'로 정의하면서 동법 제5조(영재교육대상자의 선정)에 영재교육 영역과 관계되어 영재교육대상자를 일반지능, 특수학문 적성, 창의적 사고능력, 신체적 재능, 기타 특별한 재능이 우수한 자로 구분하고 있다. 따라서 우리나라의 경우에도 동 조항에 따라 영재교육의 영역을 결정하고 있는 데 대개 수학·과학 분야의 영재교육이 활성화되고 있는 실정이다.[22] 앞으로는 예능, 정보 등 다양한 분야로 영재교육 영역이 확대되어야 할 것으로 본다.

미국 교육부는 일반지능/특수학문적성/창의적 또는 생산적 사고/지도력/시각적 공연예술 등에 있어서 한 분야 또는 여러 분야에서 이미 성취를 나타내거나 잠재능력이 있

자원'이라고 규정하면서 '미국이 번영하려면 모든 학생들은 그들의 잠재력을 개발하여야 한다'라거나 우리나라의 '영재교육진흥법'에서 '재능이 뛰어난 사람을 조기에 발굴하여 타고난 잠재력을 계발할 수 있도록 능력과 소질에 맞는 교육을 실시함으로써 개인의 자아실현과 국가 사회의 발전에 기여함을 목적으로 한다'고 규정한데서도 드러나고 있다.

22) 우리나라의 경우 영재교육기관(영재학급, 영재교육원)에 개설되어 있는 영재교육 영역을 살펴보면 과학 분야가 42.5,%로 가장 많으며 다음으로 수학 분야로 38.%이며, 예능(2.6%)정보(11.6%), 기타(4.5%) 분야의 영재교육을 실시하고 있다.

는 아동을 영재로 보고 있다.[23] 한편 캘리포니아 교육법에서는 지적능력/창의적 능력/학업 능력/지도자적 능력/높은 성취/공연과 시각 예술적 재능 같은 범주 중 하나 또는 그 이상을 사용하여 잠재능력을 정의해야 한다고 규정하고 있으며, 가드너(하버드대 교수)의 중다지능 이론에 의하면 인간의 지능을 언어 지능/음악적 지능/논리·수학적 지능/공간 지능/신체·운동적 기능/개인 내적 사고지능/개인간 지능 등 일곱 가지로 구분하고 각 분야마다 영재성이 존재한다고 본다.

2) 영재교육 영역 설정의 일반적 경향

최근 들어 영재교육 대상과 영역을 확장하여 가능한 한 잠재능력을 지닌 학생에게 영재교육의 기회를 제공하려는 것이 일반적 경향이다. 이러한 관점에서 영재교육기관에서 이루어지고 있는 영재교육 영역을 살펴보면 다음과 같다.

첫째, 영재학교의 경우 해당 분야를 중점적으로 하면서 타 일반교과도 같이 제공한다.[24] 둘째, 영재학급은 전 교과에 대한 영재학습을 하거나(미국 및 싱가포르의 상설 영재학급) 또는 특정과목에 대한 영재학습(시간제 영재학급 등)을 하는 경우로 나눠진다. 셋째, 영재교육원의 경우에는 운영목적에 따라 특정영역에 대한 영재교육을 주로 실시(수학/과학 등이 대부분이며, 일부 예술 프로그램[25]을 운영)하고 있다.

---

23) 영재교육법에서는 영역을 명시하지 않고 '잠재능력이 있는 아동'에 대한 영재교육 필요성만 언급하고 있으며 신체적 재능은 1978년에 제외됨.

24) 미국 Indian Academy of Science, Mathematics and Humanities는 수학/과학을 강조하고 있지만, 인문학도 중시하며, 이스라엘의Israel Arts and Science Academy도 수학/과학뿐 아니라 예술을 동시에 제공한다. 또한 러시아의 영재학교에서는 수학, 과학, 정보과학과 함께 경제학, 인문학 (역사, 문학, 외국어) 등도 실시하고 있다. 영국(2001년부터 영재교육실시)에서는 법령 교과과정과 함께 미술, 음악, 체육도 대상으로 하고 있음.

25) 예술교육의 경우에는 음악, 무용 분야가 주를 이루고 있으며, 예술교육만 하는 영재학교는 매우 드물다. 동구권 일부 국가에서만 예술영재학교 운영 중이며, 미국의 경우에는 마그넷 스쿨에서 예술 분야에 중점을 두면서 일반교육 과정도 같이 운영하는 경우와 일주일에 한 두 번씩 교육하는 프로그램 형태가 대부분임.

다. 영재의 정의

1) 영재와 관련된 몇 가지 용어(오영주, 2008)

흔히 우수한 사람을 '천재' '신동' '영재'라고 부른다. 많은 사람들이 탁월하거나 우수한 사람을 지칭해 용어를 혼용하지만, 영재교육의 관점에서 보자면 각 용어의 개념에는 분명한 차이가 있다.

'천재'(Genius)는 하늘이 내린 재능이라고 할 정도의 극도로 뛰어난 능력을 선천적으로 타고난 사람으로 인류의 삶에 지대한 영향을 미친 창조적 업적을 낸 사람이다. 그 업적은 혁신적인 이론, 법칙, 발견으로부터 예술적 문학적 작품에 이르기까지 다양한 분야와 유형에서 나타난다. 대개 천재의 업적은 그가 살던 시대뿐 아니라 사후에도 영원히 인정되지만 때로는 사후에야 빛을 발하는 경우도 있다. 시공을 초월해 인류의 사랑을 받는 모차르트·베토벤·미켈란젤로와 같은 예술가, 인류의 과학 발전에 무한한 가능성을 열어 준 상대성 이론의 아인슈타인·지동설의 코페르니쿠스와 같은 과학자를 들 수 있다.

'신동'(Prodigy)은 어른의 수준에 버금가는 재능을 발휘하거나 오히려 더 뛰어난 재능을 보이는 10세 이전의 아이를 말한다. 이들은 선천적으로 뛰어난 능력을 타고났기 때문에 보통의 아이와 같은 시간과 노력만으로도 그들과는 비교되지 않는 탁월함을 나타낸다. 6세에 바이올린, 피아노, 오르간 연주를 마스터한 모차르트, 5세에 훌륭한 그림을 그린 중국의 야니, 6세에 조를 바꾸며 바이올린을 연주한 장영주, 6세와 9세에 태양력을 완벽하게 계산한 조지-찰스 형제를 신동으로 본다. 모차르트처럼 신동이던 어린이가 성인이 되어서도 창조적 업적을 남김으로써 천재로 불리는 사람도 있지만, 성인이 되면서 특별한 업적이 없어 신동으로만 남는 사람도 있다.

'영재'(Gifted & Talented)는 타고난 '잠재력'이 뛰어나면서 '창의성'과 '과제집착력'이 남다른 사람을 말한다. 학문적 정의에 의한 영재의 개념에는 천재나 신동처럼 위의 세 요소를 지녔지만 아직 성취하지 못한 '미성취 영재'(Underachieving Gifted)가 포함된다. 영재가 이미 업적을 낸 사람일 수도 있지만 아직 그렇다 할 업적이 없는 사람일 수도 있다는 뜻이다. 그리고 영재와 보통 사람을 구분짓는 절대 기준으로 '탁월한 잠재력의 소유 여부'를 꼽는다. 탁월한 잠재력은 '영재성'(Giftedness)이라는 용어로 표현된다.

2) 영재의 정의

영재교육과 관련해서 가장 자주 제기되는 질문은 '누가 영재냐'이다. 이 개념이 정리되어야 영재교육대상자가 나오고 그에 따른 프로그램과 교재 등이 나올 수 있기 때문이다.

그러면서 전체학생의 얼마가 영재냐 또는 IQ 얼마 이상이 영재냐 하는 등의 질문이 나오게 된다. 이와 관련해서는 영재의 정의는 바로 영재교육 대상자가 되기 때문에 어느 수준의 학생들이 영재이다. 라고 일률적으로 정의할 수 없다는 점을 말하고 싶다. 물론 각종 연구에서는 나름대로 영재의 기준을 정하고 있지만, 그것은 학술적인 측면에서 개념이지 실제적인 개념과 다를 수밖에 없다. 즉, 영재의 정의는 영재교육 분야, 수용규모, 교육정책적 목적 등에 따라 정해진다는 것이다.

그래서 국가수준에서는 '일반학생을 상회하는 능력이 있는 학생' 또는 '잠재능력이 뛰어난 학생' 등으로 정의하고, 그에 맞추어 각 교육청 또는 영재교육기관에서는 자체 실정에 맞는 영재교육대상자 선정기준을 정하게 되는 것이다. 이런 사유로 영재교육진흥법령에서는 영재를 '재능이 뛰어난 사람으로 타고난 잠재력을 계발하기 위하여 특별한 교육을 필요로 하는 자'로 정의하고 이중 '영재판별기준에 의하여 판별된 사람을 영재교육대상자로 선정' 한다고 포괄적으로 규정[26]하고 있다.

영재교육대상자 범위를 규정하는 데 있어서 영재교육대상자가 전체학생의 얼마라는 가이드라인을 가지고 있는 경우도 있고, 반면에 그러한 기준 없이 각 영재교육기관에서 영재교육을 받는 학생을 취합해 보니 전체학생의 얼마에 해당된다. 라고 하는 경우도 있게 된 것이다.

영재의 정의를 일률적으로 규정할 수 없는 또 다른 이유는 각 영재교육기관에서 대상으로 하고 있는 영재의 수준이 다를 수밖에 없기 때문이다. 예를 들어 극소수 영재를 전문적으로 가르치는 학교에 다니는 영재는 전체 학생의 0.01%(1만 명당 1명) 이하일 수도 있을 것이며, 반면에 각급학교에 개설되어 있는 영재학급에 다니는 학생의 경우에는 상대적으로 낮은 수준의 영재를 대상으로 하며 반면에 그 수는 훨씬 많아 질 수 있기 때문이다.

영재의 범위와 관련해서 유념해야 할 기준은 '포함의 원칙'과 '제한의 원칙'이다. 포함의 원칙을 유지하는 경우에는 영재의 범위를 폭넓게 보고 잠재력이 있다고 판단되는 학생들을 영재교육대상자로 선발해 기회를 제공하는데 주안을 두게 된다. 따라서 포함의 원칙에서는 선발보다 교육내용에 더 관심을 갖게 된다. 제한의 원칙을 유지하는 경우

26) 영재교육진흥법 제2조 및 제5조. 동법 시행령 제12조(영재교육대상자의 판별 심사 선정 기준 등)에서도 '특정 분야에서 일정수준 이상의 뛰어난 재능 또는 잠재력이 있다고 인정될 것'이라고 규정하고 세부기준은 교육감이 정할 수 있도록 하고 있음.

에는 영재의 정의를 아주 엄격하게 정의해 영재라고 여겨지는 학생들만 선발하는데 주안을 두게 된다.

위 두 가지 원칙은 결국 그 나라의 여건 등에 따라 정해지는 것으로, 따라서 어느 것이 더 나은 방안이라 단정하기는 어렵다고 본다. 참고로 우리의 경우에는 영재교육 시행 초기라는 점과 사회적 과열에 따른 부작용을 예방하기 위하여 엄격한 선발을 강조하고 있다. 그렇지만 앞서 말했듯이 극소수 영재를 대상으로 하는 영재학교는 '제한의 원칙'에 가깝고 보다 많은 학생을 대상으로 하는 프로그램식 영재교육들은 '포함의 원칙'에 가깝게 운영하는 형태를 취하고 있다.

영재교육을 실시하고 있는 많은 나라들이 포함의 원칙에 따라 영재교육대상자를 선발하고 있다. 이는 가능성이 있는 학생, 즉 잠재적인 영재까지 영재교육대상자로 포함해 그들이 지닌 잠재력을 계발할 수 있는 기회를 최대한 갖도록 하기 위한 것이다. 그래서 우리의 경우에도 정책기조는 포함의 원칙에 따라 영재교육대상자를 선발하는 것으로 정하고, 대신 영재교육 시행초기로 각종 준비가 필요함을 감안하여 우선은 2007년까지 전체학생의 약 0.5% 수준인 약 4만 명의 학생에게 영재교육 프로그램을 제공할 계획이다.

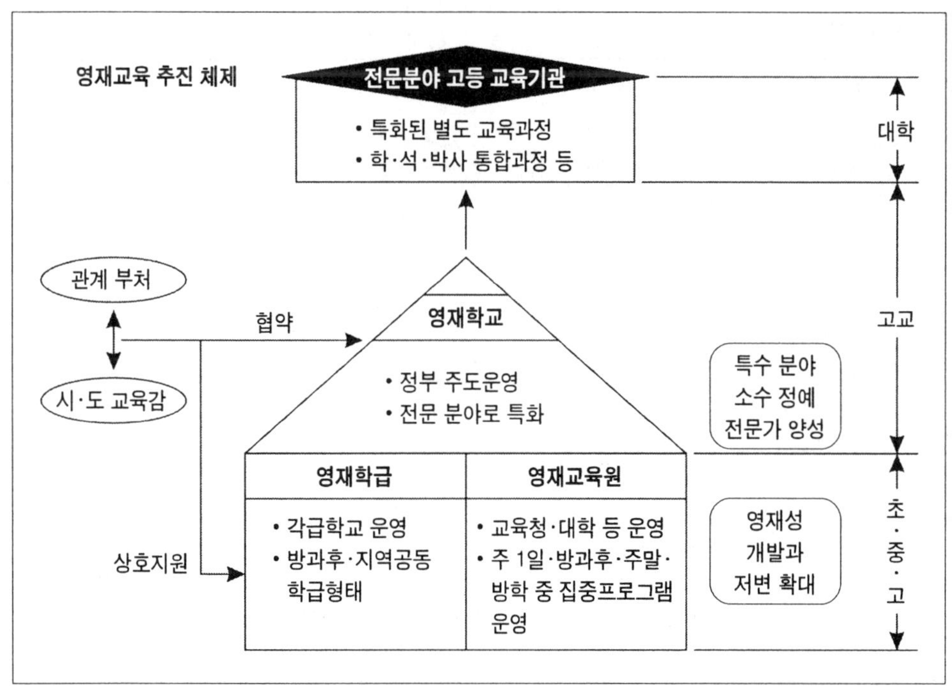

[그림 2.1] 영재교육 추진체제

이를 바탕으로 2008년도 이후에 다시 종합계획을 세울 때에는 여러 나라에서 최소 기준으로 정하여 시행하고 있는 1% 대상 학생 선으로 확충할 수 있는 기반을 다지자는 것이다. 0.5% 수준으로 목표를 정한 데에는 영재교육대상자를 수용할 수 있는 프로그램 개설의 가능성 정도, 양성 가능한 교원 등 각종 현실적인 준비상황도 동시에 고려하였음은 물론이다.

라. 영재교육기관

현행법상 영재교육기관은 영재학교, 영재학급, 영재교육원으로 구분되어 있다. 대상 학생의 수나 교육기관의 수 등으로 볼 때 이들은 [그림 2.1]과 같이 피라미드형 형태로 서로 연계된다.

미국이나 이스라엘처럼 영재교육이 활성화되어 있는 나라들도 이러한 시스템을 취하고 있다. 종국적으로는 하단의 영재교육기관(영재학급/영재교육원)에 있는 학생들 중 영재성이 뛰어난 학생들이 영재학교로 진학하게 되는 경우가 많을 것으로 전망하고 있으며, 대학과 연계는 해당 분야 학과나 학부에 특별전형 형태 또는 관련 전문 분야 대학

〈표 2.1〉 영재교육기관의 설치

구 분	영재학교	영재학급	영재교육원	비 고
지정권자	교육과학기술부장관 (중앙위원회 심의)	교육감 (시도위원회 심의)	교육감 또는 관계부처 장관 (시도위원회 또는 중앙위원회 심의)	
운영권자	교육감 ※ 시·도교육감과 관계부처 간의 협약에 의해 운영	영재학급을 둔 학교장	교육감, 대학 정부출연기관 공익법인	• 실제 운영은 기관장
법적 성격	정규학교 (고교과정)	비정규교육과정 (초등, 중등학교)	비정규교육과정 (부설교육기관)	
설치기준	• 학급당 학생수 20인 이하 • 고등학교설치 운영기준	• 학급당 학생수 20인 이하 • 도서관 등 기타 필요시설	• 학급당 학생수 20인 이하 • 도서관 등 기타 필요시설	• 기타 필요시설은 의무사항 아님
평가	지정권자와 같음	지정권자와 같음	지정권자와 같음	• 지정취소 가능

〈표 2.2〉 영재교육기관의 운영

구 분	영재학교	영재학급	영재교육원	비고
입학자격	• 중학교 졸업자 및 동등학력자 -중학교 재학생도 지원가능	• 제한 없음 (학칙으로 규정)	• 제한 없음 (학칙으로 규정)	• 중학교 재학생이 영재학교에 입학하면 조기졸업한 것으로 간주
교육과정	• 학칙으로 규정 -학칙이 정하는 바에 따라 정규교육과정 이수로 인정	• 학칙으로 규정 * 정규교육과정 이수로는 인정하지 않음	• 학칙으로 규정 * 정규교육과정 이수로는 인정하지 않음	• 영재학교는 국가교육과정과 다르게 운영 가능
교과서	자율	자율	자율	• 영재학교는 「교과용도서에 관한 규정」 비적용
위탁교육	• 대학 및 다른 영재교육기관에 위탁교육 가능	좌동	좌동	• 대학의 위탁교육을 받은 경우 대학학칙에 따라 선수학점 인정 가능
학사운영	• 수업일수: 자율 (현행 220일) • 무학년제 가능 • 학기제 적용 자율 • 학급편성 자율	학칙으로 규정	학칙으로 규정	• 영재학교는 학사운영에 관한 초·중등교육법령과 달리 적용가능
학생부	• 현행 학생부와 별도의 자료 기록 의무	• 학생부에 준하는 자료 작성·관리 -당해 기관에서 수학하는 학생의 소속 학교에 통보	• 학생부에 준하는 자료 작성·관리 -당해 기관에서 수학하는 학생의 소속 학교에 통보	
학운위	• 지역위원의 일부 또는 전부를 전문가로 대체 가능	해당 없음	해당 없음	• 현행 학운위 기능중 학생선발에 관한 학칙의 제·개정은 선발위원회가 관장

과 영재학교와 협약에 의해 일정수준 이상인 학생들이 진학 하는 형태로 운영되게 된다.

1) 영재학교

영재교육진흥법에 의하면 영재교육기관으로 영재학교, 영재학급, 영재교육원으로 구분되고 있다. 영재학급과 영재교육원은 비정규 교육과정으로 프로그램 형태로 운영되다 보니 학교 교육에 미치는 영향은 크지 않다. 그러나 영재학교의 경우 전일제 학교로 운영되므로 영재학교가 공교육체 미치는 영향은 지대하다. 따라서 사회적으로도 많은 관심을 가질 수밖에 없는 상황이다. 그리하여 영재학교는 우리나라의 교육적 상황을 고려하여 고등학교 단계로 국한하면서 극소수로 운영하는 기본방향을 정하게 된다. 지난 2001년에 대통령 주재 교육인적자원 분야 장관 간담회에서 영재학교의 운영방식을 결정하게 되었는데 이 결정에 따르면 영재학교는 전문화된 영재교육 실시를 위해 해당 분야 인력관리를 맡은 부처에서 기존 고등학교 중 적격학교를 선정, 시·도 교육감과 협약을 체결하고 영재교육을 주문하는 형태로 시행하도록 결정하였다. 이러한 방식은 우리나라에서도 이미 실업계 고등학교(현 전문계고등학교)와 전문대학이 협약에 의해 학생을 선발하는 전례가 있으며 이러한 협약에 의한 모델이 새로운 교육체제로 도입될 수 있음을 시사한다.

특히 이러한 영재학교는 전문 분야 영재들을 대상으로 하기 때문에 전문 분야 인력양성과 관련된 정부부처에서 인적·물적 지원 및 졸업생 진로지도에 일정 역할을 맡아 주어야 교육의 성과를 극대화할 수 있다. 이러한 점을 고려하여 영재학교는 정부부처와 시·도교육청 간 협약을 맺어 대상학교를 선정하고, 서로 협력하여 전문 분야 영재를 육성하는 제도를 취하고 있다.

영재학교는 전문 분야 영재를 대상으로 전일제로 운영하는 학교를 말한다. 가장 뛰어난 잠재능력을 지닌 영재를 대상으로 하고 있는 학교이기 때문에 상대적으로 그 수가 많지 않을 수밖에 없으며 우리의 경우 고등학교급으로 운영하도록 하고 있다. 이는 초등학교나 중학교의 경우, 별도 전일제 영재학교를 운영할 경우 학생들의 사회성 발달에 부작용을 미칠 영향이 크다는 점, 그리고 외국의 경우도 그 사례가 거의 없다는 점을 고려한 것이다.

그렇지만 영재를 조기에 발굴한다는 측면에서 중학교 1, 2학년 재학생도 고등학교급 영재학교에 입학할 수 있도록 하고 그 경우 영재교육진흥법시행령 및 초·중등교육법에 의해 중학교를 조기 졸업한 것으로 간주하고 있어 실제는 중1 이상의 학생을 대상으로 영재학교가 운영된다고 할 수 있다.[27)]

이에 따라 2001년 과학기술부가 과학고 대상으로 공모를 거쳐 부산과학고를 영재학교 전환대상학교로 정하고 부산광역시교육감과 협약을 맺어 영재학교 운영에 필요한 지원을 하기로 한 것이다. 부산과학고는 중앙영재교육진흥위원회의 심의를 거쳐 2002년 5월 3일자로 교육인적자원부장관으로부터 영재학교로 지정을 받아 2003년부터 운영되고 있다. 현재 정부의 방침은 부산과학고를 영재학교로 시범 운영하면서 그 성과를 면밀히 분석하여 단계적으로 확대해 나가는 방안을 검토한다는 것이다.

영재학교의 지정권자는 교육인적자원부장관이므로 시·도교육감이 관내 학교 중 일부학교를 영재학교로 지정할 수 없다. 기존 학교의 지정 외에 영재학교의 신설은 법률상 국가의 권한이므로 (영재교육진흥법 제6조) "특별법" 또는 "국립학교설치령"에 의거 설치되어야 하며 시·도 조례로 영재학교 설치는 근본적으로 제한되고 있다.

따라서 이러한 방식에 따라 과학기술부가 전국의 과학고를 대상으로 공모절차를 거쳐 부산과학고등학교를 영재학교로(2001. 11. 14)로 선정하게 되었다. 영재학교 지정·전환 조건으로 법령상의 영재학교 설립기준을 충족하고 협약을 체결한 경우에 한하여 허용하며, 관계부처가 협약을 통해 전문인력 양성에 필요한 영재교육을 실시토록 시·도교육감에게 주문하고 소요경비를 지원하고 대학과도 협약을 체결하여 영재교육 지원 및 졸업생 진로대책 마련하도록 하였다. 그리고 운영대상 학교의 범위로 국가차원에서 고급인적자원 양성이 절실한 분야부터 우선 시행하되 극소수 학교 대상 시범 운영 후 성과를 보아 단계적 확대하며 고교과정 학교로 운영하되, 중학교 재학생도 선발할 수 있도록 하였다.

부산과학고등학교를 중앙영재교육진흥위원회 심의(2002. 4.30)를 거친 후 영재학교로 지정(2002. 5. 3)하여 2003년 3월 영재학교로 개교하여 현재에 이르고 있다. 우리나라 고등학교 중 거의 유일하게 초중등교육법과 대학진학으로 부터 자유로운 학교 운영이 가능하게 되었다. 시행초기에 다소 시행착오는 있었지만 이후 영재학교로 안정적으로 정착하게 되어 일본 등 외국으로 부터 새로운 영재학교 모델로서 벤치마킹의 대상이 되곤 하였다. 2005년 부산과학고를 한국과학영재학교로 교명을 변경하고 2008년에는 KAIST 교수를 영재학교 교장으로 임용하는 등 학교운영 혁신을 통해 영재학교로서의 기능을 강화하는 여건이 마련되었다. 더 나아가 이상적인 영재교육 환경을 조성하기 위해 한국과학영재학교를 KAIST 부설학교로 전환(2009. 2. 6)하게 하여 대학과 고등학교와의

---

27) 2003년 개교한 부산과학영재학교(부산과학고) 신입생의 경우 첫 전형에서 중1~2학년 재학생 23명이 합격하였으며 그 중 1학년 3명이 포함되었음.

교육과정 연계 등을 더욱 강화시키고 있다.

KAIST 부설화를 위한 한국과학기술원법 개정법률안이 2009년 2월6일 공포됨에 따라 한국과학영재학교는 KAIST 부설화로 전환되어 운영되게 되었다. 부설화를 추진한 근본적인 이유는 다음과 같다.

첫째, 과학영재학교는 법상 고등학교이나 학생들의 수준·능력 등을 고려하면 대학수준의 교육과정 운영이 요구된다. 따라서 고등학교와 대학간 교육과정 연계를 강화하여 이중등록제, AP 등 다양한 교육프로그램 운용으로 이상적인 영재교육 체제 마련 필요하다

둘째, 초중등 교육의 틀을 벗어나 교육과정 편성, 교원채용 등에 있어 학교 운영의 자율성과 책임성을 보다 강화하여 학생 개개인에게 맞춤형 영재교육 실시 필요하다. 영재학교 운영에 필요한 전국단위 우수교사 공모, 대학교원의 활용 용이성 등을 통해 교원수준의 획기적 제고 필요하며,-각종 연구시설·연구자료 등 대학의 풍부한 교육 및 연구자원 접근성 제고로 영재교육에 직접 활용할 필요성이 있다.

셋째, 과학영재학교 확대에 따라 그간 과학영재교육의 시범·선도 역할을 수행한 한국과학영재학교(부산)의 운영체계에 대한 전면 검토 필요하다. 한국과학영재학교를 통해 과학영재교육 모델을 처음으로 도입하여 국내에 과학영재학교가 확대되는 토대를 마련하고, 한 단계 진보한 영재교육 모델 도입을 위해 한국과학영재학교를 KAIST 부설화하여 영재교육에 대한 선도적 역할 지속 수행이 필요하다. 외국의 경우에도 러시아 콜모고로프 과학영재학교(모스크바대부설), 싱가폴 수학과학영재학교(싱가폴국립대부설)등을 운영하고 있다.

이러한 한국과학영재학교 부설화가 이루어지게 되면,

첫째, 우수학생 유치 측면에서 영재학교가 늘어날 경우 우수한 학생 충원이 제약을 받기 때문에 KAIST 부설학교로 전환하여 KAIST가 갖는 다양한 매력(대학 평판, 우수한 교수, 연구시설 장비 등)활용 가능하고 이를 통해 영재학교는 우수한 학생들을 유치할 수 있고, KAIST 입장에서는 우수한 과학영재들을 고교와 대학의 연계체제를 구축하여 영속성을 가지고 효과적으로 양성할 수 있다.

둘째, KAIST 진학 측면에서 영재학교의 취지를 살리기 위해서는 우수한 대학 진학이 전제되어야 하는데, 영재학교가 늘어남으로써 생길 수 있는 협약에 의한 KAIST 입학

생 수 감소 문제를 해결할 수 있게 되었다.

셋째, 예산집행의 효율성 측면에서도-교과부 지원예산(매년 60억 원 이상)의 안정적 확보를 위해 KAIST 부설화로 예산을 KAIST로 일원화시켜 지속적 지원이 가능해지고 학교운영의 자율성에 있어서도 부설화로 학교운영과 교원활용이 보다 유연해져 영재교육의 질과 효율성이 높아져 세계적인 영재학교로 도약하는데 중요한 계기로 작용하게 될 것이다.

한편, 영재교육이 어느 정도 정착되어가자 각 시·도교육청에서 앞 다투어 영재학교 설립요청을 하기에 이르렀다. 그러나 영재학교 학생에 대한 대학의 수용성이 확보되지 않은 상태에서 영재학교를 지정하게 되면 본래의 의미가 퇴색될 수밖에 없는 상황이므로 영재학교 확대를 억제하는 방향으로 정책을 추진하였다.

그러나 대학에서도 입학전형방식이 다양화되고 우수학생을 선발하는 전형이 도입됨에 따라 2008년 4월 영재학교 전환신청을 받아 서울과학고등학교를 두 번째 영재학교로 지정하여 2009년 3월 개교하게 되었다. 2008년 하반기에도 추가로 2개의 영재하교를 지정하게 되는 데 하반기의 경우 경기, 대전, 경북, 대구, 전남. 광주. 경암 과학고 등 7개 과학고가 영재학교 신청을 하여 선정에 많은 어려움이 따르게 되었다. 심사위원들의 현장실사 등을 거쳐 2008. 12.18일 대구과학고와 경기과학고를 영재학교로 지정하여 경기과학고는 2010년도에 대구과학고는 2011년도에 각각 개교하게 되었다. 이로써 2003년 한국과학영재학교가 개교된 이래 4개의 영재학교가 운영되게 되었으며 이들은 상호 협력하에 경쟁과 협력의 영재학교 운영을 하게 될 것이다.

과학영재학교의 단계적 확대 필요성은 현행 입시제도 하에서, 또 초중등교육법 체제하에서, 특단의 조치가 없는 한, 과학고가 진정한 과학영재교육을 실현하기에는 한계가 있다. 그러나 과학영재교육 수요와 필요성은 계속 증가하고 있기 때문에 영재교육진흥법에 근거한 창의성 있는 과학영재 육성을 위한 과학영재학교 설립·운영이 필요하나, 학교설립에는 많은 예산이 소요되므로 기존 과학고를 과학영재학교로 전환하는 정책은 유효하다. 한국과학영재학교 평가를 종합해 보면, 하드웨어는 영재교육진흥법에 의하여 잘 갖추어져 있으나, 실제 운영은 당초 목표에 부합하지 못하고 초중등 교육법 테두리를 크게 벗어나지 못하고 있다는 지적이 있으며 학생 선발 측면에서도 3단계 과학캠프는 해가 갈수록 창의성보다는 선행학습 위주 성발 성격이 강하다는 지적이 있으며, 교원 측면에서는 교장을 비롯한 교육청 인사 체제하의 경직적 운영과 교육청 소속과 비교육청 교

〈표 2.3〉 현행법상 과학고와 과학영재학교 운영 비교

	과학고	영재학교
학교지정 인가취소	• 시도교육감 인가, 폐지	• 교육과학기술부장관 지정, 취소
입학자격	• 중학교(각종학교포함) 졸업자 • 동등 이상 학력 인정받은 자	• 중학교(각종학교 포함) 졸업자 • 동등 이상 학력 인정받은 자 • 중학교(각종학교 포함) 재학생
학생선발	• 해당 시도 학생 • 입학전형은 학교장이 교육감 의 승인을 받아 시행	• 전국단위 모집 가능 • 영재교육 대상자 선정에 관한 기준·방법은 학칙으로 정함
교육내용	• 교육부 고시, 초·중등학교 교육과정에서 정함	• 영재학교의 학칙으로 정함
교과용 도서	• 교육과학기술부장관이 검정 또는 인정한 교과용도서	• 교과용도서에 관한 규정에 준용 • 교육감의 승인을 얻어 영재학교장은 필요한 인정도서 또는 교재를 채택하여 사용 가능
교육과정 운영	• 교육과학기술부장관이 교육 과정 기준과 내용에 관한 기본적인 사항 정함	• 학칙에 의한 조기진급 및 조기졸업 가능 • 학칙에 따라 영재학교 교육과정을 이수한 정도에 따라 고등학교에 해당하는 교육과 정의 일부 또는 전부를 이수한 것으로 인정
수업	• 학년제, 학기, 수업일수는 정해져 있음 • 학급편성은 같은 학년, 같은 학과 • 수업운영 방법, 수업시각은 학교장 정함 • 학교의 학급수 및 학급당 학생수는 교육감이 정함	• 학칙이 정하는 바에 따라 학년제 외의 제도 실시, 학기 조정, 수업일수 지정, 학급편성(학급당 20인 이하) 가능
교원 임용	• 교원의 자격이 있는 자만을 임용	• 교원의 자격이 없는 자도 기간을 정해 임용 가능(자격 교원의 1/2내)
근무 조건	• 시도교육청 전보규정에 따라 순환근무	• 전보제한 규정을 받지 않고 계속 근무 가능
교원 배치	• 교장 1인, • 교감 1인(43학급 이상 2인) • 3학급까지는 교사 3인 　• 3학급 초과시 1학급 증가시마다 2인 이상의 비율로 추가	• 교장 및 교감 각 1인 • 학생 10인당 교사 1인 • 전문상담교사 및 사서교사 각 1인
근거 법령	초중등교육법시행령	영재교육진흥법

〈표 2.4〉 외국의 수, 과학 영재교육 사례

구분	IMSA(미국)	NUSHS(싱가포르)	IASA(이스라엘)
설립목적	• 일리노이 주에 거주하는 수학, 과학에 재능이 있는 학생들에게 도전적 학습 기회를 제공 • 일리노이 주 소재 일반학교 교사 및 학생들을 대상으로 혁신적 교수 방법을 시범하고 교육 기회를 제공하여 일리노이 주의 수학, 과학교육을 향상시키는 것	• 수학 및 과학 영역에서 최고 수준을 추구할 수 있는 활동적이고 다재다능한 인간을 육성하기 위한 실험적 학교 • 다양한 형태의 영재교육기관 중 대학교와 연계를 강화한 모형	• 장래의 지도자적 능력을 지닌 과학영재들을 육성하는 것을 목표로 설립 • 2000년 이후 SEE 재단의 계획 하에 따라 현장실천을 통한 전문성 축적을 통한 교사교육의 역할을 담당
설립년도	• 1986년	• 2005년	• 1990년
설립주체	• 일리노이 주(공립)	• 교육부(국립)	• SEE 비영리 재단(사립)
운영주체	• 학교 이사회(교육청+대학교수+연구소 연구원)	• NUS와 교육부(간부진 위원회+전문가 위원회+교직원 위원회를 구성)	• 학교자체 이사회+SEE 이사회 공동운영
재정지원	• 주 정부 재정 지원 (69%)+연방정부 등의 지원예산 및 계약금(20%)+학생 등록금(8%)+사립재단 기금(3%)	• 교육부+학생 등록금	• 재단기금(50%)+정부지원(25%)+학생등록금(25%)
학생선발지역	• 일리노이 주	• 싱가포르 및 해외	• 이스라엘 전지역
교육과정의 특징	• 선택중심 교육과정 • 개인연구를 강조한 교육과정 • 다양한 속진제도 운영(AP, IB 등) • 봉사활동 강조	• 6년 단위의 교육과정 • 개인관심을 고려한 융통성 부여 • 심화와 속진을 병행 • 연구중심 교육과정 • 사회관계, 협력을 강조	• 모든 학생에게 수학, 정보과학 강조 • 과학 및 예술 분야 전공을 정하여 집중 심화 • 연구중심 교육과정 • 사회 봉사활동 강조
대학진학정책	• 특별한 정책 없음	• 학교자체 시험 통과 후 NUSHS 입학 허용	• 특별한 정책 없음
교원정책	• 대통령상을 수상한 교사, 국가인정 교사연수 강사진, 각종 영역에서 수상경력이 있는 교사 공개채용 • 42%는 박사학위 소지자 • 능력 있고 희망교사 계속 근무	• 교장과 교감의 인터뷰를 통해 기준 자격을 갖춘 교사로서 열정이 높은 교사 선발 • 계약이 아닌 정규직이지만 능력이 부족한 경우에 끊임없는 자기연찬 강조	• 일반학교 교사의 교육수준을 훨씬 상회(석사학위 이상)하며, 대학 교수, 연구원, 박사 학위자, 기타 전문가들이 시간강사로 교육을 제공하고 있다. • 교장을 비롯하여 교직원 전원이 1년 단위 계약제로 채용

원간의 갈등으로 투자대비 효율 저하되고 학부모 및 학생 측면에서는 정부의 엄청난 지원에도 불구하고 교육 환경에 전반적으로 만족을 못하는 특권의식 잔존하고 있다. 또한 경직된 행정으로 학교행정은 일반고교와 다를 바가 없어 교원들이 교육에 집중하는 데 걸림돌로 작용하고 특별전형, 엄청난 예산 등 혜택을 받으면서도 법상 주어진 자율을 활용하지 못하고 독점적 지위에 안주한 측면이 있다(김미숙 외, 2007).

따라서 영재교육 증가수요를 흡수하고 아울러 과학영재교육효율을 높이기 위해서는 과학영재학교를 추가로 지정하여 상호 경쟁을 유도함이 바람직하나 다음과 같이. 과학영재학교 확대 시 정책적 고려 사항으로 예산지원 문제로 관할 교육청은 영재교육에 필요한 예산을 자체 확보하여야 하며, 교과부는 프로그램 위주로 지원하되 현재보다는 대폭 삭감하고 학교운영 문제로 관할 교육청은 지정된 영재학교에 예산사용, 교원인사, 학교운영, 행정지원 등에 있어 영재교육진흥법에 규정된 자율을 최대한 활용하며 모집지역 문제로 전국단위 모집 시 서울에 영재학교가 생기면 지방의 학생들이 모두 서울로 응시할 가능성이 있으므로 이에 대한 보완이 필요하다. 대학입시 문제로 영재학교와 교육청은 대학과 협약을 맺어 학생들이 입시에 무관하게 창의성 있는 본연의 과학탐구활동과 심화학습에 매진할 수 있도록 적극 조치가 필요하며 수능 및 내신이 요구되지 않는 수시모집, 특별전형 등이 확대되지 않는 경우, 영재학교가 새로운 형태의 입시기관으로 전락, 창의성 함양 위주의 교육과정은 파행 가능이 있다. 대입이 완전 자율화될 경우 이러한 문제가 다소 해결될 수 있을 것으로 전망(2012년)되나 기존학교 반발이 예상되며 한국과학영재학교의 신입생 학력수준이 떨어지고 학교에 대한 예산지원이 축소되어 위축될 것이 예상되어 학생, 학부모 등의 반발에 대응하는 논리 개발이 필요하다. 과학영재학교 지정 요청 증가: 과학영재학교에 정부 등의 지원이 집중되는 경우 기존 과학고가 이류 학교로 인식될 우려가 상존하고 상대적 박탈감을 가질 우려가 있기 때문에 기존 과학고의 영재학교 전환 요청이 쇄도할 우려가 있다. 따라서 기존 과학고의 활성화도 병행하여 과학영재교육의 균형 유지가 요구된다.

2) 영재학급

가) 영재학급 설치의 기본 방침

영재학급은 영재교육 기회를 폭넓게 제공하고, 영재학생 조기선발 경로로 활용한다는 취지에서 활성화할 계획이다. 또한 시도교육청의 자율권 범위 안에서 이루어져야 할 사안으로 중앙차원에서 일률적으로 각 지역마다 몇 개 학급을 운영하라는 형태의 일률적인 지침을 통보할 수 없는 영역이기도 하다. 따라서 각 시·도교육청에서는 소요 재원, 지역실정 등을 고려하여 영재학급의 형태, 운영시기, 운영 규모 등을 결정하여야 한다. 물론 시행초기이고 담당교원 연수 및 선발도구 개발 등이 초기단계임을 고려하여 시범적으로 제한하여 운영하면서 단계적으로 확대하여 나가는 것이 바람직하다고 본다.

영재학급은 초·중·고 각급학교에서 운영되는 영재반을 말한다. 다만 우열반 형태의 상설형 영재학급(Self-Contained Classrooms)운영은 여러 가지 폐해가 예상되기 때문에 현재는 특별활동, 재량활동, 방과후, 주말 또는 방학을 이용한 형태의 영재학급만 가능하도록 하고 있으며, 영재교육 시행 초기임을 감안하여 중심학교를 선정하고 인근의 여러 학교가 공동으로 참여하여 인적·물적 자원을 공유하면서 운영하는 지역공동 영재학급을 운영하는 것을 권장하고 있다.

영재학급의 프로그램은 주로 초등 4학년 이상의 학생을 대상으로 주로 수학/과학 등을 위주로 운영하면서 정보, 예술 등도 지역의 특성에 맞게 운영하고 있다. 영재학급의 장점으로는 첫째, 학생 발달상황과 영재교육 연계가 용이하고 둘째, 학생들의 이동 소요시간이 거의 들지 않으며 셋째, 전인적 교육과 병행할 수 있는 점 등이며 단점으로는 첫째, 제한된 인력 풀과 자료 활용으로 전문성 확보가 어려우며, 둘째, 학교 내 우열반 논쟁 소지가 있을 수 있고 셋째, 프로그램이 제대로 구안되지 않을 경우 특기·적성 프로그램 형식으로 운영될 소지가 있다는 점 등이다.

나) 설치절차

- 고등학교 과정 이하의 각급학교(초·중·고)에 설치 운영(법 제7조)
- 절차(시행령 제20조)

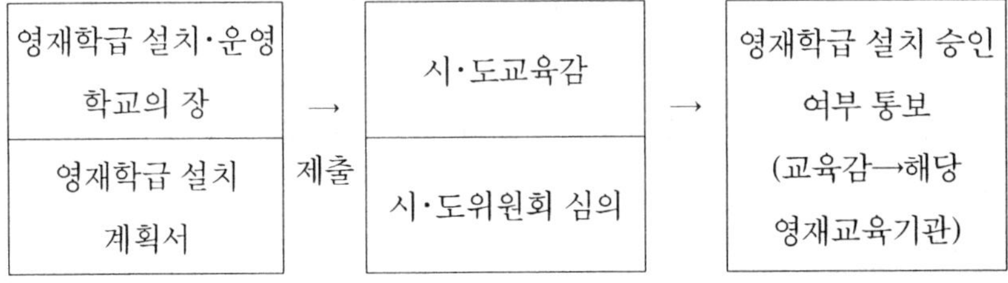

- 영재학급 설치계획서에 포함될 내용(시행령 제20조)

▲학칙 ▲영재교육 담당교원 현황 및 확보계획 ▲영재교육에 필요한 시설·설비현황 및 확보계획 ▲소요경비의 조달계획 및 재정 운영계획▲학교법인의 설치·운영 동의서(사립학교)▲그밖에 영재학급의 설치승인을 위하여 교육감이 정하는 사항 등

영재학급은 학기단위 또는 학년단위로 영재교육대상자를 선발하고 교육을 하게 되므로 시·도교육청에서 매 학기초에 각급학교에 영재학급 설치운영 희망 신청을 받아 일괄적으로 시·도위원회의 심의를 거쳐 해당 영재교육기관에 통보하는 절차를 거치도록 권장하며, 학칙에 포함될 내용은 영재교육진흥법시행령에서 학칙으로 정하도록 규정한 사항(영재교육대상자 선정추천의 비용징수(제11조), 영재교육대상자 선정추천 기준(제12조제3항), 교육과정 및 교과(제33조) 및 학급편성(제32조),영재학급에서 교육할 대상자의 학년, 입학정원, 교육영역(제33조제8항) 등을 규정하고 영재학급 설치학교별로 "영재학급 설치운영에관한 학칙"을 제정하도록 하고, 학교운영위원회 심의를 거쳐 교육감에게 제출하게 되면 교육감이 영재학급 설치를 승인하면 그 학칙은 인가된 것으로 볼 수 있다.(초·중등교육법상 학칙은 교육감 인가 사항임)

국·공립 및 사립 학교가 영재학급을 설치함에 있어서 필요한 절차를 다음과 같이 예시할 수 있다.

첫째, 영재학급을 설치하고자 하는 학교는 기존의 학칙을 개정하거나 첨부하여 영재교육의 모든 시행 절차마다 누가, 언제, 어떻게 시행할 것인지를 상세하게 정하도록 한다.

둘째, 영재학급을 운영하고자 하는 학교의 장은 이에 관한 계획서를 해당 교육청에 제출한다.

① 제출 기한

- 매 학기 시작 4 개월 전 (1학기의 경우 전해의 10월말, 2학기의 경우에는 그 해의 5월말까지)

② 제출 서류

- 영재학급 설치·운영 승인 신청서 1부

• 영재학급 설치·운영 계획서 1부
• 개정 학칙 사본 1부 (초·중·고등학교)

③ 제출처

• 초등학교: 지역 교육청 경유 시·도교육청 영재교육 담당 부서
• 중학교: 지역 교육청 경유 시·도교육청 영재교육 담당 부서
• 고등학교: 시·도교육청 영재교육 담당 부서

셋째, 시·도 교육청은 시·도 영재교육진흥위원회의 심의를 거쳐 3월 1일 이전까지 영재학급 설치·운영 승인 여부를 학교장에게 통보한다.

넷째, 영재학급을 설치·운영할 학교는 영재교육대상자를 심사하기 위한 위원회를 구성한다. 심사위원회 구성은 당해 영재교육기관의 소속 교원, 교과전문가, 영재교육전문가, 교육평가전문가, 교육심리전문가, 교육행정경력 5년 이상의 교육공무원, 기타 학식과 덕망이 있는 자로서 영재교육에 조예가 있는 자, 등으로 총 7-15인으로 구성한다.

다섯째, 영재교육대상자심사위원회는 심사와 관련된 자료를 수집하여 영재교육대상자 심사를 새학기 시작 전 60일 이내인 12월말이나 6월말까지 완료해야 한다.

여섯째, 영재교육 대상자의 교과목 이수 여부의 평가 방법과 평가 시기는 각 영재교육기관이 정한 이수 기준에 따라 결정한다.

다) 운영

영재학급을 설치 운영하는 방법에는 상설 영재학급, 방과후 영재학급, 시간제 영재학급, 특별활동 영재학급, 지역공동 영재학급 등의 다양한 형태가 있다. 영재교육에 대한 노하우가 부족한 전기에는 주로 방과후 영재학급, 특별활동 영재학급 또는 지역공동 영재학급에 초점을 맞추어 운영하다가 향후 이러한 프로그램들이 정착된 후 상설 영재학급을 시범적으로 실시해 보는 것이 바람직하다.

1. **방과후 영재학급**: 방과후나 주말 또는 방학을 이용하여 영재학급을 구성하여 영재들을 지도하는 방법이다. 방과후 영재학급은 영재 선발 비용이나 수업료를 학부모가 부담하는 특기·적성 교육의 일환으로 실시할 수도 있고 학교차원에서 일체 수업료 없이 영재학급을 운영할 수도 있다. 행정적인 불편함은 없지만, 교사들의 부담이 크고, 학생과 학부모의 적극적인 협조를 유도하는 방안이 강구되어야만 성공적으로 시행될 수 있다.
2. **특별활동 영재학급**: 우리나라에서는 특별활동 영재학급을 이미 1998-1999년에

걸쳐 서울의 신구초등학교에서 시범적으로 운영한 바 있다. 이 방법은 특별활동 시간 및 학교장 재량시간을 모두 활용하여 실시하는 것으로써, 특정 요일의 특정 시간대를 특별활동시간으로 정해서 모든 학생들이 특별활동에 참여하되 각자의 관심과 능력 수준에 맞는 프로그램을 선택하여 참여하는 방법이다. 학문적인 분야에서는 검사를 실시하여 참여대상자를 선정할 수 있다. 그 외의 학생들은 자신의 관심 분야에 따라 적절한 특별활동 반에 참여할 수 있다. 이 방법은 정규 교육과정의 학습에 방해가 되지 않으면서도 학생 각자의 관심과 능력 수준에 적합한 프로그램을 모두에게 융통성 있게 제공할 수 있다는 점에서 바람직한 방법이다.

3. **시간제 영재학급**: 장애가 있는 특수 아동을 위한 특수학급 운영처럼 정규수업시간 중 특정 시간을 정하여 영재들끼리 모여서 학습하는 형태이다. 정규 수업시간 중의 일부 시간 동안 1주일에 1~5회 정도 소속 학급을 빠져 나와서 영재교육 특별반에서 영재교육 담당 교사에 의하여 지도를 받는다. 정규교육과정과 관계를 갖는 심화학습을 할 수도 있고 전혀 관계가 없는 주제에 관하여 심화학습을 할 수도 있다.
4. **상설 영재학급**: 1년 내내 영재 학생들이 모여서 함께 공부하는 형태로서, 대단히 우수하거나, 나이가 좀 많은 중·고등학교 수준에서 활용하기에 적절한 형태이다. 영역별로 영재교육 프로그램을 운영할 수도 있고, 학문적인 능력이 뛰어난 학생들을 중심으로 학급을 편성할 수도 있다. 현 단계에서 상설영재학급을 본격적으로 운영하는 것은 교육과정의 준비, 전문 영재교육 담당교원의 수급 등의 어려움으로 인해서 프로그램식 영재교육이 정착되는 것을 지켜본 후에 시행여부를 결정하는 것이 타당할 것이다. 우리나라는 상설 영재학급 운영을 허용하고 있지 않다.
5. **지역공동 영재학급**: 영재학급 연구학교로 서울 신방학중학교에서 운영하고 있는 형태로 영재학급이 개설되어 있는 중심학교를 축으로 해서 인근 학교에 재학중인 학생까지 포함해서 방과후 프로그램 형태로 영재학급을 운영하는 것이다. 이러한 지역공동 영재학급은 영재교육 대상자를 구하기가 쉽고 참여 학교의 교사를 공동으로 활용할 수 있는 장점을 보유하고 있어 영재교육 시행초기에 영재에 대한 논란 등을 감안할 때 지역단위에서 시행하기 적절한 모델이다.

특히 1개 학교 단위에서 개설되는 영재교육 프로그램의 경우 상대적으로 영재성이 적은 학생을 대상으로 하여야 하고 학부모 등의 과대한 관심이 부담요인으로 작용하는데 비해 이러한 지역공동 영재학급은 시·도교육청 등에서 운영하고 있는 영재교육원과 같은 형태로 상대적으로 영재성이 더 뛰어난 학생을 대상으로 하고 제한된 자원을 공동으로 활용할 수 있어 영재교육 시행초기에 가장 현실성이 있는 영재학급 모델로 대두되고 있다.

이러한 지역공동 영재학급이 정착되기 위해서는 참여학교 간 공동노력 및 지역교육청 등의 협조가 필수적인데, 이는 교육청의 관심과 지원이 뒷받침되면 쉽게 해결할 수 있는 사안으로 본다.

라) 영재학급 운영 세부사항

(1) 영재학급당 학생 수 영재학급의 학급당 학생 수는 20명 이하여야 한다. 각 영재학급의 성격에 따라 적절하게 기준과 절차를 정하여 영재교육대상자를 심사하고 선발한다. 방과 후 및 특별활동 영재학급에서는 특정 분야에만 뛰어난 영재들을 모아 교육을 시킨다. 따라서 방과 후, 특별활동 영재학급, 지역공동 영재학급 등에서는 학급의 수용능력, 교사확보 정도, 영재교육대상 학생의 범위 등을 고려하여 일정한 영재교육대상자 학생의 수를 정한 뒤 대상 학생을 선발하는 것이 필요하다. 따라서 상설학급보다는 영재선발의 기준이 상대적으로 더 낮고 덜 엄격하게 적용된다.

영재교육기관의 교육내용(교육과정 및 교과)은 학칙으로 정하도록 하고 있다. 또한 교과용 도서(시행령 제34조)와 관련하여 영재교육을 위하여 필요한 도서 또는 교재는 영재교육기관의 장이 정하며 학교생활기록부 기재는 학교생활기록부에 준하는 자료를 작성·관리하고 이를 매학년별로 소속학교의 장에게 송부하도록 하고 있다.

(2) 교육과정 편성 및 운영 각 학교의 사정에 따라 전과목 영재학급, 예체능 교과 영재학급, 도구교과 영재학급을 운영할 수 있다. 영재학급의 운영에 관한 사항은 학기 단위로 결정하며, 영재학급의 운영 시기와 시간은 학교의 사정에 따라 자율적으로 결정할 수 있다(예: 방과후, 일과중, 주중, 주말, 온종일, 특별활동 및 학교재량시간, 시간제 등).

마) 영재학급 교원

영재학급 담당교원(시행령 제25조 및 제29조)은 영재학급 설치 학교에서는 영재교육영역의 교과별로 영재학급 담당교사 1인 이상 배치하도록 하며 영재교육 담당교원 연수 이수를 의무(60시간 예정)화 하고 있다. 영재학급 강사(시행령 제27조)는 초·중등교육법상

〈표 2.5〉 영재학급에 두는 교원 및 강사의 임용기준(제25조, 제27조 관련)

구분	임용 기준
영재학급 담당교사	초·중등교육법 별표 2의 규정에 의한 초등학교 또는 중등학교 정교사자격증을 가진 자로서 교육인적자원부장관 또는 교육감이 인정하는 소정의 연수과정을 이수한 자
영재학급 전문상담교사	초·중등교육법 별표 2의 규정에 의한 초등학교 또는 중등학교 전문상담교사자격증을 가진 자로서 교육인적자원부장관 또는 교육감이 인정하는 소정의 연수과정을 이수한 자
사서교사	초·중등교육법 별표 2의 규정에 의한 사서교사자격증을 가진 자로서 교육인적자원부장관 또는 교육감이 인정하는 소정의 연수과정을 이수한 자
교과담당 강사	1. 초·중등교육법 별표 2의 규정에 의한 초등학교 또는 중등학교 정교사자격증을 가진 자 2. 석사 이상의 학위를 가진 자 3. 영재학교 또는 영재학급에서 담당예정인 영재교육 분야 관련 학사학위를 가진 자
상담담당 강사	1. 초·중등교육법 별표 2의 규정에 의한 초등학교 또는 중등학교 전문상담교사 자격증을 가진 자 2. 상담과정의 석사 또는 박사학위를 받은 자
사서담당 강사	초·중등교육법 별표 2의 규정에 의한 사서교사자격증을 가진 자

의 정규교원이 아닌 초·중등교육법상의 강사로 학교장이 임용하며 영재교육 담당교원 연수 이수 의무(60시간 권장)화한다. 영재학급 파견·겸임교원(시행령 제28조)은 고등교육기관의 교원, 국·공립연구소의 임·직원, 정부출연연구 기관의 임·직원 등과 현직 교원은 교육공무원법에 의해 파견 또는 겸임가능 직무연수 이수 의무자는 아니나 교육부 지침으로 일정시간 연수를 이수하도록 할 방침이다. 영재학급 담당교원이 아니라도 당해 영재학급을 설치한 학교의 장은 소속 교원으로 하여금 영재학급의 교과를 담당하게 할 수 있다. 단, 영재학급 담당교원으로 지정되지 않으면 시행령상의 우대조치 등의 대상에서 제외된다.

영재교육 담당 교사는 영재학급 운영 형태에 따라 달리 임용, 운용될 수 있다. 방과 후 영재학급의 경우 소속 학교 교사나 외부 강사가 특별반을 맡아 영재학급을 지도 할 수 있다. 특별활동 영재학급은 교과담당교사가 지도하거나 교육청 순회교사가 영재학급을 순회하면서 지도할 수 있으며, 시간제 영재학급은 교과담당교사가 지도하거나 교육청 순회교사가 영재학급을 순회하면서 지도할 수 있다.

상설 영재학급은 주요교과의 각 분야별 전공을 한 지도교사가 별도로 학급을 운영하는 것이 바람직하며, 지역공동 영재학급: 교육청 순회교사나 참여 학교의 교사들이 공동으로 참여할 수 있다.

3) 영재교육원

영재교육원은 영재교육센터의 법적 용어로 보면 된다. 교육청(지역교육청 포함), 대학, 정부출연연구기관, 공익법인 등에서 설치 운영이 가능하다. 영재교육원은 성격상 정규학교가 아니기 때문에 주로 방과 후, 주말 또는 방학을 이용하게 된다. 특히, 영재교육원의 경우 학교 수업시간 중에도 학교장의 허가를 얻어 교육을 받을 수 있도록 하고 이 경우 당해 학교에 출석한 것으로 인정할 수 있도록 하는 '시간제'(Pull-Outs) 형태로도 운영이 가능하도록 되어 있다. 영재교육원의 경우에는 교육청과 지역소재 대학 및 연구소 등이 협약을 맺어 공동으로 운영하는 형태 등이 우선적으로 고려될 수 있다.

이들 영재교육원은 수학·과학·예능 등 다양한 분야에 대한 영재교육 프로그램을 제공하기 때문에 흔히들 프로그램식 영재교육이라고 불리고 있다. 영재교육원에서 학습한 내용은 학생생활 기록부에 기재하여 학생 진로지도에 활용하게 된다. 그리고 프로그램식 영재교육도 제도화됨에 따라 일정 기준요건을 갖추어야 하고 해당 기관의 신청과 시·도영재교육진흥위원회의 심의를 거쳐 교육감이 지정하게 된다.

영재교육원에서 이루어지는 영재교육의 장점은 첫째, 전문적인 교사 활용이 가능하며, 둘째, 축적된 교수·학습자료 및 판별도구 사용이 용이하며, 셋째, 상대적으로 학생들의 영재성 수준 및 프로그램의 질이 높다는 점 등이며 단점으로는 첫째, 학생들 이동에 많은 시간이 소요되고, 둘째, 학생발달 상황의 체계적 관리가 어려운 점 등이 지적되고 있다. 이러함에도 영재교육원은 우리 실정에서 가장 실행하기에 적합한 모델로 평가받고 있어 정부에서는 영재교육원 중심형 영재교육을 권장하고 있다.

이는 지역교육청 당 1개소 정도 운영되도록 함으로써 잠재능력이 있음에도 거주 지역에 영재교육기관이 없다는 이유로 영재성 계발 기회를 갖지 못하는 일이 없도록 하고자 한다.

가) 설치

시·도교육청, 대학, 국공립연구소, 정부출연연구기관 및 과학·기술, 예술, 체육 등과 관련 있는 공익법인(법 제8조)에 설치 운영된다.

- 절차(시행령 제21조)

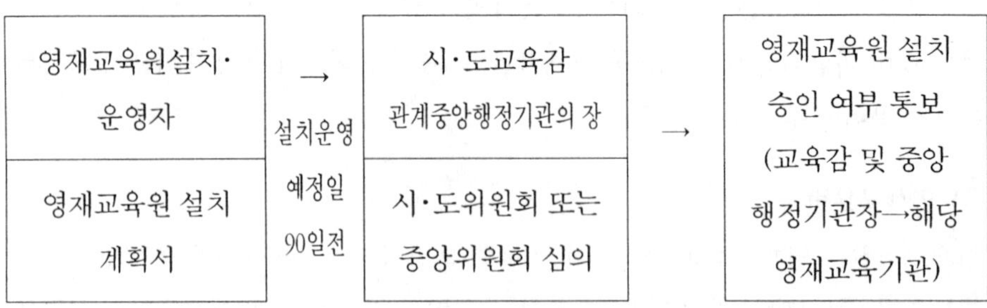

관계중앙행정기관장 또는 교육감은 필요시 위원회 심의 전에 실지조사를 하고 결과를 위원회에 제출할 수 있으며 교육감이 소속 기관 학교에 영재교육원을 직접 설치하는 경우에는 설치계획서를 갖추어 시·도위원회 심의를 거쳐 설치(시행령 제21조5항)할 수 있으며 영재교육원 설치계획서에 포함될 내용(시행령 제21조)은 다음과 같다.

▲명칭 ▲목적 ▲위치 ▲학칙 ▲영재교육 담당교원 현황 및 확보계획 ▲영재교육에 필요한 시설·설비현황 및 확보계획 ▲소요경비의 조달계획 및 재정 운영계획 ▲수강료의 징수 및 장학금에 관한 사항 ▲설치·운영 예정일 ▲당해 영재교육원을 설치·운영하는 법인의 정관·재산목록 및 재산에 관한 증빙서류(공익법인에 한함) ▲그밖에 영재교육원 설치승인을 위하여 교육감 또는 관계중앙행정기관의 장이 정하는 사항 등

영재교육원은 학기 또는 학년단위로 영재교육대상자를 선발하고 교육을 하게 되므로 시·도교육청에서 매 학기 초에 영재교육원 설치운영 희망 신청을 받아 일괄적으로 시·도위원회의 심의를 거쳐 해당 영재교육기관에 통보하는 절차를 거치도록 하고 있다. 학칙은 시행령 제11조제4항에 의거 영재교육원의 운영규정을 말하며, 영재학급의 학칙에 기재할 사항과 동일한 사항 및 영재교육원의 명칭, 위치 등을 기재하며 학칙 제정 절차는 별도의 법령규정이 없으므로 영재교육원의 설치·운영자가 정한다.

나) 운영

학급을 편성할 경우 학급당 학생 수는 20인 이하로 편성하며 영재교육기관의 교육내용은 학칙으로 정한다. 교과용 도서(시행령 제34조)는 영재교육을 위하여 필요한 도서 또

〈표 2.6〉 영재교육원에 두는 교원의 임용기준(제26조제1항 관련)

구분	임용 기준
원장	1. 초·중등교육법의 규정에 의한 초등학교 또는 중등학교 교장 또는 교감자격증을 가진 자 2. 고등교육법에 의한 학교의 교원자격이 있는 자 3. 교육인적자원부장관이 인정하는 영재교육 분야 또는 이와 관련 분야에서 연구 또는 교육 경력이 5년 이상인자
강사	1. 초·중등교육법 별표 2의 규정에 의한 초등학교 또는 중등학교 정교사자격증을 가진 자 2. 석사학위 이상의 학위를 가진 자 3. 영재교육원에서 담당예정인 영재교육 분야 관련 학사학위를 가진 자

는 교재는 영재교육기관의 장이 정하도록 하고 있으며 학교생활기록부에 준하는 자료를 작성·관리하고 이를 매 학년별로 소속 학교의 장에게 송부하도록 하고 있다.

학교의 정규 수업시간에 영재교육원에서 영재교육을 받고자 하는 자는 당해 학교의 장의 허가를 받아야 하며, 이 경우 영재교육기관에 출석한 것을 학칙이 정하는 바에 따라 당해 학교에 출석한 것으로 인정할 수 있다.

다) 영재교육원 교원

영재교육원 교원(시행령 제25조 제27조 및 제29조)은 원장 1인 및 영재교육 영역의 교과별로 영재교육을 담당할 강사 1인 이상을 확보해야 하며 원장 및 강사는 초·중등교육법상의 교원이 아니며, 영재교육진흥법상의 교원이다. 따라서 교육원자격증을 소지하지 않아도 임용가능하나 영재교육원에 임용된 강사는 임용 후 1년 이내 소정의 직무연수 이수(60시간 예정)해야 한다. 원장은 직무연수 이수의무자 아니다. 영재교육원 파견·겸임교원(시행령 제28조)은 고등교육기관의 교원, 국·공립연구소의 임·직원, 정부출연연구 기관의 임·직원 등으로 현직교원은 교육공무원법에 의해 파견 또는 겸임가능하다. 또한 영재교육원의 원장 및 강사로 현직교원을 파견·겸임할 수 있다. 이 경우 파견·겸임된 교원은 직무연수 이수의무자는 아니나 원장이 아닌 교원은 연수를 이수하도록 할 방침이다.

각 시·도교육청에서는 2002년부터 본청 및 지역교육청을 지정하여 영재교육원을 운영할 수 있으나 담당교원의 확보 정도, 지역실정 등 준비 상황을 고려하여 시행초기에는 제한적으로 시범·운영하면서 단계적으로 확대해나가는 것이 바람직하다. 특히 지역사회 관련대학이나 관계부처, 연구소 등과 제휴해 영재교육 담당교원 및 시설장비등을 협조 받는 방안도 모색할 수 있으며, 현재 운영하고 있는 기존 영재교육 프로그램도 학생

〈표 2.7〉 영재교육기관에 두는 교원

영재교육기관	교원의 종류	연수 이수여부	비고
영재학교	초·중등교육법상의교원	○	
	강사	○	
	대학, 정부출연연구기관 등에서 파견된 교원		연수 이수 의무사항은 아니나 가능하면 연수를 이수하도록 권장
	교육공무원법에의한 파견교원		
영재학급	초·중등교육법상의교원	○	
	강사	○	
	대학, 정부출연연구기관 등에서 파견된 교원		연수 이수 의무사항은 아니나 가능하면 연수를 이수하도록 권장
	교육공무원법에 의한 파견 교원		
영재교육원	원장		
	강사	○	
	대학, 정부출연연구기관 등에서 파견된 교원		연수 이수 의무사항은 아니나 가능하면 연수를 이수하도록 권장
	교육공무원법에 의한 파견 교원		

들의 영재교육 기회부여 차원에서 당분간 운영하면서 단계적으로 영재교육원 으로 전환하는 방안 강구되어야 한다.

마. 영재교육대상자 선발

1) 영재 선발의 주체

영재교육 대상자를 가려내는 작업을 지칭하는 용어로 영재의 선발, 선별, 판별, 판정 등 다양한 용어가 있겠으나, 우리나라는 1987년도 교육개혁심의회의 “특수재능교육 진흥방안” 보고서 이후 ‘영재 판별’로 통일하여 사용해 왔다. 이제 영재교육진흥법의 제정과 발효에 즈음하여 영재의 판별과 선발을 구분할 필요가 있음을 확인하였다.

'영재성의 판별'과 '영재교육대상자의 선발'은 매우 유사하면서도 의미상 미묘한 차이가 있다. 영재의 판별은 한 아동의 영재성 여부를 판단하여 '영재' 또는 '비영재'로 분류하고 딱지를 붙여 주는 기능을 한다. 그러나 '영재교육 대상자의 선발'은 아동이 특정 영재교육기관에서 제공하는 교육 프로그램의 대상자로 적절한지를 판단하는 것으로써 영재교육원에서 제공하는 교육 프로그램에는 적절한 교육 대상자였으나, 영재학교의 교육 프로그램에서는 적절하지 않은 학습자로 평가될 수도 있다.

각 영재가 갖고 있는 심리적 특성과 교육은 일관성이 있어야 하는 바, 이를 위해서는 영재교육기관별로 각기 그 기관이 제공하고자 하거나, 제공할 수 있는 영재교육 프로그램의 목적과 영재교육 프로그램의 내용 수준 및 방법을 설정한 후, 그에 적절한 영재들을 선발하는 것이 바람직하다.

영재교육의 목적 및 이에 따른 선발 기준을 국가가 정하는 방법과 각 영재교육 기관별로 정하는 방법의 두 가지가 있다.

첫째, 중앙 정부 차원에서 영재 판별 기준을 획일적으로 정하게 될 경우, 영재교육기관의 교육 목적, 내용, 방법도 획일화하게 됨으로써 영재를 비롯한 일반 학생들까지도 한 가지 유형의 영재교육 틀에 맞추어 학습하고자 하는 경향을 갖게 할 것이며, 전국의 영재교육기관의 교육여건은 다름에도 불구하고, 획일적으로 영재교육의 내용과 방법을 결정할 수밖에 없도록 하는 결과를 초래하게 될 것이다. 또한 현재 우리나라는 각 지방자치단체 및 교육기관의 자율적인 결정에 의해서 교육 프로그램을 운영하는 교육자치제를 지향하고 있어, 중앙정부의 일방적인 영재교육 계획 수립 및 실시는 교육자치제와 상반되며, 실질적으로 추진하기가 매우 어려울 것이다.

둘째, 시·도 교육청 또는 영재교육기관별로 영재 선발기준을 정할 수 있도록 하면 영재교육기관의 지역적 여건과 특성에 따라 영재교육을 다양하게 실시할 수 있으며 영재교육기관 별로 영재선발의 기준, 절차, 도구 등을 달리 사용하므로, 전국의 모든 영재들이 자신의 특성에 적절한 교육을 받을 기회를 제공해 줄 수 있을 것이다.. 교육자치제와 일관성 있게 영재교육 정책을 실천할 수 있어 상호 상승작용 효과가 발생하게 된다. 영재교육기관마다의 특성과 설립 취지를 반영하고 다양한 방식을 활용한 영재 선발이 가능케 되므로, 획일화된 영재교육이 아닌 영재교육의 다양성과 자율성을 확보할 수 있게 될 것이다.

이상의 장·단점과 함께 우리나라의 현실을 비추어 볼 때, 우리나라는 아직 영재성이 있는 것으로 판별될 수 있는 상위 1-3%의 모든 아동에게 영재교육을 실시할 수 있는 여건을 갖추고 있지는 않다. 따라서 각 영재교육기관이 영재교육 대상자 선발 및 프로그램 제공의 주체가 되어 각 기관의 지역적 여건과 특성에 맞는 영재 선발 방법 및 교육 프로그램을 계획하고 실시하는 것이 바람직하다.

이렇게 보면, 영재교육기관이 교육 대상자를 선발하는 작업은 '영재판별'보다는 '영재교육대상자의 선발'로 표현하는 것이 더 적절하다고 하겠다.

2) 영재 선발의 원칙(조직회, 2001)

우리나라의 입장에서 영재 선발이 타당하게 이루어지기 위해서는 다음과 같이 지켜야 할 몇 가지 원칙이 있다.

1. 영재성은 다양한 측면을 평가한다. 영재성은 지적 능력, 정의적 태도, 행동, 그리고 산출물의 여러 측면에서 나타난다. 따라서 영재교육대상자를 선발할 때는 다양한 검사 방법과 도구를 활용해야 한다.
2. 영재의 선발은 지속적으로 이루어져야 한다. 영재성은 높은 성취 가능성을 뜻한다. 이는 태어날 때 타고나야 하지만, 환경의 영향을 받아 더욱 발달되기도 하고 퇴보되기도 한다. 즉, 한번 영재로 판별되었다고 해서 영원히 영재교육을 받아야 할 특성을 갖추고 있다고 할 수 없다. 풍부하고 긍정적이며 도전적인 교육 환경에서는 영재성이 더욱 발달되어 더 높아질 수 있지만, 척박한 교육환경에서는 타고난 영재성도 발휘되지 않을 수 있다. 따라서 영재교육을 받을 아동을 선발하기 위한 작업은 아동이 자라나는 과정에서 지속적으로 이루어져야 하는 것이다.
3. 다단계 영재 선발 방법이 효율적이다. 영재교육대상자는 추천, 표준화된 검사 실시, 영재교육 프로그램에의 배치, 수행과정의 관찰·평가와 같은 장기간의 지속적인 검사와 평가를 통해서 바르게 선발될 수 있다. 이러한 일련의 선발 과정이 지속적으로 이루어져, 일단 한번 영재로 선발된 학생도 계속 교육대상자로서의 적합성을 확인 받을 수 있는 기회가 있어야 한다.
4. 가급적이면 조기부터 영재를 발굴한다. 어렸을 때부터 특정 영역에서 뛰어난 능력을 보이는 아동들이 있다. 이러한 아동들은 조기에 발견되어 적절한 교육을 받아야 한다. 외부의 적절한 자극과 도움을 받지 못한 재능은 쉽게 사라질 수도 있기 때문이다.
5. 충분히 수준 높은 검사를 사용한다. 영재라고 모두 비슷한 능력을 지니고 있는

것은 아니기 때문에, 정말로 뛰어난 영재를 선발하기 위해서는 충분히 수준이 높은 검사를 활용할 필요가 있다. 존스홉킨스 대학 영재교육센터의 경우에는 10~11세 영재학생들을 대상으로 17~18세용 수학능력 검사를 실시하는 방식을 취해왔다.

6. 선발 대상자의 특성에 따라 적합한 방법을 사용해야 한다. 학생의 연령, 신체적·정신적 특성에 따라 적합한 방법과 검사 도구를 활용해야 한다.
7. 영재 선발은 탈락보다는 포함의 철학을 바탕으로 이루어져야 한다. 다시 말해서, 영재교육 대상자의 선발은 영재적 행동 특성의 일부라도 부족한 학생들을 탈락시키기보다는 조금이라도 영재적 행동 특성을 보이는 학생에게 영재교육 프로그램에 참여시킨다는 포함의 철학을 바탕으로 해야 한다.
8. 영재 판별 과정과 교육 프로그램간 체계적인 연계가 이루어져야 한다. 영재 선발 과정에서 수집된 자료는 일회적인 규정이나 명명을 위해서가 아니라, 누적적으로 보관·활용하면서 모든 학생이 참여하는 교육 활동의 개선을 위한 자료로 사용되어야 한다.

영재교육 대상자 선발은 각 영재교육대상자가 보유하고 있는 특성을 살리는 데 중점을 두어야 한다. 이런 측면에서 각 영재교육기관이 실질적인 영재교육대상자 선발 주체가 되어 각 기관이 제공하는 프로그램의 목적, 그 수준 및 방법을 설정한 후 영재를 선발하는 것이 바람직하다.

시행령 제정당시 따른 영재교육대상자 선발절차를 보면 [그림 2.3]에 나타난 바와 같이 각 영재교육기관에서는 영재교육대상자 선정 전형공고를 하고, 영재교육을 받고자 하는 자는 재학중인 학교장, 지도교사 또는 교육감이 인정하는 영재교육 관련기관의 추천서를 첨부하여 영재교육을 받고자 하는 영재교육기관에 제출한다. 이어 각 영재교육기관별로 영재교육대상자 선정추천 심사위원회를 구성하여 영재교육대상자 선정 방법을 정하고 소정의 전형절차를 거쳐 영재교육대상자를 선정한다. 이 과정에서 실질적인 영재교육대상자 선발이 이루어지기 때문에 가장 중요한 과정이라고 하겠다. 그리고 마지막으로 최종 선발된 학생들을 교육감에게 추천하고, 교육감은 시·도 영재교육 진흥위원회의 심의를 거쳐 영재교육대상자를 선발하게 된다.

이러한 절차는 현행법에서 시·도위원회의 심의를 거쳐 교육감이 영재교육대상자를 선발하도록 규정함에 따른 것으로, 2005년도에 영재교육진흥법 개정을 통해 각 영재교

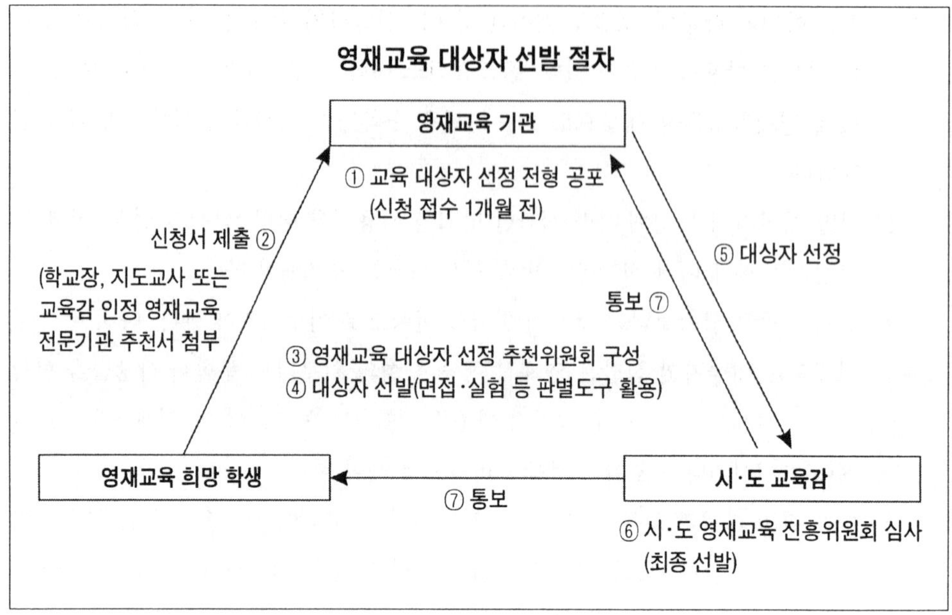

[그림 2.3] 영재교육 시행 당시의 영재교육 대상자 선발 절차

육기관에서 직접 영재교육대상자 선발할 수 있도록 하였다. 각 영재교육기관장이 직접 영재교육대상자를 선발하게 된다면 절차의 간소화는 물론 각 교육기관의 특성을 최대한 살릴 수 있어 영재교육이 그 취지를 달성하는데 더 효과적이라고 본다.

영재교육대상자 선발에서는 '잠재력 중심'이라는 원칙을 유지하여야 한다. 교과성적 중심으로 영재를 선발한다면 예전의 '특수반' 또는 '우열반'을 영재교육이란이름을 빌어 하는 결과를 초래하고 이는 영재교육 취지에도 맞지 않게 되기 때문이다.

3) 영재선발 방법

선발방법은 어느 수준의 영재를 교육대상으로 설정하고 있느냐와 관계되어 있어 영재학교, 영재학급, 그리고 영재교육원에서의 선발방법은 각기 다를 수밖에 없다. 판별도구는 한국교육개발원에서 개발한 판별도구를 이용하거나, 이를 참고삼아 자체적으로 개발하여 사용할 수도 있다. 또한 시·도교육청 공동으로 영재학급과 영재교육원용으로 판별도구를 개발하고 있어 이를 활용할 수도 있다.

그리고 다단계 영재선발방법을 활용하는 것이 필요하다(〈표 2.8〉 참조). 추천, 표준화된 검사 실시, 실험·실습 또는 관찰평가 등 일련의 과정을 거치는 것인데, 이 역시 각

〈표 2.8〉 영재 판별

구분	초등학교	중학교	고등학교	비고
영재학교			특정재능 분야에 재능 있는 영재선발을 위해 여러 단계를 거쳐 영재판별 • 추천(학교장, 교사, 학부형) • 지필검사(창의력, 문제해결력, 사고력 관련) • 표준화검사(영재영역별 검사) • 캠프참가(활동과정 태도 등 평가) • 면접 ※ 각 단계별 대상자 선발(탈락의 원칙)	
영재학급	영재교육대상자 조기 발굴에 중점을 두고 • 추천(교사, 학부형)—지능, 교과 흥미 등 참고 • 표준화검사 • 면접 ※ 가능성 있는 학생모두 포함 초등 3~4학년 이상 대상	영재성 발굴 및 계속 육성에 주안들 두고 영재 판별 • 추천 및 학부모, 학생 희망 • 표준화검사(지능, 적성, 흥미 등) • 영역별 문제해결과정 평가(특정재능 분야) • 심층면접 ※ 가능성 있는 학생모두 포함 중 1~3년 및 고 1년 대상		
영재교육원	영재교육대상자 조기발굴에 중점을 두고 영재판별 • 학교장 추천—영재학급수료자, 지능, 교과 흥미 등 참고 • 표준화검사 • 지필검사(영역별 문제해결평가) • 면접 ※ 가능성 있는 학생모두 포함 초등 3~4학년 이상 대상	영재성 조기 발굴 및 육성에 주안을 두고 영재판별 • 학교장 추천—영재학급수료자, 지능, 교과 흥미 등 참고 • 표준화검사(지능, 적성, 흥미 등) • 영역별 문제해결과정평가(특정재능 분야) • 심층면접 ※ 가능성 있는 학생모두 포함 중 1~3, 고 1~2학년 대상		

영재교육기관이 대상으로 하고 있는 영재교육대상자의 수준에 맞춰서 결정하면 된다.

가) 다단계 판별 방법

다단계 판별 방법에는 일회적인 판별방법과 지속적인 판별방법이 모두 고루 포함되며, 그 구체적인 방법 및 도구를 살펴보면 다음과 같다.

(1) 제1단계: 학교에서의 학업성취에 대한 누가 기록 및 관찰 내용에 의거한 추천 오랜 동안의 관찰결과는 특히 중요하다. 그 동안 과학 고등학교도 추천을 적용하였으나, 실제로는 학

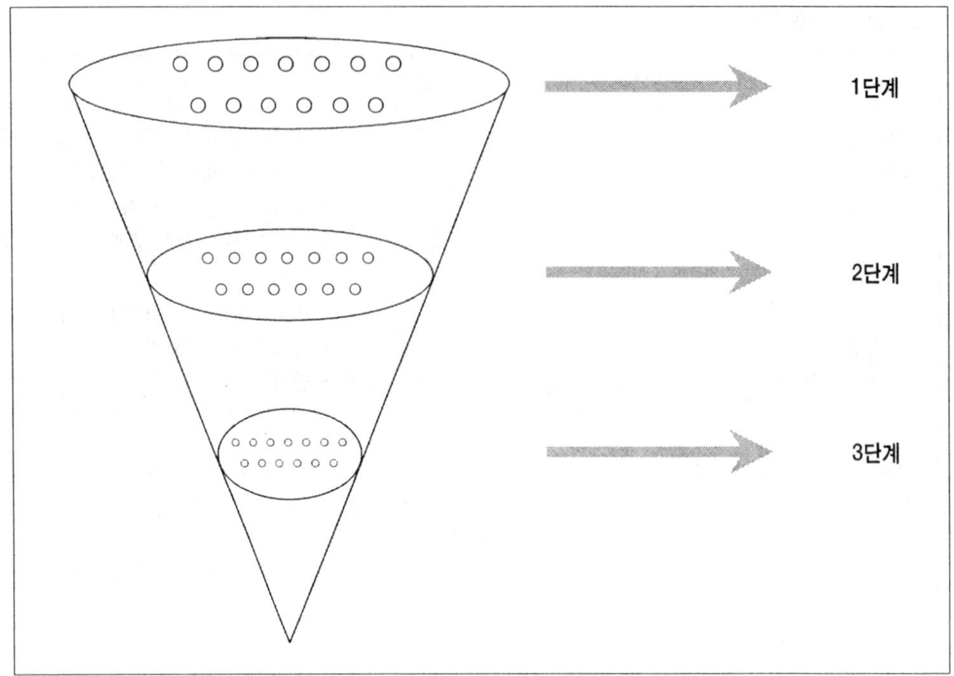

[그림 2.2] 다단계 선발과정

교 성적에 관한 서류 심사에 불과한 것이었다. 교사의 관찰 결과 과학 영재성이 우수하게 보이는 학생이라도 학교성적이 낮은 학생은 추천하지 못하기 때문이다. 그러나 오랫동안 관찰을 할 수 있는 사람의 견해보다 한 시간의 검사 결과가 더 정확하다고 보기는 어렵다. 이 단계에서는 여러 교과에서의 학업 성취도 기록, 교사의 관찰 내용의 기록, 경시대회 입상 결과 등이 포함된다.

(2) 제2단계: 표준화된 지능 검사, 적성 검사, 흥미검사, 창의성 검사, 학업성취도 검사의 실시 표준화된 검사는 주로 지능 및 학력을 측정하기 위해 쓰인다. 이러한 검사는 손쉽게 실시할 수 있지만 대체로 최고점(Ceiling)의 수준이 낮아 우수아와 대단히 우수한 아동을 구별하지 못하는 문제가 있다. 또 표준화 검사는 대체로 아동들로 하여금 이미 정해진 답만 해야 하기 때문에 영재아의 깊은 통찰력에서 나온 답이 엉뚱하거나 옳지 않은 것으로 처리될 수 있다.

(3) 제3단계: 전문가에 의한 문제 해결 과정의 관찰, 평가 제2단계까지 판별된 아동들을 대상으로 하여, 다시 전문가에 의한 실연 과정이나 문제해결 과정을 직접 관찰하여 평가하

는 과정을 거치게 된다. 이런 관찰 평가에서는 각종 검사를 통해서도 발견하지 못한 성격이나 학습 태도를 평가할 수 있다. 각 영역의 전문가가 동원되어 학생들의 실연 장면, 실험 과정, 또는 이미 완성된 작품을 직접 관찰, 평가한다. 이 단계에서는 전문가와 심리학자 등이 각 분야에서의 문제해결 과정을 직접 관찰함으로써 창의적 문제해결력을 측정할 수 있다.

(4) 제4단계: 교육 프로그램에의 배치, 관찰 영재아로 판별되어 프로그램에 배치된 후에도 계속적으로 판별이 이루어져야 한다. 이를 위해서 아동을 영재교육 프로그램에 참여하도록 한 후, 계속 관찰하여 아이가 뛰어난 성취를 할 가능성을 또 다시 지켜본다. '한번 영재이면 영원히 영재'라는 사고에서 벗어나서, 모든 아이들의 잠재 가능성을 최대로 계발하려는 의지로 영재성의 판별에 임하는 것이다.

바. 선진 외국에서의 영재 판별 사례

1) 중국

가) 영재 판별의 원칙

중국에서의 영재를 찾아내는 과정에서 기본적으로 지키는 원칙은 다각적으로 비교하고, 다양한 기준과 방법을 동원하며, 성격 특성을 파악하고, 문제해결의 과정과 결과를 모두 고려하고, 실제 수업에서의 관찰을 통하여 발굴한다는 점이다(조석희, 1995). 이를 구체적으로 살펴보면 다음과 같다.

- 다양한 기준과 방법을 동원한다: 영재성이 있는지를 확인하기 위해서 다양한 영역, 다양한 기준, 다양한 방법을 동원하여 검사한다.
- 성격적인 특성도 조사한다: 최고의 성취는 뛰어난 지능뿐 아니라 성격적인 특성에 의해서 결정된다. 지적 능력과 비지적인 성격 특성도 모두 조사하여 영재성의 확인과정에서 고려한다.
- 과정, 형태, 전략뿐 아니라 결과도 분석한다: 능력은 양적 변화와 질적 변화가 변증법적으로 상호작용하며 발달된다. 아동이 문제를 해결한 과정, 형태, 전략뿐 아니라 그 문제를 해결하는 데 걸린 속도와 학생의 검사 점수를 고려한다.
- 영재교육 프로그램에 참여하는 정도를 관찰한다: 영재성의 발달은 환경과 교육의 영향을 받는다. 그러므로 아동이 영재교육 프로그램에 참여하는 동안에도 계속적

〈표 2.9〉 중국의 영재판별 기준 및 도구

	평가 기준	평가 도구
지적능력	• 사고력 • 관찰력 • 기억력	• 인지적 실험 • 지능검사
창의성	• 창의적 사고력 • 창의적 상상력 • 창의적 문제해결력	• 창의적 사고 검사 • 창의적 행동에 대한 과정 분석
학습능력	• 개념 습득 속도, 유형 • 개념 습득의 깊이	• 학습 능력과 성취 검사 • 학습 과정의 분석 관찰
재능	• 수학, 외국어, 지도력, 서예 • 음악, 미술	• 특수재능 검사 • 산출물 검사
성격특성	흥미, 동기, 호기심, 집착력, 독립심	질문지, 관찰, 교육적 실험, 면접

으로 관찰 평가하여야 한다. 수시로 그 아동의 현재 상태를 측정 평가하여 그에 적절한 교육적 조치를 취해 준다.

이상의 원칙을 종합하면 중국에서는 영재를 발굴하기 위해서 지적 능력, 창의성, 학습 능력, 특수재능, 성격특성을 모두 고려한다. 각각의 측면을 평가하는 기준과 방법을 표로 나타내면 〈표 2.9〉와 같다.

나) 북경 제8실험중학교의 예

(1) 교육의 개요 북경 제8실험중학교에는 6년의 중학과정(우리나라의 중·고등학교 과정)을 4년만에 이수할 수 있게 하는 특별반이 있다.

고등학교 6년 과정을 4년에 마치는 속진뿐 아니라 창의적 문제해결력 신장을 위한 심화 프로그램도 실시한다. 중학교를 4년 만에 졸업한 학생들은 13세에도 대학 입학시험을 치를 자격을 갖게 되어 20세 초반에 박사학위 취득자가 배출된다.

85년 첫 입학생 이후 1994년까지 졸업생이 120명으로 26명이 박사과정에 있고, 20명이 미국에 유학하고 있으며, 이중에는 18세에 박사학위 취득자도 있다.

(2) 입학생의 선발 및 지도 입학생의 선발은 앞서 살펴본 영재성 판별의 원칙을 그대로 고수하며 2년에 한번 실시한다. 북경시 거주 학생 중 약 1,000명의 지원자를 대상으로 습

득된 지식과 기능을 측정하기 위하여 중국어, 수학, 사고력 과목의 검사를 세 차례 실시하여 200명을 거른다. 둘째 단계에서는 습득된 지식을 활용하는 정보처리 능력을 중심으로 중국어, 수학, 사고력 분야에서 난이도가 낮은, 즉 어려운 시험을 다시 치른다. 세 번째 단계에서는 수학(修學) 능력을 주로 본다. 즉, 물리, 화학, 중국어, 수학, 영어 분야에서 처음 접하는 새로운 자료를 조작하는 능력을 일주일간에 걸친 실제 수업을 통해서 검사하는 바, 이를 통하여 최종적으로 30여 명을 선발한다.

중국은 아직까지 수학 분야의 영재성 발굴과 계발에 대해서만 집중적으로 관심을 갖고 있다. 독일과 중국영재들의 수학 과학 공학 분야의 재능을 비교한 결과, 중국이 수학에서는 앞서 있지만 과학 또는 공학에서는 독일이 훨씬 앞서 있다는 결과가 나타났다 (Heller, 1995).

2) 미국

가) 영재를 위한 공립 고등학교

North Carolina Math and Science High School 은 노스캐롤라이나 주지사가 세운 학교로서, 주정부뿐 아니라 그 지역의 기업체의 지원도 받는 재정이 풍부한 학교이다. 수학 과학에 관심과 능력을 가진 학생을 선발하는 과정에서는 SAT 검사의 언어 점수 및 수학 점수, 비언어적 논리적 사고력 검사, 고 1년간 및 고 2학년 1학기 동안의 수학 과학 교과 성적, 사회성, 취미, 특기, 인성 등에 관한 과학 교사 및 상담 교사가 학문 분야의 영재행동특성평가서, 학생이 작성한 논문 1편, 교사 추천서 2통 이상, 입학 희망 이유 및 장래 계획 진술서 1 통, 자신의 희망과 학부모 소견에 관한 면접 등을 바탕으로 입학 사정위원회가 선발한다. 입학생 선발을 위한 별도의 검사나 평가절차는 없다. 미국의 영재교육은 주 정부의 관할 하에 있기 때문에 학교마다 지역마다 영재 판별 방식이 매우 다르다.

나) 사립학교

Choate Rosemary Hall은 케네디 대통령 형제가 1933, 1935년에 다닌 학교로서 미국 두 세 번째 가는 명문으로 꼽힌다. 이 학교는 학생의 학문적 능력, 도덕성, 클럽 활동에의 참여도를 기준으로 입학생을 선발한다. 선발관계자들이 심사하는 자료들은 부모, 교장, 수학, 영어 교사의 추천서와 Toefle, SSAT, PSAT 검사에서의 점수 및 학생 개개인을 대상으로 한 인터뷰, 학교가 제시한 주제에 대해서 본인이 작성한 에세이(에세이 문제의 예: Please don't let me sneeze now.) 등이다. 에세이에서는 학생의 참신한 아이디어를 가장 중요하게 평가한다. 지원자 2000명 중 200명을 선발한다.

3) 이스라엘

이스라엘 문교부는 미국 교육국이 내린 영재성의 정의를 수정하여 이스라엘 정부 나름의 영재성에 관한 정의를 내린 바, 지적 성취를 바탕으로 일차원적으로 '인문과학과 자연과학 분야에서 지적 혹은 특별한 학문적 능력이 뛰어난 아동'을 영재로 정의하였다. 이 정의는 미국의 정의를 바탕으로 하기는 하지만, 미국의 정의 속에 포함된 창의성, 지도력, 무대예술, 시각 예술 분야의 영재성은 이스라엘 정부가 특별교육의 대상으로 고려하지 않는다는 점이 대조적이다. 이스라엘은 아직도 이 정의에 입각하여 영재교육 정책을 수립하고 실시해오고 있다.

이스라엘은 과정 중심의 판별, 원하는 학생을 구체화하여 시작하되, 판별이 진행될수록 점진적으로 학생들의 잠재력을 더 날카롭게 밝혀줄 수 있는 지표들을 사용하여 판별하되, 그 지표들의 타당화라는 원칙에 의거하여 영재를 판별한다(Erez, 2000). 영재의 실제 판별은

- 제1단계: 지원자 집단의 형성을 위한 집단 검사 실시. 능력 검사와 자전적 질문지 사용
- 제2단계: 개인 검사 실시. 산출물 발표, 개별 인터뷰, 오디션
- 제3단계: 교육 시뮬레이션. 교육 프로그램의 학문적, 사회적, 정서적 요구를 극복하는 능력을 측정하기 위한 워크숍 진행의 세 단계에 걸쳐서 이루어진다. 이스라엘의 The Herietta Szold Institute가 Israel Arts and Science Academy를 위하여 주관한 과학 예술 영재 판별의 실제 예를 살펴본다. 이 학교는 다음의 특성을 갖춘 학생을 선발하기로 결정하였다: ▲일반적 학문 능력이 평균 이상; ▲시각 예술, 음악, 또는 과학에서의 우수성; ▲비 인지적 특성에서의 우수성. 이를 위하여 다음의 3단계에 걸친 판별 절차를 적용하였다.
  - 제1단계: 집단 검사로 수학적 추론 능력, 지능검사, 국어 독해 및 어휘검사, 자전적 질문지 실시. 지원자 집단을 형성한다.
  - 제2단계: 사회, 정서, 학교 학습에 관한 위원회를 각기 구성하여 개인검사로 전문가들이 개인을 인터뷰하고, 오디션, 종합 재능 기록부, 미니 워크숍을 실시한다. 학교생활이 요구하는 정서적, 사회적, 학문적 요구를 극복하는 능력을 측정하는 워크숍이다.
  - 제3단계: 시뮬레이션 단계로 학생들이 학교에 기숙하면서 지금까지 경험해 보

지 못한 다양한 활동에 참여하면서 실제적인(Hands-on) 경험을 하도록 한다. 학생들이 사용하는 학습 전략, 사회적 활동, 등을 관찰 평가한다. 전문가들은 학생들의 수행 과정을 관찰 평가하고 각 개인에 대하여 수시로 토론하여 입학생을 선발한다.

4) 러시아의 영재 판별 방법

러시아는 비교적 서구의 영향을 받지 않은 채 독특한 이론적 배경 위에서 영재 판별 방법에 대한 그들만의 노하우를 쌓아가고 있다.

러시아 심리학자들은 오랜 기간 동안 서구에서 주로 사용되는 지능 테스트 방법에 대한 분석 활동을 진행하였으며 그 결과 다음과 같은 결론을 제시하였다. "지능 테스트는 과정 중심이 아닌 결과 중심의 측정 방법에 지나지 않으므로 이것은 아동의 지적 발달에 대한 적절한 측성 방법이 될 수 없다. 즉, 테스트 방법은 아동에게 어떤 문제를 제시한 후 그가 이것을 풀 수 있는지 없는지만 밝혀낼 뿐 그 아동에게 형성된 개념이 어떤 특성을 지니고 있는지는 밝혀내지 못한다. 다시 말해, 테스트는 평가 결과를 양적으로만 제시할 뿐 질적인 평가 방법은 되지 못한다."

비고츠키 이후 많은 러시아 학자들은 이러한 입장 하에 아동의 발달 수준을 질적으로 평가하기 위해 "지적 활동의 단계적 형성"이라는 진단 방법을 개발하였다. 이것을 통해 그들은 아동의 지적 수준만을 측정하는 것이 아니라 한 아동의 지적 발달에 있어서 문제점이 무엇인지 또 그 원인이 무엇인지를 밝혀내려 하였다. 이러한 진단 활동의 주요 목표는 바로 심리 발달에 있어서 각 개인이 지니고 있는 문제점을 찾아 그의 개인적인 특성에 맞게 심리 교정적 활동을 펼침으로써 각 개인의 재능을 발달시킬 수 있는 가능성을 여는 것이다.

현대 러시아에서는 진단 활동 및 학습 프로그램의 성격과 목적에 따라 러시아에서 개발된 진단 방법 외에도 여러 가지 테스트 방법, 관찰법, 설문지 등 다양한 진단법들을 복합적으로 사용하고 있으며 이러한 진단 결과들은 각 학교에서 학습 프로그램을 교정하거나 영재를 선발하기 위한 근본 자료로 활용된다.

가) 유아 영재 판별 방법

러시아 심리학자 유르께비치(Юркевич)는 유아 영재를 위한 진단 방법을 다음과 같이 세 단계로 제시하고 있다.

사전 단계: 아동의 주변 인물들(부모, 교사)의 의견을 수렴하는 단계-부모나 교사에

게 아동에 대한 관찰표와 설문지를 작성하도록 한다.

- 제1단계: 주위 세계에 대한 아동의 개념과 주의력, 아동과 어른과의 관계, 인지적 적극성 정도를 진단한다. 이 단계에서는 아동과의 대화 등 여덟 가지 진단 활동이 진행된다—낱말 찾기, 반의어 찾기, 그림에 의한 수학 문제 해결, 규칙 찾기, 집중력 진단 활동, 단기 기억력 등.
- 제2단계: 아동의 지적 발달 및 인지적 적극성에 대한 진단 활동.
- 제3단계: 아동의 창의적인 사고력에 대한 진단.

위의 3단계 진단 활동을 통해 선발된 아동은 리쩨이, 김나지로 가도록 추천되거나 특별 프로그램에 따라 진행되는 학습 활동에 참가하도록 권장된다. 선발된 아동은 지도 교사와 함께 자신의 흥미에 따라 특별 수업을 받게 된다. 러시아 심리학의 대가인 엘코닌(Эльконин)은 유아 영재의 선발을 위해 다음과 같은 진단 방법을 개발하였다. 그는 기존에 개발된 테스트 방법과 자신이 개발한 진단 방법을 복합적으로 사용하고 있다.

나) 꼴모고로프 수학 물리 학교의 영재 선발 방법

러시아의 전통적인 영재 학교에서는 일반적으로 학교 시험 위원회가 아동의 학업 성적을 기초로 영재들을 선발하며 성적과 함께 올림피아드의 성적이 중요한 자료로 사용된다. 즉, 영재아들은 각종 대회를 통해 선발, 판별되는 경우가 많으며 영재 학교 자체적으로 입학시험을 마련하거나 여름 겨울 학교, 공개 시험, 면접 등을 이용하여 선발되기도 한다. 이렇듯 각 도시에서 온 학생들은 매우 까다로운 테스트를 받은 후 가장 뛰어난 재능을 가진 학생만 특수학교에 입학하게 된다.

꼴모고로프 수학 물리 학교의 입학시험은 공개 필기시험(시험 문제는 전국 규모의 수학-물리 잡지인 "끄반트"에 게재됨)과 각종 경시대회, 그리고 학교 자체의 선발 시험 등과 같은 몇 단계를 거치게 된다. 이뿐만 아니라 전국 수학-과학 올림피아드가 개최되는 1-2월에 교수 및 교사들이 러시아 전역의 현장에 가서 입학 학생들을 직접 선발하기도 한다. 즉, 소련 전국의 1백만 명의 학생 중 올림피아드를 통해 선별된 250~300명 정도의 영재가 의무적으로 기숙 생활을 하며 학교에서 마련한 영재교육 프로그램에 따라 전문적인 특수교육을 받는다. 즉, 모든 선발 과정을 거쳐 입학한 학생들은 입학 후 약 2주간에 걸쳐 많은 양의 수업을 받고, 배운 내용에 대한 계속적인 평가를 받게 된다. 이러한 과정을 거쳐 교사에 의해 재능이 없다고 판단된 학생의 부모는 교장 선생님과 함께 학생의 지적인 가능성과 재능에 관해 상담을 한다. 이 과정에서 교장 선생님은 보통 학생의 부모에게 다른 일반 학교로 전학시킬 것을 권유하며 부모가 동의하면 그 학생은 다른 일반 학교로 전학하게 되고 동의하지 않을 경우에는 영재학교에 남게 된다.

이와 같이, 러시아 특수 영재 학교의 학생 선발 과정은 크게 예비 선발 경쟁시험과 계절 학교로 나눌 수 있다. 기술한 바와 같이, 예비 선발 경쟁시험을 통해서는 어떤 학생이 수학적 재능을 가지고 있는가에 대한 정확한 정보를 얻을 수 없기 때문에, 계절 학교를 통해 이를 확인하고, 재능 있는 학생들을 영재 학교에 선발하는 것은 큰 의의를 가진다.

사. 우리나라 영재판별 방법에의 시사점

이상에서 살펴본 각 방법들은 영재를 판별하는 데 필요조건이 되기는 하지만 충분조건이 되지 못한다. 특히 특수 분야에 관련된 학문적 능력과 창의력을 구체화하여 측정함으로써만이 영재 판별의 충분조건을 갖추게 되는 것이다. 따라서 이상의 여러 방법을 동원하여 수집된 증거들을 종합하여 판단을 내리되, 특히 해당 분야의 창의적 문제해결 능력을 타당성 있게 측정하는 데 역점을 두어야 할 것이다.

이상의 판별 방법들을 활용하는 절차로는 대체로 관찰 및 각종 기록을 통한 1차 판별, 각종 표준화 검사 도구에 의한 2차 판별, 전문가에 의한 실험·실습과정 및 결과의 평가에 의한 3차 판별, 그리고 적절한 학습 프로그램에 배치하여 관찰하는 4차 판별의 단계적 판별 방법이 효율적이다.

한국교육개발원은 2차 판별 단계에서 쓰여 질 과학적성 검사, 과학적 사고기능검사, 과학 활동 및 흥미검사, 수학 창의적 문세해결력 검사, 과학 창의적 문제 해결력 검사, 3차 판별단계에서 쓰여 질 전문가에 의한 실험-실습과정 및 결과에 대한 평가를 할 수 있도록 한 프로젝트형 과학 문제 해결 검사 등을 개발하여 이중 과학적 사고기능 검사인 탐구기능 검사와 논리적 사고 검사는 한국적성연구소에 의해 출판, 현장교사들이 쉽게 구입 활용할 수 있게 되었다.

과학적 사고기능 검사 중 탐구기능검사는 과학자들이 문제를 해결하기 위하여 사용하는 기능에 초점을 두고 있다. 탐구기능은 변인을 통제하고 자료를 해석하고 가설을 설정하고 조작적으로 정의하고 실험하는 것이다. 즉, 탐구기능은 실험과 관련된 기능으로서 연구 문제에 대한 인식, 가설설정, 변인확인, 실험설계, 자료기록, 그래프 구성, 그리고 자료를 해석하는 일에 대한 문제로 구성된다.

논리적 사고검사는 과학적 사고력 및 추론능력을 측정하는 검사로 보존논리, 비율추리, 변인통제논리, 확률추리, 상관추리, 조합추리 등 과학적 사고력의 대표적 지적요인들을 포함하고 있다.

수학 창의적 문제해결력 검사는 크게 2부로 구분되어 있으며, 1부는 확산적 사고와 수학 영역의 지식과 기능을 요구하는 문제들로 포함되어 있고 2부는 논리적 비판적 사고와 수학 영역의 지식과 기능을 요구하는 문제들이 포함되어 있다. 초저, 초고, 중, 고등학교의 4 수준으로 개발되었으며 각 수준별로 2종형의 동형검사가 있다.

과학 창의적 문제해결력 검사는 확산적 사고, 논리적 비판적 사고 및 과학 영역의 지식과 기능을 모두 요구하는 문제들이 포함되어 있다. 초저, 초고, 중, 고등학교의 4 수준으로 개발되었으며, 각 수준별로 3종의 동형검사가 있다.

영재 판별의 타당성을 더욱 높이기 위해서는 문제 설정에서부터 연구보고에 이르기까지 연구 과제를 수행하는 전 과정을 통하여 학생의 능력을 전문가가 평가하도록 하는 프로젝트형의 개별화된 검사 절차도 동시에 활용되어야 한다. 프로젝트형 검사는 직접적인 실험을 통하여 과학적 개념의 적용, 과학의 특성이해, 과제에 대한 집착력, 창의성, 태도의 측면에 평가의 초점을 두어 과학적 능력을 종합적으로 평가하는 검사이다. 앞에서도 밝힌 바와 같이 렌줄리(1978)가 내린 영재의 정의에 의하면 영재성은 평균 이상의 능력, 창의성, 과제 집착력 등의 세 요인이 같은 정도로 상호작용하여 나타나는 것이라고 한다. 그런데 그 중에서도 어려운 문제에 부딪혔을 때 쉽게 낙담하지 않고 물고 늘어져서 결국은 문제를 해결해내고야 마는 과제 집착력을 소유한 정도를 측정할 필요가 있다. 뿐만 아니라, 과학문제 해결 과정에서의 창의성을 측정하기 위해서는 표준화된 창의성 검사를 실시하는 것으로 그치는 것보다는 프로젝트의 수행과정을 지켜볼 필요가 있다.

따라서 영재의 효율적인 선별을 위해서는 과학 분야의 축적된 지식보다는 과학자의 자질로서 필수불가결한 것으로 보이는 과학적 사고과정을 주로 측정하는 검사를 활용하고, 보조적으로 그들의 과학에 대한 흥미 정도를 측정하는 질문지를 실시하며, 전문가에 의한 개별화된 프로젝트형 검사를 동시에 활용할 필요가 있다.

〈표 2.10〉 세계 여러 나라의 영재 판별 방법

국가	교육 기관	영재판별 기준 및 방법
미국	일리노이 수학 과학 고등학교(Illinois Mathematics and Science Academy)	1) 교사 추천서 2) 자기 소개서와 부모나 보호자의 소개서 3) 성적 증명서 4) SAT 1 시험 점수 5) 수학과 외국어 시험 점수 6) 태도와 성취도 등의 평가 기준을 통해 선발
	노스캐롤라이나 수학·과학 고등학교 (North Carolina School of Science and Mathematics)	1) 출신학교 성적 2) 캘리포니아 학업성취도 검사 성적 3) 비판적 사고력 검사 점수 4) 학교에서의 활동 5) 교사의 관찰 및 추천 6) 성장 배경 검사 7) 과학전람회 및 과학연구 8) 3개의 짧은 논문 9) 대회 참가 경력 10) 독해력 검사 점수 11) 학업적성(SAT) 점수·성격검사 판별기준에 제시된 11개의 항목을 3인이 독립적으로 평가하여 결과를 수합한 다음 결정됨.
	토마스 제퍼슨 과학고등학교 (Thomas Jefferson High School for Science and Technology)	• 과학, 수학, 컴퓨터 과학, 공학 등에 관한 학습에서의 뛰어난 능력과 적성, 이전 학업 성적, 흥미와 동기 등이 뛰어난 학생을 선발 • 모든 지원자들은 반드시 입학시험을 치러야 하며, 최종 선발은 1) 입학시험 성적, 2) 7, 8학년의 성적, 3) 교사 추천서, 4) 자기 소개서, 5) 논술시험 성적 등에 준하여 이루어짐.
	초트 로즈마리 홀 (Choat Rosemary Hall)	• 기준: 학생의 학문적 능력, 도덕성, 클럽 활동에의 참여도 • 부모, 교장, 수학, 영어 교사의 추천서 • TOEFL, SSAT, PSAT 검사 • 인터뷰 • 학교가 제시한 주제에 대해 본인이 작성한 에세이 • 1,000명 중 200명 선발

〈표 2.10〉 세계 여러 나라의 영재 판별 방법 (계속)

국가	교육 기관	영재판별 기준 및 방법
이스라엘	예술과학 아카데미 Israel Arts and Science Academy)	• 시각 예술, 음악, 수학, 화학, 생물, 물리의 여섯 가지 영역 중 하나 이상에서 높은 적성과 흥미를 지닌 학생들을 선발 • 제1단계: 9학년 재학생 중 교육받기를 희망하는 학생을 대상으로 4~5시간의 지필고사로서 주로 독해력, 수학, 논리력을 심사. 총 180명을 선발. • 제2단계: 전문가 인터뷰. 산출물, 연구논문, 학교생활기록부를 평가. 총 130 명 선발. • 제3단계: 2단계에서 선발된 학생에게 3일간 워크숍 진행. 총 80명 선발.
중국	북경 제8실험중학생	• 제1단계: 2년에 한 번씩 북경시 거주 학생 중 약 1,000명의 지원자를 대상으로 지식과 기능을 측정하기 위해 중국어, 수학, 사고력 과목의 검사를 실시하여 200명을 선발 • 제2단계: 습득된 지식을 활용하는 정보 처리 능력을 중심으로 중국어, 수학, 사고력 분야에서 더 어려운 시험을 치러서 200명 중 100명 선발 • 제3단계: 물리, 화학, 중국어, 수학, 영어 분야에 처음 접하는 새로운 자료를 조작하는 능력을 일주일간에 걸친 실제 수업을 통해 검사하고 최종적으로 30명을 선발
러시아	모스크바 국립대학교 부설 교육-과학 센터	1) 공개 필기시험(시험 문제는 전국 규모의 수학-물리 잡지인 "끄반트"에 게재됨) 2) 각종 경시대회 3) 학교 자체의 선발 시험 등과 같은 단계를 거쳐 선발. 입학 후 약 2주간에 걸쳐 많은 양의 수업을 받고, 교사들이 재능이 없다고 판단하는 학생에 대해서는 부모와의 협의하에 다른 일반 학교로 전학시킴.
	우랄 국립대학교 부설 교육-과학 센터	• 제1단계: 예비 입학 경쟁시험이고 • 제2단계: 교육-과학 센터의 봄 학교나 여름학교를 통한 선발. 학생들은 다음 성적을 1차 입학 예비 경쟁시험의 성적으로 대체할 수도 있음. 　• 주 수준의 올림피아드, 교육-과학 센터 주최의 올림피아드, 소로소프츠키 올림피아드, 꾸르차토프스키 올림피아드 등과 같은 올림피아드의 성적 　• 학생들을 대상으로 하는 학술-실습 대회의 성적 　• 교육-과학 센터의 준비 과정[28]에서 얻은 시험 성적 　• 주 올림피아드, 소로소프스키 올림피아드 등을 비롯한 경시대회에서 수학, 물리 등의 교과에 대해 면담 결과 얻은 성적들.

28) 우랄 국립 대학교 교육-과학 센터에서는 입학을 위한 예비 과정을 운영하고 있을 뿐만 아니라, 통신 학교도 운영하고 있다.

〈표 2.10〉 세계 여러 나라의 영재 판별 방법 (계속)

국가	교육 기관	영재판별 기준 및 방법
러시아	쌍 빼쩨르부르그 국립대학교 부설 학술 짐나지아	입학시험은 경쟁시험과 면담을 통해 이루어짐. • 인문 계열: 수학(필기시험), 러시아어, 외국어 테스트와 토론, 역사와 문학에 관한 면담 • 수학-자연 과학 계열: 모두 수학(필기시험), 러시아어 테스트와 함께 구두시험이 부과됨.
한국	과학고등학교	1) 특별 전형 (1) 대상 가) 전국 수학·과학 경시대회에서 장려상 이상으로 입상하였거나 시·도 교육청 주관 수학·과학 경시대회에서 동상 이상 수상한 자 나) 교육부 주관 컴퓨터 경진대회(경시 부문)에서 동상 이상 수상한 자 다) 중학교 2학년 및 3학년 1학기 수학, 과학 과목 성적의 석차 백분율이 각각 1% 이내인 자. 라) 중학교 2학년 및 3학년 1학기 수학, 과학, 국어, 영어 4개 과목 중 수학, 과학을 포함한 3개 과목 성적의 석차 백분율이 각각 2% 이내인 자. (2) 전형 방법 가) 특별 전형을 신청한 자에 한하여 서류 심사와 신체검사로 전형한다. 나) 선발 인원의 제한은 없다. 2) 일반 전형 (1) 선발 인원: 특별 전형 합격자를 제외한 모집 정원 (2) 선발 방법: 내신 성적, 구술 고사 점수와 가산점을 합한 총점의 고득점 순으로 선발한다.
싱가포르	교육부의 영재교육과에서 주도	영재교육과는 초등학교 3학년과 6학년 학생들을 대상으로 영재들을 판별함. • 3학년 선발: 매해 8월에 3학년 전체 학생들에게 영어와 수학 시험(the Primary Three Common Screening Test)을 실시함. 이중에서 일부 학생들을 선발하여 9월에 재시험(the Primary Three selection Test)을 실시. • 6학년 선발: 초등학교 졸업시험에서 3개 이상의 A^+를 받은 초등학교 6학년 학생들은 9월초에 중학교에서의 영재교육을 받을 수 있는 선발 시험을 치룰 수 있는 자격을 얻게 됨. 이 선발 시험은 영어, 수학, 일반능력을 평가하며 이 시험에서 약 100명의 학생들이 선발되어 중학교에서의 GEP를 받게 됨.

1) 영재판별절차의 일반적 모형

● **Fox의 판별절차**

- 제1단계(선별단계): 집단지능검사와 지명, 관찰법 등 병행-영재성 있는 학생 선발
- 제2단계(변별 및 판별단계): 전문가, 교육학자, 심리학자에 의한 평가
- 제3단계(定置단계): 선발 학생을 영역별로 프로그램 제공하여 학습 과정과 결과 관찰

● **Renzulli의 판별절차**

표준화 검사와 교사의 지명 및 심화학습 결과에 의한 선발

- 제1차 판별: 15~20%선정 (1/2은 표준화 검사, 1/2는 교사 및 자기의 추천)
- 제2차 판별: 1부, 2부 심화학습활동 참여 후 스스로 영재성 판별

● **조석희의 판별절차**

- 제1단계: 학교에서의 학업성취에 대한 누가 기록, 관찰내용에 의한 평가
- 제2단계: 표준화 검사 실시
  지능검사, 적성검사, 흥미검사, 창의성검사, 학업성취검사 등 실시
- 제3단계: 전문가에 의한 문제해결 과정의 관찰 평가
- 제4단계: 교육프로그램에의 배치 및 활동 관찰

3. 영재교육과정

영재교육을 특정한 분야에 잠재력이 뛰어난 학생들을 대상으로 하는 교육으로 정의할 경우 당연히 각 영재교육 대상자들의 눈높이에 맞는 개별적 교육을 제공하여야 한다. 특

히 교육과정 운영 측면에서는 더욱 그러하다. 그래서 영재학교, 영재학급 운영은 학교장의 재량을 최대한 부여하여 그 어떠한 학교보다 학교 운영에서 관련 규정의 제약을 받지 않도록 영재교육진흥법시행령에서 규정하였다.

특히 영재학교는 교육과정, 교과서, 학년제, 학기제, 학급편성 등을 자율적으로 운영하도록 할 수 있어 국내 학교 중 가장 자율성이 높은 학교라 할 수 있다. 영재학급과 영재교육원은 비정규 교육과정이므로 학사운영에 관한 초·중등 교육법령의 적용을 받지 않기 때문에 영재교육진흥법령에 규정된 학생선발, 지정기준 등 일반적이 사항 외에는 각 기관의 자율에 맡기고 있다.

또한 지역사회의 다양한 교육자원을 최대한 활용하도록 하기 위하여 대학 또는 다른 영재교육기관에 위탁교육도 가능하도록 하고 있으며, 외부 전문가가 영재교육기관에 파견, 겸임 등의 형태로 근무하는 것도 가능해 영재특성에 맞는 교육이 되도록 했다.

4. 우리나라 영재교육 정책에서 고려해야 할 사항

가. 교육의 수월성과 교육기회균등 이념의 동시 추구

수월성을 추구하는 영재교육의 실시는 교육의 기회 균등이라는 형평성에 위배되는가? 교육의 기회 균등 이념의 실현과 교육의 수월성 동시 추구는 가능한가? 이는 교육의 기회 균등 이념을 어떻게 해석하는가에 따라서 다르게 판단될 수 있을 것이다. 1968년과 1974년도부터 우리나라는 타고난 능력 수준과 관심 분야가 다른 중학교와 고등학교의 모든 학생들에게 똑같은 교육내용, 방법을 실시하는 평준화 교육제도를 통하여 교육의 기회 균등 이념을 실현하고자 노력해 왔다.

그러나 진정한 의미의 교육기회 균등은 각 학생들의 능력 수준과 관심에 따라서 적절한 교육 내용과 방법을 적용함으로써 누구나 자신의 학습 특성에 맞는 교육에 참여할 수 있도록 하는 것으로 이해되어야 할 것이다. 즉, 학습 특성이 각기 다른 학습부진아, 일반 학생, 영재들이 모두 획일적인 교육을 받을 때 교육의 기회 균등 이념을 실현하는 것이라고 볼 수 없다. 오히려 각 학생들의 학습 특성에 적절하도록 각기 다른 교육을 실시하는 것이 진정한 의미의 교육 기회 균등 이념을 실현하는 것이다.

이러한 진정한 의미의 교육기회 균등의 이념 실현을 위해서 영재교육이 실시되어야 할 필요가 있다. 즉, 장애가 있는 특수 아동들이 특수한 교육을 받아야 하는 것과 마찬가지로 능력의 연속선상의 다른 쪽 극단에 위치한 영재들도 일반아들과는 다른 차별화 된 교육을 받을 권리가 있다. 즉, 지적 및 정의적 특성이 다른 영재들에게는 그들의 능력 수준과 필요에 맞는 교육을 제공해야 한다는 의미다. 결론적으로 모든 학생들이 자신의 학습특성에 맞는 교육을 제공하는 진정한 의미의 교육기회균등의 실현의 차원에서, 영재들도 그들의 학습 특성에 적절한 차별화 된 교육이 필요하다는 것이다.

더욱이 영재교육의 실시로 교육의 수월성을 추구함으로써 일반 아동의 교육의 질 향상에도 기여하는 동시에 국가 발전에도 기여할 수 있는 인재를 양성하는 일석삼조의 효과를 얻게 될 것이다.

나. 다양한 영재성 정의

우리나라에서는 영재성을 "다른 사람들에 비해 뛰어난 능력을 타고 난 자" 정도로 일반적으로 정의하였다. 구체적으로 영재의 지능지수 또는 상위 몇 퍼센트에 속해야 하는지를 정하지는 않고 있다. 그 이유는 영재성에 관한 정의는 다양한 바, 각 영재교육 기관이 자율적으로 개념을 정의하고, 그에 적절한 교육 목표, 선발 방법, 교육내용과 방법을 적용할 수 있도록 해야 한다고 보기 때문이다.

영재성은 능력이라는 연속선상에서의 상대적인 개념이다. 지금까지 영재성은 크게 전통적인 시각과 진보적인 시각의 두 입장에서 정의되어 왔다. 전통적인 시각은 과거 대부분의 국가들이 수용한 방법인 바, 지적 능력이 대단히 뛰어난 사람을 영재로 본다. 이런 시각에 의하면 지적 능력을 측정하는 한두 가지의 엄격한 테스트를 실시하여 상위 1~3% 이내인 자를 영재로 판별한다.

진보적인 시각에 의하면 일반 능력 또는 다양한 영역에서의 특수 능력이 평균 이상인 자를 영재로 정의한다. 이는 가능한 한 많은 아동에게 영재교육에의 참여기회 제공을 목적으로 한다. 지적 능력이라는 한 가지 영역이 아니라, 언어, 수-논리, 음악, 공간, 대인관계, 자기 이해, 신체, 자연 등의 다양한 영역 중 어느 한 영역에서라도 뛰어나면 특별교육에 참여할 기회를 제공해야 한다는 것이다. 또 상위 1%로 한정시키지 않고, 상위 15~20%까지도 영재교육 대상자로 삼을 수 있다는 생각이다.

또한 영재교육기관이 영재교육을 실시하는 데 필요한 행정적·재정적 여건에 따라 영재교육 대상자의 폭이 달라질 수 있다. 그리고 어떤 영역의 영재교육을 실시할 것인가에 따라 영재의 선발 기준과 절차가 달라질 수 있다. 따라서 영재를 판별, 선발하는 구체적인 기준이나 절차는 국가, 지역사회, 영재교육기관이 영재교육을 실시하는 목적과 그것들이 처한 상황적 요인 등에 따라 영재 선발의 다양한 원칙을 고려하여 영재교육대상자를 선정하는 것이 바람직하다.

다. 영재교육의 영역

영재교육 영역은 개인이 나타내는 여러 능력 분야에서 이뤄질 수 있다. 사회는 한두 가지 지능 영역에 국한된 능력만을 요구하지 않으며 다양한 지능의 스펙트럼을 요구하고 있다. 언어와 논술, 컴퓨터가 필요한 만큼 만화와 만화영화제작, 예술과 스포츠, 희극배우의 웃기기 등도 우리 사회를 건강하게 발전시키는 구성요인이 된다. 이런 관점은 인간에게는 다양한 지능 영역이 존재한다는 가드너(Gardner, 1983)의 『다중지능 이론(Multiple Intelligences Theory)』에서 그 이론적 틀을 찾을 수 있다.

타넨바움(Tannenbaum, 2000)은 인간이 나타낼 수 있는 재능을 다음의 네 가지 영역으로 구분하여 제시하고 있다. 첫째는 부족한 재능(scarcity talents)으로, 사회 구성원들의 생존에 아주 필수적으로 요구되는 분야이다. 사람들의 삶을 보다 더 쉽고, 편안하고, 건강하게 만드는 데 공헌하는 분야로 창의적인 과학자나 사회적 지도자에서 그 역할을 기대한다. 일반적으로 많은 사람들이 수·과학 분야라고 인식하고 있다. 둘째는 남는 재능(surplus talents)으로써 누적된 오랫동안의 성취물들을 통해 삶의 혜택을 얻는 것으로 위대한 예술이나 문학, 음악, 그리고 철학과 같은 분야가 이 영역에 해당한다. 셋째는 할당된 재능(Quota talents)으로 사회를 구성하는 주요 재능이며 시장경제에 상품이나 서비스를 제공하는데 필요한 특수 재능들로 의사, 교사, 엔지니어, 법률가, 사업가, 상업예술가 등이 여기에 해당한다. 넷째는 무명의 재능(anomalous talents)으로 재능에 대한 진가가 인정받거나 가치 있다고 판단되는 그런 재능은 아니다. 속독을 잘 한다던가 산을 잘 탄다던가, 요리를 잘하거나 컴퓨터보다 복잡한 수학 계산을 잘하는 사람 등이 여기에 해당한다.

위와 같이 인간이 가진 여러 다양한 능력을 영재 영역으로 범주화 할 수 있을 것이다. 그리고 그러한 재능을 길러주고 계발할 수 있는 교육적 개입이나 여건이 필요하다. 그러나 국가적 차원에서 행·재정적 투자를 통해 영재교육을 체계적으로 실현하고자 할 때는 영재교육의 여러 영역 중 우선 순위를 두어 실행할 필요가 있다. 이러한 관점에서 많은 사람들의 삶과 복지에 바로 직결될 수 있는 수·과학 분야에 영재교육의 우선순위를 둘 수 있다고 본다.

라. 영재교육으로 인한 사교육 과열 방지 방안

영재교육으로 인해서 사교육이 더 과열될 가능성이 높을 것으로 우려하는 여론이 높다. 사교육을 하더라도 아동의 성장에 끼치는 영향이 긍정적일 수 있도록 영재 선발 시 선발의 대상이 되는 심리적 특성, 절차, 도구 등을 세심하게 선정 적용해야 할 것이다. 사교육의 폐해를 감소시키기 위해 영재선발에서 고려할 사항은 다음과 같다.

첫째, 뛰어난 사고력과 아이디어 산출능력 등 창의성의 구성요소들을 중시한다.

- 영재성의 가장 중요한 측면인 창의성을 평가한다.
- 창의성은 기존의 사교육이나 과외지도의 방법 등과 같이 짜여진 틀 속에서 학습해서는 계발될 수 없다. 오히려 오랜 기간에 걸친 학생 나름대로의 개별화된 독특한 사고와 경험이 많을수록 더 창의적으로 평가될 수 있다.
- 창의성에 관한 평가는 문제의 발견이나 문제의 정의에서부터 시작되므로 정해진 답이 없고 객관화된 절대 기준이 없어 전문가의 판단에 의존하여야 한다.

둘째, 지도자적 역량이 뛰어난 학생을 선발하는 방법을 모색하여 적용한다.

- 영재는 해당 분야의 지식, 개념, 기술에서 앞설 뿐 아니라 그 분야의 지도자가 될 가능성이 큰 학생을 선발하는데 역점을 둔다.
- 해당 분야의 새로운 운동을 시작한 학생, 예를 들면, 환경 운동, 과학 발명반 또는 과학 탐구반을 조직하고 운영한 경험이 있는 학생 등을 선발하는 방법을 모색한다.
- 선발 마지막 단계에서는 전문가들이 선발 대상자들의 수업 과정을 관찰하면서 프로젝트를 수행하는 데 있어서 지도자적인 역량을 발휘하여 다른 학생들과의 업무를 조직하고, 협동하며, 계획을 수립하고, 수행 과정이나 결과를 점검(Monitoring)하고, 평가 결과에 따라 수행 과정을 수정, 보완하는 능력이 뛰어난 학생을 선발하도록 한다.

요약하면, 영재의 선발은 효율성과 타당도를 높이는 동시에 창의성이 뛰어난 학생을 선발하기 위해서 학생들이 그 동안 축적해 온 개별적인 독특한 사고와 경험을 토대로 한 창의성과 해당 분야의 지도자적 역량을 중점적으로 평가하는 선발 방법을 사용함으로써 기존의 사교육이나 과외지도 등으로 영재 선발에서 유리한 평가를 받기는 어렵도록 한다.

마. 조기 영재교육의 폐해 예방

영재교육이 효과적으로 이루어지기 위해서는 조기 발굴, 조기 교육의 원칙이 적용되어야 한다. 그러나 조기 교육을 통해서 일반 아동의 능력을 계발하려는 과도한 노력은 오히려 정상적인 발달을 저해할 가능성이 높다. 특히 탈진 상태를 경계해야 한다. 아동의 능력을 넘어서는 과도한 노력은 아동과 부모를 모두 탈진시킬 가능성이 있다.

교육은 장거리 달리기이다. 그러므로 어린 나이의 아동에게 가장 필요한 것은 학습의 즐거움을 경험하게 해 주고, 끊임없이 탐구하고, 자기 계발을 하고자 지속적으로 노력하는 태도를 길러주는 것이 가장 중요하다.

나이 어린 영재를 위한 유치원이나 초등학교를 찾는 학부모들이 종종 있다. 그러나 나이 어린 영재들끼리 하루 종일 경쟁적으로 학습하는 과정에서 자신감을 상실하게 되거나, 과도한 학습으로 인해 학습에 대한 흥미감 상실 등의 문제가 야기될 수 있음을 간과한 데서 비롯되었다고 할 수 있다. 세계적으로 5세 미만의 아동에게 영재교육을 실시하는 나라는 거의 없다.

나이가 어린 영재들도 자신의 지적 능력에 적절한 자극과 도전을 받는 것이 필요하다. 그러나 그 학습 방법은 학령기 영재아동의 교육 내용 및 방법과는 다른 유아들에게 적절한 것이어야 한다. 아동에게 지적 자극이나 도전이 자신이 수용하고 즐길 수 있는 수준보다 더 과도하게 제공되었을 때는 오히려 영재교육을 하지 않은 것보다 더 부정적인 효과를 초래할 수 있음을 명심해야 할 것이다.

5. 영재교육 정착을 위한 주요과제

가. 영재교육 프로그램의 질적 수준 관리

앞에서 서술한 바와 같이 영재교육은 재능이 뛰어난 사람을 조기에 발굴하여 타고난 잠재력을 계발할 수 있도록 능력과 소질에 맞는 교육을 실시함으로써 개인의 자아실현과 국가 사회의 발전에 기여함을 목적으로 하고 있다. 따라서 영재교육이 이러한 취지에 부합되도록 이와 관련된 영역별 판별도구 및 교수·학습자료의 지속적 개발이 필요하다. 이러한 노력이 전제되지 않는다면 영재교육이 교과 선행 학습 또는 상급학교 진학 수단으로 흐르기 쉽다. 또한 영재교육기관에서 운영 중인 영재교육 프로그램에 대한 지속적 점검 및 평가 동시에 이루어져야 한다. 외양만 영재교육이고 실제로는 예전의 특기·적성교육 형태로 운영된다면 학생, 학부모로부터 영재교육의 질적 수준에 대한 불신으로 영재교육 정착에 많은 어려움이 따르게 될 것이다.

교육부에서는 영재교육기관의 자율성을 최대한 보장하는 한편 최소한의 운영가이드라인인 영재교육 프로그램 구성·운영에 관한 권장 기준(안) 을 제정하여 운영하고 있다.

1) 영재교육의 목표

- 영재교육대상자의 창의적 생산능력을 최대로 계발하고 도덕성을 함양한다.
  - 영재교육은 미래의 지식정보기반사회에서 가장 요구되는 창의적·생산적 문제해결력을 최대로 자극·신장해야 하며, 이러한 능력을 계발할 수 있는 프로그램을 마련하여 실시한다.
  - 영재교육은 미래의 지도자적 자질을 함양하여야 하며, 이를 위해 모든 영재교육 프로그램은 건전한 도덕적, 사회적 가치 및 윤리의식을 키우는 방향으로 구성되어야 한다.
- 영재교육대상자의 자기주도적인 학습태도를 최대로 계발한다.
  - 영재교육대상자들의 창의적 생산능력은 자기주도적인 학습태도를 기반으로 한다. 영재교육은 학생 스스로 문제를 탐구하고 문제 해결 방법을 모색해 갈 수 있는 능력과 태도를 함양시켜 주어야 한다.

2) 영재교육대상자의 선발

- 영재교육대상자의 선발은 잠재력이 뛰어난 모든 아이들을 발굴하는데 초점을 둔다.
  - 다양한 영역에서 잠재력이 뛰어난 학생들을 발굴하도록 한다.
  - 모든 학생들의 잠재적 능력을 확인할 수 있는 다양한 인적 자원(교사, 학부모, 동료, 지역사회 인사 등)과 다양한 선발 방법 및 도구를 사용한다.
  - 학생의 지적능력, 창의성, 과제에 대한 흥미나 집착력 등의 다양한 능력 요인을

고루 평가해야 한다.

- 선발자의 편견이나 왜곡된 인식이 영재성의 발굴에 미치는 영향을 인식하고, 이를 최소화한다.

- 영재교육대상자의 선발은 그 대상에 따라 적절한 방법을 사용한다.
  - 영재성의 영역에 따라 표준화된 검사(적성·논리적 사고·지능·창의적 문제해결력 검사 등), 포트폴리오, 실기, 오디션, 면접, 합숙 및 행동 관찰 등의 적절한 선발 방법을 사용한다.
  - 학생의 연령에 따라 어릴 때는 종합적인 능력의 발굴에 보다 중점을 두고, 연령이 높아짐에 따라 구체적이고 세분화된 영역별 재능의 발굴에 중점을 둔다.
  - 평가방법이나 도구는 학생들의 연령에 따른 발달 수준에 적합한 것을 사용한다. 예를 들면, 초등학교 저학년 학생들에게는 집단 집필검사보다 개인검사나 면담 등이 더 적절할 수 있다.
- 영재성의 발굴은 지속적으로 이루어져야 하고 그 결과를 적절히 활용한다.
  - 영재성은 변화할 수 있으므로 주기적인 검사의 실시, 교육 프로그램에서의 관찰 등을 통해 지속적으로 영재성을 발굴한다.
  - 영재 선발에서 얻은 정보는 영재교육 프로그램, 영재 선발도구의 개발, 영재의 지도 및 상담 등에 지속적으로 활용한다.

3) 영재교육과정의 구성 및 운영

- 영재교육대상자를 위한 교육과정은 상위 수준의 내용, 고급의 사고 과정, 질 높은 산출물, 자유로운 환경, 성 평등한 교육내용으로 구성하고, 특히 학생들 스스로가 자신의 소질과 적성에 적합한 진로선택을 탐색할 수 있는 교육을 반영한다.
  - 영재교육과정의 내용은 일반 학생을 위한 교육과정 내용보다 복잡하고 추상적이고 통합적인 성격을 지녀야 한다. 이를 위하여 영재교육과정의 내용은 단순한 사실이나 개념보다는 고차적인 원리, 일반화, 간학문적인 내용과 활동을 강조한다.
  - 영재교육과정은 일반 학생을 위한 교육과정보다 고급수준의 비판력, 창의력, 탐구력, 상상력, 문제해결력, 의사소통능력, 협동적 학습능력 등을 계발하는데 초점을 둔다. 이를 위하여 영재교육과정은 영재교육대상자들이 선호하는 조사, 탐구 및 발견, 개인·집단 연구, 실험 및 실습, 시뮬레이션, 토론, 발표 등과 같은

고차적 사고 과정을 요구하는 수업으로 구성한다.

- 영재교육과정은 학생들이 다양하고 질 높은 창의적 산출물을 만들어내도록 구성한다. 학생들은 해당 영역에서 전문가가 수행하는 것과 같은 과정을 거쳐 질 높은 산출물을 만들어내도록 격려되어야 하며, 산출물을 만들어내는 과정에서 학생들의 개성·상상력·창의력이 다양하고 충분히 반영될 수 있도록 한다. 학생들이 만든 창의적인 산출물은 학교에서뿐만 아니라 학회·학술지 등을 통하여 많은 사람들에게 알림으로써 학생들이 전문가적인 긍지와 자부심을 가질 수 있도록 한다.
- 영재교육대상자들은 수용적이고 개방적인 환경에서 교육을 받아야 한다. 그들의 의견이나 아이디어는 비평 또는 비판을 받기보다 먼저 수용되고 존중되어야 하며, 그들의 호기심·모험심은 자극·격려되어야 한다. 개방적인 분위기 속에서 불확실성에 대한 인내와 관용을 이해하고 배워야 한다. 또한 학생들은 교실 내에서의 다양한 집단 편성, 교수-학습 시설 및 자료와 교실 밖의 현장, 도서관, 지역사회 등의 교육 환경을 최대한 이용할 수 있어야 한다.
- 영재교육과정 운영에 있어서 학생들이 자신의 소질과 자질을 탐색하고 진로선택에 도움을 줄 수 있는 내용을 최대한 포함한다.
- 영재교육과정은 남녀 영재교육대상자의 경험과 요구를 반영한 성 평등한 교육 내용으로 구성되어야 하며, 특히 과학기술 분야의 여학생 영재교육 대상자에 진로교육과 심리상담 제공, 역할모델과 멘토링 기회 부여 등을 통해 지지적 영재교육 환경을 제공한다.

● 영재교육과정은 영재교육대상자들의 특성을 반영하여 정규 교육과정을 심화하는 방향으로 구성·운영한다.

- 영재교육과정은 정규 교육과정에서 강조하는 기본 원칙과 방향과 일관성을 갖도록 구성·운영한다.
- 영재교육과정은 정규교육과정을 내용·과정·산출물·환경 측면에서 심화시키는 한편, 해당 영재교육기관에 재학하는 학생들의 심리적 학습특성을 최대한 반영하여 개발·운영한다.

4) 영재교육 담당교원(교사, 교수, 강사 등)

● 영재교육은 영재교육과 해당 분야의 전문성을 갖춘 교원이 담당한다.

- 영재교육담당교원은 소정의 영재교육 담당교원 임용·자격 기준을 갖춘 자 중에서 선발·배치한다.
- 영재교육 담당교원은 영재교육에 대한 철학과 사명의식, 해당 지도 영역에서 전문적인 자질과 식견, 영재교육에 적합한 인성적 자질을 갖추어야 한다.
- 영재교육을 담당하는 교원은 각종 워크숍·학회·연수회 참여 등으로 영재교육에 필요한 전문성을 갖추기 위한 자기계발을 위하여 노력한다.
- 성별 영재교육 담당교원의 배치는 분야별·성별 학생 구성비를 고려하되, 사회적으로 한 성의 진출이 부진한 비전형적인 분야의 영재교육대상자가 동성의 교사로부터 교육 및 상담, 역할 모델의 기회를 제공받을 수 있도록 적절한 성비의 교원을 확보·배치한다.

● 영재교육을 담당하는 교원은 정기적으로 연수를 받아야 한다.
- 영재교육담당교원에 대하여 정기적이고 지속적인 연수 방안을 마련하여 실시한다. 각 교원의 개별적 특성을 고려하여 원격 연수·출석 수업 연수 등 다양한 형태의 연수를 실시할 수 있으며, 일정기간 이상 영재교육을 담당한 교원에게는 재 연수 기회를 부여한다.

5) 영재교육기관의 운영

● 영재교육기관의 장은 영재교육의 취지를 적극 이해하고 학생들의 영재성 계발에 중점을 두고 당해 영재교육 기관을 자율적으로 운영한다.
- 영재교육기관의 장은 영재교육 기관 운영에 있어 자율성을 최대한 보장받아야 하며, 부당한 외부의 간섭으로 영재교육 시행취지가 변형되거나 위축되이서는 안 된다.
- 영재교육기관의 장은 영재교육대상자들의 영재성 계발에 필요한 각계 전문가, 지역사회의 협조를 구하여 학생들이 잠재력 계발에 필요한 다양한 학습기회를 갖도록 한다.
- 영재교육기관의 시설·설비 및 교육환경은 영재교육대상자들의 특성을 고려하여 갖춰져야 한다.

● 영재교육기관은 주기적으로 교육 내용, 방법 및 운영 체제에 대해 전문가의 자문을 구하고, 자문에 필요한 관련 자료를 지속적으로 수집·축적·관리한다.
- 영재교육기관의 장은 영재교육 목표의 달성과 관련하여 프로그램의 강점과 약

점, 프로그램의 수행에 영향을 미치는 중요한 문제와 개선에 필요한 정보와 자문을 받는다.

- 영재교육기관의 장은 자문 내용을 최대로 수용하여 영재교육 프로그램을 개선하도록 노력한다.

- 영재교육에 참여하는 중앙행정기관 및 시·도교육청, 대학, 정부출연기관 등은 영재교육 프로그램 운영에 관한 자료를 수집·분석하여 정책개선 기초자료로 활용한다.
  - 전국적으로 우수한 영재교육 프로그램을 발굴하여 다른 영재교육기관에서 이를 참고할 수 있도록 공유 시스템을 구축·활용한다.
  - 영재교육 관련 행정기관, 대학, 연구기관, 학회들도 영재교육 프로그램 운영에 관한 자료를 토대로 정책개선에 최대의 노력을 기울인다.

나. 고등교육과 연계성 확보

영재교육이 본래의 취지대로 실시되기 위해서는 대학과정과 연계성 확보 또한 주요과제다. 영재학교 졸업생의 경우, 각 대학에 특별전형 확대를 적극 권장하여 해당 전문 분야 대학으로 입학할 수 있는 체제를 구축할 계획이다. 참고로 올해 영재학교로 지정된 부산과학고는 이미 KAIST와 협약이 체결되어 있어 일정 수준 이상인 학생들은 KAIST에 특별전형으로 입학할 수 있도록 되어 있다. 특히 수학·과학 등에서 영재성이 뛰어난 학생들을 대상으로 각 대학이 특별전형 형태를 통해 일정비율 이들을 선발하는 방향으로 논의가 정리되고 있다. 그리고 영재교육원 수료생이 과학고등학교 진학 시 별도의 전형을 거치거나 가산점을 부여하는 교육청이 늘어나고 있다.

한편 미국의 많은 대학들이 영재성이 뛰어난 학생들이 사전에 대학교육을 받을 수 있는 이중등록 프로그램(Dual Enrollment Program)[29], 조기지원 프로그램(Early Admission Program)[30], 조기입학 프로그램(Early Entrance Program)[31] 등 조기 대학교육 프

---

29) 성적이 우수한 고교생들이 고등학교를 다니면서 대학교에서 몇 과목의 강의를 들을 수 있는 프로그램으로 현재 21개 주에서 시행 중.

30) 더 이상 고등학교에서 수업을 들을 필요가 없는 영재학생을 위한 프로그램으로 주정부가 설정한 졸업학점을 충족한 학생의 경우 곧바로 대학에 진학할 수 있도록 함.

31) 최우수 영재로 판정을 받은 12세 이상의 학생들이 대학에 조기 입학하여 공부할 수 있는 프로

로그램을 운영하고 있다.

영재학교 졸업생 등 최우수 학생들을 위한 대학의 별도 프로그램 운영도 필요하다. 외국의 대학단계에서 수월성 제고 사례로 이스라엘 텔아비브대학에서는 각과 최우수학생들에게 다른 학과 과목을 자유롭게 이수하는 학제적 프로그램을 제공하고 있으며, 미국 Texas대('Plan II' 프로그램)에서는 수학·과학 등 우수학생을 극소수로 선발, 최우수 교수가 일반학생과 다른 교육과정으로 지도하고 있다. 우리나라의 경우 「영재교육진흥종합계획」에서 제안하고 있는 방안은 이공계 영재통합과정, 학제간 프로그램, 개인연구학점제, 학·석·박 또는 학·석 연계과정 등으로 구체적인 실행방안은 정책연구 등을 거쳐 최종 확정될 계획이고, 정책연구팀에서 주관한 공청회[32]에서는 여러 가지 실행 가능한 방안이 제시되었으며, 대학 등에서도 필요성을 강하게 느끼고 있어 상당 부분 가시화될 것으로 전망하고 있다.

다. 영재교육 지원 체제 마련

영재교육을 시행하는 데 시급한 부분 중 하나가 전문성을 지닌 교원을 확보하는 것이다. 특히, 영재학교의 경우 국내외 전문가를 투입해 학생들의 수준에 적합한 교육과정 운영에 차질이 없도록 하고자 한다.

영재교육을 전문적으로 지원할 '영재교육연구원[33]'에 대한 지원을 강화해 영재교육에 필요한 판별도구 및 학습자료 개발·보급이 이루어지도록 할 필요가 있다. 마지막으로 '영재교육 프로그램 구성·운영에 관한 권장기준'을 지난해 영재교육진흥종합계획을 수립하면서 마련하였다. 정부주도로 이러한 기준을 마련하는 것에 여러 가지 의견이 있었으나, 영재교육 초기로 각 영재교육 취지에 부합되도록 하기 위하여 각 영재교육에서 준수하여야 할 국가차원의 기준 설정에 대한 필요성이 제기되었다.

그램으로 EEP에 등록한 학생은 대학수업을 들으면서 동시에 고등학교 과정을 이수하는 프로그램으로 현재 11개 대학에서 이 프로그램을 운영.

32) 대학에서 수월성 교육진흥방안을 위한 공청회(2003. 5. 23, 서울대)

33) 분야별 영재교육연구원 지정·운영 사례

- 종합: 교육부에서 KEDI를 종합영재교육 연구원으로 지정(2002. 12)
- 과학 분야: 과기부에서 KAIST를 과학 분야 연구원으로 지정(2002. 6)
- 예술 및 IT 분야: 문화부와 정통부에서 연구원 지정 준비 중

법이나 제도는 시행 틀에 관한 것으로 프로그램 본질까지는 언급하기에는 한계가 있다. 따라서 실제 영재교육에서 중요한 프로그램의 내용, 즉 소프트웨어에 대해서는 각 영재교육기관들이 공유하는 기본적인 가이드라인이 필요하다는 현장의견이 많았다. 이번에 제시된 권장기준은 앞으로 영재교육 프로그램 운영에서 준거로 활용되면서 영재교육 프로그램 질 관리에 유용한 자료가 될 것으로 기대한다.

라. 영재교육에 대한 이해 확산

영재교육 필요성에 공감을 하면서도 그 부작용을 우려하는 견해가 많다. 정부에서 이번에 수립한 종합계획도 이러한 측면을 충분히 인식하고, 예상되는 문제점을 최소화하면서 영재성 계발이란 목표를 달성하는데 주안을 두고 수립되었다.

그러나 아직도 영재교육에 대한 부작용 우려도 만만치 않는 것이 현실이다. 특히 자녀를 영재로 만들기 위해 사교육 기관에서 어렸을 때부터 영재학습을 시키는 것이 가장 큰 문제로 지적되고 있다. 전문가들의 지적에 의하면 이러한 영재교육은 기능적 영재교육이라고 해서 영재 판별도구를 사전에 외우게 하거나 아니며 영재란 이름으로 실시하는 선행학습으로 학생들의 영재성 발달에 도움이 안 된다는 것이다.

호주 시드니대학교 케니 교수의 연구에 의하면 사교육을 받으면 영재학교 입학시험과 영재 프로그램에서 사용되고 있는 시험에 익숙해질 수 있으나 영재학교에 들어가서는 똑똑한 동급생들 속에 생활하기 위해 어려움을 겪게 되는 한편 학업성취도가 떨어지고 있다고 한다. 즉, 과도한 영재교육 집착은 오히려 자녀의 건전한 발달에 문제를 가져올 가능성이 높다는 점을 충분히 고려하여야 한다. 즉, 사교육에 의존하는 영재교육은 오히려 그나마 갖고 있는 학생들의 창의성마저 훼손시킬 우려가 크다고 한다.

부작용을 예방하기 위해서는 특히 영재교육 전문가들의 협조가 요청된다. 전문적인 분석결과를 널리 알리는 한편, 각 영재교육기관 관계자들에게는 영재교육 프로그램 운영에서 부작용을 예방할 수 있는 영재교육대상자 선발과 프로그램 운영되도록 지원하는 역할은 전문가의 참여가 필수적이다.

이러한 점을 널리 알리며 영재교육에 대한 이해를 구하는 동시에 영재교육 시행에 필요한 인프라 구축에 중점을 둠으로써 영재교육이 하나의 교육제도로 조심스럽게 정착되도록 하기 위해 각계전문가들이 지혜를 모아야 한다.

제 3 장

영재교육 담당교원

1. 영재교육 담당교원 연수

다른 분야도 마찬가지이겠지만 영재교육에서 교사가 차지하고 있는 몫은 아주 크다. 우선은 영재학생의 심리적 특성을 이해하는 것이 선행되어야 한다. 특히 영재교육이 선행학습 등 교과 학습을 위한 것이 아니라 창의성과 잠재력을 계발하기 위한 것이라는 관점에서 교원의 역할을 보아야 한다. 아울러 특정 교과에 대한 전문성은 각 영재교육기관이 대상으로 하고 있는 학생들의 수준과 특정 교과에 대한 전문성이 동시에 요구되고 있다.

영재교육을 담당하기 위해서는 일정시간 연수를 받는 것을 법령으로 규정하고 있으나 연수시기, 내용 등에 관련된 구체적인 명시는 되어 있지 않다. 그러나 영재학교 교원은 120시간, 영재학급 교원은 60시간 이상의 연수를 받도록 권장하고 있다. 학교 밖에서 운영되는 영재교육원은 교육인적자원부장관이 별도로 직무 연수의 시기 및 방법을 정하도록 되어 있는 데, 이는 운영성격이 유사한 영재학급의 경우를 준용 하고자 한다.

2007년까지 영재교육 연수를 받은 교원[34]은 약 11,000명으로, 이는 각 시·도교육청이 계획하고 있는 영재교육기관 운영 수요를 충족하기에는 아주 부족한 규모이다. 따라

34) 교육인적자원부에서 2001년부터 교육개발원에 위탁하여 수학·과학 분야 영재교육 담당교원 직무연수(60시간)를 실시하고 있으며, 시·도교육청에서도 자체연수를 진행하고 있다. 특히 대구교육대학교에서는 수학영재를 위한 연수과정을 개설하고 있다.

서 이제는 영재교육 프로그램을 운영할 시·도교육청 차원에서도 자체 또는 대학, 한국교육개발원 등과 협의하여 담당교원 연수를 실시하는 것이 바람직할 것이다. 영재교육을 담당하기 위해서는 상당한 경험과 노력이 축적되어야 한다. 이러한 점을 감안, 영재학교 및 영재학급 담당교사는 우수한 교사를 배치토록 하고, 전보제한 규정에 관계없이 당해 학교에 계속 근무할 수 있게 하는 등 인센티브를 부여할 수 있게 시행령에 규정하고 있다. 아울러 영재교육 담당교사의 전문성 함양을 위해서는 영재교육진흥법시행령에 규정된 사항을 각 교육청이 이행토록 하는 것이 중요하기에 이와 관련된 지침 제정 시행 등도 앞으로 추진되어야 할 것이다.

가. 현직교육과정을 통한 교원 양성

영재교육은 해당교과에서의 뛰어난 전문적 자질과 능력을 기본으로 하며, 이에 더하여 영재에 대한 이해와 사랑, 영재 교수-학습 방법에 대한 능력이나 자질을 필요로 하기 때문에, 영재교육 담당교원은 직전교육과정(학부의 교직과목 수강 등)과 함께 현직연수과정(교사가 된 이후의 연수과정 또는 석·박사 학위 과정, 직무연수, 특별연수 등과 같은 연수과정 등)을 통해서 양성되는 것이 바람직하다.

그러나 연수를 통해서는 보다 많은 교원을 대상으로 영재교육에 대한 이해를 도모하기가 쉽지 않다 따라서 영재교육과정 및 교수법에 대한 이론 및 실제에 관심이 많은 교원들을 위하여 교육대학원에서 영재교육에 대한 과목을 수강할 기회를 제공하는 것이 필요하다. 이미 건국대학교에서 교육대학원내 영재교육과정을 운영하고 있다. 또한 예비교원들을 위해 교직과목에 영재교육에 대한 강좌를 개설하는 것도 영재교육의 저변확대를 위해 필요하다.

2001년도 하계방학기간 중에 교육인적자원부는 120명의 교원과 전문직에 대해 60시간 1차 연수를 실시한 바 있으며 2002년도에는 240명에 대한 연수예산을 확보하였다. 그러나 이러한 연수규모는 국가차원에서 영재교육 교원양성에 대한 기본적 방향을 제시하는 선으로 앞으로 예상되는 현장의 수요에 비해서는 부족한 실정이다. 2002년부터 영재교육이 시작되고 많은 부분이 시·도교육청 단위로 자율 시행될 방침이기 때문에 각 시·도교육청에서는 자체적으로 소요를 판단, 영재교육진흥법 시행령이 정하고 있는 연수를 거친 교원을 확보하기 위해 자체 연수계획을 수립·시행하여야 한다. 아울러 2003년부터는 교육인적자원부가 주관하는 연수의 규모가 축소될 것에 대비할 필요가 있다.

국내에는 특히 영재교육 전문가나 경험 있는 교원이 부족한 바, 이 부족한 자원을 공동으로 활용하기 위하여 각 시·도교육청이 협의체를 구성, 공동으로 영재교육 전문기관에 의뢰하는 방식으로 연수과정을 개설하는 방안이 실행되어야 한다.

나. 교원 연수

1) 다양한 방법, 유형의 연수 실시

영재교육의 내용, 상황적 여건을 고려하여 직무연수·특별연수, 동료 교사 간 연수, 국내외 학위과정 연수, 국내외 전문기관 연수, 원격통신 방법과 같은 다양한 방법 및 유형의 연수를 실시하는 것이 보다 효과적이며, 보다 많은 사람들에게 기회를 제공할 수 있다.

영재교육 담당교원을 위한 가능한 연수의 방법을 제시하면 〈표 3.1〉과 같다.

2) 국내외 집중적인 연수 기회 확대

장기적인 연수는 새로운 경험을 하게 하고, 집중적으로 공부, 연구할 수 있는 시간을 주며, 이런 기회를 통해서 교사의 안목은 새로워지고, 폭넓게 성숙될 수 있다. 영재교육 담당교원을 위한 구체적인 장기연수 정책 방안은 다음과 같다.

- 국가, 지방자치단체, 영재교육기관은 국내외의 대학, 영재교육전문연구기관 등과 협약을 맺어 장기연수를 실시한다.
- 영재교육 담당교원은 장기연수, 특별연수의 기회를 보다 많이 가질 수 있도록 한다.

〈표 3.1〉 영재교육 담당교원 연수 방법

연수 방법			재정 부담 방법

• 동료교사 간 자체 연수, 학교자율연수, 국내외 학위과정 연수, 국내외 전문기관연수, 해외연수 등
• 직무연수
• 특별연수
	• 주어진 시간에 일정한 연수내용 이수
	• 일정한 시간에 여러 가지의 연수내용이 동시에 제공되고 이 중 피연수자가 필요한 것을 선택하여 이수
		• 면대면 방식
		  • 강의
		  • 토론
		  • 세미나
		  • 워크숍
		  • 실습/실연
		  • 영재교육기관 견학
		• 원격통신수업
			• 피연수자가 전액 부담
			• 국가나 지방자치단체가 전액 부담
			• 피연수자와 국가/방자치단체가 함께 부담

- 장기연수에 소요되는 비용은 국가나 지방자치단체, 학교법인(사립학교)이 지급하도록 한다.
- 특별연수를 받은 영재교육 담당교원은 특별연수를 받은 이후, 일정기간 동안 영재교육을 담당하도록 한다.

3) 교원의 전문성 신장을 위한 실질적인 연수 실시

해당교과에서 대한 지식, 창의성 신장 수업 방법, 생활 지도법, 영재성 선발, 영재교육 프로그램 개발 등과 관련된 교사의 전문성 신장에 실질적이고 구체적인 도움을 줄 수 있는 내용과 방법으로 연수가 이루어질 때, 연수는 소기의 목적을 달성할 수 있다. 영재교육 담당교원에게 실질적인 도움을 줄 수 있는 연수가 이루어지게 하는 구체적인 정책 방안은 다음과 같다.

- 연수시간의 일정 비율(50% 정도)을 강의 이외의 수업을 하도록 한다.
- 피연수자가 연수 결과를 평가하도록 한다.
- 실험, 실습, (효율적인 영재 교수법에 관한) 세미나, 영재교수법, 교과별 영재 선발도구 개발, 영재 교수-학습지도안 개발, 영재교육과정 개발, 영재학생의 생활문제 사례 및 상담사례, 영재학교 운영의 실례, 영재학급 운영의 실례, 영재학생/영재학부모와의 대화 등과 같은 실질적인 연수 내용이나 주제를 선정한다.
- 다양한 국내외의 영재교육기관을 견학, 참관하는 기회를 풍부히 가지도록 한다.

4) 정기적인 연수 실시

영재교육 담당교원이 되기 전과 후에 충분한 시간 동안 정기적인 연수를 받을 수 있도록 해야 한다. 현재 자격연수는 180시간의 연수를 받도록 하고 있다. 영재교육 담당교원이 되기를 원하는 교사의 경우, 현재의 여건에서는 자격증을 부여하지 않는 것이 바람직하기 때문에 180시간보다 약간 적은 정도에서 연수를 받도록 하는 것이 적정할 수 있다.

영재교육 담당교원이 된 후에도 영재교육에 참여하는 자에 대해서는 가급적 정기적인 연수를 받도록 한다. 영재교육 담당교원이 된 후에 계속적인 자기 연찬의 기회를 갖지 않는다면, 그 전문성은 사라질 것이기 때문에 지속적인 연수를 받도록 하는 장치가 필요하다. 정기적인 연수를 실시하는 방법은 〈표 3.2〉와 같은 것들이 있다. 연수는 학기 중이나 방학 중에 실시한다.

〈표 3.2〉 영재교육 담당교원에 대한 정기적인 연수실시 방법

연수 주기 및 시간	실시 기관	장단점
• 매 1년마다 일정시간 실시 예: 60시간	• 전문연수기관	• 매해 많은 인원을 연수시키기 어려움
	• 학교 자체 실시	• 질 높은 연수가 수행되기 어려움
• 일정한 기간(3-5년)마다 주기적으로 실시 예: 3년 주기로 180시간 실시	• 전문연수기관	• 질 높은 연수가 수행될 수 있으나, 많은 인원이 연수를 받을 경우, 연수기관의 여건이 문제됨 • 학교의 자체 연수능력이 길러지지 않을 수 있음
• 위의 두 방법을 함께 사용 예: 3년 주기로 전문연수기관에서 60시간 연수를 실시하고, 매년 학교에서는 30시간 자체 연수 실시	• 학교와 전문연수기관	• 학교의 자체의 연수능력도 신장되고, 전문연수기관의 부담도 적어짐 • 학교의 연수가 형식적으로 이루이지지 않아야 하며, 이를 인정해 주는 제도가 필요함

5) 교사자격증이 없어도 연수의 기회를 제공

영재교육진흥법시행령에 의하면, 교사자격증이 없는 석사학위 이상의 사람은 교육부 장관이 인정하는 소정의 연수과정을 이수하면 영재교육원의 교사나 영재교육기관의 영재교육 담당 계약제교원이 될 수 있다. 따라서 이러한 자들에게도 연수의 기회를 제공해야 한다.

또한 영재교육진흥법시행령에서는 일정한 자격을 지니면 소정의 연수과정을 이수하지 않아도 영재교육 담당교원이 될 수 있도록 하였는데, 이들이 스스로 연수를 원하는 경우에는 이들에게도 연수의 기회를 제공하는 것이 바람직할 것이다.

6) 영재교육 담당교원 연수기관 지정 및 선정

국가는 대상기관이 영재교육연수를 수행할 수 있는 요건을 갖추었는지를 면밀히 평가하고 꼭 필요한 소수의 기관을 지정하거나 선정해야 한다. 영재교육 담당교원 연수를 할 수 있는 기관으로는 영재교육센터를 설치한 대학교, 교원 연수원, 영재교육연구원 등이 있다.

영재교육 담당교원 연수기관을 지정하거나 선정할 때 고려할 수 있는 방법, 절차를 제시하면 다음과 같다.

- 초기(2001~2002년)에는 교육인적자원부 주관 전국단위 연수를 시행하면서 1~2개 정도의 연수기관을 지정·운영한다. 물론 2002년도부터 시·도교육청 차원에서 영재교육 담당교원을 배출하기 위해 자체 연수도 병행 실시하면서 2003년도 이후 시·도교육청 차원의 영재교육 담당교원 연수 체제로 전환해 나가야 한다. 연수기관은 효율적으로 가용자원을 활용한다는 측면에서 시·도교육청 공동으로 연수하는 방법을 고려하는 것이 효과적이다. 이때는 전국단위 연수기관과 권역별(수도권, 중부, 영남권, 호남권)로 지정하는 방안을 고려해 볼 수 있다. 이 경우에도 교장, 교감 또는 교육청의 전문직에 대한 전국단위의 연수기관에서 수행하도록 한다.
- 교육인적자원부장관은 영재교육 교원 연수를 담당할 기관을 지정하거나 선정하는데 적극적인 역할을 해야 한다. 영재교육진흥법에 명시되어 있는 영재교육연구원을 활용하거나 시·도교육청 공동의 연수가 가능하도록 하는 조정역할은 현실적으로 교육인적자원부에서 수행하는 것이 적절하기 때문이다.
- 영재교육 담당교원 연수기관을 선정할 경우, 다음과 같은 방식을 취할 수 있다. 영재교육 담당교원 연수기관을 공모하고, 신청서를 접수한다. 신청서에는 다음과 같은 내용이 포함되도록 한다.
  - 신청기관의 영재교육에 대한 관심, 철학, 실적
  - 연수 내용 및 방법
  - 자체 교수진 및 자체 교수진이외의 교수진 모집 방법
  - 지원되는 시설·설비·자료·인력 등
  - 강의 평가 계획
  - 소요예산 내역
  - 기타: 신청기관이 제공하는 도움
- 신청서를 평가하고, 적합한 기관을 지정하거나 선정한다.
- 선발된 기관에 필요한 행·재정적 지원을 제공하고, 정기적으로 그 효과를 평가한다.

7) 영재교육 담당교원 연수과정 대상자의 선발

대학원의 석·박사 학위과정을 통해서 영재교육 담당교원이 되고자 하는 경우, 그 대상자의 선발은 대학원의 선발과정에 준한다. 연수과정 이수를 통해 영재교육 담당교원이 되고자 하는 경우, 그 대상자의 선발은 교원 연수에 관한 규정에 제시된 자격 연수의 대상

자의 선발 방법을 준하도록 한다. 구체적 선발 방법을 제시하면 다음과 같다.

- 교장, 교감, 교사 과정의 연수 대상자는 관할 교육감이 지명한다. 다만, 국립학교 등에 근무하는 자에 대해서는 그 소속기관의 장이 지명한다.
- 교육인적자원부장관은 영재교육 담당교원 연수과정 대상자 선발을 위한 구체적 선발기준을 마련하여, 이를 교육감에게 통보하고, 교육감은 이를 준거로 연수대상자를 선발한다. 각 시·도교육청에서 자체적으로 영재교육을 담당할 교원을 연수하고자 할 경우에도 이러한 정도의 가이드라인은 필요할 것이다.
- 선발기준에는 다음의 내용이 포함되도록 한다.
  - 영재교육에 대한 철학, 사명감
  - 영재교육에 관한 과거 경력
  - 해당전공 분야에서의 전문적 지식, 수업능력
  - 과거의 연구 업적, 산출물

〈표 2.13〉 영재교육 담당교원의 임용

구분	영재학교	영재학급	영재교육원	비고
임용기준	• 교육경력·연수 이수 등 일정자격 해당자	• 교육경력·연수 이수 등 일정자격 해당자	• 일정 자격요건에 해당하는 자	
계약제 교원	• 전문가 등 일정자격자의 임용 가능	• 전문가 등 일정자격자의 임용 가능	해당 없음	
파견·겸임근무	• 대학교수, 연구원, 타학교 교원 등의 파견, 겸임근무 가능	영재학교와 동일	영재학교와 동일	
보수, 복무 및 근로조건	• 정규교원: 교육공무원법에 따름 • 계약제교원: 임용권자가 정함	영재학교와 동일	임용권자가 정함	
우대조치	• 전보기간제한 특례 • 연구비지급 • 특별연수 실시	영재학교와 동일	• 연구비지급 • 특별연수 실시 • 승진가산점 반영	
배치기준	• 교장, 교감 각 1인 • 학생 10인당교사 1인 • 전문상담교사, 사서교사	• 학생 10인당 교사 1인 • 전문상담교사, 사서교사 배치 가능	• 원장 1인 • 학생10인당 강사 1인	

- 교직관 및 태도 등

- 이상에서 제시되지 않은 내용은 교원 연수에 관한 규정에 준한다.

8) 영재교육 담당교원 연수과정 교수진

수준 높은 연수가 이루어지기 위해서는 해당 분야에서 어느 정도의 경력과 뛰어난 자질을 지닌 전문가로 교수진이 구성되어야 한다. 대학교수, 연구기관 연구원, 초·중등학교 교원, 인간문화재, 기능보유자 등 해당 분야에서 뛰어난 실력을 지녔거나 성취를 보인 자 등은 누구나 교수진이 될 수 있도록 하는 것이 바람직하다. 해당 분야에서 이러한 업적을 나타내기 위해서는 적어도 3년 이상의 경력을 지니는 것이 필요하다. 이는 3년 이상의 경력이 쌓여야 그 분야에서의 신분과 위치를 어느 정도 쌓을 수 있기 때문이다. 연령은 제한을 가하지 않는 것이 바람직 할 것이다.

2. 영재교육담당교원 배치

가. 영재교육 담당교원 배치기준 현황 및 문제

학교 교육활동에서 국가에서 정한 교육목표를 달성하고 학생들을 효율적으로 지도하기 위해서는 교원의 역할이 중요하다. 이는 교원의 교과나 생활지도 측면에서의 전문성뿐 아니라 충분한 교재연구 및 학습지도법에 대한 연구가 기능 하도록 수업 시수를 적정하게 유지할 수 있도록 하여야 한다. 이를 위해서는 기본적으로 충분한 수준의 교원을 확보하고 이를 적정하게 배치하는 노력이 전제되어야 한다. 국가에서 교원정원 및 교원배치와 관련하여서는 법령에서 규정하고 있는 것도 이와 같은 이유에서이다.

교원의 배치 기준은 기본적으로 교육과정 운영에 필요한 규모의 인력을 확보하고 확보된 교원 인력을 효율적으로 활용하는 방향으로 설정된다. 배치기준의 설정 과정에서는 교육과정 운영에 필요한 교원정원을 산출하는 기준과 방식 그리고 배정 절차 등의 다양한 측면에서 합리성을 높이는 방향으로 설정하는 것이 요구되며 지역별, 학교 급별, 교과별, 그리고 학교규모별 등으로 차이가 나지 않도록 설정하는 것이 주요한 요건이다 (박영숙, 2003).

영재교육 담당교원의 경우 초중등 교육법에서 규정하고 있는 교사 자격증이 별도 부여되지 않고 영재교육진흥법에 명시된 임용기준에 의해 임용 배치되고 있는 상황에서 일반교원의 배치기준과 동일선상에서 논의하는 것이 적절하지 않다. 그러나 현재 시·도 교육청에서 영재교육 담당교원의 배치현황 분석을 통해 개선방안을 모색하여 영재교육 담당교원도 체계적인 배치기준에 의해 운용된다면 좀 더 효율적인 영재교육이 이루어질 수 있으리라 기대된다.

1) 현황

가) 법령에 규정된 배치기준

국가수준에서 초등학교, 중학교, 고등학교, 특수학교 등의 교원의 배치기준은 초중등교육법에 규정되어 있다. 초·중등교육법 제19조(교직원의 구분)제1항제2호에 의하면 "초등학교·중학교·고등학교·공민학교·고등공민학교·고등기술학교 및 특수학교에는 교장·교감 및 교사를 둔다. 다만, 학생 수 100명 이하인 학교 또는 학급 수 5학급 이하인 학교 중 대통령령으로 정하는 일정규모 이하의 학교에는 교감을 두지 아니할 수 있다."고 규정되어 있으며 세부적인 내용은 동법 제21조(교원의 자격)제2항의 구정에 따라 "교사는 정교사(1급·2급)·준교사·전문상담교사(1급·2급)·사서교사(1급·2급)·실기교사·보건교사(1급·2급) 및 영양교사(1급·2급)로 나누되, 별표 2의 자격기준에 해당하는 자로서 대통령령이 정하는 바에 의하여 교육인적자원부장관이 검정·수여하는 자격증을 받은 자이어야 한다. 라고 규정되어 있으며 이들의 배치기준은 하위법령[35]에 명시되어 있다.

---

35) 제33조(초등학교 교원의 배치기준) ① 법 제19조의 규정에 의하여 초등학교에는 교장·교감 외에 학급마다 교사 1인을 배치하며, 6학급 이상의 분교장에는 따로 교감을 배치할 수 있다. 이 경우 6학급 미만인 학교에서는 교장 및 교감이, 12학급 미만인 학교에서는 교감이 각각 학급을 담당할 수 있으며, 분교장에 배치된 교감은 학급을 담당하여야 한다.

② 초등학교에는 각 학급 담당교사 외에 체육·음악·미술·영어 기타 교과의 전담을 위하여 교과전담교사를 둘 수 있으며, 그 산정기준은 학교별로 3학년 이상 3학급마다 0.75인으로 하되, 학교별 배치기준은 관할청이 정한다.

③ 초등학교에는 제1항 및 제2항의 교사 외에 보건교사·전문상담교사 및 사서교사를 둘 수 있다. 다만, 18학급 이상의 초등학교에는 보건교사 1인을 두어야 한다.

제34조(중학교 교원의 배치기준) ① 법 제19조의 규정에 의하여 중학교에는 교장·교감 외에 3학급까지는 학급마다 3인의 교사를, 3학급을 초과할 때에는 1학급이 증가할 때마다 1.5인 이상의 비율로 이를 더 배치하며, 3학급 이상의 분교장에는 따로 교감을 배치할 수 있다.

② 중학교에는 제1항의 교사 외에 3학급마다 1인 이상의 실업과 담당 교사를 더 둔다.

③ 중학교에는 제1항 및 제2항의 교사 외에 실기교사·보건교사·전문상담교사 및 사서교사를 둘 수 있다.

〈표 3.4〉 영재교육기관에 두는 교원의 배치기준

영재교육기관	교원 배치기준	근거
영재학교	1. 교장 및 교감 각 1인 2. 학생 10인당 교사 1인 이상 3. 전문상담교사 및 사서교사 각 1인	영재교육진흥법시행령 제29조제1항
영재학급	영재교육영역의 교과별로 영재학급 담당 교사 1인 이상 배치	영재교육진흥법시행령 제29조제2항
영재교육원	1. 원장 1인 2. 영재교육영역의 교과별로 영재교육을 담당할 강사 1인 이상	영재교육진흥법시행령 제29조제3항

영재교육 담당교원의 경우 초중등교육법에 의한 교사로 분류되지 않고 있어 정원이 별도로 확보되지 못한 상태이다. 초중등교육법의 배치기준과 달리 영재교육 담당교원 배치기준은 별도 법령에 규정하고 있다. 영재교육진흥법 제12조(교원의 임용·보수 등) 제2항에 영재교육을 담당하는 교원의 임용기준·보수·수당·근무조건·배치기준 등에 관하여 필요한 사항은 대통령령으로 정한다. 라고 규정하고 있으며 영재교육진흥법시행령 제29조(영재교육기관에 두는 교원의 배치 기준)에 영재학교, 영재학급, 영재교육원에 두는 교원배치 기준을 규정하고 있다.

구체적으로 배치기준의 내용을 살펴보면 〈표 3.4〉에서와 같이 영재학교의 경우 초중등교육법에 규정된 고등학교로서 초중등교육법시행령 제35조의 규정에 의한 교원배치기준을 충족함과 동시에 영재교육진흥법시행령에서 규정하고 있는 학생 10인당 교사 1인 이상 및 전문상담교사 및 사서교사 각1인을 두도록 규정하고 있다. 영재학급이나 영재교육원의 경우 정규교육과정으로 운영되고 있지 않아 법적인 구속력이 상대적으로 약하다고 볼 수 있으나 영재교육기관을 승인하는 데 있어 영재학급의 경우 영재교육영역

제35조(고등학교 교원의 배치기준) ① 법 제19조의 규정에 의하여 고등학교에는 교장·교감 외에 3학급까지는 학급마다 교사 3인을, 3학급을 초과할 때에는 1학급이 증가할 때마다 2인 이상의 비율로 이를 더 배치한다.

② 고등학교에는 제1항의 교사 외에 3학급마다 1인 이상의 실업과 담당교사를 더 둔다.

③ 고등학교에는 제1항 및 제2항의 교사 외에 실기교사·보건교사·전문상담교사 및 사서교사를 둘 수 있다.

〈표 3.5〉 영재교육기관에 두는 교원의 임용기준

구분	임용기준
영재학교 교장	초·중등교육법 별표 1의 규정에 의한 중등학교 교장자격증을 가진 자로서 교육인적자원부장관 또는 교육감이 인정하는 소정의 연수과정을 이수한 자
영재학교 교감	초·중등교육법 별표 1의 규정에 의한 중등학교 교감자격증을 가진 자로서 교육인적자원부장관 또는 교육감이 인정하는 소정의 연수과정을 이수한 자
영재학교 교사	초·중등교육법 별표 2의 규정에 의한 중등학교 정교사자격증을 가진 자로서 교육인적자원부장관 또는 교육감이 인정하는 소정의 연수과정을 이수한 자
영재학급 담당교사	초·중등교육법 별표 2의 규정에 의한 초등학교 또는 중등학교 정교사자격증을 가진 자로서 교육인적자원부장관 또는 교육감이 인정하는 소정의 연수과정을 이수한 자

교과별로 영재학급 담당교사 1인 이상 배치토록 하고 있으며 영재교육원의 경우 교육영역의 교과별로 영재교육을 담당할 강사 1인 이상을 배치하도록 하고 있다.

앞서 살펴본 바와 같이 영재교육 담당교원의 배치기준의 경우 법령에 규정된 배치기준은 아주 포괄적으로 규정하고 있으며 영재교육 담당교원 정원이 별도 확보되지 않고 초중등교원 정원에 포함되어 있어 시·도교육청에서 별도 배치 기준을 설정하여 운영하기에 상당한 어려움이 예상된다. 이는 〈표 3.5〉에서 보는 바와 같이 영재교육진흥법시행령 별표에 따르면 영재교육 담당교원에게 초중등교육법 제21조에 의한 자격을 부여받지 않고 기존의 교원자격증 소지자 중 일정 부분 연수를 이수한 교사들이 영재교육을 담당하고 있는 실정에서 영재교육담당교원 배치 기준을 시·도교육청 조례나 지침 등으로 수립한다는 것은 쉽지 않은 일이다.

교원배치 기준을 논하기 위해서는 교원 정원이 확보된 상태여야 가능한데 실제적으로 영재교육 담당교원의 경우는 현직교사 중 연수를 이수한 교원을 대상으로 하고 있으므로 교원배치 기준이라기보다는 영재교육 담당교원 위촉 기준에 가까운 실정이다. 이는 〈표 3.6〉에서 보는 바와 같이 시·도교육청에서 영재교육 담당교원을 운용하는 현실을 살펴보면 배치기준에 대한 실효성이 없음을 알 수 있다. 또한 초중등교원의 정원 및 배치기준은 앞서 살펴본 바와 같이 학급 수 기준으로 운용되고 있으나 영재교육기관의 경우는 교원 1인당 학생 수를 기준으로 배치기준을 설정하고 있는 실정이다.

그러나 대부분의 시·도교육청에서는 영재교육 담당교원 배치와 관련한 지침이나 기본계획이 수립되어 있지 않은 채 운용되고 있어 영재교육 담당교원에 대한 체계적인 배

〈표 3.6〉 시도교육청 영재교육 담당교원 배치 기준(방법)

<table>
<tr><th>교육청</th><th>영재학급</th><th>영재교육원</th></tr>
<tr><td>서울</td><td colspan="2">• 강사요원 추천, 공모 후 자체 운영위원회에서 선정
• 가능한 60시간 직무연수 이수교원 선정
• 예능교과는 교과의 특성 상 외부 전문가 위촉
• 강의 담당시간 최소 2~30시간(중등), 68시간(초등) 위촉 운영 후 자체 평가에 의하여 재선정</td></tr>
<tr><td>부산</td><td colspan="2">• 영재교육 직무연수(60시간 이상)를 수료하였거나 1년 이내에 수료 가능한 초·중등학교 교사로서 소속 학교장의 추천을 받은 자
• 전문대학 이상 교육기관의 전임강사 이상의 교수
• 기타 영역별 전문가 또는 영재교육 학습지도 능력이 뛰어난 자</td></tr>
<tr><td>대구</td><td>• 학교장 및 교사 추천, 본인의 희망, 교사 능력 등을 고려하여 배치</td><td>• 영재교육원별로 학교장 및 교사 추천, 본인의 희망, 교사능력, 영재교육 연수 여부 등을 고려하여 배치</td></tr>
<tr><td>인천</td><td colspan="2">• 영재교육 연수 이수교원 중 각 영재교육기관별 자체계획에 의거 배치</td></tr>
<tr><td>광주</td><td colspan="2">• 영재교육 연수 이수교원 중 희망을 받아 위촉</td></tr>
<tr><td>대전</td><td>• 지역공동 영재학급 운영 주관학교 교사로 영재교육 연수 이수자
• 지역공동 영재학급 협력학교 교사로 영재교육 연수 이수자
• 영재교육 교육활동 주제 전문가</td><td>• 영재교육 연수 이수교원 중 희망을 받아 배치
• 영재교육 연수 이수교원 중 교육청에서 유능한 교사를 선발하여 배치</td></tr>
<tr><td>울산</td><td>• 영재학급 운영학교에서 학년초 공개 모집</td><td>• 학년초 영재교육 희망을 받아 배치(연수 이수자 우선)</td></tr>
<tr><td>경기</td><td colspan="2">• 영재교육진흥법 제 29조, 제 30조에 의거 희망교사를 공모 영재학급장의 위촉
• 교사자격증을 가진 자로서 소정의 연수과정을 이수한 자(교원 임용기준)
• 석사 이상의 학위를 가진 자
• 영재교육 분야 관련 학사학위를 가진 자
※ 영재교육원의 경우: 연수 이수 후 2년 이상 영재교육기관에서 지도교사로 활동이 가능한 자
• 영재교육원 영재교육 파견교사, 영재담당 전일제 강사 1년 단위 배치함</td></tr>
<tr><td>강원</td><td colspan="2">• 영재교육담당교원 연수를 이수한 자를 배치하는 것을 원칙으로 하나, 희망 교원이 없을 경우, 미 이수자 배치를 하되 학급 담당 후 1년 이내에 연수를 받도록 한다.
• 영재교육기관에 근무하는 교사 또는 권역 내 지도 가능한 교사가 학급을 담당하도록 한다.
• 가능한 한 석사 이상의 학위를 가진 자가 학급을 맡도록 하되, 2인의 교사가 학급을 담당할 경우 가능한 한 1명은 석사 이상의 학위를 가진 자가 맡도록 한다.</td></tr>
</table>

〈표 3.6〉 시도교육청 영재교육 담당교원 배치 기준(방법) (계속)

교육청	영재학급	영재교육원
강원	• 영재교육담당교원 연수를 이수한 자를 배치하는 것을 원칙으로 하나, 희망 교원이 없을 경우, 미 이수자 배치를 하되 학급 담당 후 1년 이내에 연수를 받도록 한다. • 영재교육기관에 근무하는 교사 또는 권역 내 지도 가능한 교사가 학급을 담당하도록 한다. • 가능한 한 석사 이상의 학위를 가진 자가 학급을 맡도록 하되, 2인의 교사가 학급을 담당할 경우 가능한 한 1명은 석사 이상의 학위를 가진 자가 맡도록 한다.	
충북	• 영재교육 연수 이수교원 중 희망자 선정 위촉 • 영재교육 연수 이수자가 없는 경우 일반 교사 중 영재교육 강사 경험자 희망 조사 후 위촉 • 영재교육에 관심이 있는 교원 중 희망을 받아 강사 위촉 • 전년도 영재교육 담당교원 중 영재교육을 계속 희망하는 교원으로 배치	• 영재교육 연수 이수교원 중 희망을 받아 배치 • 전년도 강사 중 희망교원 • 영재교육 연수 이수교원 중 교육청 등에서 일방적으로 지정하여 배치 • 영재교육 연수를 이수하지 않았으나 영재교육에 관심 및 적극성을 가진 교원 • 전년도 영재학급 수료식 이후 협의회를 통해 담당교원 의뢰하여 1.5배수 인원을 확보하였다가 인사발령 이후 위촉 확정 • 발명영재교육 담당경력자를 우선, 발명관련 대회 수상 실적 교사 배치 • 발명관련 강사활동 경력을 바탕으로 영재교육원에서 위촉

전북	• 해당학교 영재교육 연수 이수교원 중 희망을 받아 영재학급 학생 모집 시 배치
	• 영재교육 영역 교과별로 1인 이상 배치
		• 영재교육연수 이수교원 중 희망 받아 배치
		• 소속 학교의 학교장 또는 해당 교과목의 담당 장학사, 교육 연구사가 추천
		  • 영재교육의 지도강사 경력을 가진 자
		  • 각 교과 해당 분야의 석사 이상의 학위를 가진 자
		  • 과학 고등학교에서 근무하거나, 근무한 경력이 있는 자
		  • 해당 교과목에 학습 지도력이 뛰어난 중등학교 교사
		  • 전문대학 이상 교육 기관의 전임강사 이상의 교수
		  • 과학 관련 연구소나 연구기관의 연구원

전남	• 영재교육 연수 이수교원 중 희망을 받아 배치	
경북	• 학교 자체 규정에 의해(영재교육연수 이수자 및 영재교육 담당 희망자) 위촉 권고 • 희망자가 없는 경우 위촉 후 연수 권고	• 영재교육 담당교원 희망자를 받아-영재교육 자문위원회 심의 거쳐 적임자 위촉

〈표 3.6〉 시도교육청 영재교육 담당교원 배치 기준(방법) (계속)

<table>
<tr><th>교육청</th><th>영재학급</th><th>영재교육원</th></tr>
<tr><td>경남</td><td>• 영재학급 신청 시 학교 내의 희망 교사 중 학교장이 추천(초기 신설 단계)
• 영재학급 심사 시 교사 구성 등 심사 후 선정하며 선전된 영재학급의 수요 정원만큼 연수 실시</td><td>• 영재교육원은 영재교육 연수 이수교원 중 희망을 받아 배치
• 도교육청 단위에서는 강사를 지정 배치하지 않음</td></tr>
<tr><td>제주</td><td colspan="2">※ 영재교원 배치우선순위
• 1순위: 영재교육 전공으로 석사학위 이상 취득한 교사
• 2순위: 영재교육 지도영역과 동일한 교과를 전공하여 석사학위 이상 취득하고 직무연수, 영재교육심화연수 또는 해외연수 이수 교사
• 3순위: 영재교육 지도영역과 관련이 있는 전국대회에서 입상 또는 지도 실적이 있고 영재교육 직무연수를 이수한 교사
• 4순위: 영재교육 직무연수(60 시간 이상)를 이수한 교사
• 영재교육기관 소속 교원은 급당 1명은 순위에 상관없이 위촉하며, 가 나항에 해당하는 교사는 소속 학교에 재직하는 교사를 우선 선발할 수 있다.
• 영재교육 담당교사의 위촉 인원은 학급당 4명 이내로 한다. 단, 사이버 영재교육기관은 학급당 6명 이내로 한다.
• 직무연수 미 이수자의 최대 위촉 기간은 총 1년 이내로 한다.
• 선발 순위가 동일한 경우 신청자의 재직 학교와 거주지 등을 고려하여 영재교육기관장이 위촉한다.</td></tr>
</table>

(자료: 교육인적자원부 내부자료)

치가 어려운 실정이며 시·도교육청에서 임의적으로 교원을 배치(위촉)하고 있어 영재교육 담당교원의 수급불일치(miss matching)현상이 발생하게 된다.

시·도교육청 영재교육담당교원 배치 기준을 살펴보면 영재교육 담당교원 자격 기준과 배치기준이 혼재되어 있음을 알 수 있다. 또한 배치 기준이라기보다는 영재교육 담당교원 위촉기준 또는 방법에 가깝다. 영재교육 담당교원을 어떻게 위촉하고 위촉된 교원을 적재적소에 배치하느냐에 대한 체계적인 계획이 수립·시행되고 있는 교육청이 거의 없는 실정이다. 대부분의 교육청에서는 연수를 이수한 교사 중 희망을 받아 영재교육을 담당하도록 하고 있어 영재연수 이수교사에 대한 구속력이 현저히 낮아지고 있음을 알 수 있다. 이는 결국 연수 미 이수 교사들이 영재교육을 담당하게 만드는 요인이 된다고 보인다. 다만 일부 교육청의 경우 영재교육 담당교원을 위촉할 경우 사전에 공모를 통하여 공개적으로 모집하고 자체 심의기구를 통하여 선정하고 있는 것은 다행스러운 일이며 이는 타 교육청에도 일반화할 필요가 있는 부분이라고 생각된다. 기본적으로 영재교육 담당교원 배치기준은 영재교육진흥법 및 동법시행령에 규정되어 있으므로 따로 논의하는 것은 불필요하다고 생각되며 단지 이를 시행함에 있어 시·도교육청 차원에서 좀 더 체계적이고 효율적인 방안을 마련하여 운용할 필요가 있다고 본다. 이러한 노력이 전제되어야 영재교육기관에서 영재교육을 담당하고 있는 교원들 중에 법령에 규정하고 있는 연수를 이수하지 않은 교원이 영재교육에 임하는 우를 범하지 않을 것이다.

2) 영재교육 담당교원 배치현황

영재교육을 담당할 수 있는 교원은 영재교육진흥법 및 동법시행령에 규정되어 있으며 최소한의 자격기준을 갖춘 교원들이 영재교육을 담당하도록 하여 영재교육의 질적 수준을 담보하고 하고 있다. 이러한 최소한의 기준은 초중등교원 자격증을 가진 자로서 영재교육 담당교원 연수를 이수하는 것을 요구하고 있으며 영재교육진흥법[36] 및 동법시행령[37]에도 이를 규정하고 있다.

따라서 영재학교나 영재학급에서 연수를 받지 않은 교사가 영재교육을 담당하고 있다면 법령을 위배하게 되는 것이다. 다만 영재교육진흥법시행령 제정 당시 영재교육 담당교원 연수를 충분히 확보하지 않은 관계로 5년간은 임용 후 연수를 받으면 가능하도록 부칙에 명시되기는 하였으나 2008년도부터는 이 조항[38]의 실효성 사라지므로 반드시 영

36) 제12조의3 (교원의 교육 및 연수) ① 국가 및 지방자치단체는 영재교육 담당교원의 자질향상을 위한 교육 및 연수를 정기적으로 실시하여야 한다.
② 제1항의 규정에 따른 교육 및 연수에 관하여 필요한 사항은 대통령령으로 정한다.

37) 제31조(영재교육 담당교원의 교육 및 연수 등) ① 교육인적자원부장관 및 교육감은 영재교육기관의 교원(제27조의 규정에 의한 강사 및 제28조 또는 다른 법령에 의하여 영재교육기관에 파견되거나 겸임되어 영재교육을 담당하는 자를 포함한다)의 전문성 및 자질향상을 위하여 필요한 직무교육 및 직무연수를 정기적으로 실시하여야 한다. 이 경우 직무연수의 시기·방법 등에 관하여는 교육인적자원부장관 또는 교육감이 정한다. 〈개정 2006.12. 21〉
② 제26조의 규정에 의하여 영재교육원의 강사로 임용된 자 및 제27조의 규정에 의하여 영재학교 또는 영재학급에 강사로 임용된 자는 임용 후 1년 이내에 교육인적자원부장관 또는 교육감이 인정하는 소정의 직무연수를 받아야 한다.
③ 제2항의 규정에 불구하고 관계중앙행정기관의 장이 설치를 승인한 영재교육원의 강사로 임용된 자는 관계중앙행정기관의 장이 인정하는 소정의 직무연수를 받을 수 있다.

38) 부칙 ③(영재교육담당교원의 임용기준에 관한 특례) 제25조의 규정에 의한 교원의 임용권자는 이 영 시행일부터 5년간은 별표 1의 규정에 불구하고 교육인적자원부장관 또는 교육감이

〈표 3.7〉 영재학급 교원배치 현황 (단위: 명)

구분	기관수	학급수	참여 학생수	참여 교원수	연수 이수 교원수			국외 연수 교원	연수 미이수 교원	미이수 비율 (%)	교원 1인당 학생수
					기초	심화	계				
서울	29	37	730	131	24	4	28	12	103	78.6	5.6
부산	0	0	0	0	0	0	0	0	0		
대구	1	7	106	7	1	2	3	0	4	57.1	15.1
인천	17	75	1,318	188	134	31	165	23	23	12.2	7.0
광주	10	22	440	86	47	37	84	41	2	2.3	5.1
대전	51	72	1,141	243	217	26	243	44	0	0.0	4.7
울산	15	31	620	149	42	27	69	2	80	53.7	4.2
경기	112	244	4,626	639	309	69	378	64	260	40.7	7.2
강원	14	20	361	50	18	23	41	5	9	18.0	7.2
충북	6	12	140	51	7	14	21	5	30	58.8	2.7
전북	19	22	433	80	37	7	44	9	36	45.0	5.4
전남	3	7	140	33	4	4	8	3	25	75.8	4.2
경북	72	73	1,402	211	135	16	151	3	60	28.4	6.6
경남	10	16	306	56	38	13	51	13	5	8.9	5.5
제주	23	34	680	125	114	18	132	4	11	8.8	5.4
계	382	672	12,443	2,049	1,127	291	1,418	228	648	31.6	6.1

(자료: 교육인적자원부 내부자료)

재교육 담당교원 연수를 이수한 교원에게 영재교육을 담당하도록 하여야 한다.

가) 영재학급 담당교원 배치현황

〈표 3.7〉에서 보는 바와 같이 영재학급 교원배치 현황을 살펴보면 전국적으로 382기관에서 672학급이 운영되고 있으며, 이에 참여하고 있는 교원은 2,049명으로 조사되었다. 이중 1,418명의 교원은 기초연수 또는 심화연수를 이수하였으나 31.6%에 달하는 648명은 연수를 이수하지 않은 채 미 이수 교원을 배치하여 영재교육을 담당하게 하고 있는 실정이다. 물론 시·도교육청에 따라 연수 이수 교원 배치비율이 다르기는 하나 대전교육청을 제외하고는 적게는 2%에서 많게는 78.6%에 달하는 교사가 연수를 받지 않고 있는 것

인정하는 소정의 연수과정을 이수하지 아니한 자를 영재학교 교원 및 영재학급 교사로 임용할 수 있다. 이 경우 연수과정을 이수하지 아니하고 임용된 자는 임용 후 1년 이내에 별표 1에 의한 연수과정을 이수하여야 한다.

으로 나타났다. 이는 단지 연수를 받은 교원이 부족한 것에서 기인한 것은 아닌 것으로 생각되며 시·도교육청에서 배치와 관련하여 체계적인 계획 수립이 되지 않은 채 영재교육기관의 자율에 맡겨 운영한 결과인 것 같다. 특히 서울, 충북, 전남교육청의 경우 영재연수를 받은 교원이 영재교육을 담당하는 비율이 상당히 낮게 조사 되었는데, 이는 빠른 시일 내 시정이 되어야 할 부분이다. 앞서 언급한 바와 같이 영재학급 교사는 영재교육진흥법에 의해 연수를 받은 교원을 배치하도록 규정하고 있음에도 이를 지키지 않는 것은 영재교육의 본질을 왜곡할 뿐 아니라 질적 수준을 저하시키는 결과를 초래할 수 있다.

나) 영재교육원 담당교원 배치현황

영재교육원 교원배치 현황을 살펴보면 〈표 3.8〉에서 보는 바와 같이 전국적으로 189기관에서 1,218학급이 운영되고 있으며, 이에 참여하고 있는 교원은 4,543명으로 조사되었다. 이중 3,195명의 교원은 기초연수 또는 심화연수를 이수하였으나 28.45에 달하는

〈표 3.8〉 영재교육원 교원배치 현황 (단위: 명)

구분	기관수	학급수	참여 학생수	참여 교원수	연수 이수 교원수			국외 연수 교원	연수 미이수 교원	미이수 비율 (%)	교원 1인당 학생수
					기초	심화	계				
서울	19	195	3,900	836	403	96	400	95	337	40.3	4.7
부산	11	287	5,455	891	474	272	746	176	145	16.3	6.1
대구	5	59	1,130	124	50	69	119	11	5	4.0	9.1
인천	7	34	600	108	73	18	91	15	17	15.7	5.6
광주	4	34	631	105	84	13	97	16	8	7.6	6.0
대전	4	8	146	64	64	20	84	30	0	0.0	2.3
울산	4	40	800	138	61	20	81	23	57	41.3	5.8
경기	27	109	2,117	449	241	113	354	56	95	21.2	4.7
강원	15	43	856	152	85	52	137	28	25	16.4	5.6
충북	12	47	935	207	43	29	72	15	135	65.2	4.5
전북	17	70	1,387	317	137	49	186	49	131	41.3	4.4
전남	23	109	2,079	352	97	21	118	33	234	66.5	5.9
경북	18	83	1,552	391	250	71	321	31	70	17.9	4.0
경남	19	82	1,323	355	235	97	332	78	23	6.5	3.7
제주	4	16	280	54	46	11	57	2	8	14.8	5.2
계	189	1,216	23,191	4,543	2,343	951	3,195	658	1,290	28.4	5.1

(자료: 교육인적자원부 내부자료)

1,290명은 연수를 이수하지 않은 채 영재교육을 담당하고 있는 것으로 나타났다.

영재교육원의 경우에도 대전교육청은 영재연수를 이수한 교원을 모두 배치하여 운영하는 것으로 나타났으나 나머지 시·도교육청의 경우에는 적게는 4%에서 많게는 66%에 달하는 교사가 연수를 받지 않고 있는 것으로 나타났다. 이는 영재학급의 경우와 마찬가지로 단지 연수를 받은 교원이 부족한 것에서 기인한 것은 아닌 것으로 생각되며 시·도교육청에서 배치와 관련하여 체계적인 계획 수립이 되지 않은 채 임의적으로 영재교육 담당교원을 배치하고 있는 결과로 분석된다. 이는 〈표 3.9〉에 제시된 시·도교육청의 영재교육 담당교원 연수 이수현황을 살펴보면 알 수 있다.

물론 영재교육진흥법시행령 제31조제2항에 영재교육원 강사의 경우 배치 후 1년 이내 연수를 받으면 되도록 하고 있으나 이의 입법취지는 관련 분야의 전문가를 강사로 위촉할 경우를 말하며 현직교원이 영재교육원에서 학생들을 지도할 경우에는 연수를 이수한 교사를 배치하는 것이 바람직하다. 강사의 경우 교원 자격증을 소지하지 않고 관련 분야의 전문지식을 보유한 우수인력을 활용하기 위해 법적 자격[39]을 완화하여 운영하고 있는 것이므로 이를 교원의 경우와 같이 다루는 것은 바람직하지 않다.

특히 〈표 3.9〉의 영재교사 연수 이수현황을 살펴보면 영재연수를 이수한 교원이 13,000여 명에 달할 정도로 충분히 확보[40]되어 있음에도 불구하고 이를 제대로 관리하거나 적절하게 배치하지 못하는 데서 오는 결과이므로 이에 대한 개선책이 적극적으로 모색되어야 할 것이다. 또한 영재교육진흥법시행령 제31조제1항에 영재교육 직무연수의 시기, 방법은 교육인적자원부장관 또는 교육감이 정하도록 하고 있음에도 이에 대한 구체적인 계획이 수립되지 않고 임의적으로 운영되고 있어 영재교원의 수급불일치 현상이 시·도에 따라 크게 나타나고 있음을 알 수 있다.

---

39) 영재교육진흥법시행령 별표2에 따르면 영재교육원 강사의 임용기준은 다음 각 호의 자격을 갖춘 자를 임용할 수 있도록 하고 있다.

1. 초·중등교육법 별표 2의 규정에 의한 초등학교 또는 중등학교 정교사자격증을 가진 자
2. 석사학위 이상의 학위를 가진 자
3. 영재교육원에서 담당예정인 영재교육 분야 관련 학사학위를 가진 자

40) 영재교육 담당교원의 정원을 법령에 따라 단순 계산하면 학급에 담당교사를 1인 이상 두도록 되어 있음을 볼 때 전체 운영 학습수가 1,990학급에 달하므로 최소 1,990명을 확보하면 된다. 그러나 학급 수뿐 아니라 교과영역에 따라 필요한 교원을 동시에 확보해야 하므로 현재 시도 교육청에서 운용하고 있는 교원이 필요하게 된다.

〈표 3.9〉 시·도교육청별 영재교육기관 교원배치 현황(총괄) (단위: 명)

교육청	기관별	기관수	학급수	참여 학생수	참여 교원수	참여교원 중 연수 이수			국외 연수 교원	연수 미이수 교원	미이수 비율	교원 1인당 학생수	총연수 이수 교원
						기초	심화	계					
서울	영재교육원	19	195	3,900	836	403	96	400	95	337	40.3	4.7	1,652
	영재학급	29	37	730	131	24	4	28	12	103	78.6	5.6	
	계	48	232	4,630	967	427	100	428	107	440	45.5	4.8	
부산	영재교육원	11	287	5,455	891	474	272	746	176	145	16.3	6.1	1,741
	영재학급	0	0	0	0	0	0	0	0	0	0.0	0.0	
	계	11	287	5,455	891	474	272	746	176	145	16.3	6.1	
대구	영재교육원	5	59	1,130	124	50	69	119	11	5	4.0	9.1	860
	영재학급	1	7	106	7	1	2	3	0	4	57.1	15.1	
	계	6	66	1,236	131	51	71	122	11	9	6.9	9.4	
인천	영재교육원	7	34	600	108	73	18	91	15	17	15.7	5.6	537
	영재학급	17	75	1,318	188	134	31	165	23	23	12.2	7.0	
	계	24	109	1,918	296	207	49	256	38	40	13.5	6.5	
광주	영재교육원	4	34	631	105	84	13	97	16	8	7.6	6.0	642
	영재학급	10	22	440	86	47	37	84	41	2	2.3	5.1	
	계	14	56	1,071	191	131	50	181	57	10	5.2	5.6	
대전	영재교육원	4	8	146	64	64	20	84	30	0	0.0	2.3	324
	영재학급	51	72	1,141	243	217	26	243	44	0	0.0	4.7	
	계	55	80	1,287	307	281	46	327	74	0	0.0	4.2	
울산	영재교육원	4	40	800	138	61	20	81	23	57	41.3	5.8	325
	영재학급	15	31	620	149	42	27	69	2	80	53.7	4.2	
	계	19	71	1,420	287	103	47	150	25	137	47.7	4.9	
경기	영재교육원	27	109	2,117	449	241	113	354	56	95	21.2	4.7	2,027
	영재학급	112	244	4,626	639	309	69	378	64	260	40.7	7.2	
	계	139	353	6,743	1,088	550	182	732	120	355	32.6	6.2	
강원	영재교육원	15	43	856	152	85	52	137	28	25	16.4	5.6	505
	영재학급	14	20	361	50	18	23	41	5	9	18.0	7.2	
	계	29	63	1,217	202	103	75	178	33	34	16.8	6.0	
충북	영재교육원	12	47	935	207	43	29	72	15	135	65.2	4.5	289
	영재학급	6	12	140	51	7	14	21	5	30	58.8	2.7	
	계	18	59	1,075	258	50	43	93	20	165	64.0	4.2	
전북	영재교육원	17	70	1,387	317	137	49	186	49	131	41.3	4.4	936
	영재학급	19	22	433	80	37	7	44	9	36	45.0	5.4	
	계	36	92	1,820	397	174	56	230	58	167	42.1	4.6	

〈표 3.9〉 시·도교육청별 영재교육기관 교원배치 현황(총괄) (계속) (단위: 명)

교육청	기관별	기관수	학급수	참여 학생수	참여 교원수	참여교원 중 연수 이수			국외 연수 교원	연수 미이수 교원	미이수 비율	교원 1인당 학생수	총연수 이수 교원
						기초	심화	계					
전남	영재교육원	23	109	2,079	352	97	21	118	33	234	66.5	5.9	614
	영재학급	3	7	140	33	4	4	8	3	25	75.8	4.2	
	계	26	116	2,219	385	101	25	126	36	259	67.3	5.8	
경북	영재교육원	18	83	1,552	391	250	71	321	31	70	17.9	4.0	1,090
	영재학급	72	73	1,402	211	135	16	151	3	60	28.4	6.6	
	계	90	156	2,954	602	385	87	472	34	130	21.6	4.9	
경남	영재교육원	19	82	1,323	355	235	97	332	78	23	6.5	3.7	593
	영재학급	10	16	306	56	38	13	51	13	5	8.9	5.5	
	계	29	98	1,629	411	273	110	383	91	28	6.8	4.0	
제주	영재교육원	4	16	280	54	46	11	57	2	8	14.8	5.2	259
	영재학급	23	34	680	125	114	18	132	4	11	8.8	5.4	
	계	27	50	960	179	160	29	189	6	19	10.6	5.4	
전체	영재교육원	189	1,216	23,191	4,543	2,343	951	3,195	658	1,290	28.4	5.1	13,128
	영재학급	382	672	12,443	2,049	1,127	291	1,418	228	648	31.6	6.1	
	계	571	1,888	35,634	6,592	3,470	1,242	4,613	886	1,938	29.4	5.4	

다만 대전교육청의 경우 배치기준[41] 또는 방법이 다른 시·도교육청과 큰 차이가 없음에도 영재학급과 영재교육원에 영재연수를 이수한 교원을 전원 배치하고 있는 것으로 조사되었다. 즉, 시·도교육청에서 충분한 의지를 갖고 영재교사들을 체계적으로 관리·배치하게 되면 이런 수급불일치 현상을 상당 부분 해소할 수 있으리라 기대된다.

다) 영재교육기관별 담당교원 배치현황 분석

영재학급과 영재교육원의 영재교육 담당교원 배치 현황을 살펴보면 [그림 3.1]에서 보는 바와 같이 연수 미 이수 교원 배치비율이 영재학급의 경우 31%, 영재교육원은 29%로 거의 비슷하게 나타났다. 앞서 지적한대로 영재교육 담당교원 연수를 이수한 교원이

41) 대전교육청은 영재학급의 경우 교원배치기준으로 지역공동 영재학급 운영 주관학교 교사로 영재교육 연수 이수자, 지역공동 영재학급 협력학교 교사로 영재교육 연수 이수자, 영재교육 교육활동 주제 전문가를 영재교육원의 경우영재교육 연수 이수교원 중 희망을 받아 배치하고 영재교육 연수 이수교원 중 교육청에서 유능한 교사를 선발하여 배하는 것으로 제시하고 있다.

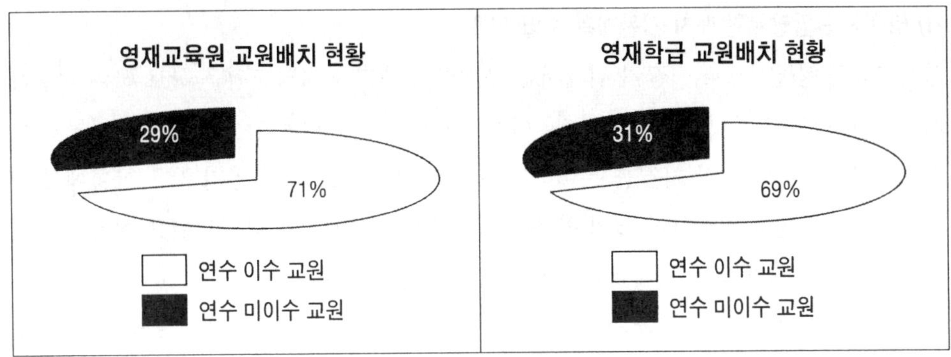

[그림 2.4] 영재교육기관별 교원배치현황

13,000여 명에 달함에도 배치되어 있는 교원 중 약 30%(1,948명) 정도는 미 이수 교원을 배치하고 있는 것은 시·도교육청에서 영재교육 담당교원을 관리하는 데 제도적, 행정적인 제약요인이 있는지 분석할 필요가 있어 보인다. 이는 연수를 이수한 교원을 충분히 확보하고 있는 시·도교육청에서마저 이를 제대로 활용하지 못하고 있는 것은 그 요인이 어디에 있는지 분석해 볼 필요가 있다.

그러나 대전교육청을 비롯하여 대구, 광주, 경남, 제주교육청의 경우 미 이수 교원 배치 비율이 10% 이하로 교육청에서 체계적인 배치계획을 수립하고 운용한다면 충분히 연수를 이수한 교원을 배치 활용할 수 있음을 보여 준다. 물론 우리나라 교원근무 형태가 순환근무제로 인해 교사들이 일정 지역이나 학교에 오래 머무를 수 없는 한계가 있기는 하지만 시·도교육청에서 교원 전보 시 영재교육기관 운영을 고려하여 배치기준 등을 마련한다면 미 이수 교원 배치비율을 감소시킬 수 있을 것이다.

2) 문제점

영재교육 담당교원의 배치기준은 일반교과 교원이나 자격증이 부여되고 있는 전문상담교사, 보건교사, 영양교사 등이 초중등교육법 및 동법시행령에 규정되어 있는 것과 달리 영재교육진흥법 및 동법시행령에 규정되어 있다. 이는 영재교육을 담당하고 있는 교원을 영재교사로 칭하지 않고 영재교육 담당교원이라는 데서 알 수 있듯이 영재교사로 자격이 부여되지 않은 것에 그 요인이 있다. 영재교육진흥법시행령에서도 배치기준이 포괄적인 수준으로 언급되어 있어 이를 시·도교육청에서 시행하는 데 있어 교육청별 차이가 많이 발생하고 있는 상황은 이미 시·도교육청 교원배치 현황 분석을 통해 알 수 있었다. 여기서는 배치와 관련된 문제점을 간단히 살펴보기로 한다.

가) 영재교육 담당교원 배치 기본계획 수립 미흡

영재교육을 성공적으로 이끌기 위해서는 우수한 영재교육 담당교원을 확보 하여 적절하게 배치하는 일이 무엇보다 중요하다. 현재 우리나라 영재교육 담당교원 운용현황을 살펴보면 별도의 영재교사 자격을 부여하지 않고 정원이 확보 되어 있지 않은 상황에서 영재교육 담당교원을 적절하게 배치 활용하기 위해서는 영재교육 담당교원을 어떻게 배치하고 관리할 것인가 하는 체계적인 계획이 수립되어야 한다.

앞서 살펴본 시·도교육청의 영재교육 담당교원 배치기준 분석에서도 알 수 있듯이 영재교육 담당교원 배치 기본계획을 수립하여 운영하고 있는 교육청이 일부에 국한되어 있으며 실제 설문분석 결과에서도 62%만이 초보적인 수준이지만 영재교육 담당교원 배치 기본계획을 수립하는 것으로 응답하고 있다.

실제 시·도교육청의 영재교육 담당교원 배치기본 계획을 구체적으로 살펴보면 배치계획이라기보다 영재교육 담당교원 위촉 또는 선정기준, 방법에 가까운 편이다. 이는 일반 교원의 경우 표준수업시수에 근거하여 법령에 구체적으로 학급당 교원 수로 교원배치기준이 규정되어 있으며 시·도교육청에서는 이에 근거하여 교원 배치 기본계획을 수립·시행하고 있는데 비하여 영재교육 담당교원 배치와 관련 하여서는 일반 교과와 같이 학급당 교원 수로 산출하거니 이의 근거가 되는 수업시수를 산정한다는 것도 어려운 실정이다.

상황이 어렵기는 하지만 그러나 시·도교육청 차원에서 영재교육기관에 필요한 교원 정원이 얼마이며 이들을 확보하기 위해 교원을 어떻게 선정하여 배치하고 관리할 것인가 하는 계획을 수립하고자 하는 노력이 절실히 요구된다.

나) 영재교육 담당교원 수급 불일치

2001년부터 영재교육 담당교원 연수가 시행된 이래 2007년 현재 약 13,000여 명의 교원들이 직무연수(기초연수, 심화연수) 및 국외연수를 이수한 것으로 나타났다. 이는 국가가 2002년 영재교육진흥종합계획 수립 시 계획하였던 8,000명을 훨씬 초과한 것이다. 그럼에도 불구하고 시·도교육청 영재교육기관 영재교육 담당교원 배치현황에서 보듯이 영재교육을 담당하고 있는 교원 중 영재 연수 미 이수 교원이 비율이 30%에 달할 정도로 영재교육 담당교원의 수급 불일치 현상은 심각하다.

이는 실제 설문조사에서도 비슷한 결과를 얻을 수 있었는데 그 결과를 보면 영재교육 담당교원 배치 시 연수 이수를 고려한다는 응답이 63%에 불과하여 시도교육청 영재교육 담당자가 영재교원 배치를 적절하게 행하지 못하고 있는 것으로 조사되었다. 이는 결국 영재교육 담당교원의 전문성 약화로 연결되어 영재교육의 질적 수준 저하는 물론 이거니와 영재교육에 대한 신뢰성을 약화시키는 결과를 초래하게 된다.

물론 시·도교육청에 따라 편차가 있기는 하지만 대전교육청을 제외하고는 적게는 5%에서 많게는 67%까지 상당한 비율의 영재교육 담당교원 연수 미 이수 교원이 영재교육을 하고 있다는 사실은 영재교육의 질적 수준을 저하시킬 가능성이 크다.

현재 법령에 영재교육을 담당할 교원의 자격기준을 영재교육 담당교원 연수 과정을 이수하도록 하고 있으며 이를 통해 전문성을 갖춘 교사가 영재를 지도 하도록 규정하고 있음에도 이를 제대로 구현하지 못한다면 영재교육 담당교원의 전문성에 대한 논란에서 자유스럽지 못할 것이다.

영재교육진흥법시행령 제31조제2항에 규정된 영재교육원 강사의 경우 임용 후 1년 이내에 연수를 받으면 되도록 되어 있는 경과규정으로 인해 시·도교육청에서도 큰 고민 없이 영재교육 담당교원 연수 미 이수 교원을 무리 없이 배치하고 있으나, 2008년도부터는 법령에서 연수 관련 경과조치의 실효성이 없어지기 때문에 이러한 현상은 줄어들 것으로 보여지나 영재교육 담당교원을 확보하는 초기단계부터 강력한 의지를 갖고 교원을 확보하려는 노력이 전제되어야 할 것이다.

다) 영재교육 담당교원 선정방법의 소극성

앞서 논의된 바와 같이 영재교육의 질적 수준을 담보하는 데 있어 우수한 영재교육 담당 교원을 영재교육기관에 적절하게 배치하는 노력이 절실히 요구된다. 그러나 시·도교육청에서 영재교육 담당교원을 배치한 기준을 살펴보면 영재교육 담당교원 연수를 이수한 교원 중 희망을 받거나 교육청에서 임의적으로 교원을 선정하여 배치하는 등 우수교원을 선정하려는 노력이 미흡한 것으로 나타났다.

이는 설문 조사의 분석결과에서도 뚜렷하게 나타나는 데 공모를 통해 개방적으로 우수 교원을 선정하려는 노력보다는 본인의 희망이나 교육청에서 일방적으로 배치하는 경향이 더 많은 것으로 나타났으며 특히 교사들이 느끼는 배치의 비합리적인 부분은 심각하다고 보인다. 교사들은 약 45%의 경우 본인 희망이나 공모가 아닌 교육청에서 일방적으로 배치하여 소극적으로 영재교육에 임하고 있는 것으로 나타났다.

영재교육을 함에 있어 교원의 우수한 자질이나 전문성도 필요하지만 그보다 우선되어야 할 것은 교원의 열정과 본인의 의지가 더욱 필요하다고 볼 때 교육청의 일방적인 배치에 의해 영재교육에 나설 경우 그 본래의 취지를 살리는 데 한계가 있지 않나 생각된다. 따라서 시·도교육청에서는 다소 어려움이 있더라도 공모 과정을 거쳐 영재교육을 하고자 하는 교원들에게 적극적으로 개방하여 영재교육에 대한 의지가 강한 교원들을 중심으로 선정하여 영재교육이 이루어진다면 더욱 내실 있는 교육이 될 것이다.

라) 영재교육 배치 관련 구체적 지침 미비 및 제도미흡

영재교육 담당교원 배치는 법령의 배치기준에 따라 이루어지고 있으나 영재교육 담당교원 배치현황을 구체적으로 살펴보면 시·도교육청에 따라 교원을 배치(위촉)하는 방안이 제 각각이다. 대부분의 교육청의 경우 희망을 받아 일정 심사를 거쳐 위촉하고 있으며 일부교육청의 경우 우수 교원을 확보하고 객관적이고 개방적인 교원을 확보하기 위해 공모를 통해 교원을 배치(위촉)하고 있다.

이는 설문조사 결과를 살펴보더라도 영재교육 담당교원을 배치하는 데 어려움 중의 하나로 배치와 관련하여 명확한 지침이 수립되어 있지 않음을 들고 있음과 동시에 실제 영재교육 정책을 담당하고 있는 장학사의 경우 규정제정의 필요성을 들고 있기도 하다.

시·도교육청의 교육 여건에 따라 배치방안이 다를 수 있으나 기본적으로는 영재교육 담당교원 배치 및 관리와 관련된 큰 틀의 지침이 수립되어 있지 않아 배치와 관련되어 수급불일치현상이 생기게 되고 자신의 의지와 관계없이 영재교육을 맡게 되는 경우가 생기게 된다.

그리고 영재교육 담당교원을 선정배치하기 위한 운영위원회와 같은 기구가 교육청이나 영재교육기관 내에 구성되어 있지 않고 구성되어 있더라도 형식적으로 운영되고 있는 경우가 대부분이어서 우수교원을 배치하는 데 한계가 있어 보인다.

3) 개선방안

가) 영재교육 담당교원 배치기준 개선방향

영재교육 담당교원의 배치는 단위 영재교육기관의 영재교육 프로그램이 체계적이고 원활하게 이루어지도록 지원되는 것을 전제되어야 한다. 영재교육이 효율적으로 이루어지는 데 있어 가장 중요한 요소 중의 하나가 교원의 역할이며 우수한 교원을 확보하여 이들을 적절하게 배치하는 것이 기본 요건이 된다 할 수 있겠다.

비록 영재교육 담당교원 배치기준이 영재교육진흥법시행령에 규정되어 있기는 하지만 이는 아주 포괄적인 수준에서 언급되어 있어 시·도교육청에서 실제적으로 영재교육 담당교원을 배치하는 데 큰 도움을 주기 어렵다. 따라서 영재교육 담당교원 배치기준을 합리적으로 설정하기 위해서는 지역적인 고려뿐 아니라 영재교육기관 규모, 영재교육 영역 등에 따른 세부적인 배치기준 등이 마련되어야 한다.

영재교육기관이 정규 교육과정으로 운영되지 않는 상황에서 영재교육 담당교원 배치 기준을 명확히 한다는 것이 어려움이 있을 수 있으나 영재교육이 일반화되어 가고 있는 상황에서 우수 교원을 확보할 수 있는 방안에 대한 진지한 고민이 있어야 할 것이다.

배치기준을 개선하는 과정에서는 무엇보다 영재교육 기관별 특성 및 지리적 여건, 규모, 영재교육 영역 등과 함께 현장에서 영재교육을 담당하고 있는 교원들의 요구를 충분히 수렴하여 시·도교육청 차원의 영재교육 담당교원 배치 기본계획을 수립하는 것이 필요하다.

이를 바탕으로 영재교육의 질 제고를 위해 영재교육 담당교원 배치기준 개선 방향으로 영재교육기관의 특성을 고려한 영재교육 담당교원 배치 기본계획 수립, 영재교육 담당교원의 합리적이고 공개적인 절차를 통한 선정, 영재교육 담당교원의 합리적 배치를 위한 법·제도 개선 등을 반영한 방향으로 개선방안을 제시해 보고자 한다.

나) 영재교육 담당교원 배치기준 개선방안

(1) 영재교육 담당교원 배치 기본계획 수립 시·도교육청의 영재교육 담당교원 배치 기본계획을 분석해 보면 배치 기본계획이라기보다는 오히려 영재교육 담당교원 선정(위촉) 기준 또는 선정(위촉)방법이라고 보는 것이 적절하다고 본다. 이도 문서로 계획되어 있지 않고 영재교육 기관 운영 전에 문서를 통해 선정하고 있는 상황이다. 이러한 영재교육 담당교원의 임의적인 배치는 궁극적으로 영재교육 담당교원 연수를 이수한 교원이 충분히 있음에도 불구하고 실제 영재교육기관에 배치되어 활동하고 있는 교원들의 연수 미이수 교원이 상당수 존재하게 되고 이는 영재교육의 전문성을 약화시키는 결과를 초래하게 된다.

따라서 영재교육이 체계적이고 내실 있게 운영되기 위해서는 시·도교육청에서 영재교육 담당교원 배치와 관련하여 세부적인 계획이 수립·운용되어야 할 것이다. 물론 영재교육기관 중 영재학급과 영재교육원이 정규 학급으로 인정되지 않은 관계로 별도 정원을 확보하지 못하고 있는 상태에서 체계적인 영재교육 담당교원 배치 기본계획을 세우기는 쉽지 않을 것이다.

그럼에도 영재교육이 우수교원을 확보한 상태에서 내실 있게 운영되기 위해서 시·도교육청에서는 영재교육법령에 규정되어 있는 영재교육 담당교원 배치 기준을 근거로 시·도교육청의 여건을 고려한 배치 계획을 수립하여야 할 것이다.

영재교육 담당교원 배치기본 계획을 수립할 때 영재교육기관의 유형, 영재교육 영역, 학교 급별, 영재교육기관 규모에 따라 시·도교육청에서 운영되고 있는 전체 영재교육기관에 필요한 교원 정원을 파악하여 적절하게 배치할 수 있는 노력을 기울여야 한다.

영재교육 담당교원 배치 기본계획을 수립할 때는 영재교육기관에 따른 배치 기본계획을 어느 수준에서 수립할 것인가에 대한 내용이 포함되어야 한다. 즉, 단위학교 또는 지역공동 영재학급의 경우에는 영재학급이 설치·운영되고 있는 영재교육기관의 장이 수립하는 것이 영재교원을 탄력적으로 운용하는 데 용이할 것이라고 본다. 그리고 영재교육원의 경우에는 시·도교육청 차원에서 영재교육원에 필요한 교원 정원을 산출한 뒤 이를 확보하고 배치할 수 있도록 하는 것이 영재교육 담당교원 배치의 일관성을 유지하는 데 필요한 방안이라 본다.

영재교육 담당교원 배치 기본계획에는 영재교육기관별 영재교육 담당교원 정원, 영재교육 담당교원 확보계획, 지원 자격, 선정방법, 운용방법, 연수방법, 인센티브 부여 방안, 재교육 방안 등이 포함 되어 수립 되어야 한다.

(2) 영재교육 담당교원의 합리적이고 공개적인 절차를 통한 선정 영재교육을 담당할 수 있는 영재교육 담당교원의 자격기준이 법령에 규정되어 있는 것을 살펴보면 영재교육을 담당하기 위해서는 교육인적자원부장관 또는 시·도교육감이 인정하는 소정의 연수과정을 이수한 자로 규정하고 있다.

따라서 영재교육을 담당하는 교원은 반드시 영재교육 담당교원 연수를 이수 하도록 하고 있으나 실제 영재교육 기관에 배치되어 담당하고 있는 교원의 연수 이수 여부를 살펴보면 약 30%의 교원들이 영재교육 연수를 받지 않은 것으로 조사된 바 있다.

영재교육이 내실 있게 운영되기 위해서는 영재교원의 전문성을 강화하는 것이 주요 요인이다. 이를 위해서는 영재교원 연수를 이수한 교원을 배치하는 것이 우선되어야 한다. 그러나 시·도교육청에서는 영재교육 담당교원을 선정하는 데 있어서 본인의 희망이나 교육청의 일방적 지정 등에 의해 선정하는 경우가 대부분이다.

시·도교육청에서도 연수를 이수한 교원이 충분하기는 하지만 이들이 연수와 별개로 실제 영재교육을 담당하는 것은 기피하는 경향이 대부분이어서 우수한 교원을 확보 배치한 것에 어려움이 있는 것으로 생각된다. 이는 영재교육 담당교원의 경우 평소 자신의 업무와 교과활동 이후 과외로 영재교육 업무를 맡고 있는 상황에서 영재교육에 대한 업무 부담이 가중되고 있는 상황과 연관되어 있다.

가장 이상적인 방안은 시·도교육청에서 영재교육 담당교원을 선정·배치할 때 일정한 자격을 갖춘 교원 중 희망자를 대상으로 공모절차를 거쳐 선정하는 것이 바람직하다. 다음은 영재교육 담당교원 공모과정을 보여 주고 있다.

영재교육 담당교원 공모과정

- 영재교육 담당교원 공개모집
  - 영재교육 담당교원 지원 자격: 영재교육 담당교원 연수 이수자로 제한
  - 모집범위
  - 영재교육 담당교원 업무 범위
  - 복부관리 및 근무시간
  - 인센티브 부여 등 명기
- 영재교육 담당교원 희망자 지원
  - 영재교육 희망 영역
  - 영재교육 지도 희망서
  - 추천서 등
- 영재교육담당교원 선정 위원회 구성·운영
  - 영재교육 담당교원 선정 관련 세부기준 수립하여 선정
- 영재교육기관장 명의로 영재교육 담당교원으로 위촉
- 영재교육 담당교원 워크숍 등 사전교육 실시

물론 시·도교육청에서 공모를 할 경우 업무 가중에 따른 부담으로 공모 자체를 기피하게 되어 실제적인 우수교원을 확보하고자 하는 취지를 무색하게 할 수 있다. 그럼에도 시·도교육청 차원에서 영재교육 담당교원에 대한 승진 가산점 부여나 연구비 지급, 표창 등 영재교육 담당교원의 사기진작을 위한 다양한 인센티브를 부여하는 방안을 마련하여 우수하고 영재교육에 열정을 지닌 교사들이 공모에 많이 지원하도록 유도하는 것이 필요하다.

이는 시·도교육청에서 일방적으로 우수하다고 지정하여 타의적으로 영재교육에 임하게 하기보다는 영재교육에 관심 있는 교사들 누구에게나 영재교육 참여 기회를 개방하여 자의적으로 영재교육에 참여시킬 때 그 효과가 증대될 수 있을 것이다.

그리고 시·도교육청이나 영재교육 기관 홈페이지에 영재교사 인력풀을 탑재하여 영재교육에 참여하기를 희망하는 교원들의 현황을 쉽게 파악할 수 있도록 하는 것도 우수한 영재교육 담당교원을 확보하는 한 방안이 될 수 있을 것이다.

실제적으로 공모를 실시하더라도 시·도교육청에 따라 영재교육에 참여하고자 하는 교원들의 지원율에 큰 차이가 발생하는 데 지원율이 높은 교육청의 경우에는 교사들에 대한 다양한 인센티브 부여나 업무경감방안이 시행되고 있음을 알 수 있다. 따라서 그렇지 못한 교육청에서는 지원율이 높은 교육청의 교사를 위한 방안을 벤치마킹 할 필요가 있다. 〈표 3.10〉에 제시된 시·도교육청에서 영재교육 담당교원에게 부여하는 인센티브

〈표 3.10〉 교육청별 영재교육 담당교원 인센티브 부여 현황

교육청	전보유예	전보가산점	승진가산점	연구비지급	업무경감	기타
서울	○		○	○		
부산			○	○		해외연수
대구	○			○	○	
인천	○		○		○	
광주	○			○		
대전		○	○			표창
울산	○	○		○		전문직가산
경기			○	○	○	
강원		○				
충북				○	○	
충남		○	○	○	○	해외연수
전북		○	○			
전남		○	○	○	○	
경북		○				특례전보
경남		○	○	○		
제주			○	○		

출처: 교육인적자원부 내부자료

현황을 살펴보면 한 학교에 일정기간 근무 후 전보 시 이를 일정기간 유예해 주는 교육청이 서울교육청을 비롯하여 대구, 인천, 광주, 울산교육청 등 5개 교육청에서 운영 중에 있으며 이와 함께 전보 시 가산점을 부여하는 교육청의 경우도 대전, 울산, 강원, 충남, 전북, 전남, 경북, 경남교육청 등 8개 교육청에서 전보가산점을 부여하고 있는 것으로 나타났다. 영재교육 담당교원에게 가장 큰 인센티브라고 할 수 있는 승진 시 선택가산점 부여현황의 경우에도 서울, 부산, 인천, 대전, 경기, 충남, 전북, 전남, 경남, 제주 등 10개 교육청에서 실시중인 것으로 조사되었다. 그러나 일부교육청의 경우 학급담임교사에 한해 가산점을 부여하는 등 제한적으로 적용되어 영재교육에 참여하고 있는 대부분의 교사들에게까지 혜택이 부여되지 않는 문제점이 함께 대두되었다.

그리고 영재교육 담당교원에게 영재교육진흥법에 따라 소정의 연구비를 지급하고 있는 교육청도 서울, 부산, 대구, 광주, 울산, 경기, 충북, 충남, 전남, 경남, 제주 등 11개 교육청에 달하고 있으며 영재교육 담당교원의 업무를 경감시키고 있는 교육청도 대구교육청을 비롯한 6개 교육청에서 실시하고 있다. 이와 같이 각 교육청의 여건과 상황에 따라 영재교육 담당교원에게 부여하는 인센티브 현황에 차이가 난다. 기본적으로 영재교육 담당교원이 가장 바라는 인센티브가 무엇인지를 파악하여 이를 부여할 수 있다면 좀 더 적극적으로 영재교육에 임할 수 있을 것으로 보인다. 물론 시·도교육청의 여건에 따라 상황이 동일하지는 않겠지만 타 교육청의 사례를 조사·분석하여 적용시키려는 노력이 전제 되어야만 영재교육 담당교원에게 실질적인 혜택이 돌아갈 수 있는 지원책이 마련될 수 있을 것이다.

(3) 영재교육 담당교원 배치 규정 제정 영재교육 담당교원 배치와 관련해서는 영재교육진흥법시행령에 규정되어 있으나 포괄적인 규정으로 인하여 실제 시·도교육청에서 영재교육 담당교원을 배치하는 데 어려움이 있다. 영재교육진흥법시행령 제29조에 따르면 영재학교의 경우 정규 교육과정으로 운영되는 고등학교 단계의 영재교육기관이므로 실제로 교원배치기준은 초중등교육법을 따르는 한편 영재교육진흥법시행령에서 정하고 있는 기준을 충족하면 되므로 큰 어려움이 없다. 그러나 영재교육원이나 영재 학급의 경우 영재교육 영역의 교과별로 영재학급 담당교사 또는 영재교육을 담당할 강사 1인 이상 등 최소기준만 제시하고 있어 실제 영재교육 담당교원을 확보하고 배치하는 데 어려움이 있을 수 있다. 특히 영재교육원의 경우 영재교육진흥법시행령 제31조에 영재교육 담당교원 연수를 이수하지 않아도 임용할 수 있는 근거규정으로 인해 별다른 문제의식 없이

연수 미 이수자를 배치하는 상황이 일어나고 있다.

따라서 영재교육관련법령에 규정된 내용을 근거로 시·도교육청에서는 영재교육 담당교원을 체계적으로 배치·관리할 수 있는 방안을 마련해야 한다. 물론 교육인적자원부에서 영재교육 담당교원을 배치하는 데 필요한 규정을 마련하는 것도 한 방안이 될 수 있을 것이다. 어느 정도 구속력을 가진 규정에 의해 영재교육 담당교원을 배치한다면 지금처럼 연수를 받지 않고 영재교육을 담당하는 비합리적인 상황이 줄어들 것이라고 생각된다.

영재교육 담당교원 배치 규정에 의해 영재교육 담당교원을 관리한다면 영재교육기관별로 수급이 불일치하는 현상도 줄어들 수 있으며 영재 연수를 받은 교원을 전보할 경우에도 배치 규정을 감안하여 행정행위가 이루어진다면 시·도교육청에서는 체계적인 교원확보 관리가 가능하고 또한 영재교육 프로그램이 체계적으로 운영될 수 있을 것이다.

제 4 장

영재교육 연계성 구축 방안

1. 영재교육 연계성 실태 및 문제

2000년 영재교육진흥법 제정 및 2002년 영재교육진흥법시행령이 제정·공포됨에 따라 우리나라는 초·중·고등학생을 대상으로 실시하는 영재교육이 법적·제도적 지원 아래 시행되기에 이르렀으며 이에 따라 전국 초·중·고등학교에 영재학급을, 시·도교육청에 영재교육원과 한국과학영재학교를 지정하여 영재교육시스템을 구축하는 등 영재교육 발전에 정책적 노력을 경주하고 있다.

교육인적자원부 영재교육 진흥을 위한 목표를 수립하여 영재교육대상자를 2007년까지 전체 초·중·고생의 0.5%인 4만 명까지, 2008년 이후는 1%인 8만 명의 학생들에게 영재교육 기회를 제공할 계획을 가지고 있다. 또한 초·중·고와 대학 간의 영재교육 연계 체계를 확립하고자 2005년 영재교육진흥법을 일부 개정하여 '영재교육의 연계성 확보'를 신설하는 등 영재교육 연계시스템 구축을 위한 법적 정비를 추진하고 있다.

우리나라 영재교육은 초·중·고등학교에서는 각 지역의 단위학교 영재학급, 지역공동 영재학급이나 시도교육청 및 대학부설 영재교육원에서 프로그램 형태의 비정규 교육과정으로써 영재교육을 받고 있으며 이들 중 일부는 과학고 및 예술고, 과학영재학교 등으로 진학하여 정규교육과정의 일환으로 영재교육을 받고 있다. 과학고 및 영재학교로 진학할 당시 영재교육 특별전형 및 가산점을 부여받고 있으며, 과학영재학교와 카이스트와의 협약에 의해 영재학교 졸업자에 대해 고등교육기관이 별도의 전형기준과 입학절차를 적용하여 정원 외로 입학을 허가할 수 있게 하는 등 영재교육을 받은 학생이 대학에 진학할 경우 그 진로를 일정부분 보장해 주는 노력도 함께 경주하고 있다.

그러나 대부분의 영재교육기관에서는 학년 간, 학교급간, 영역 간 영재교육이 일관적이고 지속적으로 이루어지지 못하고 있으며 특히 고등학생을 대상으로 영재교육을 실시하는 기관은 매우 적은 것으로 나타나고 있다. 또한 과학고 및 예술고 등 특수 목적고로 진학한다 하더라도 한국과학영재학교를 제외한 대부분의 학교는 대학과의 연계체계가 매우 부족한 상황이며 특히 대입 위주의 교과과정 및 교육내용으로 본래의 영재교육의 의미가 퇴색되고 있는 것으로 나타나고 있다.

가. 영재교육기관 운영 현황

우리나라에 설치·운영되고 있는 영재교육기관은 영재교육진흥법[42](2005. 12. 7 일부개정 법률 7,702호) 제2조(정의)에 규정되어 있다. 관련 규정에 의하면 영재교육기관이라 함은 영재학교, 영재학급 및 영재교육원을 말한다고 되어 있으며 동법 제2조 4호 내지 6호에 각각 영재교육기관을 정의하고 있는 데 구체적인 내용을 살펴보면,

> "영재학교"라 함은 영재교육을 위하여 이 법에 의하여 지정 또는 설립되는 고등학교 과정 이하의 학교를 말하며, 영재학급은 초·중등교육법에 의하여 설립 운영되는 고등학교 과정 이하의 각급학교에 설치·운영되는 영재교육을 위한 학급을 말하며, "영재교육원"은 영재교육을 실시하기 위하여 고등교육법 제2조의 규정에 따른 학교 및 다른 법률에 의하여 설치된 이에 준하는 학교 등에 설치 운영되는 부설기관을 말한다고 규정되어 있다.

영재학교의 경우 정규교육과정에 따라 전일제로 운영되고 있다. 따라서 소수의 영재들을 대상으로 교육을 실시하고 있으며 우리의 경우 고등학교 단계에 운영하고 있으며 2002년에 지정된 한국과학영재학교(구 부산과학고)1개교가 운영되고 있다. 영재학교는 과기부와 부산교육청의 협약에 의해 운영되고 있으며 교원 연수, 시설 등에 필요한 재정을 과기부가 지원하고 있다. 이러한 협약형태의 학교운영을 통하여 인력 양성과 관련

42) 영재교육진흥법은 2000년에 제정되었으나 법률에 미비한 점이 계속 제기되어 2005년도에 일부 개정되었다. 주요내용 중 하나는 영재교육대상자 선정을 교육감에서 영재교육기관장으로 하여 대상자 선정 절차 간소화뿐 아니라 영재교육기관 운영의 자율성을 강화한 것이다.

있는 부처에서도 학교경영에 참여할 수 있는 길을 열었다는 점에서 의미가 매우 크다.

영재학급의 경우 단위학교 자체 또는 여러 학교가 공동으로 운영하는 지역공동 영재학급으로 운영되고 있으나 학교정규교육과정으로 운영하기에는 한국적 교육상황이 이를 받아들이기에 한계가 있어 방과 후나 주말 등 프로그램 형태로 운영하도록 하고 있다. 따라서 프로그램의 질적 수준이나 교육의 지속성 등에 한계가 있어 이에 대한 개선 방안 등이 모색되어야 한다.

영재교육원의 경우도 교육청이나 대학 등에서 운영하고 있는 관계로 주말이나 방학중, 방과 후에 주로 운영되고 있다. 법령에는 Pull-Out 제도를 운영할 수 있도록 하고 있으나 운영에 있어 어려움이 내재되어 실제 이 제도를 활용하고 있는 영재교육원은 미미하다. 특히 영재교육원의 경우 과기부등의 지원을 받아 대학에서 운영되는 경우와 시·도 교육청에서 직접 운영하는 경우로 구분될 수 있다.

2002년도 영재교육진흥법이 시행된 이래 〈표 3.1〉에서 보는 바와 같이 영재교육기관 운영 현황을 살펴보면 2003년도(2002년도에 이미 영재교육이 시작되긴 했으나 법률

〈표 3.1〉 영재교육기관 운영(총괄)

교육청	2003		2004		2005		2006		2007		증감	
	기관	학생	기관	학생	기관	학생	기관	학생	기관	학생	기관	학생
서울	33	1,590	33	2,380	38	3,178	64	4,167	81	5,176	48	3,586
부산	15	2,297	12	2,897	12	3,941	13	4,743	12	5,684	−3	3,387
대구	44	1,167	8	1,491	9	1,620	9	2,023	9	2,091	−35	924
인천	14	1,543	15	1,662	21	2,043	23	2,226	25	2,375	11	832
광주	15	898	15	1,101	15	1,273	15	1,273	15	1,118	0	520
대전	57	1,465	58	1,618	58	1,659	54	1,667	55	1,876	−2	411
울산	3	221	4	308	6	441	13	931	17	1,570	14	1,349
경기	20	1,360	47	2,811	85	4,924	112	6,033	142	7,507	122	6,147
강원	15	657	22	1,108	25	1,292	29	1,509	32	1,760	17	1,103
충북	20	1,233	20	1,380	20	1,477	19	1,428	19	1,445	−1	212
충남	5	447	5	451	9	787	14	1,253	50	2,500	45	2,053
전북	22	1,140	24	1,200	27	1,360	33	2,188	39	2,513	17	1,373
전남	26	1,933	26	1,957	28	2,108	28	2,261	28	2,650	2	717
경북	88	2,603	92	2,832	92	2,860	93	2,996	96	3,355	8	752
경남	14	777	18	1,056	20	1,518	26	1,664	33	2,237	19	1,460
제주	8	499	15	673	22	945	29	1,078	33	1,288	25	789
계	399	19,830	414	24,925	487	31,426	574	37,440	686	45,445	287	25,615

시행이 늦추어지면서 실질적으로 영재교육 실시기반은 마련되어 있지 않아 2002년도 영재교육현황은 분석에서 제외)399기관에서 꾸준히 늘어나기 시작하여 2007년도에는 686개 기관으로 대폭 확대 되었다. 영재교육대상자 수도 2003년도 19,830명에서 2007년도 45,445명으로 증가되어 영재교육 기회 확대 측면에서 큰 성과를 거둔 것으로 나타났다.

나. 영재교육 연계성 관련 법령

영재교육기관에서 영재교육을 받는 학생들이 지속적으로 영재교육을 받는 방안 마련을 위해 영재교육진흥법 제11조의2(영재교육의 연계성 확보) 제1항에 국가 및 지방자치단체는 영재교육기관에서 영재교육과정을 이수한 학생에 대하여 동일계열의 상급 교육기관에서 교육을 받을 수 있는 연계체계를 강구하여야 한다. 라는 연계체제 구축과 관련된 의무 조항을 두고 있으며 제11조의2 제2항에 의하면 제1항의 규정에 따른 영재교육의 연계체계 확보 등에 관하여 필요한 사항은 대통령령으로 정하도록 규정하고 있다.

이러한 근거에 따라 영재교육진흥법시행령 제35조의2(영재교육의 연계성 확보) 「고등교육법」 제2조에 따른 학교 및 다른 법률에 따라 설치된 이에 준하는 학교(이하 "대학등"이라 한다)의 장은 영재교육과정을 이수한 학생이 동일계열로 진학하는 경우 학칙이 정하는 바에 따라 영재교육기관에서 이수한 대학교육과정에 상당하는 교과목을 해당학교에서 취득한 학점으로 인정할 수 있다고 규정하고 있다.

그리고 고등교육법 제23조(학점의 인정) 제1항제3호에 의하면 ① 학교는 학생이 다음 각 호의 어느 하나에 해당하는 경우(해당 학교에 입학하기 전의 경우를 포함한다)에 대통령령이 정하는 범위 안에서 학칙이 정하는 바에 따라 이를 해당 학교에서 취득한 학점으로 인정할 수 있다. 라고 규정되어 있으며, 그 내용 중 하나가 국내·외의 고등학교와 국내의 제2조 각 호의 학교(다른 법률에 따라 설립된 고등교육기관을 포함한다)에서 대학교육과정에 상당하는 교과목을 이수한 경우로 규정하고 있다.

법적인 부분만을 살펴보면 영재교육 과정을 이수한 학생이 대학에 진학할 경우에 한하여 규정하고 있으며 초·중등교육에 있어서 기관 간 연계체제를 어떠한 방법으로 구축하여야 하는가에 대한 규정은 없는 실정이다. 물론 대학 진학부분도 중요한 연계방안의 하나이기는 하지만 실제로 시·도 교육청에 설치·운영되고 있는 영재학급과 영재교육원간의 연계체제, 학교급간 연계체제에 대한 규정이 미비한 점은 실제적으로 연계체제 구축 방안을 마련하는 데 상당한 어려움이 예견되는 부분이다.

영재교육진흥법시행령에 규정된 연계성 확보규정은 영재교육진흥법에서 규정하고 있는 영재교육 연계체제 확보 방안 마련 의무와는 상당한 입법취지를 반영하지 못한 규정이라고 생각되며 향후 연계체제 구축을 위한 구체적인 규정을 두어야 할 것이다.

다. 영재교육 연계성 일환의 AP 제도 운영

대학과목선이수제는 고교 재학생에게 대학수준의 교과목 이수기회를 제공하고 이수결과를 대학 입학 후에 학점으로 인정하는 제도로서 교육인적자원부는 '07년 여름방학 기간에 8개 대학에서 대학과목선이수제를 시범운영하였다. 대학과목선이수제 운영 여부 및 학점 인정은 원칙적으로 대학이 자율적으로 결정할 사항 이지만, 교육의 질을 담보하고 제도의 신뢰성 및 실효성을 높이기 위하여 교육인적자원부가 한국대학교육협의회를 주관기관으로 지정하여 교육기관 선정, 교육과정 인증, DB 관리 등을 담당하도록 하고 있다. 이를 위해 대교협은 '07년 시범운영 참여를 희망하는 대학의 운영계획·교육계획 등을 심사하여 8개교를 교육기관으로 선정하고, 선정된 대학과 "학점인정, 이수결과의 대교협 DB 통합관리, 이수결과의 대입연계 활용 및 임의제공 금지" 등 중요원칙에 대한 협약을 체결하였다.

이번 시범운영기관으로 선정된 교육기관은 서울대, 연세대, 고려대, 성균관대, 한양대, 부산대, 상지대, KAIST이며, 이들 대학은 여름방학 기간 중 이미 표준 교육과정이 개발된 수학, 물리, 화학, 생물 강좌를 개설하게 된다. 그리고 교육 인적자원부는 대학 입학 전에 이수한 대학 수준 교과목에 대한 학점인정 근거를 마련하기 위하여 국회에 상정한 고등교육법 개정 법률안이 2007. 6. 20 국회 본회의를 통과하였으나 법인 심사 과정에서 고등교육법 개정 법률 조항 시행시기를 2008. 1. 1로 조정함에 따라 20007년에는 시범운영을 하기로 하고 2007년 8월 중 시범운영을 하였다.

> 제23조(학점의 인정) ① 학교는 학생이 다음 각 호의 어느 하나에 해당하는 경우(해당 학교에 입학하기 전의 경우를 포함한다)에 대통령령이 정하는 범위 안에서 학칙이 정하는 바에 따라 이를 해당 학교에서 취득한 학점으로 인정할 수 있다.
>
> 1.~2. (생략)
>
> 3. 국내·외의 고등학교와 국내의 제2조 각 호의 학교(다른 법률에 따라 설립된 고등교육기관을 포함한다)에서 대학교육과정에 상당하는 교과목을 이수한 경우

이에 따라 대학 입학 전 이수한 대학 수준 교과목에 대한 학점 인정 근거가 마련됨에 따라 현재 고교생이 대학교과목을 이수하는 다양한 형태의 고교-대학 간 연계교육이 활성화되고, 특히 '07년 시범운영을 시작으로 이공계 우수인재의 발굴·육성에 기여할 것으로 기대되며 영재교육 연계체제 구축과 관련하여 고등학교와 대학 간의 법적인 기반을 마련한 점은 상당한 진전을 이루었다고 생각한다. 2007년 시범운영 개요를 살펴보면 다음과 같다.

- 대상: 고등학교 재학생(학년 제한 없음)
  - 학교장이 선 이수 과목, 학업성취 수준 등을 고려하여 추천서 발급
  - 대학별 자율 심사기준에 의거 선정하되, 지필고사는 금지
  - 일반계 고교생 선정 비율 별도 부여 일반계 고교생의 교육기회 확보 노력 권장
- 운영기간(주관기관): 2007년 여름방학 중(대교협)
- 교육기관: 대교협에서 신청을 받아 선정기준에 부합되는 대학 선정
- 교과목: 수학, 물리, 화학, 생물 등
- 수강료: 수익자 부담 원칙(이론과목(3학점) 15만원, 실험과목(1학점) 8만원
  - 저소득층 자녀 지원: 대학, 국고·지방비(방과 후 학교 자유수강권 활용 범위 확대)에서 지원하도록 적극 권장

    ※ 교육기관 선정 시 저소득층 자녀 또는 타 지역 거주 학생을 위한 기숙사 제공, 체제비 등 지원방안을 제시한 기관 우선 선정 검토
- 학생 이수 평가: 이수 인정 공통기준에 '3/4 이상 출석' 포함
  - 대학에서 자율적으로 평가하되, 표준교육과정에 예시된 평가기준 준용
- 이수결과 관리 및 활용
  - 교육기관은 이수결과 원자료를 대교협에 이관하고, 대입 연계 활용 및 대교협 이외의 기관(개인)에게 제공 금지
  - 대교협은 이수결과를 DB로 구축·관리, 학생에게 이수증 발급
  - 고등학교에서는 이수증 내용을 생활기록부에 기재

    ※ 생활기록부 교과학습발달상황(세부능력 및 특기사항)에 기록

한국대학교육협의회가 주관한 대학과목선이수제 이수 (일반물리학 I , 45시간, 3학점, 2007. 9. 15)

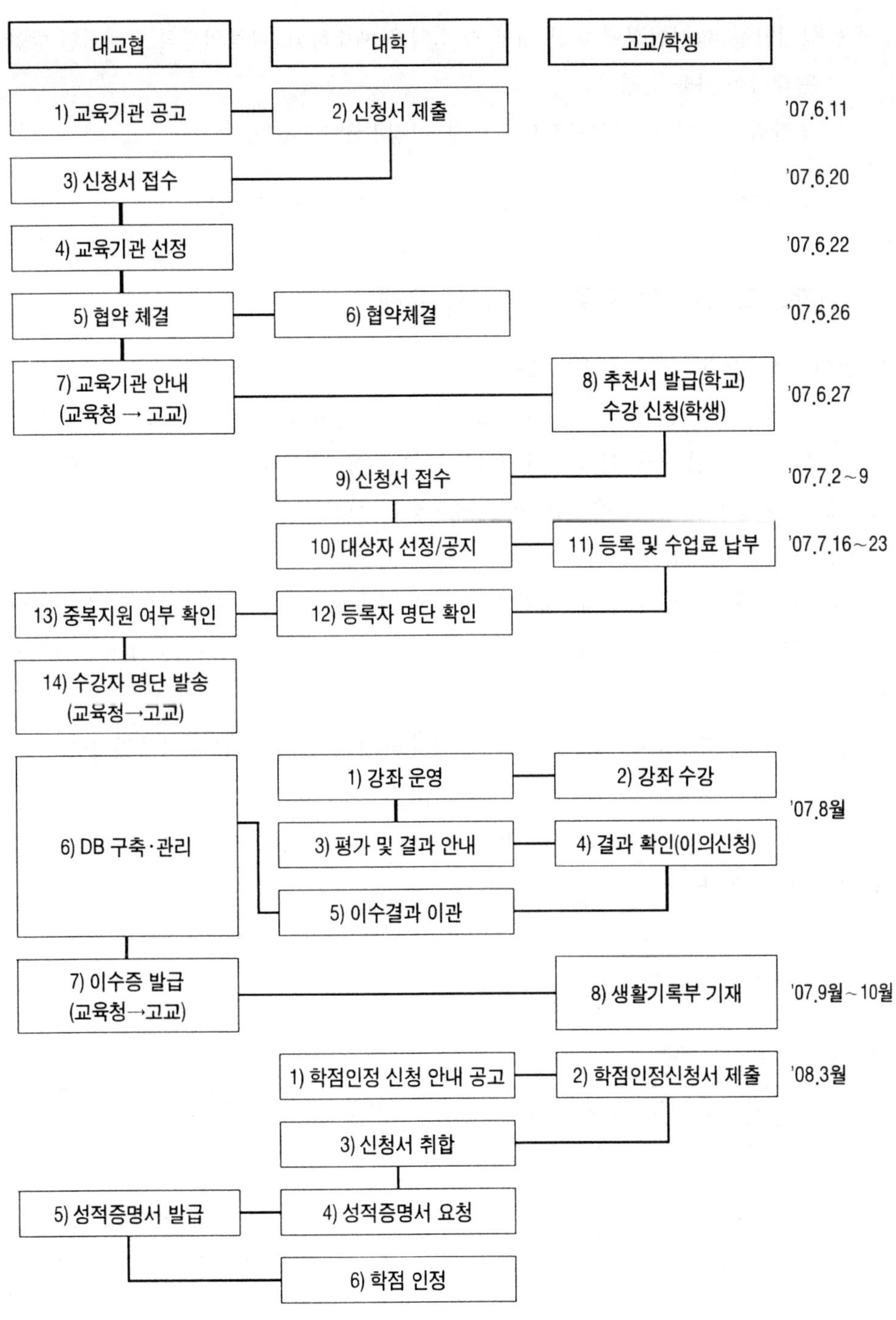

[그림 3.1] 대학과목선이수제와 관련된 추진일정

- 학점인정: 학점인정에 대한 대학 간 협약을 체결하되, 학점인정의 구체적인 방안은 대학이 자율 결정
  ※ 학점인정 방안: 졸업학점으로 인정, 학점평균에 반영 등

그리고 대학과목선이수제와 관련된 추진일정은 [그림 3.1]과 같다.

라. 영재교육 연계성 구축과 관련된 문제

1) 영재교육기관 간 설치·운영의 불균형

영재교육진흥법에 의한 영재교육기관으로 영재학교, 영재학급, 영재교육원이 있으나 극소수로 운영되고 있는 영재학교를 제외하고 대부분 영재학급과 영재교육원 현태로 운영되고 있다. 이중에서 영재교육원은 시·도교육청뿐 아니라 관련부처가 지원하는 대학 등에도 설치·운영되고 있다.

각 영재교육기관에서 영재교육을 받는 학생들이 지속적으로 영재교육을 받기 위해서는 영재교육기관을 학교 급에 따라 충분하게 설치·운영하여야 한다는 전제가 있어야 한다.

그러나 아직 영재교육기관의 설치운영 현황을 살펴보면 이러한 기본적인 전제를 충족시키지 못하고 있음을 알 수 있다. 이렇게 될 경우 아무리 영재성이 드러나고 영재교육을 받기를 원하더라도 영재교육을 받을 수 있는 기관이 없으면 그 기회가 원천적으로 제한될 수밖에 없다.

〈표 3.2〉의 영재학급 운영 현황을 살펴보면 영재교육기관 간 설치·운영비율이 학교급간 큰 차이가 있음을 알 수 있다.

〈표 3.2〉 영재학급 운영 현황(2007년)

		수학	과학	수·과학	발명	정보	언어	예술	체육	인문사회	기타	계
초등	학급수	72	41	253	14	17	9	7	3	6	3	425
	학생수	1,364	758	4,779	268	300	180	127	44	120	60	8,000
중등	학급수	37	26	97	8	15	11	15	0	4	2	215
	학생수	675	467	1,913	147	261	205	225	10	80	30	4,013
고등	학급수	19	24	2	1	2	8	12	0	0	0	68
	학생수	356	439	40	16	36	125	230	0	0	0	1,242
합계	학급수	128	91	352	23	34	28	34	3	10	5	708
	학생수	2,395	1,664	6,732	431	597	510	582	54	200		13,255

전체적으로 영재교육대상자 수를 살펴보면 초등학교의 경우 8,000여 명에 이르던 영재교육대상자가 중학교에 들어서면 4,000여 명으로 50% 이상 줄어들고 있음을 알 수 있으며 고등학교에서는 1,200여 명으로 줄어들어 초등학교에서 교육 받고 있는 학생들의 15% 정도만을 고등학교에서 수용하고 있는 것으로 나타나고 있다.

물론 우리나라 교육여건이 고등학교 단계에서 입시를 도외시할 수는 없는 형편이기는 하지만 영재교육 차원에서 접근해 보면 결국 영재교육 대상자가 단절된 교육을 받음으로 인하여 개인의 잠재성이 충분히 발현될 수 없음을 알 수 있다.

이는 단지 영재교육대상자나 기관수의 불균형뿐 아니라 교육 영역에 따라서도 심각한 불균형 현상이 일어나고 있음을 알 수 있다. 즉, 시도교육청에서 영재교육 계획을 수립할 때 영재교육기관의 학교급간 설치·운영계획을 충분히 고려하여 수립하여야 만 이러한 불균형 현상을 조금이나마 줄일 수 있을 것이다.

〈표 3.3〉의 영재교육원 운영 현황을 살펴보면 영재학급에 비해 초등학교와 중학교간 연계성이 어느 정도 구축되어 있음을 알 수 있다. 일부 교육청을 제외하고는 초등학교 영재교육대상자와 중학교 영재교육대상자간의 비율이 적정하게 유지되고 있음을 알 수 있다. 그러나 이도 고등학교 단계로 접어들면 그 비율이 급격하게 줄어들고 있어 고등학교와의 연계 방안을 마련할 필요가 있다. 즉, 고등학교 단계에서 영재교육원이 확대될 수 있는 방안을 마련하여 적어도 초·중등단계에서는 영재교육을 받고자 하는 학생이 영재교육 기관이 설치되지 않아 영재교육 수혜를 받지 못하는 경우가 생기지 않도록 하는 정책적 노력이 이루어져야 한다.

〈표 3.4〉의 관계부처가 지원하고 있는 대학부설 영재교육원 운영 현황을 살펴보면 영재학급이나 시·도교육청 영재교육원에 비해 초등학교와 중학교간 연계성이 잘 구축되어 있음을 알 수 있다. 특히 영역별로도 초등학교와 중학교간 연계가 잘 이루어지도록 되어 있으며 전체적으로도 초등학교와 중학교간 연계가 잘 구축되어 있다. 대학부설 영

〈표 3.3〉 시·도교육청 영재교육원 운영 현황

	서울	부산	대구	인천	광주	대전	울산	경기	강원	충북	충남	전북	전남	경북	경남	제주	총계
기관수	18	12	11	7	4	9	2	29	13	14	13	20	7	21	14	4	198
초등	1,155	2,000	1,229	153	560	140	89	1,390	384	636	520	923	680	757	389	0	11,005
중등	1,980	2,460	1,253	810	80	220	70	1,265	314	627	600	907	600	870	478	277	12,801
고등	160	60	94	42	—	20	—	61	—	—	—	40	80	80	—	—	637
총계	3,295	4,510	2,576	1,005	640	380	159	2,716	698	1,263	1,120	1,870	1,360	1,707	867	277	24,443

〈표 3.4〉 대학부설 영재교육원 운영 현황

학년	초등학생				중학생				고등학생				전체
영역	과학	수학	정보	총계	과학	수학	정보	총계	과학	수학	정보	총계	
학생수	1,001	940	340	2,281	2,684	936	435	4,057	–	–	126	126	6,348

재교육원의 경우에도 영재학급이나 시·도교육청 영재교육원과 마찬가지로 고등학교 단계에 들어서면 급격하게 그 대상자가 줄어들고 있다. 이는 기본적으로 고등학교 단계에 영재교육기관 설치·운영비율이 현저히 낮은 것에 그 원인이 있기는 하지만 더 근본적으로는 대학 입시로부터 자유로울 수 없는 한국의 교육현실에 기인하는 것으로 보인다.

2) 영재교육 프로그램 연계성 미흡

영재교육기관은 기본적으로 영재교육기관의 장이 자율적으로 운영하도록 규정하고 있으며 그 자율성을 최대한 보장하고 있다. 이러한 것은 영재교육진흥법 제13조 제1항에 잘 드러나고 있다.

> 제13조(교육과정 및 교과용도서) ① 영재교육기관의 장은「초·중등교육법」제23조 제2항의 규정에 불구하고 해당 교육기관의 교육영역 및 목적 등에 적합한 교육과정을 정하여 이를 운영하여야 한다.

그리고 2002년 영재교육진흥종합계획 수립 시 영재교육기관의 질적 수준을 제고하기 위한 프로그램 운영 권장기준을 만들 때 영재교육기관의 교육과정과 관련된 내용을 다음과 같이 제시한 바 있다.

◎ 영재교육과정의 구성 및 운영

- 영재교육대상자를 위한 교육과정은 상위 수준의 내용, 고급의 사고 과정, 질 높은 산출물, 자유로운 환경, 성 평등한 교육내용으로 구성하고, 특히 학생들 스스로가 자신의 소질과 적성에 적합한 진로선택을 탐색할 수 있는 교육을 반영한다.
  - 영재교육과정의 내용은 일반 학생을 위한 교육과정 내용보다 복잡하고 추상적이고 통합적인 성격을 지녀야 한다. 이를 위하여 영재교육과정의 내용은 단순한 사실이나 개념보다는 고차적인 원리, 일반화, 간학문적인 내용과 활동을 강조한다.
  - 영재교육과정은 일반 학생을 위한 교육과정보다 고급수준의 비판력, 창의력,

탐구력, 상상력, 문제해결력, 의사소통능력, 협동적 학습능력 등을 계발하는데 초점을 둔다. 이를 위하여 영재교육과정은 영재교육대상자들이 선호하는 조사, 탐구 및 발견, 개인·집단 연구, 실험 및 실습, 시뮬레이션, 토론, 발표 등과 같은 고차적 사고 과정을 요구하는 수업으로 구성한다.

- 영재교육과정은 학생들이 다양하고 질 높은 창의적 산출물을 만들어내도록 구성한다. 학생들은 해당 영역에서 전문가가 수행하는 것과 같은 과정을 거쳐 질 높은 산출물을 만들어내도록 격려되어야 하며, 산출물을 만들어내는 과정에서 학생들의 개성·상상력·창의력이 다양하고 충분히 반영될 수 있도록 한다. 학생들이 만든 창의적인 산출물은 학교에서뿐만 아니라 학회·학술지 등을 통하여 많은 사람들에게 알림으로써 학생들이 전문가적인 긍지와 자부심을 가질 수 있도록 한다.
- 영재교육대상자들은 수용적이고 개방적인 환경에서 교육을 받아야 한다. 그들의 의견이나 아이디어는 비평 또는 비판을 받기보다 먼저 수용되고 존중되어야 하며, 그들의 호기심·모험심은 자극·격려되어야 한다. 개방적인 분위기 속에서 불확실성에 대한 인내와 관용을 이해하고 배워야 하다. 또한 학생들은 교실 내에서의 다양한 집단 편성, 교수-학습 시설 및 자료와 교실 밖의 현장, 도서관, 지역사회 등의 교육 환경을 최대한 이용할 수 있어야 한다.
- 영재교육과정 운영에 있어서 학생들이 자신의 소질과 자질을 탐색하고 진로선택에 도움을 줄 수 있는 내용을 최대한 포함한다.
- 영재교육과정은 남녀 영재교육대상자의 경험과 요구를 반영한 성 평등한 교육 내용으로 구성되어야 하며, 특히 과학기술 분야의 여학생 영재교육 대상자에 진로교육과 심리상담 제공, 역할모델과 멘토링 기회 부여 등을 통해 지적 영재 교육 환경을 제공한다.

● 영재교육과정은 영재교육대상자들의 특성을 반영하여 정규교육 과정을 심화하는 방향으로 구성·운영한다.

- 영재교육과정은 정규교육과정에서 강조하는 기본원칙과 방향과 일관성을 갖도록 구성·운영한다.
- 영재교육과정은 정규교육과정을 내용·과정·산출물·환경 측면에서 심화시키는 한편, 해당 영재교육기관에 재학하는 학생들의 심리적 학습특성을 최대한 반영하여 개발·운영한다.

앞서 살펴본 바와 같이 영재교육진흥법과 영재교육프로그램 운영 권장기준에 영재교육과정에 대한 내용을 수록해 놓고 있으나 기본적으로는 영재교육기관에서 교육과정, 교수·학습자료 등을 자율적으로 편성 운영하도록 하고 있다.

따라서 초등학교 때 다룬 영재교육 프로그램이 중학교 단계에서는 다른 형태의 프로그램으로 운영될 가능성이 많다. 초등학교보다는 중학교 단계에서 좀 더 심화된 프로그램이 운영되어야 하나 초등학교와 별 차이가 없는 프로그램이 운영된다고 한다면 학생의 창의성을 계발하는 데는 한계가 있다고 볼 수 있다.

그러므로 국가차원의 영재교육과정이 필요한지에 대한 논의도 있어야 한다. 만일 필요하다면 어느 수준에서 제공할 것이며 각 영재교육기관은 어느 수준까지 수용할 것인가 등에 대한 논의가 좀 더 필요하다.

3) 영재교육 프로그램 지속성

영재교육기관에서 영재교육을 받는 학생들이 상급학년이나 상급학교로 진학 하면서 계속 교육을 받을 수 있는 기회가 제한되어 있음은 앞서 영재교육기관 수의 불균형 등에서도 파악된 바와 같다. 이는 김미숙 외(2005)의 영재교육 강화사업 성과평가 연구에서 조사된 내용을 살펴보면 확연하게 드러난다.

이 연구 결과에 따르면 영재학생들이 상급 학년에 가서도 계속 영재교육을 받는 비율이 〈표 3.5〉에 나타난 바와 같이 81% 이상의 학생들이 계속 영재교육을 받는다고 응답한 기관이 27.8%이었으며, 20% 이하만 계속 영재교육을 받는다는 경우인 27.0%와 비슷한 비율이었다. 나머지 절반 정도의 기관(45.2%)은 21~80% 정도의 학생들이 상급 학년에서 계속적으로 영재교육을 받는다고 응답하였다. 영재교육원과 영재학급이 다소 차이가 있었는데, 영재교육 상급 학년 진학률이 20% 이하인 경우는 영재학급이 영재교육

〈표 3.5〉 상급학년에서 계속 영재교육을 받는 영재학생 비율

진학 비율	영재학급		영재교육원		합 계	
	기관 수	백분율	기관 수	백분율	기관 수	백분율
20% 이하	55	34.6	13	14.0	68	27.0
21~40%	26	16.4	23	24.7	49	19.4
41~60%	23	14.5	15	16.1	38	15.1
61~80%	18	11.3	9	9.7	27	10.7
81% 이상	37	23.3	33	35.5	70	27.8
합계	159	100.0	93	100.0	252	100.0

〈표 3.6〉 상급학년에서 계속 영재교육을 받는 영재학생 비율

진학 비율	영재학급		영재교육원		합 계	
	기관 수	백분율	기관 수	백분율	기관 수	백분율
20% 이하	84	60.0	29	32.6	113	49.8
21~40%	28	20.3	26	29.2	54	23.8
41~60%	7	5.1	14	15.7	21	9.3
61~80%	8	5.8	9	10.1	17	7.5
81% 이상	11	8.0	11	12.4	22	9.7
합계	138	100.0	89	100.0	227	100.0

원보다, 81% 이상인 경우는 영재교육원이 영재학급보다 많았다.

또한 초·중학생의 경우 영재학생들이 상급 영재교육기관에 진학하는 비율을 살펴보면 〈표 3.6〉과 같이 20% 이하라고 응답한 기관이 전체 기관의 절반 정도인 49.8%에 이르러 영재학생들이 상급 영재교육기관에 그대로 진학하는 경우가 흔하지 않은 것으로 나타났다. 81% 이상의 영재학생들이 상급 영재교육기관으로 진학한다고 응답한 기관은 9.7%에 지나지 않았다. 한편 기관유형별로 차이를 보여, 위의 상급학년 진학률과 유사하게 영재교육 상급기관 진학률이 20% 이하인 경우는 영재학급이 영재교육원보다, 81% 이상인 경우는 영재교육원이 영재학급보다 많았다. 따라서 영재교육원이 영재학급보다 진학률이 더 높다고 할 수 있다.

고등학생 영재가 자신이 받은 영재교육 영역과 동일계열로 대학교에 진학하는 비율은 〈표 3.7〉과 같이 나타났다. 여기서 동일계열이라 함은 예를 들어 수학, 과학, 또는 정보과학 분야의 영재교육을 받은 학생들이 대학에서 과학기술 및 이공계 분야로 진학하는 것을 말한다. 예체능 분야의 영재교육을 받은 학생이라면 문화, 예술, 체육대학 등으

〈표 3.7〉 동일계열 대학 진학 영재 고등학교 영재학생 비율

진학 비율	영재학급		영재교육원		합 계	
	기관 수	백분율	기관 수	백분율	기관 수	백분율
20% 이하	1	5.9	7	46.7	8	25.0
21~40%	3	17.6	4	26.7	7	21.9
41~60%	4	23.5	1	6.7	5	15.6
61~80%	5	29.4	2	13.3	7	21.9
81% 이상	4	23.5	1	6.7	5	15.6
합계	17	100.0	15	100.0	32	100.0

로 진학할 수 있겠으며, 언어, 창작, 외국어 분야의 영재교육을 받은 학생이라면 인문사회 및 문화, 예술계 부문으로 대학 진학을 할 수 있겠다. 이러한 고등학교 영재학생의 동일계열 진학률을 살펴보았을 때, 20% 이상의 학생들이 동일계열로 진학한다고 응답한 기관은 전체 기관의 25.0%이었으며, 81% 이상 진학한다고 응답한 기관은 15.6%이었다. 기관유형별로 차이는 보이지 않았다.

4) 영재교육 프로그램 연계성 관련 법령 미비

영재교육기관에서 영재교육을 받는 학생들이 지속적으로 영재교육을 받는 방안 마련을 위해서는 학교 급별로 영재교육기관을 균형 있게 설치하는 물리적 여건 조성도 중요하지만 이들을 강제할 수 있는 법적 기반을 만드는 것도 필요하다. 다행히 영재교육진흥법 제11조의2(영재교육의 연계성 확보) 및 영재교육진흥법시행령 제35조의2(영재교육의 연계성 확보)에 영재교육 연계성 확보를 위한 조치방안을 두고 있으며, 고등교육법 제23조(학점의 인정)에 영재교육기관에서 받은 프로그램을 대학에서 학점으로 인정할 수 있도록 법령을 개정하여 2008년부터 시행하도록 하는 등 법적 정비에 상당한 성과를 거두고 있다.

그러나 법령에 규정되어 있는 내용을 구체적으로 살펴보면 규정자체가 포괄적이고 추상적으로 정의되어 있어 실제 영재교육의 연계성 확보를 위한 방법적 측면에서의 노력에는 한계가 있다. 다만 고등교육법의 경우 명확하게 대학의 학점으로 인정하도록 규정되어 있는 것은 그나마 다행스러운 일이다.

법령에 규정된 내용을 좀 더 구체화시키기 위한 정책적 노력이 필요하며 실제 영재교육의 연계성 확보를 위한 프로그램이나 물리적 여건 조성 방안을 마련하여 시·도교육청 차원의 영재교육 시행에 있어 구체화되도록 하여야 할 것이다.

5) 영재교육기관 간 협조체계

영재교육기관 간 협조체계와 관련해서도 김미숙 외(2005)의 영재교육강화사업성과평가 연구에서 조사된 내용이 있는 데 이 연구 결과를 살펴보면 <표 3.8>과 같이 나타났다.

영재교육이 성공적으로 이루어지는 데는 많은 변수들이 있지만 그 중의 하나가 외부 기관과의 협조체제일 것이다. 따라서 영재교육기관들의 운영 실태를 파악하기 위해 이들 기관들이 외부 기관과 어느 정도의 연계를 가지고 있는지는 중요하다. 외부 기관을 크게 교육청 산하 타 영재교육기관, 대학부설 영재교육기관, 영재학생 소속 학교, 영재교사 소속 학교, 영재학급 소속 학교, 영재가정, 영재교육 연구기관(한국교육개발원 등) 일

〈표 3.8〉 외부기관과의 협조체제 구축 상황

외부기관과의 협조체제	영재학급		영재교육원		합계	
	평균	사례 수	평균	사례 수	평균	사례 수
타 교육청 영재교육기관	3.09	167	3.26	108	3.16	275
대학부설 영재교육기관	1.95	167	2.23	108	2.06	275
영재학생 소속 학교	3.17	163	3.56	108	3.32	271
영재교사 소속 학교	3.40	163	3.64	107	3.50	270
영재학급 소속 학교	3.39	163	3.60	97	3.47	260
영재학생 가정	3.37	166	3.52	107	3.43	273
영재교육 연구기관	2.55	167	2.79	107	2.64	274
합계	2.99	1,156	3.23	742	3.08	1,898

곱 가지 집단으로 나누어 살펴본 결과, 교사가 속한 학교(평균 3.50점)와 영재학급이 속한 학교(평균 3.47점)와의 협조체제가 가장 잘 이루어져 있었으며, 다음으로 학부모와의 협조체제(평균 3.43점)도 양호한 것으로 나타났다. 이에 비해 대학부설 영재교육기관(평균 2.06점)이나 영재교육 연구기관과의 협조체제(평균 2.64점)는 상대적으로 낮게 나타났다. 영재교육원은 영재학급보다 교사가 속한 학교, 영재학생이 소속한 학교, 영재교육 연구기관, 대학부설 영재교육기관 등과 더 긴밀한 협조체제를 이루고 있는 것으로 나타났다.

6) 대학 단계에 있어 영재교육 프로그램 연계성

초·중등 단계에서는 학교급간의 일부 불균형 현상이 있기는 하지만 영재교육이 체계적으로 추진되고 있으나 이들이 대학에 들어가서는 별도의 프로그램을 제공받지 못하는 한계가 있다. 실제적으로는 초·중등 단계에서의 영재교육 기반이 대학에 들어가서 고도화되는 방향으로 교육이 이루어져야 하나 아직 이러한 부분에 있어 미흡한 실정이다.

개별 대학에서도 대학에 진학한 영재교육 수혜자를 위한 교육과정 개발 등에 대한 노력이 거의 없는 실정이다. 다만 서울대학교의 경우 2008년부터 서울대의 특별 신입생 조기 연구 참여 프로그램을 개설하여 자연대 모집 정원의 5% 내외의 우수한 신입생을 대상으로 학부 졸업 전 수준급 논문 발표(3~4학년 연구 시작)를 목표로 프로그램을 운영할 계획이다. 이를 위해 영재교육 수혜자 지도교수단 구성·운영, 연구 지도교수 선정, 1~2학년의 기초 필수 교과목 이수 면제 등 다양한 지원방안을 마련 시행하는 것은 진전된 성과라고 할 수 있다.

한편 우수 고교생에게 대학 수준의 학습 기회 제공 및 학점 인정 활성화 등을 통해 속진·심화 학습 장려로 수업 기간 단축하는 노력도 일부 시범적으로 운영되고 있는 것 등은 긍정적인 현상이다.

7) 영재교육 수혜자의 특목고 진학 현황

영재학급 및 영재교육원에서 이루어지고 있는 영재교육은 비정규교육과정의 일환으로 방과 후나 주말 등 프로그램 형태로 실시되고 있으며 고등학교 단계에서 영재학교만이 정규교육과정으로 이루어지고 있는 실정이다. 이러한 영재교육 체제 아래서는 초·중 단계에서 영재교육을 받은 학생이 고등학교에서도 지속적으로 교육을 받을 수 있는 기회가 원천적으로 제한된다. 다만 초중등교육법시행령에 특목고 중 과학고나 외국어고 등에서 영재양성을 규정하고 있으므로 이들 학교에서도 일부나마 영재교육을 받을 수 있는 기회가 보장된다고 할 수 있다. 영재학교를 제외하고는 초·중학교 단계에서 영재학급 및 영재교육원에서 영재교육을 받은 학생이 과학고, 예술고, 외국어고, 체육고, 국제고 등 특목고와 자립형 사립학교에 진학하는 비율이 약 15% 정도 나타나는 것으로 조사되고 있다. 즉, 과학고 등 조사대상 학교의 학생 수 31,299명 중 4,660명이 초·중학교에서 영재교육에 참여한 것으로 나타났다(〈표 3.9〉 참조).

〈표 3.9〉의 학교유형별 영재교육 수혜자 현황을 살펴보면 전체적으로 15%의 학생들이 초·중 단계에서 영재교육에 참여한 것으로 나타나고 있으나 구체적으로 살펴보면 학교별 영재교육 수혜자 비율에 큰 차이가 있음을 알 수 있다. 과학고의 경우 전 3,677명 중 74%인 2,734명의 학생들이 영재교육에 참여한 경험을 가진 것으로 나타난 반면 외국어고, 예술고, 체육고 등의 경우 그 비율이 10% 이하로 영재교육 참여 학생의 비율이 낮은 것으로 나타났다. 이러한 현상은 현재 영재교육이 실시되고 있는 영역이 수·과학에 편중되어 있는 현상도 한 요인으로 작용하고 있으며 또한 고등학교가 영재 육성을 위한 교육과정이 이루어지지 못해 영재교육 받은 학생들이 선호하지 않은 것도 한 요인으로 보인다. 다만 자립형 사립고의 경우 과학고를 제외한 특목고보다 영재교육 참여율이

〈표 3.9〉 학교유형별 영재교육 수혜자 현황

구분	과고	외고	예고	체고	자사고	기타	계
영재교육 이수 학생 수	2,734	1,169	150	3	576	28	4,660
전체 학생 수	3,677	14,631	7,291	494	4,906	300	31,299
비율(%)	74	8	2	1	12	9	15

〈표 3.10〉 영재교육기관 및 기간별 영재교육 수혜자 현황

구분	영재학급					교육청 영재교육원					대학 영재교육원					계				
교육 이수 기간	1년	2년	3년	4년 이상	계	1년	2년	3년	4년 이상	계	1년	2년	3년	4년 이상	계	1년	2년	3년	4년 이상	계
학생 수*	473	187	64	15	739	1,409	805	398	103	2,715	426	432	226	126	1,206	2,627	1,232	572	233	4,660

* 동일인이 서로 다른 유형의 영재교육기관에서 교육을 받은 경우 중복 응답

12%로 상대적으로 높게 나타났다.

〈표 3.10〉의 영재교육기관 및 기간별 영재교육 수혜자 현황에서 나타난 바와 같이 특목고 등에 진학한 4,660명의 학생들이 영재교육을 받은 기관과 기간을 살펴보면 시·도 교육청 영재교육원에 참여한 학생이 2,715명, 대학부설 영재교육원에 참여한 학생이 1,206명, 영재학급에 참여한 학생이 739명의 순으로 나타나 시·도교육청 영재교육원에서 영재교육을 받은 학생들의 비율이 가장 높았다.

그리고 영재교육 참여 기간을 살펴보면 참여기간이 1년이 학생이 2,527명, 2년은 1,232명, 3년은 572명, 4년은 233명으로 영재교육 참여기간은 1년인 경우가 가장 많았으며 연수가 경과할수록 그 수가 줄어들고 있는 것으로 나타나 영재교육을 지속적으로 제공받지 못하고 있음을 알 수 있다. 이는 영재학급이나 영재교육원 등 영재교육기관과 관계없이 동일하게 나타나는 현상으로 보인다.

마. 외국의 영재교육 연계성 관련 현황

외국의 영재교육 연계성 관련해서는 우리나라와 같이 법령으로 규정하고 있는 나라는 거의 없으며 단지 영재교육 시스템 상으로 이루어지고 있는 현황(김미숙, 2007)을 토대로 영재교육 연계 실태를 살펴볼 수밖에 없다.

우선 중국의 경우 영재교육기관은 일반 학교 내에 특별학급을 설치하여 영재 프로그램을 운영하고 있으며 유아부터 대학에 다니는 16세 이전의 소년들을 대상으로 체계적인 영재교육 시스템을 구축하고 있다. 소학교와 초급중학교에는 '영재반'이, 고급 중학교에는 '영재반을 위한 예비 소년반', 대학에는 월반하여 입학하는 어린 학생을 위한 '대학 소년반'을 설치·운영하고 있으며 대학 내에서도 우수한 영재학생을 위한 특별반을 설

〈표 3.11〉 학교별 영재교육 수혜자 현황 (계속)

학교	학년	학생수	영재학급	영재교육원		계
				교육청	대학	
ㅇㅇ과학고	1학년	154		69	44	113
	2학년	154		44	42	86
	3학년	30		5	14	19
ㅇㅇ과학고	1학년	158		48	17	65
	2학년	154	3	36	23	62
	3학년	34		2	3	5
ㅇㅇ예술고	1학년	388	2	6		8
	2학년	378		14		14
	3학년	382		7		7
ㅇㅇ예술고	1학년	265	3			3
	2학년	270	5			5
	3학년	291				0
ㅇㅇ외국어고	1학년	441	15	49	7	71
	2학년	441	6	22	8	36
	3학년	442	3	10	3	16
한국과학 영재학교	1학년	142	13	66	74	153
	2학년	142	13	78	80	171
	3학년	141	10	56	55	121
ㅇㅇ과학고	1학년	82		44	22	66
	2학년	83		52	10	62
	3학년	24	8	5	4	17
ㅇㅇ국제고	1학년	167		43	4	47
	2학년	154	1	33	1	35
	3학년	155	12	24	3	39
ㅇㅇ외국어고	1학년	413		41	9	50
	2학년	401		23	5	28
	3학년	388	5	16	1	22
ㅇㅇ외국어고	1학년	273	5	2	2	9
	2학년	232	0	4	1	5
	3학년	165	4	6		10
ㅇㅇ외국어고	1학년	272		12		12
	2학년	264		14	3	17
	3학년	267		12	2	14
소계		7,747	108	843	437	1,388

〈표 3.11〉 학교별 영재교육 수혜자 현황 (계속)

학교	학년	학생수	영재학급	영재교육원		계
				교육청	대학	
ㅇㅇ체육고	1학년	79				0
	2학년	87				0
	3학년	96	3			3
ㅇㅇ예술고	1학년	399		6		6
	2학년	391		5		5
	3학년	386	1	5		6
ㅇㅇ예술고	1학년	200				
	2학년	191				
	3학년	198				
ㅇㅇ고	1학년	182		25	12	37
	2학년	182		15	4	19
	3학년	187	2	6	2	10
ㅇㅇ고	1학년	179	15	8	4	27
	2학년	172	24	32	3	59
	3학년	174	20	15	3	38
ㅇㅇ과학고	1학년	92	13	56	37	106
	2학년	90	23	50	16	89
	3학년	34	7	9	8	24
ㅇㅇ과학고	1학년	92	36	29	38	103
	2학년	90		24	31	55
	3학년	11		2	2	4
ㅇㅇ예술고	1학년	150	13			13
	2학년	148	13			13
	3학년	155	12			12
ㅇㅇ외국어고	1학년	355	8	15	4	27
	2학년	257			2	2
	3학년	127			1	1
ㅇㅇ과학고	1학년	78	3	44	31	78
	2학년	61	5	20	14	39
	3학년	24	4	1	2	7
ㅇㅇ과학고	1학년	73	23	29	28	80
	2학년	70	29	31	7	67
	3학년	7	4	5	0	9
소계		5,017	258	432	249	939

〈표 3.11〉 학교별 영재교육 수혜자 현황 (계속)

학교	학년	학생수	영재학급	영재교육원		계
				교육청	대학	
ㅇㅇ외국어고	1학년	335	8	17	3	28
	2학년	316	1	11	3	15
	3학년	312	3	4	3	10
ㅇㅇ과학고	1학년	60		14	20	34
	2학년	60		47	14	61
	3학년					
ㅇㅇ고	1학년	182		15	12	27
	2학년	158		14	10	24
	3학년	127		8	4	12
ㅇㅇ과학고	1학년	101	1	31	11	43
	2학년	102	1	21	8	30
	3학년	17			2	2
ㅇㅇ과학고	1학년	99	11	44	8	63
	2학년	102	10	30	4	44
	3학년	30		10	2	12
ㅇㅇ외국어고	1학년	242	3	30		33
	2학년	235	11	10	1	22
	3학년	181	5	23		28
ㅇㅇ외국어고	1학년	502	2			2
	2학년	499	2			2
	3학년	490	2			2
ㅇㅇ외국어고	1학년	430	8	10		18
	2학년	482	5	3		8
	3학년	458	3	1		4
ㅇㅇ외국어고	1학년	28	2	19	7	28
	2학년	14	4	10	3	17
	3학년	4	2	2	1	5
ㅇㅇ외국어고	1학년	255	20	17	4	41
	2학년	222	9	3		12
	3학년					
ㅇㅇ외국어고	1학년	255				
	2학년	230	1	2		3
	3학년					
소계		6,528	114	396	120	630

〈표 3.11〉 학교별 영재교육 수혜자 현황 (계속)

학교	학년	학생수	영재학급	영재교육원		계
				교육청	대학	
ㅇㅇ외국어고	1학년	356	4	19	9	32
	2학년	350	2	11	5	18
	3학년	316		11	2	13
ㅇㅇ예술고	1학년	197	16	1	4	21
	2학년	193	13	5	1	19
	3학년	190				
ㅇㅇ예술고	1학년	327		6		6
	2학년	324				
	3학년	330				
ㅇㅇ고	1학년	100	13			13
	2학년	103	9			9
	3학년	97	6			6
ㅇㅇ과학고	1학년	58	12	16	15	43
	2학년	58	7	12	8	27
	3학년	20	1	8	2	11
ㅇㅇ예술고	1학년	96	7	3	0	10
	2학년	90	0	0	0	0
	3학년	91	0	0	0	0
ㅇㅇ고	1학년	159	0	10	8	18
	2학년	134	1	16	20	37
	3학년	138	0	0	0	0
ㅇㅇ외국어고	1학년	237				
	2학년	226	1			1
	3학년	228				
ㅇㅇ과학고	1학년	46		23	16	39
	2학년	43	3	15	12	30
	3학년	6		1		1
ㅇㅇ과학고	1학년	59		43	14	57
	2학년	60		41	10	51
	3학년	21		13	4	17
ㅇㅇ예술고	1학년	155				
	2학년	146				
	3학년	132			2	2
소계		5,086	95	254	132	481

〈표 3.11〉 학교별 영재교육 수혜자 현황 (계속)

학교	학년	학생수	영재학급	영재교육원		계
				교육청	대학	
ㅇㅇ과학고	1학년	42	6	25	11	42
	2학년	44	1	21	10	32
	3학년	18		11	5	16
ㅇㅇ외국어고	1학년	117		4	1	5
	2학년	116	1	7	3	11
	3학년	107	2	7	3	12
ㅇㅇ고	1학년	379	25	51	20	96
	2학년	341	14	39	23	76
	3학년	299	1	20	5	26
ㅇㅇ과학고	1학년	65	3	31	7	41
	2학년	72	1	49	12	62
	3학년	17		7	1	8
ㅇㅇ외국어고	1학년	118	3	24	1	28
	2학년	113	3	13	6	22
	3학년	106	1	17	7	25
ㅇㅇ고	1학년	392	2	16	2	20
	2학년	356	5	24	5	34
	3학년	373		16		16
ㅇㅇ과학고	1학년	40	1	33	16	50
	2학년	45	2	19	3	24
	3학년	14	1	8	1	10
ㅇㅇ과학고	1학년	61		19	9	28
	2학년					
	3학년					
ㅇㅇ외국어고	1학년	149	12	16	6	34
	2학년	152	6	20	1	27
	3학년	133	2	14	1	17
ㅇㅇ고	1학년	457	20	25	5	50
	2학년	435	15	33	1	49
	3학년	425	1	22	2	25
ㅇㅇ체육고	1학년	84				
	2학년	71				
	3학년	77				
소계		5,218	128	591	167	886

〈표 3.11〉 학교별 영재교육 수혜자 현황 (계속)

학교	학년	학생수	영재학급	영재교육원		계
				교육청	대학	
ㅇㅇ예술고	1학년	120				
	2학년	120				
	3학년	119				
ㅇㅇ예술고	1학년	160				
	2학년	157				
	3학년	152				
ㅇㅇ과학고	1학년	92	0	50	22	72
	2학년	91	2	51	25	78
	3학년	31	0	9	7	16
ㅇㅇ외국어고	1학년	155	1	21	8	30
	2학년	142	4	20	9	33
	3학년					
ㅇㅇ과학고	1학년	40	15	14	11	40
	2학년	39	8	19	16	43
	3학년	4	3	3		6
ㅇㅇ외국어고	1학년	99		2	1	3
	2학년	92	2	8	2	12
	3학년	90	1	2		3
소계		1,703	36	199	101	336
총계		31,299	739	2,715	1,206	4,660

지하여 그에 적절한 수업 프로그램을 제공하는 등 중국의 영재교육과정은 체계적으로 연계되어 있음을 알 수 있다.

싱가포르의 경우 도시국가 형태로 지역이 좁고 학생 수가 많지 않은 관계로 교육부에서 영재교육 정책을 주도하고 간여하고 있다. 영재교육 프로그램은 상설영재학급에서 영재교육이 이루어지고 있으며 영재학급에 속하는 학생은 영재교육의 대상이 되는 교과, 교육활동에 대해서는 일반학생과 분리되어 따로 교육을 받으나, 영재교육 대상이 되지 않는 교과목에 대해서는 일반학생과 함께 교육을 받고 있으며 초등학교 3학년 때 영재학생을 선발하여 4학년부터 영재교육을 받게 되고, 이들은 중등과정으로 올라갈 때 별도의 선발 시험을 치르지 않고 성취도와 학습태도 및 졸업시험을 토대로 중학교에서 계속 교육을 받을지 결정하게 된다. 전체적으로 약 120명(약0.25%)의 학생이 선발되어 중등학교 4년 동안 영재교육을 받게 되는 것으로 조사되고 있다.

대만의 영재교육 프로그램은 특수교육법에 의해, 지적 영재 프로그램, 수학·과학 프로그램, 미술·음악·무용 프로그램으로 세 영역에 나눠 실시하고 있으며 영재학생들은 상급학교로 월반할 때 따로 입학시험을 보지 않고 상급학교로 진학할 수 있으며, 초등학생도 선별 검사를 통해 고등학교 과학 영재학급에 조기 입학 할 수 있게 하고 있다. 또한 과학 영재학급 학생은 2년 안에 고등교육과정을 이수해야 하며, 현장연구와 대학교 1학년 과정을 미리 이수해야 하는데 이는 수학·과학의 교육연한을 단축하고 대학 등 고등교육 기관과 연계하여 조기입학 할 수 있게 하는데 목적을 두고 영재교육 연계시스템을 구축하고 있다.

이스라엘은 영재교육의 모든 측면을 이스라엘 문교부 영재교육과가 관장하고 판별도구 및 교육과정의 개발 등 전문적인 측면은 졸드 연구소(Henrietta Szold Institute)가 지원하고 있다. 영재교육은 방과 후 심화학습과 주1일 영재학교, 그리고 일반학교의 영재학급과 이스라엘 유일의 영재학교인 예술과학 고등학교가 있으며, 영재교육을 시행하는 데 있어 속진교육을 권장하지 않으며 일부 수학에 한해서만 허용하고 있고, 일반 초·중·고에서 실시하고 있는 영재학급은 대학과 연계하여 강의하며 대학 수학과 교수가 직접 학교로 와서 보충교육을 실시한다. 특히 수학-과학 등 학문간 연계교육을 시켜 학생들의 학문간 접목을 시키도록 유도하고 있다.

2. 영재교육 연계성 구축 방안

영재교육 연계성을 논할 때 그 범위를 명확히 하는 것이 필요하다고 본다. 즉, 영재교육 연계성이라고 할 때 그 연계성이란 어느 수준까지를 의미하는 것인지, 단지 기관 간 협조 정도를 말하는 것인지, 아니면 영재교육대상자가 상급 학년으로 올라갈 수 있는 제도를 말하는 것인지, 그도 아니면 영재교육 프로그램을 계속 해서 받을 수 있도록 하는 것인지 등에 대한 명확한 정리가 필요하다.

즉 영재교육 연계성 강화를 위해 영재교육기관 간 연계를 구축한다는 것은 단순히 물리적 시스템뿐 아니라 프로그램을 포괄하는 수준까지 이뤄져야 하지 않을까 생각된다. 이러한 시스템 구축은 금방 이루어지는 것이 아니므로 영재교육기관 간 여건에 맞추어 단계적으로 이루어져야 할 것이다. 즉, 영재교육기관 간 프로그램 교류, 인적자원 교류, 학습자료 교류, 학생 상호방문 등 좀 더 적극적인 형태의 연계가 이루어져야 하며, 이런 영재교육기관 간 교류뿐 아니라 영재교육을 받은 학생이 계속해서 영재교육을 받을 수 있는 기회를 제공해 주는 것도 반드시 필요하다. 이러한 제반 문제들을 해결하기 위해 몇 가지 방안을 제시하면 다음과 같다.

가. 학교 급별 영재교육기관의 균형적 설치

영재교육을 지속적으로 받기 위해서는 기본적으로 영재학교, 영재학급, 영재교육원 등 영재교육기관이 균형 있게 설치·운영되는 것이 중요하다. 2007년 현재 영재학급 운영 현황 중 영재교육대상자 수를 살펴보면 초등학교의 경우 8,000여 명에 이르던 영재교육대상자가 중학교에 들어서면 4,000여 명으로 50% 이상 줄어들고 있으며, 고등학교에서는 1,200여 명으로 줄어들어 초등학교에서 교육 받고 있는 학생들의 15% 정도만을 고등학교 급 영재교육기관에서 수용하고 있는 것으로 나타나고 있다. 이와 같이 중·고등학교로 갈수록 영재교육대상자가 줄어드는 요인이 복합적이기는 하겠지만 그 요인 중 하나가 영재교육기관 설치와 연계되어 있다. 학교 급별로 영재학급 설치현황을 살펴보더라도 초등학교에 425기관이 설치·운영되다가 중학교 단계에서는 215기관으로 크게 줄어들고 있으며, 고등학교 단계에서는 68학급으로 급격하게 감소하고 있는 것으로 되어 있다.

영재교육기관 설치와 관련해서는 영재교육진흥법 및 동법시행령 등 법령에 규정되어 있으므로 별도로 논하기는 어려운 실정이다(영재교육관련법령 참조).

그리나 시·도교육청에서는 영재교육 추진계획을 수립할 때 기본적으로 학교 급별로 영재교육대상자 수용 규모와 이에 필요한 영재교육기관 설치에 대한 자체계획을 수립하여 체계적으로 추진하는 것이 필요하다.

【영재교육진흥법】

제6조(영재학교의 지정·설립과 운영 〈개정 2005.12.7〉) ① 국가는 영재교육을 실시하기 위하여 고등학교과정 이하의 각급학교 중 일부 학교를 지정하여 영재학교로 운영하거나 새로이 영재학교를 설립·운영할 수 있다. 〈개정 2005.12.7〉

② 제1항의 규정에 따른 영재학교의 지정·설립기준 및 운영방법 등에 관하여 필요한 사항

은 대통령령으로 정한다. 〈신설 2005.12.7〉

제7조(영재학급의 설치·운영) ① 국가 또는 지방자치단체는 영재교육을 실시하기 위하여 고등학교과정 이하의 각급학교에 교과영역의 전부 또는 일부에 대하여 영재학급을 설치·운영할 수 있다.
② 제1항의 규정에 따른 영재학급의 설치기준 및 운영방법 등에 관하여 필요한 사항은 대통령령으로 정한다. 〈신설 2005.12.7〉

제8조(영재교육원의 설치·운영) ① 시·도 교육청, 대학, 국공립 연구소, 정부출연기관 및 과학·기술, 예술, 체육등과 관련 있는 공익법인은 영재교육원을 설치·운영할 수 있다.
② 제1항의 규정에 따른 영재교육원의 설치기준 및 운영방법 등에 관하여 필요한 사항은 대통령령으로 정한다. 〈신설 2005.12.7〉

【영재교육진흥법시행령】

제19조(영재학교의 지정) ① 국·공·사립의 고등학교 중 영재학교로 지정받고자 하는 학교의 장은 다음 각호의 사항이 포함된 지정신청서에 당해 교육감의 추천서(국립의 고등학교를 제외한다)를 첨부하여 교육인적자원부장관에게 제출하여야 한다.
1. 학칙
2. 교원(제27조의 규정에 의한 강사, 제28조 및 다른 법령에 의하여 영재학교에 파견 또는 겸임되어 영재교육을 담당하는 자를 포함한다)현황 및 확보계획
3. 학교시설·설비현황 및 확보계획
4. 소요경비의 조달계획 및 재정운영계획
5. 학교법인의 지정·전환동의서(사립학교에 한한다)
6. 그밖에 영재학교의 지정을 위하여 교육인적자원부장관이 정하는 사항
② 영재학교의 운영에 필요한 시설·설비기준은 고등학교 이하 각급학교설립·운영규정에 의한다.
③ 제1항의 규정에 의하여 지정신청을 받은 교육인적자원부장관은 중앙위원회의 심의를 거쳐 영재학교의 지정여부를 결정하고, 그 결과를 신청인에게 통보하여야 한다.

제20조(영재학급의 설치) ① 법 제7조의 규정에 의한 영재학급을 설치·운영하고자 하는

학교의 장은 교육감에게 다음 각호의 사항이 포함된 영재학급설치계획서를 제출하여야 한다. 다만, 국립학교의 경우에는 교육인적자원부장관에게 제출하여야 한다.
1. 학칙
2. 영재교육 담당교원(제27조의 규정에 의한 강사, 제28조 및 다른 법령에 의하여 영재학급에 파견 또는 겸임되어 영재교육을 담당하는 자를 포함한다)현황 및 확보계획
3. 영재교육에 필요한 시설·설비현황 및 확보계획
4. 소요경비의 조달계획 및 재정운영계획
5. 학교법인의 설치·운영동의서(사립학교에 한한다)
6. 그밖에 영재학급의 설치승인을 위하여 교육인적자원부장관 또는 교육감이 정하는 사항
② 제1항의 규정에 의하여 영재학급설치계획서를 제출받은 교육인적자원부장관 또는 교육감은 중앙위원회 또는 시·도위원회의 심의를 거쳐 설치승인 여부를 결정하고, 그 결과를 낭사자에게 통보하여야 한다.

제21조(영재교육원의 설치) ① 다음 각 호의 1에 해당하는 자로서 법 제8조의 규정에 의한 영재교육원을 설치·운영하고자 하는 자는 영재교육원의 설치·운영예정일 90일전까지 그 설치계획서를 당해 교육감에게 제출하여야 한다. 다만, 관계중앙행정기관의 장으로부터 영재교육원의 설치·운영비의 2분의 1 이상에 해당하는 금액을 지원 받는 자의 경우에는 관계중앙행정기관의 장에게 제출하여야 한다. 〈개정 2004.12.3, 2006.12.21〉
1. 고등교육법 제2조의 규정에 의한 학교 또는 다른 법률에 의하여 설립된 고등교육기관
2. 국·공립연구소
3. 정부출연연구기관등의설립·운영및육성에관한법률 또는 과학기술 분야정부출연연구기관등의설립·운영및육성에관한법률에 의하여 설립된 정부출연연구기관 또는 법률에 의하여 설립된 정부출연기관
4. 「공익법인의 설립·운영에 관한 법률」에 의하여 설립된 공익법인(과학·기술, 예술, 체육과 관련된 공익법인에 한한다)
② 제1항의 설치계획서에는 다음 각 호의 사항이 포함되어야 한다.
1. 명칭
2. 목적
3. 위치
4. 학칙
5. 교원(제28조 및 다른 법령에 의하여 영재교육원에 파견 또는 겸임되어 영재교육을 담

> 당하는 자를 포함한다)현황 및 확보계획
> 6. 영재교육에 필요한 시설·설비현황 및 확보계획
> 7. 소요경비의 조달계획 및 재정운영계획
> 8. 수강료의 징수 및 장학금에 관한 사항
> 9. 설치·운영예정일
> 10. 당해 영재교육원을 설치·운영하는 법인의 정관·재산목록 및 재산에 관한 증빙서류(제1항제4호의 규정에 의한 공익법인인 경우에 한한다)
> 11. 그밖에 영재교육원의 설치승인을 위하여 교육감 또는 관계중앙행정기관의 장이 정하는 사항
> ③ 제1항의 규정에 의하여 설치계획서를 제출받은 교육감 또는 관계중앙행정기관의 장은 시·도위원회 또는 중앙위원회의 심의를 거쳐 설치승인여부를 결정하고, 그 결과를 당사자에게 통보하여야 한다.
> ④ 관계중앙행정기관의 장 또는 교육감은 필요하다고 인정하는 경우에는 중앙위원회 또는 시·도위원회의 심의 전에 실지조사를 하고, 그 결과를 중앙위원회 또는 시·도위원회에 제출할 수 있다.
> ⑤ 교육감이 소속 교육기관 및 교육행정·연구기관에 법 제8조의 규정에 의한 영재교육원을 설치·운영하고자 하는 경우에는 제2항 각호의 사항을 갖추어 시·도위원회의 심의를 거쳐야 한다.

법령에 따르면 시·도교육청에서는 영재교육기관을 설치·운영 하고자 하는 학교의 장은 학칙, 영재교육 담당교원현황 및 확보계획, 영재교육에 필요한 시설·설비현황 및 확보계획, 소요경비의 조달계획 및 재정운영계획 등이 포함된 영재학급설치계획서를 제출하여 시·도영재교육진흥위원회 심의를 거쳐 인가여부 결정하게 되므로 시·도교육청 차원에서 간여하지 않고 신청이 들어오는 대로 무분별하게 인가를 하다보면 학교 급별 또는 지역별 영재교육기관이 무분별하게 난립하는 등 계획적인 영재교육기관 설치·운영이 어렵다.

특히 영재학교와 영재학급은 정규 교육기관에 설치·운영되므로 영재교육기관 및 학교경영의 자율성을 존중한다는 측면에서 시·도교육청에서 일일이 간여할 수 없는 실정이다. 다만 영재교육원의 경우 시·도 및 지역교육청에서 직접 운영할 수 있으므로 영재교육 연계 차원에서 영재교육 대상자 규모나 영재교육기관 수를 적절하게 설치·운영할

수 있을 것이다.

영재학급의 경우에도 영재교육기관 설치를 희망하는 학교만을 대상으로 심의를 거쳐 운영하게 되면 학교 급뿐 아니라 지역별로도 불균형 현상이 심각하게 나타날 수 있으며 영재교육기관이 설치되어 있지 않은 지역의 학생들에게는 원천적으로 영재교육 기회가 제한될 수밖에 없다. 따라서 시·도교육청에서 영재교육을 시행할 때 영재교육기관별로 영재교육 대상자 규모를 정하는 한편 이에 필요한 영재교육기관의 수를 계획하여 운영할 필요가 있다. 이럴 경우 영재교육기관이 지역적으로 편중되지 않도록 하는 한편 학교 급별로도 계속 교육을 받을 수 있도록 영재교육기관 설치 계획을 수립하여야 한다.

영재학급 설치의 경우에도 소극적으로 학교로부터 희망을 받아 운영할 것이 아니라 교육청 차원에서 영재학급 운영 계획을 수립하여 매년 신설이 필요한 수만큼의 영재학급을 공모하여 시·도영재교육진흥위원회 심의를 거쳐 영재학급 인가를 해 주게 되면 지금과 같은 학교급간 영재교육기관 수의 심각한 불균형 현상은 발생하지 않을 것이다. 지금도 영재교육원의 경우 대부분 초등학교와 중학교간 연계성 있게 운영되고 있으나 영재학급의 경우 기관수에 많은 차이가 있음을 알 수 있다. 또한 고등학교 단계에서도 입시라는 장벽이 있기는 하지만 고등학생을 대상으로 영재학급이나 영재교육원을 적극적으로 설치·운영하여 일반화 시킬 필요성이 있다.

나. 영재교육대상자 선발방법개선

영재교육대상자가 영재교육 연계성을 갖기 위해서는 학년이 올라갈수록 지속적으로 영재교육을 받을 수 있는 여건이 조성되어야 한다. 중·고등학교 단계에서 영재교육을 받고 있는 학생들이 고등학교 단계의 영재교육기관에 진학하여 영재교육을 계속 받고 있는 학생들 중 4년 이상 교육 받은 학생이 〈표 3.10〉에 나타난 바와 같이 233명에 불과하고 영재교육을 전혀 받지 않은 학생들이 85%에 달할 정도로 영재교육의 지속성이 미흡한 것으로 나타났다. 그리고 영재교육 참여 기간을 살펴보면 참여기간이 1년이 학생이 2,527명, 2년은 1,232명, 3년은 572명, 4년은 233명으로 영재교육 참여기간은 1년인 경우가 가장 많았으며 연수가 경과할수록 그 수가 줄어들고 있는 것으로 나타나 영재교육을 지속적으로 제공받지 못하고 있음을 알 수 있다. 이는 영재학급이나 영재교육원 등 영재교육기관과 관계없이 동일하게 나타나는 현상으로 보인다.

이는 영재교육대상자 선발 방법과 밀접한 연관성을 가지고 있다. 현재 시·도교육청에서 영재교육 대상자를 선발하는 방법은 대부분 매년 영재교육기관에서 교육받을 학생을 선발하고 있다. 이러한 선발방법으로 인해 올해 영재교육을 받았던 학생들이 다음에는 계속 영재교육을 받을 수 있는 기회가 제한될 수 있다는 사실이 영재교육의 지속성에 한계를 주고 있다. 영재교육대상자 선정과 관련된 법령에 규정된 내용은 다음과 같다.

물론 영재교육대상자를 매년 선발하게 되면 보다 많은 학생들에게 영재교육 참여기회를 보장해 줄 수 있는 장점이 있으나 앞서 이야기된 바와 같이 영재교육을 지속적으로 받을 수 있는 기회가 제한될 수 있는 한계가 있다. 반면에 영재교육대상자 선발되면 학교 급에서 계속해서 영재교육을 받을 수 있도록 선발 방법을 개선하게 된다면 최소한 3년은 영재교육을 지속적으로 받을 수 있게 될 것이다. 다만 이렇게 선발방법이 개선된다면 한번 영재교육대상자 선정에 누락될 경우 영재교육을 받을 기회가 제한된다는 한계가 있으나 이는 다른 방법으로 해결되어야 할 문제이다.

영재교육진흥법시행령에 따르면 영재학급이나 영재교육원의 학생 수를 학급당 20명 이하로 제한하고 있으며 이에 따라 대부분의 시·도교육청에서 운영하고 있는 영재교육기관에서는 20명의 영재교육대상자를 선발하게 된다. 정원을 채우는 선에서 영재교육대상자를 선발하게 되면 이를 보충할 수 있는 여력이 없는 어려움이 있으므로 영재교육대상자를 선발하게 될 경우 대상자를 15명 선으로 제한하게 될 경우 추후에 영재성이 드러나게 되면 일정한 전형을 거쳐 수용할 수 있지 않을 까 생각된다.

【영재교육진흥법시행령】

제11조(영재교육대상자의 선정) ① 영재교육대상자로 선정되고자 하는 자 또는 그의 보호자는 선정신청서에 재학중인 학교의 장이나 지도교사의 추천서를 첨부하여 영재교육을 받고자 하는 영재교육기관의 장에게 제출하여야 한다. 〈개정 2006.12.21〉
② 제1항에 따라 신청서를 제출받은 영재교육기관의 장은 제12조제3항에 따른 선정기준에 적합한 자를 제16조에 따른 선정심사위원회의 심의를 거쳐 영재교육대상자로 선정하고, 이를 당사자에게 통지하여야 한다. 〈개정 2006.12.21〉

제12조(영재교육대상자의 선정기준 등 〈개정 2006.12.21〉) ① 영재교육대상자는 영재교육기관의 교육영역 및 목적에 적합하고, 교육내용을 이수할 능력이 있다고 인정되는 다음 각 호의 어느 하나에 해당하는 자로 한다. 〈개정 2006.12.21〉
1. 표준화된 지능검사, 사고력검사, 창의적 문제해결력검사 그 밖의 소정의 검사·면접 또

는 관찰의 방법에 따라 특정교과 또는 특정 분야에서 일정수준 이상의 뛰어난 재능 또는 잠재력이 있다고 인정되는 자
2. 실기검사 그 밖의 소정의 검사·면접 또는 관찰의 방법에 따라 예술적·신체적 분야에서 일정수준 이상의 재능 또는 잠재력이 있다고 인정되는 자
② 제1항의 규정에 불구하고 사회·경제적 이유로 잠재력이 발현되지 못한 다음 각 호의 자로서 영재교육기관의 교육영역 및 목적에 적합하고, 교육내용을 이수할 능력이 있다고 인정되는 자는 영재교육대상자로 선발될 수 있다. 〈개정 2006.12.21〉
1. 「국민기초생활 보장법」 제5조에 따른 수급권자의 자녀
2. 「도서·벽지 교육진흥법」 제2조에 따른 도서·벽지에 거주하는 자
3. 행정구역상 읍·면 지역에 거주하는 자
4. 그 밖에 사회·경제적 이유로 교육기회의 격차가 발생하였다고 인정되는 자
③ 영재교육대상자의 선정에 필요한 기준·방법 등(이하 "선정기준"이라 한다)은 학칙으로 정한다. 〈개정 2006.12.21〉
④ 영재교육기관의 장은 선정기준을 영재교육대상자 선정신청접수일 1월전까지 공고하여야 한다. 다만, 제15조 단서의 규정에 의한 영재학급 또는 영재교육원의 학생정원결원의 경우에는 선정신청접수일 7일전까지 공고할 수 있다. 〈개정 2006.12.21〉

비정규교육과정으로 운영되고 있는 영재학급 및 영재교육원의 경우에는 선발시기 및 방법을 개선하여 영재교육을 지속적으로 영재교육을 받을 수 있는 방안을 마련할 수 있으나 고등학교 단계의 정규교육과정으로 운영되는 고등학교의 경우에는 선발 시기나 방법에 있어 별도의 전형을 실시할 필요성이 있다. 다만 이런 전형이 실시될 경우 일반학생과의 형평성 문제 등을 고려하여 신중하게 접근하여야 한다. 영재교육을 받은 학생들이 상급학교에서도 계속 영재교육을 받을 수 있도록 하기 위해 마련된 제도이더라도 이를 왜곡하게 되면 본질과 다르게 많은 부작용이 일어날 수 있다. 즉, 영재교육에 관심이 없는 학생이나 학부모들이 좋은 학교에 들어가기 위한 한 방편으로 영재교육을 받기를 원하다 보면 학생의 영재성과는 관계없이 사교육기관에서 획일화된 교육을 받게 되고 이런 교육을 지향하는 학원이 성행하게 되어 영재교육의 본질을 심각하게 훼손될 우려가 있다. 이러한 우려에도 불구하고 영재교육 연계성 측면에서 초·중학교단계에서 별도의 영재교육을 받은 우수한 학생들이 지속적으로 영재교육을 받을 수 있는 기회를 보장하는 것은 대단히 중요한 일이며 국가에서 이런 제도를 마련하는 데 노력할 필요가 있

다. 물론 앞서 이야기 한바와 같이 우려 되는 부작용은 운영과정에서 충분하게 해결할 수 있을 것으로 보이며 영재교육 대상자 선발 시 선발도구 및 유형을 다양화하여 일부 사교육기관에서 학습된 내용에 의해 선발되는 일이 없도록 좀 더 정교하고 영재의 취지에 부합되는 선발도구 개발에 노력할 필요가 있다.

또한 이러한 선발시기뿐 아니라 지역이나 영재교육기관에 따라 선발방법 또한 차별화하는 것도 영재교육 연계성 강화에 필요한 부분이다. 현재와 같이 전국 어느 지역이나 어느 영재교육기관이나 구분 없이 획일적으로 영재교육대상자를 선발하는 것은 결국 영재교육 선정을 위한 사교육을 유발할 수 있다. 따라서 영재교육원, 단위학교 영재학급, 지역공동 영재학급 등 영재교육기관을 고려하거나 대도시인지. 중·소도시나 농·어촌지역 등 지역을 고려한 선발 방법이나 절차를 차별화하게 되면 영재교육 대상자 선정을 간소화하면서도 기관이나 지역의 특성에 맞게 영재교육대상자를 선정하여 특성화된 영재교육을 지속적으로 실시할 수 있을 것이다.

다. 영재교육기관 간 협조 시스템 구축

영재교육 연계성을 논할 때 영재교육 대상자가 지속적으로 영재교육을 받을 수 있는 기회를 제공하는 것 못지않게 각 지역에 설치·운영되고 있는 영재교육기관 간 유기적인 협력 체제를 구축하는 것도 중요한 요인이 된다. 현재 시·도 교육청에서 운영되고 있는 영재교육기관은 운영주체에서부터 운영형태에 이르기까지 다양한 형태로 은영되고 있으나 크게 보면 교육청 단위에서 운영되는 영재교육원과 단위 학교 등에서 운영되는 영재학급 그리고 과기부, 문화부 등 관련부처에서 대학에 설치운영하고 있는 영재교육원으로 구분할 수 있다.

이들 중 교육청에 설치 운영되는 영재교육원과 대학에 설치·운영되는 영재교육원은 그 대상이 초·중학생으로 유사하나 운영주체나 재정지원 면에서 서로 유기적인 협력 체제를 구축하기에는 상당한 어려움이 따른다. 교육청에서 운영하는 영재교육원은 교육청에서 지도감독이 가능하지만 대학에 운영되는 영재교육원의 경우 대상자가 그 지역교육청에 속한 학생임에도 실질적으로 프로그램 운영이나 선발 등에 직접적으로 간여할 수 없는 한계가 있다. 이러한 관계가 지속된다면 동일지역 학생들이 영재교육을 받음에도 그 방향성에 있어 차이가 있을 수 있으며 동일한 프로그램이나 지도 교원 등에 있어서도 낭비가 있을 수 있다. 이러한 맥락에서 양 기관 간 서료 교류하는 활동을 강화한다면 우수한 교원 확보뿐 아니라 질 높은 교수·학습 자료를 개발하여 질적으로 정선된 영재교육이 양기관간 가능해질 것이다. 그러나 실제적으로 영재학급과 교육청 운영 영재교육원 간의 교류는 일상적으로 이루어지고 있으나 시·도 교육청에서 운영하고 있는 영재교육기관(영재학급, 영재교육원)과 지원하는 대학부설 영재교육원과의 연계성은 미흡한 것이 사실이다.

이는 이희복(2007)이 발표한 "시·도 교육청과 대학부설 영재교육원 기관[43]과의 협력관계 구축 방안"에 잘 나타나 있다. 시·도 교육청의 장학사들과 대학부설 과학영재교육원의 공통된 인식으로 시·도교육청의 영재교육기관의 장점은 교육청 산하의 영재교육기관으로서 교육체계가 일원화되어 있으며, 기초, 심화, 사사교육 등의 다양한 형식과 행·재정적 지원체계가 잘 갖추어져 있다고 인식하였다. 반면, 대학부설 과학영재교육원은 학문적 전문성과 연구능력이 우수하고 시설 및 기자재 등이 우수한 장점이 있다고 서로 인식하고 있었다. 그러나 이 두 영재교육기관 간의 협력체계는 잘 이루어지지 않다는 인식에는 모두 동의하고 있었다.

이러한 시·도 교육청에서 운영하고 있는 영재교육기관과 대학부설 과학영재교육원과의 연계성 정도가 미흡한 이유로 이희복(2007, p. 131-133)은 "시·도교육청 주관 영재교육원 강의의 90%가 과학·수학·정보로 되어 있어 현재 대학부설 영재교육원의 영재교육과의 차별화 및 역할분담이 미흡하다. 이에 따라 시·도 교육청 소속 영재교육원과 교육대상 및 교육내용 등이 일부 유사하게 운영됨에 따라 본의 아니게 불필요한 경쟁과 견제가 발생되고 있다"고 하였다.

이에 대한 해결방안도 시·도 교육청 영재교육기관과 대학부설 과학영재교육원은 시

---

43) 대학부설 과학영재교육원은 국가적인 차원에서 과학영재들을 조기에 발굴하여 영재들의 지능수준에 부합하는 교육을 실시함으로써 과학영재들의 타고난 잠재적 능력을 최대한 계발·신장하고 21세기 우리나라 과학기술을 선도해 나갈 창의적인 과학기술자의 체계적 양성에 기여함을 목적으로 설립되었으며 대학부설 영재교육기관은 과학기술부가 과학기술기반조성을 위한 과학기술인력양성 사업의 일환으로 1997년 KAIST 과학영재교육센터를 시범사업으로 설치하였으며, 본격적인 대학부설 과학영재교육원은 1998년 9개 대학부설 과학영재교육센터를 시작으로 2005년까지 수도·강원권 9개, 충청권에 3개, 영남권에 7개, 호남권에 6개 등 전국 25개 대학에 대학부설 과학영재교육원을 설치하였다. 대학부설 과학교육 영재교육원은 과학기술부 지원 사업이어서 과학기술인력 양성에 초점이 맞추어져 있기 때문에 영재교육의 영역이 수학, 과학(물리, 화학, 생물, 지구과학), 정보 분야에 국한되어 있으며 2007년 현재 대학부설 과학영재교육원생 학생 수는 총 7,025명에 이르고 있다.

각 차이를 보이고 있다. 먼저, 대학부설 과학영재교육원을 중심으로 한 연계성 강화방안에 대해서 제안하고 있다(이희복, 2007, p. 134-135). 이를 구체적으로 살펴보면 영재학급은 수월성 교육의 일환으로 일선학교에서 광범위하게 실시하도록 하며, 시·도교육청 영재교육원은 교육과정과 연계하면서 심화·속진 학습을 실시하고, 대학부설 영재교육원은 이공계 분야와 같이 특정 분야로 학생들을 이끌기 위한 기초소양을 함양하는데 중점을 두는 것이 바람직하다고 생각한다. 따라서 시·도교육청 영재교육원과 대학부설 영재교육원은 지금과 같이 기초·심화과정을 운영하되 대학부설영재교육원은 차츰 사사과정 중심으로 전환하여 자체적으로 승급하는 학생은 물론 시·도교육청 초등부, 중등부 기초·심화반 출신학생들도 심화 및 사사과정에 선발하여 직업교육 차원의 전문인 양성 기회 제공을 확대하도록 하여야 한다. 한편 시·도교육청 영재교육원은 수학·과학·정보 분야뿐만 아니라 인문, 사회, 예술, 체육 분야에 까지 범위를 넓혀 고른 교과영역의 영재교육을 담당하여야 한다. 대학부설 영재교육원의 장점은 연구 중심, 전문가 중심의 교육이라면, 시·도교육청 영재교육원은 풍부한 현장교육 경험을 바탕으로 학교 교육과정과 밀접한 연계성을 유지하며, 영재교육원에서 다루는 교육 프로그램이 직접적으로 일선학교를 지원할 수 있다는 장점을 가지고 있으므로 이를 잘 활용한 교육프로그램을 운영하여야 한다. 예를 들면 시·도교육청 영재교육원은 학교현장에서 실시하는 영재반 운영을 장려하고 보완한다는 점에서 각 영재반의 프로젝트 학습활동 내용을 대회 성격의 발표회장 형태로 운영할 수도 있다. 예를 들면 과학탐구토론대회와 같은 주제에 대하여 각 일선학교 영재반 학생들이 탐구하도록 하고 이를 시·도교육청 산하 영재교육원에서 발표하도록 함으로써 현장에서의 영재교육을 활성화시키는 데 도움을 줄 수 있다. 대학부설 영재교육원은 기초과정을 줄이고 심화·사사과정을 늘리는 한편 시도교육청 소속 학생들과 학생교류를 실시하여야 한다.

그리고 공주교육대학교 권오정 교수는(2007. 137∼149) 시·도 교육청 영재교육기관과 대학부설 영재교육기관과의 협조 방식으로 시도교육청의 사업에 대학부설 영재교육기관이 지원하는 방식, 대학부설 영재교육기관의 사업에 시·도교육청이 지원하는 방식, 교육청 영재교육원과 대학부설영재교육원이 공동으로 사업을 계획하고 추진하는 방식을 제안하고 있다. 특히, 시·도교육청의 사업에 대학부설 영재교육기관이 지원하는 방식의 구체적인 제안으로 영재교육 담당교원 전문성 제고로 영재교사연수에 학위과정으로의 위탁연수, 교사 연수도 교수 1인당 교사 5명 내외로 사사교육 지원, 영재교육연구회에 지도교수로서의 참여, 영재교육 교재 개발에 교수의 참여, 개발된 교재의 실험연수와 교사지도지침서의 개발, 사이버 연수센터 운영에 전문가로 참여, 영재교육진흥위원회에 참여 등을 제안하였다. 결론적으로, 대학부설 과학영재교육원은 시·도 교육청의 영재교육기관과의 협력체계를 영재학생의 수준별 차별화 교육을 의미하고 있다. 즉, 영재교육의 기초과정 및 저변확대는 시·도 교육청의 영재교육기관에서 실시하고 보다 우수한 영재학생은 대학부설 과학영재교육원에서 심화와 사사과정을 통해 교육을 시킨다는 입장이다.

교육청 운영 영재교육원이나 대학부설영재교육원은 국가차원에서 우수인력을 양성한다는 측면에서는 서로 협력하는 지원체제를 갖추어야 한다. 그리고 양 기관은 그 동안 영재교육기관을 운영해오면서 장점과 역할이 있으므로 상호 보완하는 측면에서의 지원노력이 필요하다.

이러한 논의를 바탕으로 영재교육기관 간 협조체제 구축을 위한 방안을 몇 가지 제시해 보고자 한다.

1. 교수 인력풀의 공동 활용방안 마련이다. 교육청 운영 영재교육원의 경우 지도교사 대부분 관내 초중등학교의 교사들로 운영되고 있으며, 대학의 경우에는 일부 교수들과 대학원생, 인근 초중학교의 교사 등 인력 구조가 다양하게 이루어지고 있다. 영재교육의 특수성을 고려해 볼 때 우수교원을 확보하기는 쉽지 않다. 그럼에도 각각 영재교육기관에서 별도의 인력풀을 활용하여 영재교육에 투입하다 보면 특정한 부분에서의 인력난에 한계를 가져 올 수 있으며 이는 궁극적으로 영재교육의 질적 수준을 저하시키는 요인이 된다. 따라서 교육청 단위로 우수한 교원 인력풀을 구성하여 각 영재교육기관에 사유롭게 투입할 수 있는 여건을 소성하는 것이 필요하다.
2. 교수·학습자료 등 영재교육 프로그램을 공동 개발하는 방안이다. 영재교육에 있어 어떤 프로그램을 가지고 어떠한 방법으로 가르치느냐 하는 것은 매우 중요한 문제이다. 현재 시·도교육청의 경우 정부 주도적으로 획일화된 교수·학습 자료를 매년 개발·보급하고 있으며, 각 영재교육기관의 경우 보급된 교수·학습 자료를 기관의 형편에 맞게 수정·보완하여 활용하고 있는 실정이다. 반면 대학부설 영재교육원의 경우에는 자체적으로 개발된 교수·학습 자료를 활용하고 있는 실정이며 이들 기관 간 영재 교수·학습 자료에 대한 교류는 전무한 편이다. 이는 각 기관에서 개발한 영재 교수·학습 자료의 질적 수준으로 인한 교류에 부정적

인식을 가지게 될 수 있다. 그러나 이제 교수·학습 자료 개발이 정부 주도적으로 획일적인 개발은 지양되어야 하며 장기적으로는 각 영재교육기관에서 기관의 특성에 따른 자료 개발을 하는 것이 바람직 할 것이다. 이럴 경우 교육청 영재교육기관뿐 아니라 대학부설 영재교육관이 공동으로 교수·학습 자료를 개발 하여 보급한다면 영재교육 기관 간 협력체제뿐 아니라 교류를 증대시킬 수 있을 것이다. 특히 자료개발 시 획일화된 자료가 아니라 수준에 따라 다양한 자료를 개발한다면 단위학교 영재학급이나 교육청 또는 대학부설 영재교육원 등에서 수준에 따라 선택하여 활용할 수 있어 효율성이 높을 것이다. 이렇게 되면 프로그램을 통해 영재교육기관 간 학생들이 공동으로 프로젝트를 수행하는 등 영재교육기관의 교류 및 협력 체제를 좀 더 강화 시킬 수 있을 것이다.

3. 영재교육기관 간 공동캠프 운영 등 프로그램의 교류활동을 증가시키는 방안이다. 교육청 차원에서 독립적으로 운영되고 있는 영재 캠프를 교육청과 대학부설 영재교육원간 공동으로 운영하게 되면 학생들뿐 아니라, 지도교원과 프로그램에 대한 교류도 증대될 수 있을 것이다. 교육청 운영 영재교육원과 대학부설 영재교육원이 서열적인 구조가 아니라 상호 보완적인 관계임을 인식하고 각기 차별화된 프로그램을 운영함을 상호 인정을 하게 되면 영재교육기관이 가지고 있는 장점을 벤치마킹 할 수 있으며 약점은 보완하는 효과를 거둘 수 있을 것이다. 이를 통해 영재교육기관간 거리를 좁혀 정기적으로 학생들이 교류할 수 있는 여건을 만들어 주는 것이 중요하다.

끝으로 교육청과 대학 간 협의체를 구성하여 정기적인 협의회를 운영하는 방안이다. 가장 중요한 것은 영재교육 관계자들의 의사소통이 자유롭게 이루어 져야 한다는 것이다. 이러한 협의체를 통하여 영재교육대상자 선발 방법, 교육 영역, 프로그램 개발, 평가 등과 관련된 주요사항들을 논의하게 된다면 영재교육기관 간 의사소통 부재에서 오는 오해의 폭을 좁힐 수 있으며 각 기관별로 차별화된 영재 프로그램을 운영할 수 있을 것이다.

라. 영재교육 연계성 관련 법령 정비

영재교육 연계성은 법령에 규정하고 있는 것만 보더라도 영재교육의 효율성 측면에서 매우 중요한 부분이다. 그러나 법령에 규정된 내용 자체가 매우 포괄적이고 구체적인 부분에서는 언급되지 않아 연계성 확보를 위한 구체적인 지침이나 방안이 미흡한 것이 사실이다.

영재교육기관에서 영재교육을 받는 학생들이 지속적으로 영재교육을 받는 방안 마련을 위해 법령에 규정된 내용을 살펴보면 다음과 같다.

영재교육진흥법 제11조의2(영재교육의 연계성 확보) ① 국가 및 지방자치단체는 영재교육기관에서 영재교육과정을 이수한 학생에 대하여 동일계열의 상급 교육기관에서 교육을 받을 수 있는 연계체계를 강구하여야 한다. 제11조의2 ② 제1항의 규정에 따른 영재교육의 연계체계 확보 등에 관하여 필요한 사항은 대통령령으로 정하도록 규정하고 있다.

영재교육진흥법에서 위임하고 있는 영재교육 연계체제 확보에 필요한 사항을 영재교육진흥법시행령에 규정하고 있으며 그 구체적인 내용은 다음과 같다.

영재교육진흥법시행령 제35조의2(영재교육의 연계성 확보) 「고등교육법」 제2조에 따른 학교 및 다른 법률에 따라 설치된 이에 준하는 학교(이하 "대학등"이라 한다)의 장은 영재교육과정을 이수한 학생이 동일계열로 진학하는 경우 학칙이 정하는 바에 따라 영재교육기관에서 이수한 대학교육 과정에 상당하는 교과목을 해당학교에서 취득한 학점으로 인정할 수 있다고 규정하고 있다.

법령에 규정되어 있는 부분을 살펴보면 영재교육 과정을 이수한 학생이 대학에 진학할 경우에 한하여 학점을 인정할 수 잇도록 규정하고 있으며 초·중등교육에 있어서 기관 간 연계체제를 어떠한 방법으로 구축하여야 하는가에 대한 규정은 없는 실정이다. 물론 대학 진학부분도 중요한 연계방안의 하나이기는 하지만 실제로 시·도교육청에 설치·운영되고 있는 영재학급과 영재교육원간의 연계 체제, 학교급간 연계체제에 대한 규정이 미비한 점은 실제적으로 연계체제 구축 방안을 마련하는 데 상당한 어려움이 예견되는 부분이다.

실제적으로 영재교육기관이 대부분 비정규 교육과정의 프로그램 형태로 운영되고 있음을 감안할 때 영재교육진흥법시행령에 규정되어 있는 대학 진학관련 부분의 실효성은 거의 없다고 보아야 한다. 영재교육 연계성이 영재교육기관 간 연계성뿐 아니라 프로그램의 연속성 등도 보장되어야 하며 이를 위해서는 영재교육기관의 균형적인 설치가 전제되어야 함에도 불구하고 이에 대한 구체적인 규정이 미비하여 법령에 규정된 영재교육 연계성은 사문화 될 가능성이 높은 부분이라 보인다.

영재교육진흥법시행령에 규정된 연계성 확보규정은 영재교육진흥법에서 규정하고 있는 영재교육 연계체제 확보 방안 마련 의무와는 상당한 입법취지를 반영하지 못한 규정이라고 생각되며 향후 연계체제 구축을 위한 구체적인 규정을 두어야 할 것으로 생각된다.

따라서 영재교육 연계성을 실질적으로 확보하기 위해서는 시행령에 대학관련뿐 아니라 영재교육기관의 설치, 교육과정 운영, 영재교육대상자 선발 등 영재교육 연계성과 관련된 부분을 규정할 필요가 있다. 이를 통해 시·도교육청에서는 영재교육 연계성 확보를 위한 실질적인 정책을 강구할 수 있을 것이다.

마. 영재교육 프로그램 연계성 구축(영재교육과정 수립 등)

영재교육 연계성 측면에서 영재교육대상자가 지속적으로 교육받을 수 있는 여건 마련 못지않게 영재교육기관에서 편성·운영하고 있는 교육과정의 연속성여부도 영재교육 연계성 확보측면에서 매우 중요하다. 영재교육진흥법과 영재교육프로그램 운영 권장기준에 영재교육과정에 대한 내용을 수록해 놓고 있으나 기본적으로는 영재교육기관에서 교육과정, 교수·학습자료 등을 자율적으로 편성 운영하도록 하고 있다.

따라서 초등학교 때 다룬 영재교육 프로그램이 중학교 단계에서는 다른 형태의 프로그램으로 운영될 가능성이 많다. 초등학교보다는 중학교 단계에서 좀 더 심화된 프로그램이 운영되어야 하난 초등학교와 별 차이가 없는 프로그램이 운영된다고 한다면 학생의 창의성을 계발하는 데는 한계가 있다고 볼 수 있다.

그러므로 국가차원의 영재교육과정이 필요한지에 대한 논의도 있어야 한다. 만일 필요하다면 어느 수준에서 제공할 것이며 각 영재교육기관은 어느 수준 까지 수용할 것인가 등등에 대한 논의가 좀 더 필요하다.

일반적으로 영재교육기관 운영의 자율성이 크게 보장되어 있는 현실에서 교육과정을 획일적으로 편성한다는 것은 어려운 실정이다. 영재교육과정에 있어 논의되어야 할 것 중의 하나가 국가수준의 획일화된 교육과정 수립의 필요성이다. 이에 대해서는 크게 두 가지 관점에서 의견이 제시되고 있다. 첫째는 영재교육과정이 필요하다는 입장이다. 이는 영재교육기관의 자율성이 보장된다고 하더라도 국가수준에서 최소한의 영재교육과정이 수립되어야만 이를 토대로 교수·학습 자료를 개발하고 프로그램을 구성·운영할 수 있다는 것이다. 이를 통해 영재교육기관 간뿐 아니라 학교급간 연계성을 손쉽게 확보할 수 있다. 또 다른 측면에서는 영재교육기관의 자율성이 보장된 마당에 획일적인 교육과정이 존재하게 되면 영재교육기관마다 차별화된 교육과정을 운영한다는 것이 어렵게 된다는 것이다. 따라서 굳이 영재교육과정이 없더라도 각 영재교육기관에서 특색 있는 프로그램 운영을 통하여 학생들이 지니고 있는 잠재 능력을 발휘할 수 있는 여건을 만들어 주는 것이 중요하다는 것이다.

이러한 맥락에서 국가수준에서 통일된 영재교육과정이 필요한가에 대한 좀 더 심도 있는 논의가 필요하다고 생각된다. 국가에서도 당초 영재교육 정책을 수립하면서 이에 대한 고민이 있었으나 기본적으로 영재교육기관의 자율성을 존중 한다는 측면에서 최소한의 가이드라인을 제시한바 있으며, 이 기준에 맞추어 영재교육기관에 따라 특색 있는 교육과정 편성을 권장하고 있다.

저자도 이러한 입장이 바람직하다고 본다. 그 동안 우리는 우리도 모르게 주어진 교육과정에 매몰되어 있다 보니 영재교육에 있어서도 국가에서 영재교육과정을 만들어 주면 한층 수월하지 않을까 하는 생각을 가지고 있다. 그러나 영재교육은 만들어가는 교육과정이 중요하고 필요하다고 본다. 다만 이렇게 되었을 경우 영재교육대상자가 상급학년 또는 상급학교로 진학할 경우 프로그램간의 연계성이 미흡할 수 있어 학습내용이 중복되거나 누락될 수 있는 상황이 일어날 수 있으나, 이는 영재교육기관 간 또는 교육청 차원에서 협의를 통하여 학년별, 영역별 최소한의 가이드라인을 조정해 주면 이러한 학습누락 또는 중복은 크게 줄일 수 있을 것이다.

지난 2002년 영재교육 프로그램 구성 권장 사항 중 교육과정 관련 부분을 요약해 제시하면 다음과 같다.

1. 영재교육대상자를 위한 교육과정은 상위 수준의 내용, 고급의 사고과정, 질 높은 산출물, 자유로운 환경, 성 평등한 교육내용으로 구성하고, 특히 학생들 스스로가 자신의 소질과 적성에 적합한 진로선택을 탐색할 수 있는 교육을 반영한다.
2. 영재교육과정은 영재교육대상자들의 특성을 반영하여 정규교육과정을 심화하는 방향으로 구성·운영한다.

이와 같이 최소한의 기준으로 제시하고 있는 교육과정을 중심으로 교육영역에 따른 프로그램을 구성한다면 영재교육대상자의 잠재성을 최대한 계발하는 방향으로 나아갈 수 있을 것이다. 다만 각 영재교육기관에서는 주어진 가이드라인을 참고하여 학년별 계열성과 위계성을 고려하여 교육내용을 선정하고 교수·학습 자료를 개발하여 활용한다면 영재교육기관이 다르다고 하여 전혀 다른 형태의 교육을 받는 일은 최소화 할 수 있을 것이다.

한 가지 제언하자면 과연 영재교육과정이 필요한가에 대한 충분한 논의와 연구가 이루어져야 한다고 본다. 우리나라는 이에 대한 연구가 아주 미흡한 상태에서 논의조차 이루어지지 못하고 있는 현실이다. 이러한 논의와 연구를 통해 국가차원의 표준적인 영재교육과정이 필요하다고 전제된다면 영재교육기관의 자율성을 최대한 존중하면서 영재의 특성을 살릴 수 있는 교육과정을 만들고 이에 따른 체계적인 교수·학습 자료를 개발함과 동시에 교원 연수를 실질적으로 영재 지도능력의 관점에서 효율적으로 운영할 수 있을 것이다.

바. 대학단계에서의 영재프로그램 등 운영

우리나라에서 실시되고 있는 영재교육은 대부분 초·중등 단계에서 이루어지고 있다. 특히 초등학교에서 중학교 고등학교로 올라갈수록 영재교육기관 수뿐 아니라 영재교육대상자 수에 있어서도 줄어들고 있다. 비록 고등학교 단계에서 활성화되어 있지는 못하지만 초·중등에서 영재교육이 안착되어 가고 있는 것도 사실이다. 여기서 문제되는 것은 초·중등 단계에서 영재교육 프로그램을 수혜 받은 학생들이 대학 단계에 이르러서는 별도의 프로그램을 제공 받지 못한다는 것이다. 초·중 단계에서 프로그램 형태로 나마 영재교육을 제공받고 고등학교 단계에서는 과학고나 외국어고, 예술고 등 특수목적고 등에서 영재교육형태의 심화교육을 받은 학생들이 대학단계에서는 일반학생들과 차별화된 교육내용을 제공받지 못함으로써 영재교육의 단절현상이 일어나게 된 것이다.

대학단계에서의 영재교육 연계성 측면은 크게 세 가지 면에서 논의가 가능하다. 첫째, 고등학교 단계에서 영재교육 프로그램을 이수한 학생들에게 대학에서 그 이수 실적을 인정하는 방안을 만들어 프로그램간의 연계성을 확보하는 것을 들 수 있으며, 둘째, 대학 내에 별도의 프로그램을 운영하여 초·중등 단계에서 영재교육을 이수한 학생들을 대상으로 보도 심화되고 순준 높은 교육 프로그램을 제공하는 방안이다. 그리고 고등학교 단계에서 영재교육을 받은 학생들에 대한 대학에서의 전형방법을 다양화 하는 것도 연계성을 강화하는 한 방안이 될 수 있다.

이와 관련된 첫째 방안의 하나로 대학과목선이수제 도입하였다. 이는 고교 재학생에게 대학수준의 교과목 이수기회를 제공하고 이수결과를 대학 입학 후에 학점으로 인정하는 제도로서 교육인적자원부는 2007년 여름방학 기간에 8개 대학[44]에서 이 제도를 시범운영하였다. 이를 법적으로 뒷받침하기 위해 정부에서는 고등교육법[45]을 개정하여 시행이 가능하게 되었다. 대학과목선이수제 운영 여부 및 학점 인정은 원칙적으로 대학이 자율적으로 결정할 사항이지만, 교육의 질을 담보하고 제도의 신뢰성 및 실효성을 높이기 위하여 교육인적자원부가 한국대학교육협의회를 주관기관으로 지정하여 교육기관 선정, 교육과정 인증, DB 관리 등을 담당하도록 하고 있다. 이를 위해 대교협은 2007년 시범운영 참여를 희망하는 대학의 운영계획·교육계획 등을 심사하여 8개교를 교육기관으로 선정하고, 선정된 대학과 "학점인정, 이수결과의 대교협 DB 통합관리, 이수결과의 대입연계 활용 및 임의제공 금지" 등 중요원칙에 대한 협약을 체결하였다.

이에 따라 대학 입학 전 이수한 대학 수준 교과목에 대한 학점 인정 근거가 마련됨에 따라 현재 고교생이 대학교과목을 이수하는 다양한 형태의 고교-대학 간 연계교육이 활성화되고, 특히 2007년 시범운영을 시작으로 이·공계 우수인재의 발굴·육성에 기여할 것으로 기대되며 영재교육 연계체제 구축과 관련 하여 고등학교와 대학 간의 법적인 기반을 마련한 점은 상당한 진전을 이루었다고 생각한다.

둘째 방안은 대학단계에서 우수학생을 위한 특별프로그램을 운영하도록 하는 것이다. 즉, 대학에 수월성 제고를 위한 프로그램 운영을 권장하는 것이다[46]. 이는 이미 외국

---

44) 서울대, 연세대, 고려대, 성균관대, 한양대, 부산대, 상지대, KAIST 등이다.

45) 정부는 2007년 6월 고등교육법을 개정하여 대학과목선이수제의 법적 근거를 마련하였다.
제23조(학점의 인정) ① 학교는 학생이 다음 각 호의 어느 하나에 해당하는 경우(해당 학교에 입학하기 전의 경우를 포함한다)에 대통령령이 정하는 범위 안에서 학칙이 정하는 바에 따라 이를 해당 학교에서 취득한 학점으로 인정할 수 있다.
1.~2.항 생략
3. 국내·외의 고등학교와 국내의 제2조 각 호의 학교(다른 법률에 따라 설립된 고등교육기관을 포함한다)에서 대학교육과정에 상당하는 교과목을 이수한 경우

46) 외국대학의 수월성 제공 사례로 이스라엘 텔아비브 대학은 각과 최우수학생들에게 다른 학과 과목을 자유롭게 이수하는 학제적 프로그램을 제공하고 있으며, 미국 Texas대학은 'Plan II' 프

대학에서는 거의 보편화 되어 있는 사례이다. 구체적으로는 영재학교 졸업생 등 최우수 학생을 엄선, 별도 프로그램 제공으로 잠재능력을 고도화하기 위해 이공계 영재통합과정, Honor Class, 학제 간 프로그램 등을 운영하거나 학부단계부터 개인연구 과목 개설, 학·석·박 또는 학·석 연계 등 특화된 고급과정을 제공하는 방안을 생각할 수 있으며 이를 위해 국가에서는 여건이 적합한 대학을 대상으로 국가차원에서 프로그램 개발·운영비 등을 적극 지원할 필요가 있다.

우리나라의 경우에는 개별 대학에서도 대학에 진학한 영재교육 수혜자를 위한 교육과정 개발 등에 대한 노력이 거의 없는 실정이다. 다만 서울대학교의 경우 2008년부터 서울대의 특별 신입생 조기 연구 참여 프로그램을 개설하여 자연대 모집정원의 5% 내외의 우수한 신입생을 대상으로 학부 졸업 전 수준급 논문 발표(3~4학년 연구 시작)를 목표로 프로그램을 운영할 계획으로 있다. 이를 위해 영재교육 수혜자 지도교수단 구성·운영, 연구 지도교수 선정, 1~2학년의 기초 필수 교과목 이수 면제 등 다양한 지원방안을 마련 시행하는 것은 진전된 성과라고 할 수 있다.

끝으로 영재학교 등 고등학교 단계에서 영재교육 프로그램을 이수한 학생들에 대한 대입전형 방법을 개선할 필요가 있다. 이를 위해 대학별 특별전형 확대를 통하여 전문분야 대학 입학경로를 다양화 하며, 특히 과학, 예술 등 관련 분야 대학과 협약으로 일정수준 이상인 학생들의 관련 대학 진학을 유도하거나 영재학교 장 등의 추천에 의한 전형을 학대해 볼 필요가 있으며 또한 대학입시에서 최저학력기준 완화 권장으로 특정 분야에 뛰어난 영재학생의 대입준비 부담을 해소하거나 수시 모집 및 국제올림피아드 입상자에 대한 특별전형 요건 중 최저학력 기준(예: 수능 상위 2등급 이내 등) 예외인정하거나 교과목별 최소 이수 단위 지정에서 영재학교 교육과정의 특수성을 감안, 이수단위 총수만 지정하는 방안을 생각해 볼 수 있다.

최근 들어 서울대학을 비롯하여 많은 대학에서 수학·과학 전문교과를 일정 단위 이상 이수한 학생들을 대상으로 특기자 전형을 실시함으로써 고등학교 단계에서 심화 학습을 받은 학생들이 우수한 대학의 동일 계열로 진학하는 비율이 높아지고 있는 것은 대입전형의 다양화 측면에서 진전된 방안이라 생각된다.

로그램을 운영하면서 수학·과학 등 우수학생을 극소수로 선발, 최우수 교수가 일반학생과 다른 교육과정으로 지도하고 있음.

제 5 장

영재교육 실태분석('03~'07) 및 향후계획

1. 실태분석[47)]

가. 영재교육기관 운영 현황

우리나라의 경우에는 영재교육을 실시하고 있는 다른 나라와 달리 영재교육기관이 영재교육진흥법[48)](2005. 12. 7 일부개정 법률 7,702호) 제2조(정의)에 규정되어 있다. 관련 규정에 의하면 영재교육기관이라 함은 영재학교, 영재학급 및 영재교육원을 말한다고 되어 있으며 동법 제2조 4호 내지 6호에 각각 영재교육기관을 정의하고 있는 데 구체적인 내용을 살펴보면,

> "영재학교"라 함은 영재교육을 위하여 이 법에 의하여 지정 또는 설립되는 고등학교 과정 이하의 학교를 말하며, 영재학급은 초·중등교육법에 의하여 설립 운영되는 고등학교 과정 이하의 각급학교에 설치·운영되는 영재교육을 위한 학급을 말하며, "영

---

47) 2002년 영재교육 시행이후 시도교육청별 영재교육 운영 현황은 교육부로부터 시도교육청 영재교육 현황자료를 받아 연구자가 개인적으로 분석한 것으로 공식적인 통계가 아님을 먼저 밝혀둔다.

48) 영재교육진흥법은 2000년에 제정되었으나 법률에 미비한 점이 계속 제기되어 2005년도에 일부 개정되었다. 주요내용 중 하나는 영재교육대상자 선정을 교육감에서 영재교육기관장으로 하여 대상자 선정 절차 간소화 뿐 아니라 영재교육기관 운영의 자율성을 강화한 것이다.

재교육원"은 영재교육을 실시하기 위하여 고등교육법 제2조의 규정에 따른 학교 및 다른 법률에 의하여 설치된 이에 준하는 학교 등에 설치 운영되는 부설기관을 말한다고 규정되어 있다.

영재학교의 경우 정규교육과정에 따라 전일제로 운영되고 있다. 따라서 소수의 영재들을 대상으로 교육을 실시하고 있으며 우리의 경우 고등학교 단계에 운영하고 있으며 2002년에 지정된 한국과학영재학교(구 부산과학고)1개교가 운영되고 있다. 영재학교는 과기부와 부산교육청의 협약에 의해 운영되고 있으며 교원 연수, 시설 등에 필요한 재정을 과기부가 지원하고 있다. 이러한 협약 형태의 학교 운영을 통하여 인력 양성과 관련 있는 부처에서도 학교 경영에 참여할 수 있는 길을 열었다는 점에서 의미가 매우 크다.

영재학급의 경우 정규교육과정으로 운영하기에는 한국적 교육상황이 이를 받아들이기에 한계가 있어 방과 후나 주말 등 프로그램 형태로 운영하도록 하고 있다. 따라서 프로그램의 질적 수준이나 교육의 지속성 등에 한계가 있어 이에 대한 개선방안 등이 모

〈표 5.1〉 영재교육기관 운영(총괄)

교육청	2003		2004		2005		2006		2007		증감	
	기관	학생	기관	학생	기관	학생	기관	학생	기관	학생	기관	학생
서울	33	1,590	33	2,380	38	3,178	64	4,167	81	5,176	48	3,586
부산	15	2,297	12	2,897	12	3,941	13	4,743	12	5,684	-3	3,387
대구	44	1,167	8	1,491	9	1,620	9	2,023	9	2,091	-35	924
인천	14	1,543	15	1,662	21	2,043	23	2,226	25	2,375	11	832
광주	15	898	15	1,101	15	1,273	15	1,273	15	1,418	0	520
대전	57	1,465	58	1,618	58	1,659	54	1,667	55	1,876	-2	411
울산	3	221	4	308	6	441	13	931	17	1,570	14	1,349
경기	20	1,360	47	2,811	85	4,924	112	6,033	142	7,507	122	6,147
강원	15	657	22	1,108	25	1,292	29	1,509	32	1,760	17	1,103
충북	20	1,233	20	1,380	20	1,477	19	1,428	19	1,445	-1	212
충남	5	447	5	451	9	787	14	1,253	50	2,500	45	2,053
전북	22	1,140	24	1,200	27	1,360	33	2,188	39	2,513	17	1,373
전남	26	1,933	26	1,957	28	2,108	28	2,261	28	2,650	2	717
경북	88	2,603	92	2,832	92	2,860	93	2,996	96	3,355	8	752
경남	14	777	18	1,056	20	1,518	26	1,664	33	2,237	19	1,460
제주	8	499	15	673	22	945	29	1,078	33	1,288	25	789
계	399	19,830	414	24,925	487	31,426	574	37,440	686	45,445	287	25,615

색되어야 한다.

영재교육원의 경우도 교육청이나 대학 등에서 운영하고 있는 관계로 주말이나 방학 중, 방과 후에 주로 운영되고 있다. 법령에는 Pull-Out 제도를 운영할 수 있도록 하고 있으나 운영에 있어 어려움이 내재되어 실제 이 제도를 활용하고 있는 영재교육원은 미미하다. 특히 영재교육원의 경우 과기부등의 지원을 받아 대학에서 운영되는 경우와 시·도 교육청에서 직접 운영하는 경우로 구분될 수 있다.

2002년도 영재교육진흥법이 시행된 이래 〈표 5.1〉에서 보는 바와 같이 영재교육기관 운영 현황을 살펴보면 2003년도(2002년도에 이미 영재교육이 시작되긴 했으나 법률 시행이 늦추어지면서 실질적으로 영재교육 실시기반은 마련되어 있지 않아 2002년도 영재교육현황은 분석에서 제외) 399기관에서 꾸준히 늘어나기 시작하여 2007년도에는 686개 기관으로 대폭 확대되었다. 영재교육대상자 수도 2003년도 19,830명에서 2007년도 45,445명으로 증가되어 영재교육 기회 확대 측면에서 큰 성과를 거둔 것으로 나타났다.

1) 연도별 영재교육기관 운영 현황

연도별 영재교육기관 운영 현황을 살펴보면([그림 5.1] 참조) 2003년도 399기관에서 2007년도 686기관으로 확대되어 2003년도에 비해 58.2% 증가하였다. 그러나 시·도교육청별로는 부산, 대구, 대전, 충북 등에서는 영재교육기관이 감소한 것으로 나타났는데, 이는 단위학교에서 운영되고 있는 영재학급이 절대적으로 감소한 것이 주요 원인으로 분석되었다. 따라서 영재학급을 효율적으로 운영할 수 있는 방안에 대해 좀 더 치밀한 전략이 필요하다.

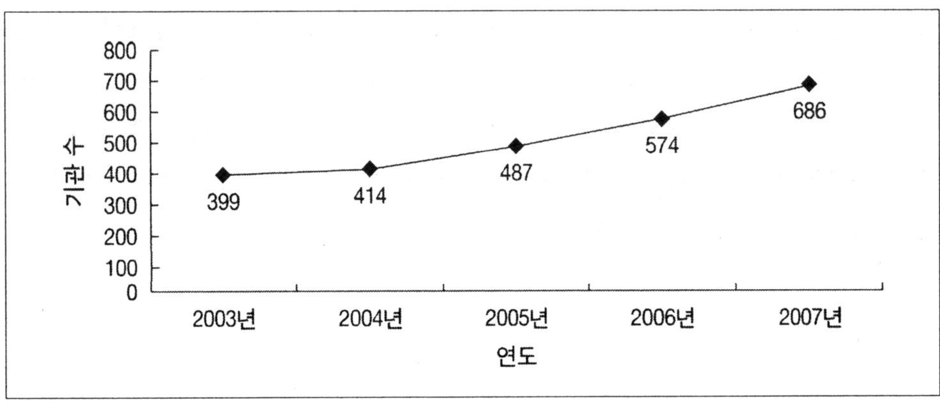

[그림 5.1] 연도별 영재교육기관 운영 현황

2) 연도별 영재교육대상자 현황

연도별 영재교육대상자 현황을 살펴보면([그림 5.2] 참조) 2003년도 19,830명에서 2007년도 45,445명으로 43.6% 증가한 것으로 나타나 많은 학생들에게 영재교육기회를 제공하고 있으며, 시·도교육청별로는 대부분의 교육청에서 영재교육대상자가 증가 하였으나 특히 서울, 부산, 경기와 같이 대도시 지역에서 영재교육이 활성화되어 있는 것으로 분석되었다.

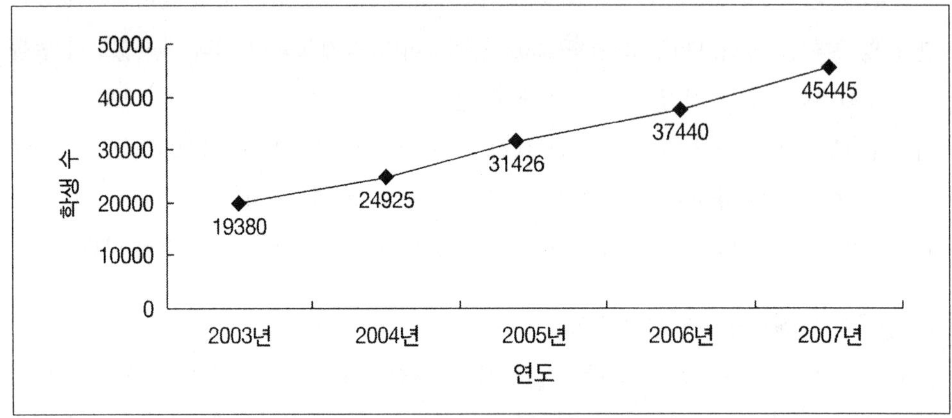

[그림 5.2] 연도별 영재교육대상자 현황

나. 영재교육기관별 운영 현황

1) 영재학급

가) 영재학급 학생 수

연도별 영재학급에서 영재교육을 받고 있는 학생 수는 2003년도 6,507명에서 2007년도에는 13,232명으로 49.2% 증가한 것으로 나타났으나([그림 5.3] 참조) 부산, 대구교육청 등 일부 교육청에서는 영재학급 학생 수가 감소한 것으로 분석되었다. 이들 교육청에서는 영재학급 보다는 교육청 등에서 운영하고 있는 영재교육원 활성화에 더 정책적 지원을 하고 있는 것으로 분석되었다.

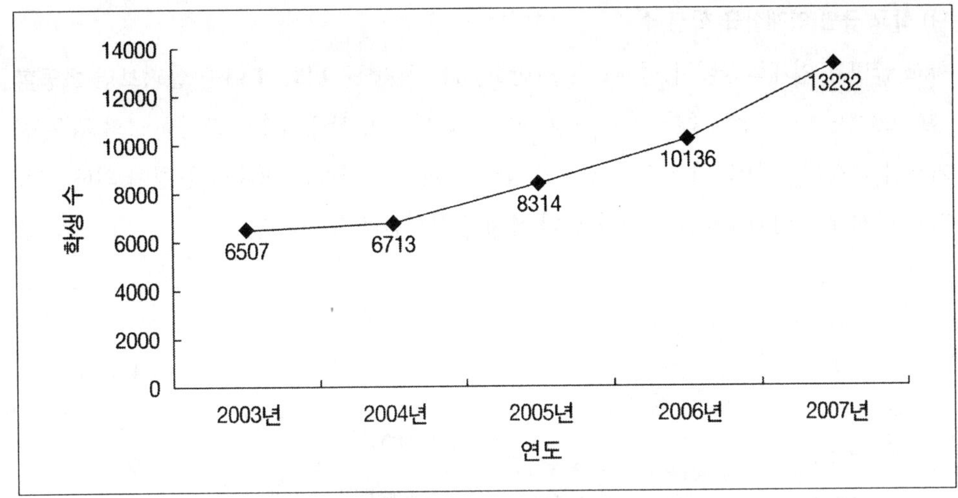

[그림 5.3] 영재학급 학생 수

나) 영재학급 운영 기관 수

영재학급 운영기관수는 2003년도 247기관에서 2004년도 236기관으로 감소하다 2005년도부터 꾸준히 증가하면서 2007년도에는 401여 기관에서 영재학급을 운영하고 있으며([그림 5.4] 참조), 부산, 대전, 울산교육청의 경우 영재학급 운영기관이 줄어든 것으로 분석되었다.

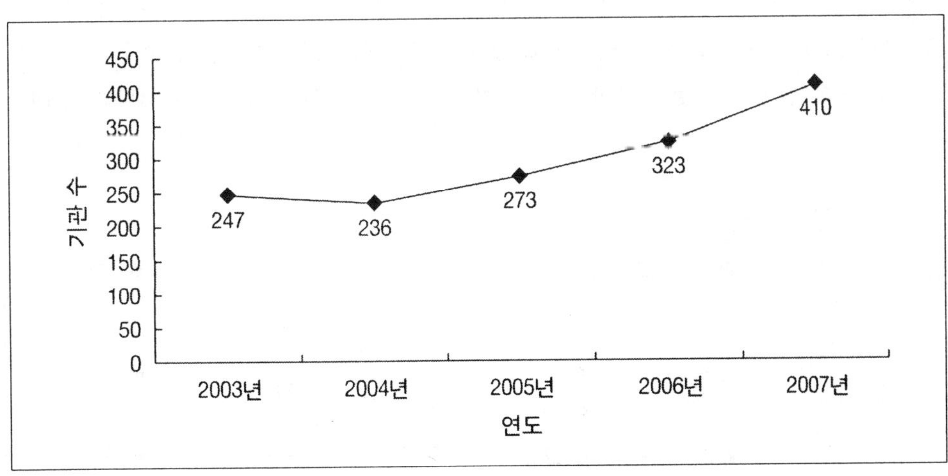

[그림 5.4] 영재학급 운영 기관 수

다) 학교 급별 영재학급 학생 수

학교 급별로 영재학급에서 영재교육을 받고 있는 학생 수 변화 추이를 살펴보면 초등학생이 2003년도에 비해 증가 폭이 가장 크게 나타났으며 상대적으로 고등학교의 경우 증가세가 둔화되었다([그림 5.5], 〈표 5.2〉 참조). 이는 입시라는 교육적 환경에 의해 고등학교 단계에서 영재교육을 실시하는 데 한계가 있었음을 보여준다.

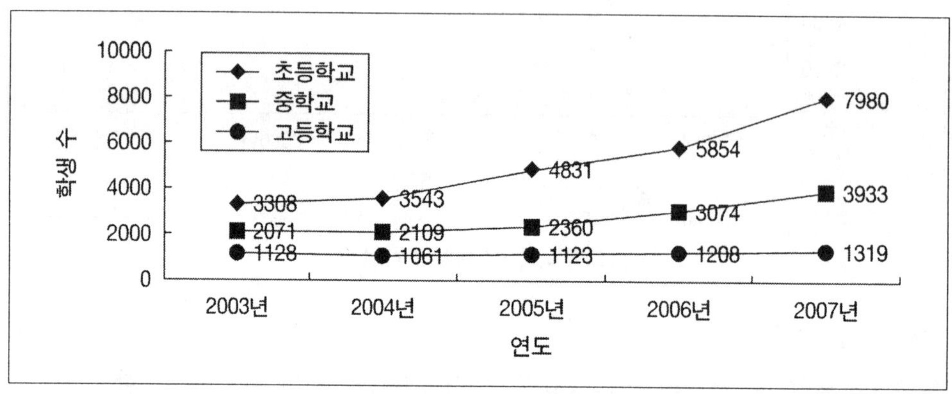

[그림 5.5] 학교 급별 영재학급 학생 수

라) 학교 급별 영재학급 기관 수

학교 급별 영재학급 운영 기관 또한 대부분 초등학교에 많이 설치·운영되고 있으며 중·고등학교로 갈수록 기관 수가 줄어들고 있다([그림 5.6], 〈표 5.2〉 참조). 이는 입시로부터 자유로울 수 없는 우리나라의 교육 환경과 무관하지 않다. 따라서 영재교육에 대한

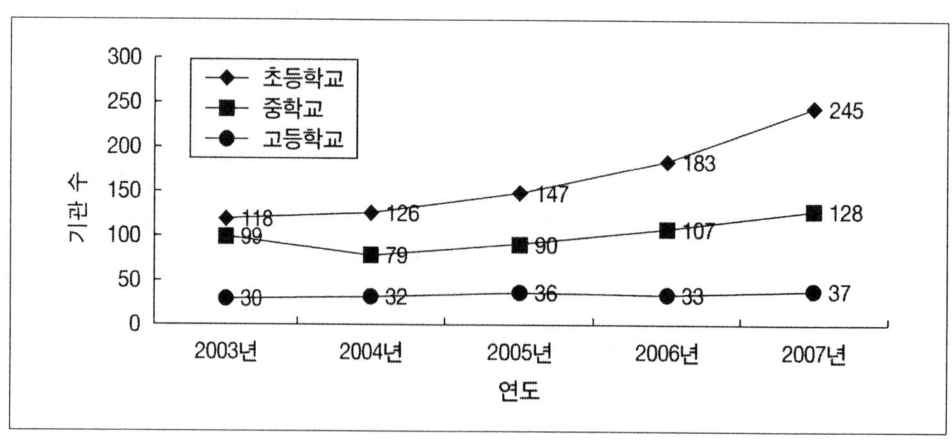

[그림 5.6] 학교 급별 영재학급 운영 현황

〈표 5.2〉 영재학급운영 기관 및 학생 수

교육청	2003		2004		2005		2006		2007		비고	
	기관	학생	기관	학생	기관	학생	기관	학생	기관	학생	기관	학생
서울	8	320	8	270	10	264	19	510	30	730	22	410
부산	3	59	0	0	0	0	0	0	0	0	−3	−59
대구	42	853	1	96	1	96	1	106	1	108	−41	−745
인천	9	742	10	814	15	1,102	16	1,246	17	1,318	8	576
광주	10	280	10	380	10	440	10	440	10	440	0	160
대전	52	1,121	53	1,148	53	1,155	49	1,141	50	1,152	−2	31
울산	2	24	2	48	4	72	9	336	12	560	10	536
경기	13	680	33	1,470	57	2,499	84	3,317	112	4,626	99	3,946
강원	10	200	11	227	13	280	14	337	14	361	4	161
충북	6	237	6	236	6	240	6	238	6	240	0	3
충남	0	0	0	0	0	0	0	0	29	760	29	760
전북	12	300	13	280	13	280	13	318	19	433	7	133
전남	3	120	2	80	3	120	3	120	3	140	0	20
경북	68	1,248	72	1,267	72	1,249	72	1,289	74	1,401	6	153
경남	5	186	8	236	3	132	8	227	10	303	5	117
제주	4	137	7	161	13	385	19	511	23	660	19	523
계	247	6,507	236	6,713	273	8,314	323	10,136	410	13,232	163	6,725

인식을 새로이 하여 영재교육이 직접적으로 입시에 혜택이 부여되지는 않지만 영재교육을 받음으로써 학생의 논리적 사고력, 창의력 등이 향상되어 궁극적으로는 학업에 도움이 된다는 것을 인식시킬 필요가 있다.

2) 영재교육원

가) 영재교육원 학생 수

연도별 영재교육원에서 영재교육을 받고 있는 학생 수는 2003년도 13,323명에서 2007년도에는 32,213명으로 크게 증가한 것으로 나타났으며([그림 5.7], 〈표 5.3〉 참조), 특히 서울, 부산, 대구, 경기교육청의 증가세가 두드러졌다. 대구와 부산의 경우 영재학급 운영보다 영재교육원 운영에 더 정책적 지원을 한 결과인 것으로 분석되었다.

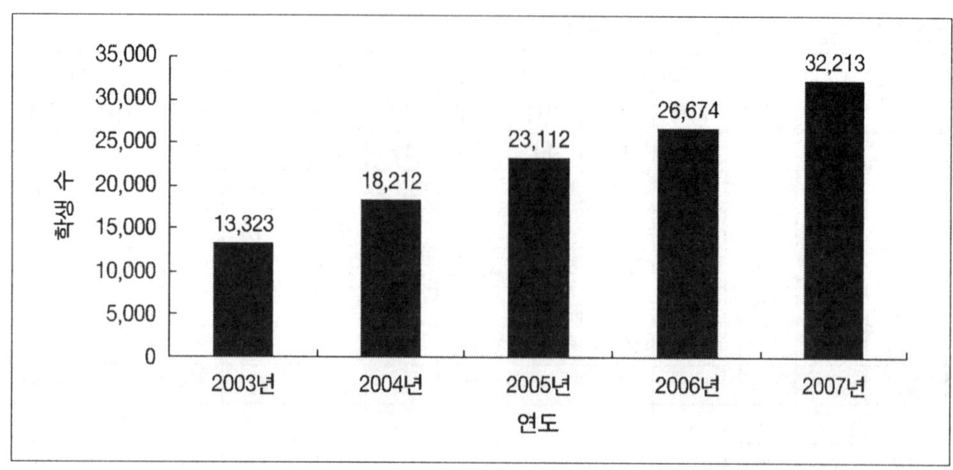

[그림 5.7] 영재교육원 학생 수

나) 영재교육원 운영 기관 수

영재교육원 운영 기관수는 2003년도 152기관에서 꾸준히 증가하여 2007년도에는 276여 기관에서 영재교육원을 운영하고 있으며([그림 5.8], 〈표 5.3〉 참조), 충북교육청의 경우 영재교육원이 감소한 것으로 나타났으며, 부산, 광주, 대전교육청의 경우 영재교육원의 변화가 없었다. 이는 영재교육 초기에 영재교육원을 충분히 설치 운영한 결과인 것으로 분석되었다. 그리고 서울, 경기, 경남교육청의 경우 2003년도에 비해 영재교육원이 급격하게 증가한 것으로 나타났다.

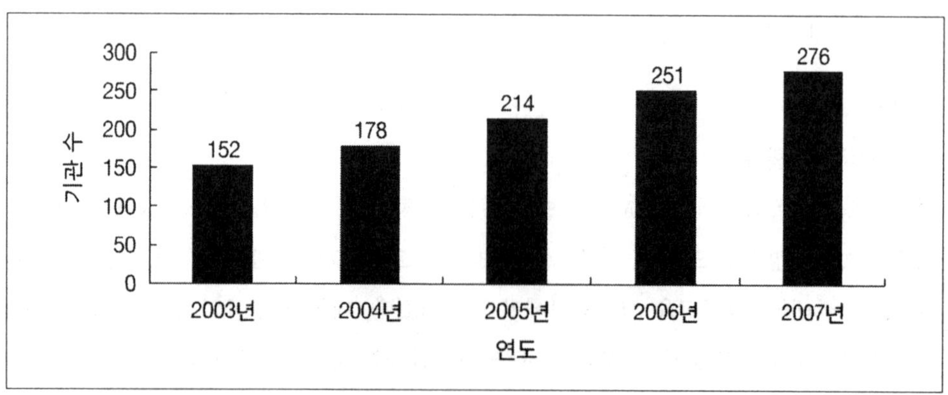

[그림 5.8] 영재교육원 운영 현황

〈표 5.3〉 영재교육원 기관 및 학생 수

교육청	2003		2004		2005		2006		2007		비고	
	기관	학생	기관	학생	기관	학생	기관	학생	기관	학생	기관	학생
서울	25	1,270	25	2,110	28	2,914	45	3,657	51	4,446	26	3,176
부산	12	2,238	12	2,897	12	3,941	13	4,743	12	5,684	0	3,446
대구	2	314	7	1,395	8	1,524	8	1,917	8	1,983	6	1,669
인천	5	801	5	848	6	941	7	980	8	1,057	3	256
광주	5	618	5	721	5	833	5	833	5	978	0	360
대전	5	344	5	470	5	504	5	526	5	724	0	380
울산	1	197	2	260	2	369	4	595	5	1,010	4	813
경기	7	680	14	1,341	28	2,425	28	2,086	30	2,881	23	2,201
강원	5	457	11	881	12	1,012	15	1,172	18	1,399	13	942
충북	14	996	14	1,144	14	1,237	13	1,190	13	1,205	-1	209
충남	5	447	5	451	9	787	14	1,253	21	1,740	16	1,293
전북	10	840	11	920	14	1,080	20	1,870	20	2,080	10	1,240
전남	23	1,813	24	1,877	25	1,988	25	2,141	25	2,510	2	697
경북	20	1,355	20	1,565	20	1,611	21	1,707	22	1,954	2	599
경남	9	591	10	820	17	1,386	18	1,437	23	1,934	14	1,343
제주	4	362	8	512	9	560	10	567	10	628	6	266
계	152	13,323	178	18,212	214	23,112	251	26,674	276	32,213	124	18,890

다) 기관별 영재교육원 학생 수

기관별 영재교육원에서 영재교육을 받고 있는 학생 수 변화 추이를 살펴보면 교육청에서 운영하는 영재교육원의 경우 2003년도 9,737명에서 2007년도에는 25,441명으로 큰 폭으로 증가하였으며([그림 5.9] 참조), 대학 등에서 운영하는 영재교육원의 경우도 2003년도 3586명에서 2007년도에는 6,772명으로 증가하였으나 시·도교육청에서 운영하는 영재교육원 비해 학생 수는 25%수준에 불과하였다.

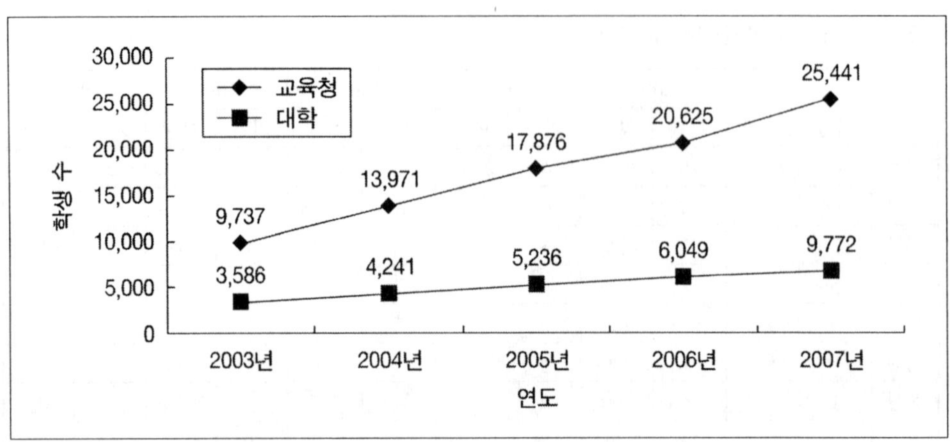

[그림 5.9] 기관별 영재교육원 학생 수

라) 기관별 영재교육원 운영 기관 수

기관별 영재교육원 운영 기관의 경우 대부분 시·도교육청에 설치 운영되고 있으며 대학에는 제한적으로 설치되고 있다([그림 5.10] 참조). 이는 대학이 자체적으로 설치·운영하기보다는 관계부처의 계획에 의해 운영되는 시스템으로 인해 운영기관 수가 제한적일 수밖에 없다.

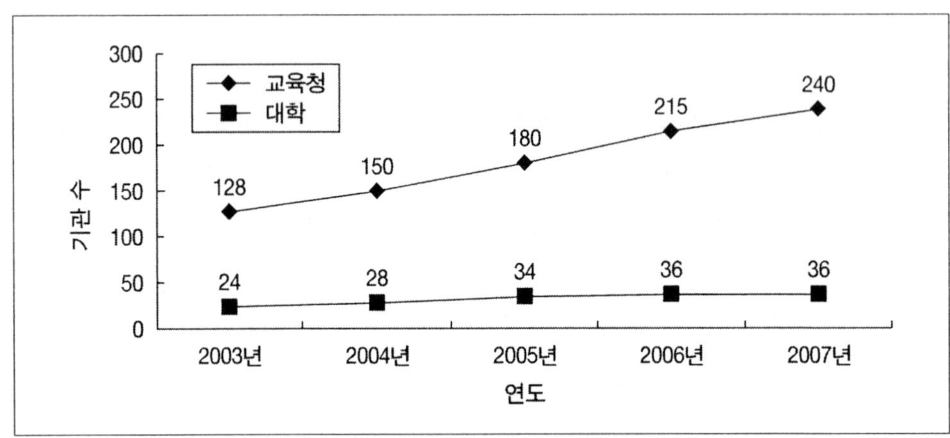

[그림 5.10] 기관별 영재교육원 운영 현황

3) 영재학급 및 영재교육원 비교

가) 영재교육기관별 영재학생 수

영재교육기관별 학생 수 변화 추이를 살펴보면 영재학급과 영재교육원 모두 영재교육대상자 수가 증가하고 있음을 알 수 있다([그림 5.11] 참조). 특히 우리나라의 경우 단위 학교에서 이루어지고 있는 영재학급 보다는 시·도교육청 및 대학에서 운영되고 있는 영재교육원에서 영재교육을 받고 있는 학생 수가 월등히 높음을 알 수 있으며 증가폭도 영재학급에 비해 영재교육원이 높은 것으로 분석되었다.

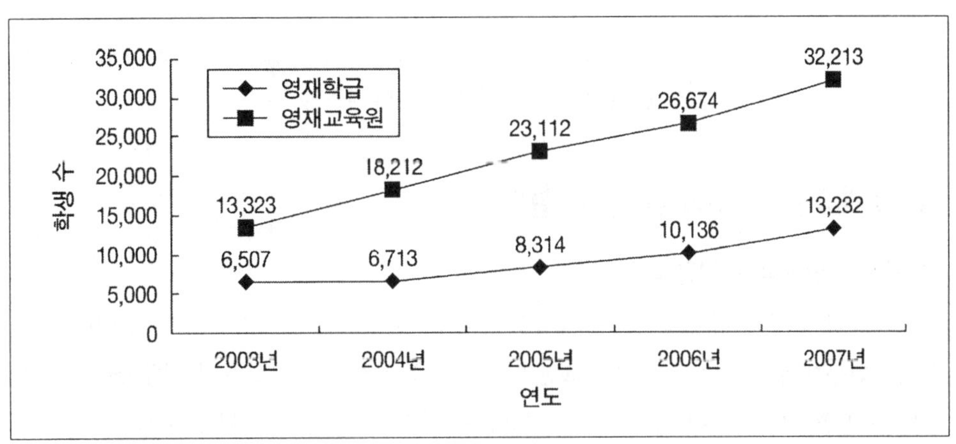

[그림 5.11] 영재교육기관별 학생 수

나) 영재교육기관별 기관 수

영재교육기관별 기관 수 변화 추이를 살펴보면 영재학급과 영재교육원 모두 영재교육운영 기관수가 증가하고 있음을 알 수 있다([그림 5.12] 참조). 영재교육대상자와 달리 영재학급이 영재교육원 보다 많이 설치 운영되고 있음을 알 수 있다. 이는 단위학교에서 영재교육기관 설치가 다소 자유로운 반면 교육청 등에서는 관할 학교 학생을 통합하여 교육시키는 시스템에 따라 기관수는 영재학급 보다 적은 것으로 나타났다.

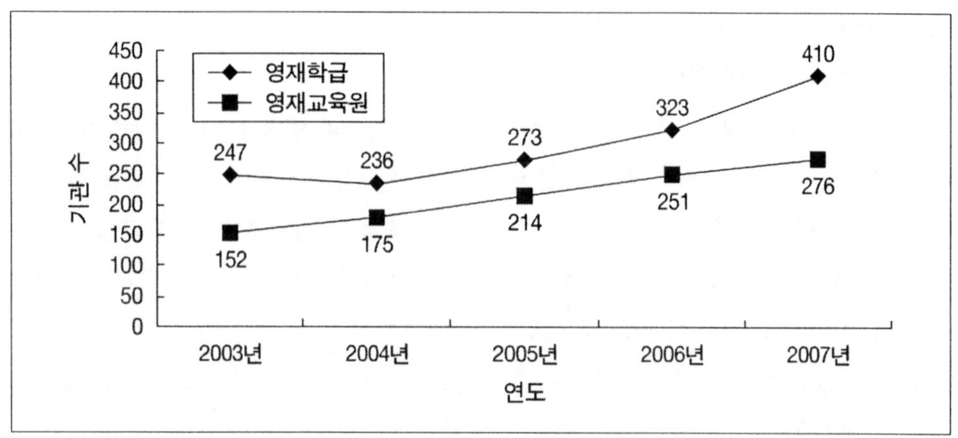

[그림 5.12] 영재교육기관별 기관 수

다. 영재교육 담당교원 연수 현황

1) 연도별 영재교육 담당교원 연수

영재교육의 성패는 영재교육을 담당하고 있는 교원의 전문성과 직접 관련이 있다. 교육인적자원부에서는 영재교육 담당교원의 전문성을 신장시키는 방안의 일환으로 2001년부터 교원연수를 실시해오고 있다. 그러나 영재교육 연수는 고도의 전문성을 갖추어야 하고 프로그램 운영이나 연수방법 등에 있어 기존의 교원 직무연수와는 분명한 차별성을 갖추어야 한다.

전문성과 직접기관별 기관 수 변화 추이를 살펴보면 영재학급과 영재교육원 모두 영재교육운영 기관수가 증가하고 있음을 알 수 있다. 영재교육대상자와 달리 영재학급이 영재교육원보다 많이 설치 운영되고 있음을 알 수 있다(〈표 5.4〉, [그림 5.13], [그림 5.14] 참조). 이는 단위학교에서 영재교육기관 설치가 다소 자유로운 반면 교육청 등에서는 관할 학교 학생을 통합하여 교육시키는 시스템에 따라 기관수는 영재학급보다 적은 것으로 나타났다.

〈표 5.4〉 영재교원 연수

(단위: 명)

구분		2003	2004	2005	2006	2007	계
서울	기초연수	316	268	299	273	214	1,370
	심화연수	0	0	0	0	0	0
	국외연수	96	127	2	27	30	282
	계	412	395	301	300	244	1,652
부산	기초연수	100	305	203	291	196	1,095
	심화연수	15	28	107	112	99	361
	국외연수	55	47	71	69	43	285
	계	170	380	381	472	338	1,741
대구	기초연수	110	168	64	60	140	542
	심화연수	33	50	78	70	60	291
	국외연수	0	5	14	4	4	27
	계	143	223	156	134	204	860
인천	기초연수	80	80	77	80	60	377
	심화연수	10	10	20	20	30	90
	국외연수	19	17	17	17	0	70
	계	109	107	114	117	90	537
광주	기초연수	85	140	134	46	80	485
	심화연수	0	18	18	16	12	64
	국외연수	24	34	20	15	0	93
	계	109	192	172	77	92	642
대전	기초연수	40	104	14	15	50	223
	심화연수	7	13	7	7	7	41
	국외연수	18	27	15	0	0	60
	계	65	144	36	22	57	324
울산	기초연수	39	22	71	20	80	232
	심화연수	0	6	7	40	0	53
	국외연수	3	31	2	4	0	40
	계	42	59	80	64	80	325
경기	기초연수	355	255	256	369	240	1,475
	심화연수	50	47	5	115	84	301
	국외연수	2	24	50	85	90	251
	계	407	326	311	569	414	2,027
강원	기초연수	40	71	67	52	104	334
	심화연수	15	17	20	25	43	120
	국외연수	6	11	10	10	14	51
	계	61	99	97	87	161	505

구분		2003	2004	2005	2006	2007	계
충북	기초연수	6	45	48	55	30	184
	심화연수	13	15	13	15	15	71
	국외연수	0	0	10	15	9	34
	계	19	60	71	85	54	289
충남	기초연수	28	62	85	142	300	617
	심화연수	8	13	8	13	55	97
	국외연수	0	2	1	12	5	20
	계	36	77	94	167	360	734
전북	기초연수	223	149	132	120	120	744
	심화연수	0	17	34	20	20	91
	국외연수	21	20	27	16	17	101
	계	244	186	193	156	157	936
전남	기초연수	79	100	40	88	160	467
	심화연수	15	11	20	11	0	57
	국외연수	15	18	17	25	15	90
	계	109	129	77	124	175	614
경북	기초연수	241	205	213	104	124	887
	심화연수	30	27	44	30	0	131
	국외연수	14	21	23	14	0	72
	계	285	253	280	148	124	1,090
경남	기초연수	79	40	44	54	166	383
	심화연수	15	17	36	28	27	123
	국외연수	9	17	16	21	24	87
	계	103	74	96	103	217	593
제주	기초연수	44	49	50	61	0	204
	심화연수	10	10	7	9	10	46
	국외연수	0	0	3	3	3	9
	계	54	59	60	73	13	259
전체	기초연수	1,865	2,063	1,797	1,830	2,064	9,619
	심화연수	221	299	424	531	462	1,937
	국외연수	282	401	298	337	254	1,572
	계	2,368	2,763	2,519	2,698	2,780	13,128

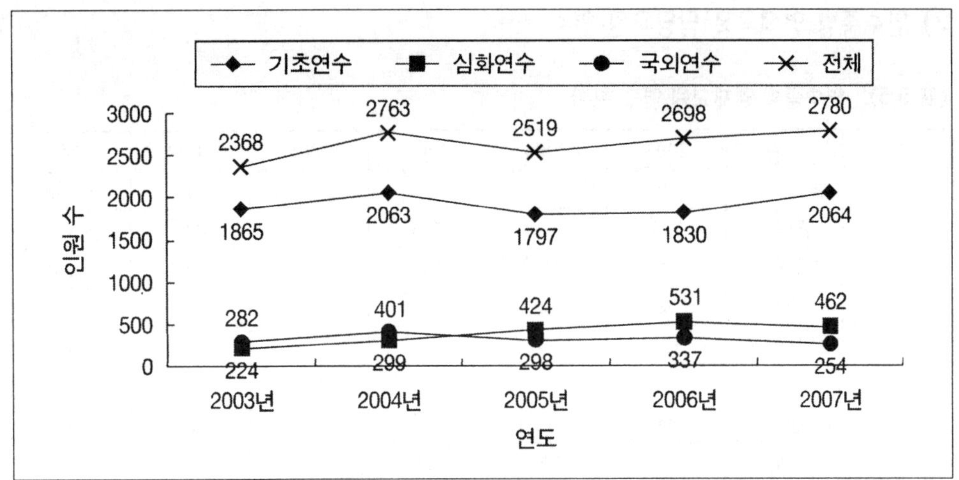

[그림 5.13] 연도별 영재교육 연수 현황

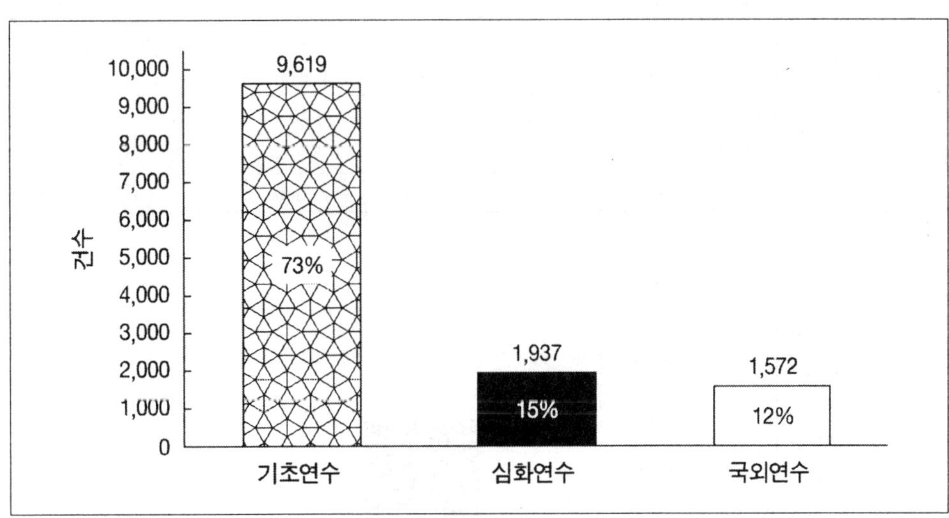

[그림 5.14] 연수종별 연수 현황

2) 연수종별 영재교육 담당교원 연수

〈표 5.5〉 연수종별 영재교원 연수 현황 (단위: 명)

구분		2003	2004	2005	2006	2007	계
기초연수	초등학교	919	1,123	1,020	953	1,017	5,032
	중학교	722	728	566	665	821	3,502
	고등학교	224	212	207	211	226	1,080
	계	1,865	2,063	1,793	1,829	2,064	9,614
심화연수	초등학교	124	160	222	294	259	1,059
	중학교	63	92	146	169	155	625
	고등학교	34	42	57	65	44	242
	계	221	294	425	528	458	1,926
국외연수	초등학교	125	144	120	158	106	653
	중학교	88	161	111	126	105	591
	고등학교	69	96	67	63	43	338
	계	282	401	298	347	254	1,582
전체	초등학교	1,168	1,427	1,362	1,405	1,382	6,744
	중학교	873	981	823	960	1,081	4,718
	고등학교	327	350	331	339	313	1,660
	계	2,368	2,758	2,516	2,704	2,776	13,122

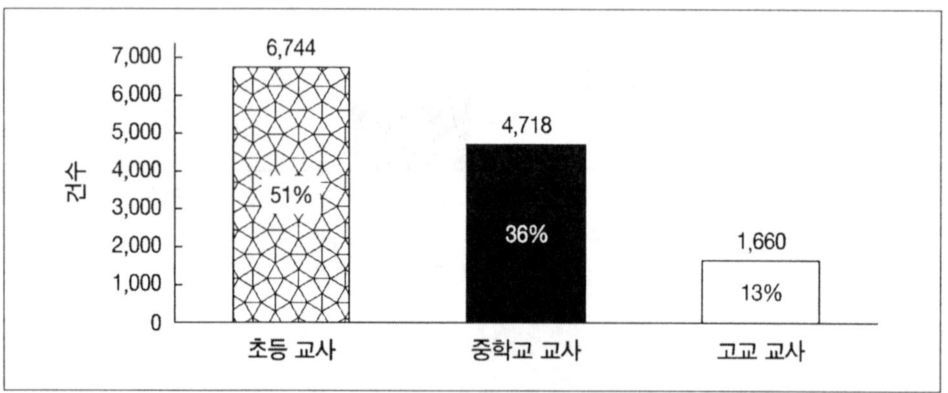

[그림 5.15] 학교급별 연수 이수현황

가) 기초연수

학교 급별 기초연수를 살펴보면 전체 9,614명의 교원이 기초연수를 이수한 것으로 나타났으며 이중 초등교사가 5,032명으로 가장 많았으며 중학교교사는 3,502명, 고교교사는 1,080명으로 상급학교로 갈수록 이수자 비율이 낮아지고 있다([그림 5.16] 참조). 이는 영재교육이 활성화되어 있고 영재교육기관이 많이 설치되어 있는 것과 큰 관련이 있다.

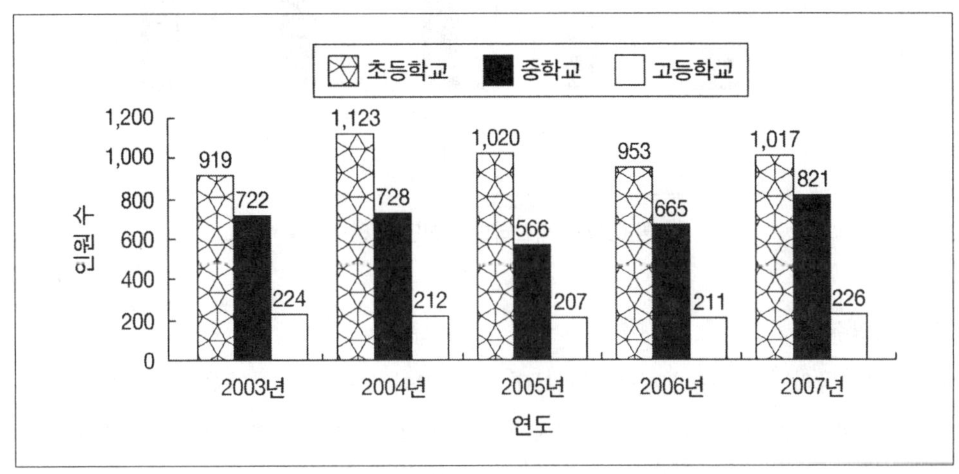

[그림 5.16] 학교급별 기초연수 이수현황

나) 심화연수

학교 급별 심화연수 이수현황을 살펴보면 1,926명의 교원이 심화연수를 이수한 것으로 나타났으며 이중 초등교사가 1,059명으로 가장 많았으며 중학교교사는 625명, 고교교사는 242명으로 기초연수와 마찬가지로 상급학교로 갈수록 이수자 비율이 낮아지고 있다([그림 5.17] 참조). 이는 영재교육이 활성화되어 있고 영재교육기관이 많이 설치되어 있는 것 뿐 아니라 대부분의 시·도교육청에서 심화연수 대상자 선정기준으로 기초연수 이수자를 대상으로 하는 것과 큰 관련이 있다.

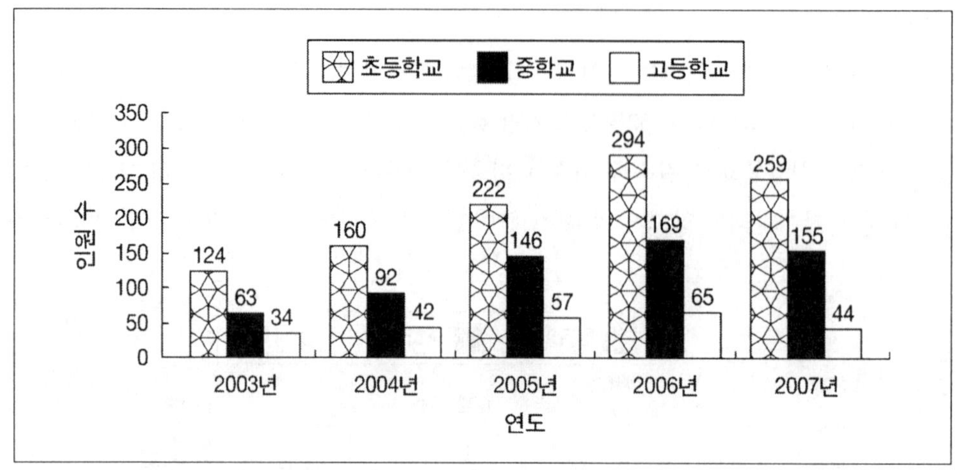

[그림 5.17] 학교급별 심화연수 이수현황

다) 국외연수

학교 급별 국외연수 이수현황을 살펴보면 1,582명의 교원이 국외연수를 이수한 것으로 나타났으며, 이중 초등교사가 653명으로 가장 많았으며 중학교 교사는 591명, 고교교사는 338명으로 나타나 기초연수와 심화연수에 비해 학교급간 차이가 크지 않은 것으로 분석되었는데([그림 5.18] 참조), 이는 국외연수의 경우 국내연수와 달리 시·도교육청 차원에서 학교급간 비율을 조정하여 실시한 요인 때문인 것으로 생각된다.

영재교육 담당교원 연수 이수현황을 대상으로 국외연수 비율을 분석해 보면 초등교사의 경우 전체 6,744명 중 약 10%정도에 해당하는 653명의 교원들이 국외연수를 실시하였으며 중학교 교사의 경우 전체 4718명 교원들이 연수를 이수하였는데 이중 15%에 달하는 591명의 교원들이 국외연수를 다녀온 것으로 조사되었다. 고등학교 교사의 경우 1,660명의 교원 중 25%에 달하는 338명의 교원들이 국외연수를 다녀온 것으로 조사되었는데 이러한 결과는 초등학교와 중학교 교원에 비해 비율이 상당히 높은 편이다. 이는 영재교육활성화 측면보다는 시·도교육청 차원에서 정책적으로 학교 급별 교원의 비율을 조정한 것이 큰 요인인 것으로 분석된다.

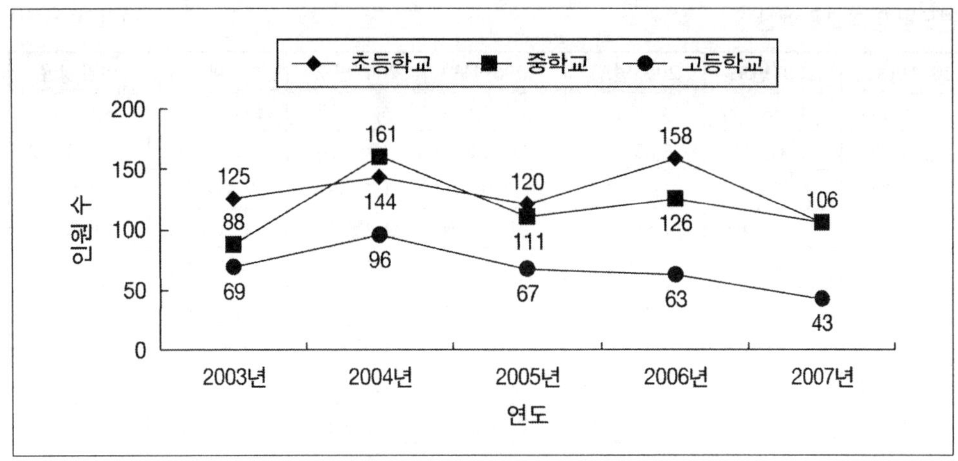

[그림 5.18] 학교급별 국외연수 이수현황

라. 영재교육예산

1) 영재교육예산 총괄

연도별 영재교육예산을 살펴보면 영재교육 시행초기인 2003년도에 113억 여 원에 달했던 영재교육 예산이 1차 영재교육진흥종합계획이 마무리되는 시점이 2007년도 시도교육청에서 영재교육에 투자한 예산은 286억 여 원으로 5년 사이에 약 150% 증가한 것으로 나타났다([그림 5.19], 〈표 5.6〉 참조).

지방교육 재정이 어려운 상황에서 시·도교육청에서는 우수인재 양성을 위한 영재교

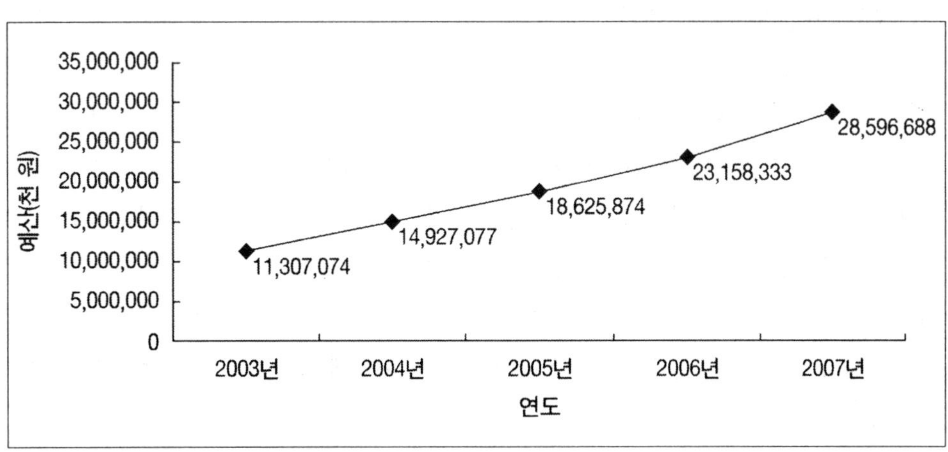

[그림 5.19] 연도별 영재교육 예산 현황

〈표 5.6〉 연도별 영재교육 예산 (단위: 천 원)

교육청	2003년도	2004년도	2005년도	2006년도	2007년도	계	연간평균
서울	2,505,454	3,258,138	3,167,000	3,527,696	3,387,344	15,845,632	3,169,126
부산	1,381,358	1,869,756	2,653,901	3,024,686	3,787,108	12,716,809	2,543,362
대구	959,780	1,456,496	1,410,724	1,730,511	1,786,816	7,344,327	1,468,865
인천	821,379	840,015	1,316,301	1,065,319	1,268,118	5,311,132	1,062,226
광주	495,106	510,559	459,279	396,502	242,453	2,103,899	420,780
대전	765,380	762,740	880,898	939,944	961,377	4,310,339	862,068
울산	385,620	660,454	478,052	707,520	1,073,562	3,305,208	661,042
경기	487,000	969,025	2,146,000	4,008,260	5,298,147	12,908,432	2,581,686
강원	285,771	662,914	798,397	1,101,976	1,294,304	4,143,362	828,672
충북	449,119	443,408	589,360	705,020	689,140	2,876,047	575,209
충남	181,000	315,270	523,500	1,239,050	2,115,200	4,374,020	874,804
전북	502,067	536,546	861,743	1,140,242	1,173,368	4,213,966	842,793
전남	1,428,955	1,528,591	1,556,070	1,743,452	1,838,335	8,095,403	1,619,081
경북	125,055	336,940	360,664	432,674	1,432,736	2,688,069	537,614
경남	427,300	551,947	1,005,905	1,047,301	1,823,300	4,855,753	971,151
제주	106,730	224,278	418,080	348,180	425,380	1,522,648	304,530
계	11,307,074	14,927,077	18,625,874	23,158,333	28,596,688	96,615,046	19,323,009
평균	706,692	932,942	1,164,117	1,447,396	1,787,293	6,038,440	1,207,688

육을 주요 정책으로 설정하여 지속적으로 예산을 늘여나가고 있는 것은 긍정적으로 판단할 수 있다.

2) 세부항목별 영재교육 예산

시·도교육청 영재교육 예산을 세부 항목별로 살펴보면 그림과 같이 영재학급 및 영재교육원 등 영재교육기관 운영비가 전체 예산의 77%(739억 원)를 차지하고 있으며, 교사연수, 워크숍 등 교원 전문성 신장을 위한 예산이 14%(130억 원)를 차지하고 있어 영재교육기관 운영과 전문성 신장에 91%의 예산이 집중 되고 있음을 알 수 있다([그림 5.20], [그림 5.21], 〈표 5.7〉 참조). 이어서 교수·학습자료 개발 및 영재교육대상자 선발 도구 개발에 6%의 예산이 투자되었다. 실제적으로 영재교육기관 운영에 대부분의 예산이 소요되고 있으므로 교원 전문성 신장이나 프로그램 운영에 필요한 자료개발 등에 소요되는 예산은 미흡한 실정이다.

따라서 교수·학습자료 및 선발도구는 시·도교육청이 공동으로 개발하는 등 한정된 예산을 효율적 사용뿐 아니라 교수·학습 자료의 질적 수준을 높이는 방안을 강구하는 것이 필요하다.

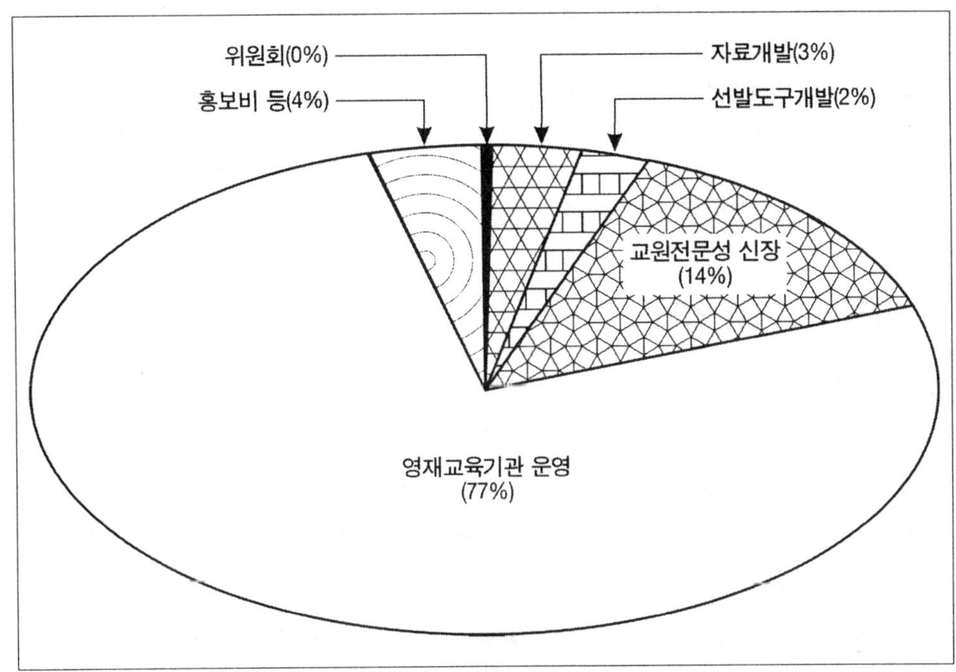

[그림 5.20] 세부항목별 영재교육 예산 현황(1)

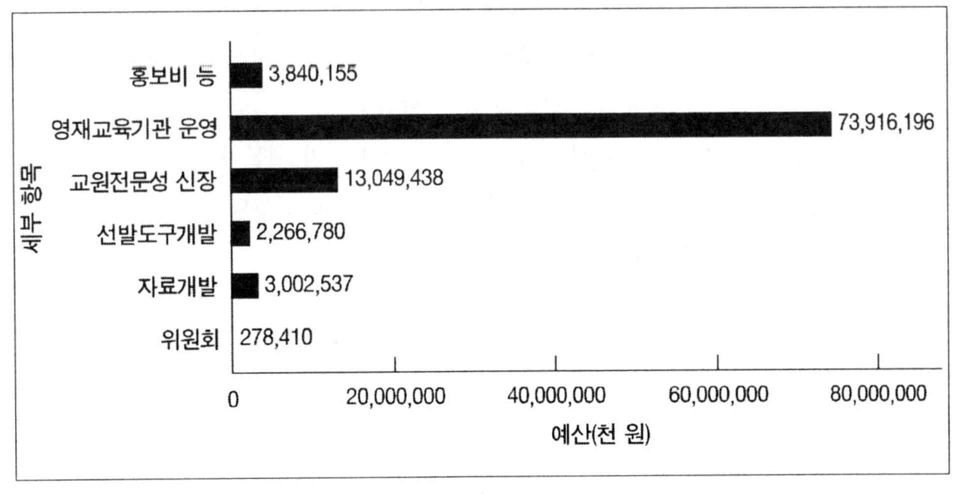

[그림 5.21] 세부항목별 영재교육 예산 현황(2)

〈표 5.7〉 세부항목별 영재교육 예산 (단위: 천 원)

교육청	2003년도	2004년도	2005년도	2006년도	2007년도	계	연간평균
위원회	54,846	62,370	59,741	55,691	45,762	278,410	55,682
자료개발	343,526	601,901	770,041	646,260	640,809	3,002,537	600,507
선발도구	278,326	434,605	403,810	595,314	554,725	2,266,780	453,356
교원전문성	2,197,562	2,403,511	2,626,883	2,673,139	3,148,343	13,049,438	2,609,888
기관운영	8,315,658	11,190,660	14,225,962	18,228,158	21,955,758	73,916,196	14,783,239
홍보비 등	117,156	237,030	539,307	699,371	2,247,291	3,840,155	768,031
계	11,307,074	14,930,077	18,625,744	22,897,933	28,592,688	96,353,516	19,270,703

마. 영재교육기관 평가

1) 영재교육기관 평가 총괄

영재교육에 있어 가장 중요한 것 중의 하나는 영재교육 프로그램의 질적 수준을 유지하는 것이다. 이를 위해서는 우수한 교원뿐 아니라 학생들의 영재성을 계발할 수 있는 프로그램 등이 필수적이다. 또한 정기적으로 영재교육기관 운영평가를 통해 영재교육의 질적 수준을 담보할 필요가 있다.

시·도교육청 영재교육기관 평가 현황을 살펴보면 2003년도에 전체 영재교육기관 399기관 중 68개 기관만이 영재교육기관평가를 받는 등 그 비율이 17%에 불과했으나 2007년도에 들어서는 영재교육기관 686기관 중 38.6%에 달하는 265개 기관이 영재교육기관 평가를 받는 등 그 비율이 점점 증가하고 있는 추세이다(〈표 5.8〉 참조). 그러나 아직도 운영 중인 많은 영재교육기관에 대한 평가 작업이 이루어지고 있지 않아 영재교육의 질적 수준을 담보하는 데 한계가 있음을 알 수 있다.

또한 영재교육기관평가를 위한 세부 평가기준이나 평가 전문가들이 부족하여 평가를 한 경우도 개선방안에 대한 뚜렷한 해결책을 제시하거나 컨설팅 기능을 제대로 수행하는 데 있어 한계가 있다고 보인다.

〈표 5.8〉 영재교육기관 평가 현황

구분	영재교육기관	2003년도	2004년도	2005년도	2006년도	2007년도	전체
전체	영재학급	27	71	107	142	171	518
	영재교육원	41	65	96	111	94	407
	계	68	136	203	253	265	925
기관총수	영재학급	247	236	273	323	410	1,489
	영재교육원	152	178	214	251	276	1,071
	계	399	414	487	574	686	2,560
평가비율	영재학급	10.9	30.1	39.2	44.0	41.7	34.8
	영재교육원	27.0	36.5	44.9	44.2	34.1	38.0
	계	17.0	32.9	41.7	44.1	38.6	36.1

2) 영재교육기관별 평가 현황

가) 영재학급 평가 현황

연도별 영재학급 평가 현황을 살펴보면 2003년도에 영재학급 평가를 받은 기관이 10.9%인 27개 기관에 불과했으나 2007년도에는 171개 기관으로 증가하였다([그림 5.22] 참조). 이는 전체 영재학급의 약42%에 이르는 기관이 평가를 받은 것으로 그 비율이 점진적으로 증가하고 있는 것은 영재교육의 질적 수준을 담보한다는 면에서 다행스런 일이다. 그러나 아직도 60%에 달하는 영재학급의 경우 그 프로그램 운영에 대한 평가를 받은 적이 없는 것으로 나타나 이에 대한 개선책이 모색되어야 할 것으로 생각된다.

연도별 영재교육원 평가 현황을 살펴보면 2003년도에 영재교육원 평가를 받은 기관이 27%인 41개 기관에 불과했으나 2007년도에는 94개 기관으로 증가하였다([그림 5.23]

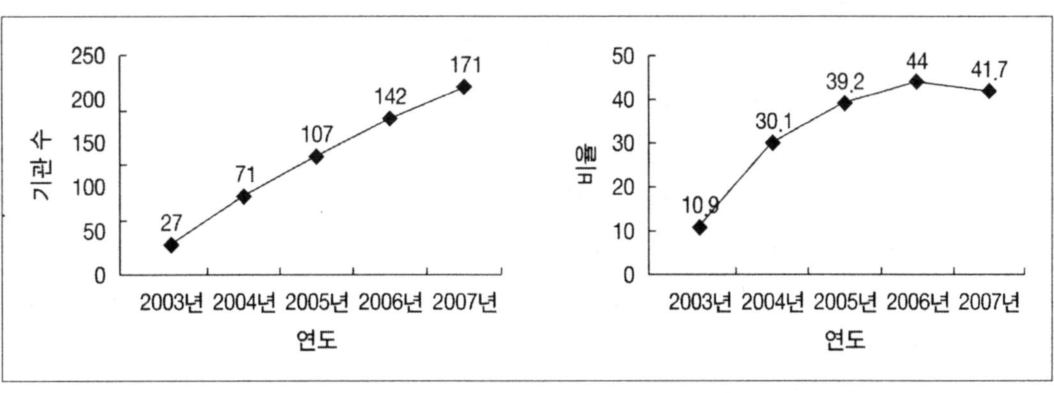

[그림 5.22] 연도별 영재학급 평가 현황

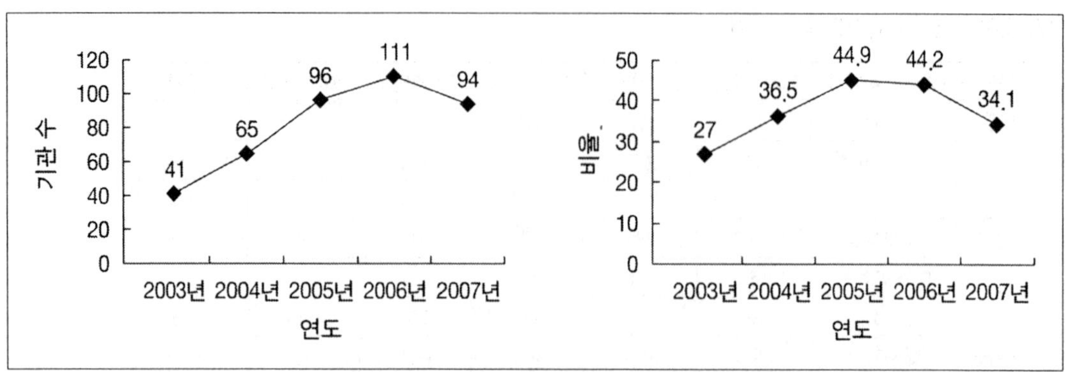

[그림 5.23] 연도별 영재교육원 평가 현황

참조). 이는 전체 영재교육원의 34%에 이르는 기관이 평가를 받은 것으로 나타나 영재학급과 마찬가지로 그 비율이 점진적으로 증가하고 있는 것은 영재교육의 질적 수준을 담보한다는 면에서 다행스런 일이다. 그러나 아직도 65%에 달하는 영재교육원의 경우 그 프로그램 운영에 대한 평가를 받은 적이 없는 것으로 나타나 이에 대한 개선책이 모색되어야 할 것으로 생각된다.

2. 영재교육 성과 및 반성

가. 성과

교육의 형평성과 수월성 중 어디에 더 가치를 부여 하느냐는 그 시대 및 사회와 국민의 요구를 종합적으로 분석하여 판단해야 할 문제임과 공시에 어느 것을 더 가치 있게 보느냐와 어느 것을 소홀히 하느냐는 별개의 문제이다

현재 우리나라 교육을 비판하는 것 중의 하나가 너무 형평성을 추구하는 정책을 수립·추진하는 것이 아닌가 하는 것이다. 세계 각국은 우수인재 육성을 위해 수월성 교육에 정책역량을 결집하고 있는 추세에 비추어 우리 교육이 수월성 교육을 강화하는 부분에서 미흡한 것이 아닌가 하는 것이다.

그러나 이러한 부분을 보완함과 동시에 잠재능력이 뛰어난 학생에게 특별한 교육을 제공하기 위해 2002년 공교육 차원에서 영재교육이 시행된 이래 영재 교육은 괄목할 만한 성과를 거둔 것으로 나타났다.

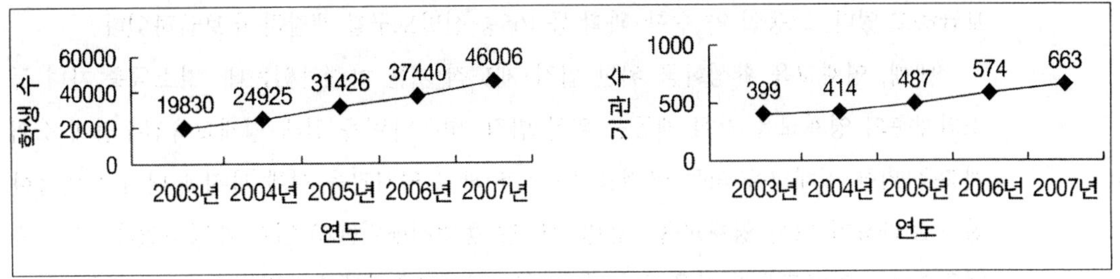

[그림 5.24] 연도별 영재교육대상자 현황 및 영재교육기관 운영 현황

첫째, 영재교육의 양적·질적 성장 기반이 마련되고 영재학교, 영재교육원, 영재학급 등 다양한 유형의 영재교육기관 설치·운영하여 학생들에게 영재교육 기회를 제공하고 있다. 영재교육대상자 변화 추이를 살펴보면 2003년도에 19,830명이던 것이 2007년도에는 46,006명으로 증가하였으며 영재교육기관 수에 있어서도 2003년도 399기관에서 2007년도 663기관으로 늘어났으며([그림 5.24] 참조), 특히 지역교육청 별 최소 1개 이상 영재교육기관 운영 기반 마련되었다. 또한 2005년도 한국교육개발원에서 연구한 영재교육강화사업 성과평가 연구결과를 살펴보면 일반교육에 비해 학생·학부모의 영재교육 만족도 높은 것으로 조사되었다. 영재교육 만족도는 학생(73.2%), 학부모(72.6%)로 모두 일반교육(약 60%)보다 높게 나타났다.

둘째, 영재교원 연수, 국제심포지엄, 워크숍 개최 등 영재교육 담당교원 전문성 강화 노력 경주하였으며 단계별·특성별 영재교육 담당교원 연수 과정 개설·운영하여 맞춤형 연수가 이루어졌다. 영재교원 연수 이수현황을 살펴보면 2003년도에 2,368명이던 것이 2007년 현재 13,128명으로 크게 증가하였으며 시·도교육청 및 교육개발원등에서 기초연수(60시간, 시·도교육청), 심화연수(120 시간, KEDI), 국외연수(KEDI 및 시·도교육청) 등이 지속적으로 이루어지고 있다.

또한 해외 유수 영재교육기관 간 국제심포지엄, 전국 규모 워크숍 및 시·도교육청 자체 워크숍 등을 통한 영재교육 이해 확산에 노력하고 있으며 '05년부터 매년 국제심포지엄 개최(이스라엘, 싱가포르, 미국 등 참여)하여 영재교육 담당교원의 전문성 신장 뿐 아니라 해외 영재교육 동향에 대한 정보를 얻는 기회를 제공하고 있다.

셋째, 영재교육 정착을 위한 영재교육대상자 선발도구 및 교수·학습자료 개발 노력하고 있으며, 수학, 과학, 예술, 정보 등 분야별 영재교육 교수·학습 자료 251종을 의 지속적 개발·보급하는 한편 학생들의 영재성 측정을 위한 창의적 문제해결력 도구 개발·

보급하고 있다. 그동안 약 수학·과학 등 165종 선발도구를 개발하여 보급하였다.

넷째, 영재교육 활성화를 위한 법적·제도적 기틀 마련하였는데, 저소득층 자녀 등 소외계층의 영재교육 기회 제공을 위한 법적 기반 마련을 위해 영재교육진흥법에 소외계층을 위한 영재교육 의무 규정을 신설('05)하고 영재교육 시행 과정에 나타난 미흡한 점을 보완하기 위한 영재교육진흥법('05) 및 동법시행령('06) 일부 개정하였다. 그 주요 내용으로는 영재교육의 자율성 확대를 위해 영재교육대상자 선발권을 시·도교육감에서 영재교육기관의 장으로 변경하는 한편 사회·경제적 이유로 잠재력이 충분히 발현되지 못한 영재를 선발하기 위하여 별도의 선발 절차 마련 등에 관한 조항 신설하고 영재교육 특례자 제도 및 영재교육연구원을 영재교육 담당 교원 연수기관으로 지정 가능 조항 신설, 영재 교육 종합데이터베이스 구축·관리 규정 신설하였다.

다섯째, 중앙영재교육진흥위원회 구성('02) 및 KEDI 영재교육센터를 영재교육연구원으로 지정('02)하여 우수인재 양성을 위한 영재교육 행·재정 지원체제 구축에 노력하였으며 과기부, 문화부 등 관련 부처의 영재교육 참여 강화하고 있으며 과기부는 KAIST를 과학영재교육연구원으로 지정, 25개의 대학부설과학영재교육원 운영하고 있으며 문화부는 한국예술종합학교 부설 예술영재교육연구원 운영하고 있다. 또한 국가 및 지자체의 영재교육 관련 예산 지원 증대되었는데 영재교육 예산 변화 추이를 살펴보면 2003년 238억 여 원에 불과하던 예산이 2007년의 경우 515억 여 원으로 크게 늘어났다([그림 5.25] 참조).

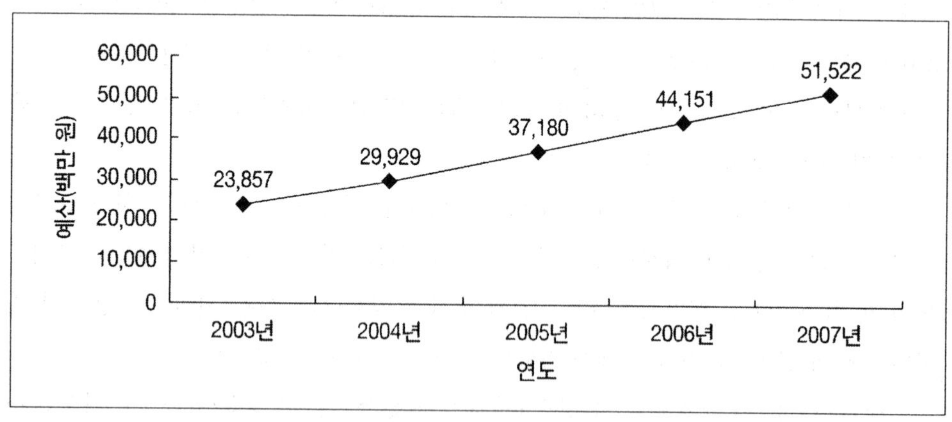

[그림 5.25] 연도별 예산 현황

나. 반성

2003년 공교육 차원에서 영재교육이 본격 시행된 이래 영재교육대상자, 영재교육기관, 예산의 획기적 확대 등 양적 성장을 통해 가시적인 성과를 거두었으나, 시행초기의 법·제도적 기반 미비에 따른 문제점도 함께 대두되고 있다.

첫째, 영재교육기관 운영 프로그램 평가를 위한 국가적 기준이 마련되지 않아 영재교육의 질적 수준의 제도적으로 관리하는 것이 어려워 영재교육의 질적 수준 담보가 미흡한 것으로 나타났다. 이는 영재교육기관 자체평가 비율을 살펴보면 잘 드러난다. 영재교육기관평가 실시비율이 2007년 현재 영재학급의 경우 41.7%, 영재교육원의 경우 34.1%만이 평가를 실시하고 있는 것으로 조사되고 있다.

둘째, 영재교원 연수 이수자 배치·관리 전략 미비에 따른 영재교육 담당교원 전문성 축적 및 영재교육 질 제고 미흡을 들 수 있는 데 실제 영재교육 기관에 영재교육 단당교원 연수를 이수한 교원이 배치되어 있는 비율이 68%에 불과한 등 영재교육 담당교원 관리에 많은 문제점이 있는 것으로 나타나고 있다.

셋째, 고등학교 급 영재교육기관 부족 및 고등교육과의 연계 미흡으로 영재교육 기회가 단절되는 사례 발생지속적인 영재교육 기회 제공 부족한 것으로 나타나고, 정책 여건 변화에 따른 영재교육 정책 비전 및 전략 제시가 미흡 하였다. 즉, 지자체의 영재학교 운영 수요 증대되고 있으나 타 정책과 맞물려 정책 결정 지연되는가 하면 체계적인 정책·지원체제가 이루어지지 않아 시·도교육청별 특성화·자율화된 영재교육 추진에 다소 어려움이 발생한 것으로 보인다.

넷째, 영재교육 영역 편중 및 대상자 선발 시기가 늦이 영재교육 기회 부족영재교육 프로그램의 제한적 운영으로 영재교육 효과 감소하였으며 다양한 영역의 영재교육 교수·학습자료 개발 부족 및 합리적인 선발도구 개발이 미흡하였다.

다섯째, 부처 간 영재교육 정책을 조율할 정기적인 실무협의회 등 기구 구성 미흡으로 분야별 영재교육 추진 시 부처 간 연계 미비 등 관련 부처 간 협력 체제 구축이 미흡하

〈표 5.9〉 영재교원 연수 이수자 배치·관리 현황

구분	영재학급		영재교육원		교사수	이수자수 (비율)
	교사수	이수자수(비율)	교사수	이수자수(비율)		
인원	2,194	1,447 (66.0)	4,890	3,437 (70.3)	7,084	4,884 (68.9)

(교육인적자원부/16개 시·도교육청/한국교육개발원, 2007)

〈표 5.10〉 영역별 영재교육 현황('07)

구분	수학	과학	수과학	발명	정보	언어	예술	체육	인문사회	기타
학급수	621	753	736	60	203	5	76	6	20	103
학생수	11,334	12,544	14,114	1,169	3,173	1,028	1,184	114	366	980
비율(%)	24.6	27.3	30.7	2.54	6.90	2.23	2.57	0.25	0.80	2.13

였으며 또한 학부모등의 경우에도 영재교육에 대한 이해가 부족하여 영재교육을 지적 능력 우수자를 위한 교육으로 인식하는 경향이 있어 영재교육을 받기 위한 선행학습으로 영재교육 취지 왜곡하였으며 관리자 및 일반 교사들의 영재교육에 대한 이해 부족으로 잠재능력을 지닌 학생의 발굴에 한계가 노정되었다.

3. 영재교육 실시현황 및 향후계획

교육부에서 영재교육을 강화해 나가는 것은 세계 각국이 우수인재 육성을 위해 수월성 교육에 정책역량을 결집하고 있는 추세에 비추어 볼 때 자연스러운 현상이다. 우리나라의 경우 지난 2002년 영재교육진흥법 시행으로 교육정책의 한 영역으로 영재교육이 자리 잡은 이래 양적·질적 성장기반 마련과 함께 다양한 영재교육기관[49]이 운영되는 등 짧은 기간에 비해 법·제도적 기반 아래 체계적으로 추진되고 있다.

우리나라는 영재교육진흥법을 제정하여 초등학교 3학년 이상의 학생들을 대상으로 영재교육이 이루어지고 있다. 초·중학생의 경우 초·중·고 단위학교에 설치되는 영재학급과 교육청 및 대학부설로 운영되는 영재교육원을 통해서 주로 영재교육을 받고 있으며, 고등학생의 경우 과학고등학교와 영재학교를 통해 주로 이루어지는 영재교육 체계를 갖추고 있다. 2008년 현재 영재학교 1기관, 영재학급 580기관, 영재교육원 265기관이 운영되고 55,053명의 학생들에게 영재교육 프로그램을 제공하고 있다(〈표 5.11〉, 〈표 5.12〉 참조).

49) 영재교육기관에는 영재학교, 영재교육원, 영재학급이 있다. 영재학교는 정규교육과정으로 운영되는 고등학교 단계의 학교이며, 영재교육원은 시·도교육청, 대학 등에 설치되어 프로그램형태로 운영되는 영재교육기관을 말하며, 영재학급은 초·중·고 단위학교에 설치되어 방과 후에 프로그램형태로 운영되는 영재교육기관이다.

〈표 5.11〉 연도별 영재교육 수혜자 현황

연도	2003	2004	2005	2006	2007	2008
영재교육대상자수	19,830	24,224	31,100	39,011	46,006	55,053
초·중등 학생수	7,715,751	7,686,785	7,757,900	7,724,840	7,757,023	7,617,800
비 율(%)	0.26	0.32	0.40	0.50	0.59	0.72

〈표 5.12〉 영재교육기관별 현황(2008년)

구분	영재학교	영재학급	영재교육원	계
기관수	1	580	265	846
학급수	24	994	2,006	3,024
학생수	427	19,125	35,501	55,053
비율(%)	0.8	34.7	64.5	

가. 영재교육 종합적인 청사진 마련: 영재교육대상자 전체 학생의 1%까지 확대

교육부 그간 영재교육을 추진하면서 정책적인 측면에서 법령을 만들고 시행체제를 정립하는 데 주력해오면서 영재교육 기틀을 마련하는 한편 영재교육을 체계화하기 위해 매 5년마다 국가차원의 영재교육 중·장기 종합 계획을 수립하고 있다. 올해에는 지난해 마련된 「제2차 영재교육진흥종합계획('08~'12)」의 중·장기적인 계획 아래 영재교육을 활성화하기 위한 영재교육 기관 및 대상자 확대, 대학단계 연계프로그램 운영, 과학영재학교 확대 등 다양한 시책을 마련 추진하고 있다. 이를 통해 개인의 잠재능력을 최대한 계발하고 국가적으로 우수인재를 체계적으로 발굴·육성하고자 한다.

영재교육 저변 확대를 위해 영재학급·영재교육원 등 영재교육기관을 점진적으로 늘려 궁극적으로는 전체 초·중·고생의 1%(약 7만 명)까지 영재교육 기회를 제공하고 영재교육 영역도 수학·과학뿐 아니라 예술, 발명, 인문사회 분야까지 다양화해 나갈 계획이다. 또한 '08년 9월 개원하는 한국예술영재교육원과 함께 예술영재학교 설립도 문화체육관광부와 함께 검토해 나가는 한편 예술 분야 영재교육을 체계적으로 추진하기 위해 문화체육관광부와 공동으로 「예술영재교육 종합계획」을 수립할 계획이다.

그리고 지역의 여건에 따른 영재교육 특성화를 위해 해당 지역별 영재교육기관 간 연계 및 역할 분담을 강화하고 학생, 교원 등을 위한 독자적·종합적 영재교육 및 지원체제를 마련하여 교육청의 영재교육 역량을 높여나갈 것이다.

나. 과학영재학교 확대: 과학영재학교 4개로 확대, 한국과학영재학교 KAIST 부설화 추진

연구·실험중심의 과학영재학교를 4개까지 확대하는 한편 2003년에 설립된 한국과학영재학교의 KAIST 부설화를 추진한다. 2008년 4월에 서울과학고등학교를 과학영재학교로 지정하여(2009년 3월 개교) 120명의 신입생 선발을 마치는 등 개교 준비를 정상적으로 추진하고 있다. 이와 함께 2008년 말에 영재학교를 추가로 1~2개 지정할 계획으로 2008년 10월 과학고등학교를 대상으로 영재학교 전환 희망 신청을 받아 교육과정 운영, 교원확보, 시설 등을 평가(서면, 방문)하여 영재교육 여건이 갖춰진 1~2개 과학고등학교를 선정한 후, 11월에 중앙영재교육진흥위원회 심의 거쳐 2002년 12월 18일 경기과학고(2010년 개교)와 대구과학고를 영재학교(2011년 개교)로 지정하여 고등학교 단계의 과학영재교육을 보다 확대해 나갈 계획이다.

과학영재학교 확대와 함께 2003년에 개교한 한국과학영재학교(前 부산과학고)의 KAIST 부설화를 추진하여 보다 이상적인 영재교육 환경을 마련하고 새로 설립되는 다른 영재학교들을 선도해 나갈 것이다. KAIST 부설화가 추진되면 고등학교-대학연계 교육과정 운영, 대학의 인력·시설 등 우수한 인프라 활용 및 접근성 제고, 전국 단위 우수교원 확보 등으로 보다 수준 높은 영재교육을 실시하고 우리나라 과학영재교육을 선도해 나갈 수 있을 것이다. 이를 위한 한국과학기술원법이 2009년 1월 13일 국회 본회의를 통과한 후 2009년 2월 6일 공포하였다.

다. 과학고발전방안: 과학고생 떡잎(창의력·잠재력)보고 뽑는다

영재학교를 확대하는 한편 실질적인 영재교육을 실시하고 있는 과학 고등학교에 대한 정책적 지원도 강화된다. 우선, 과학고 학생 선발방식을 단순한 성적 우수자보다는 창의력, 탐구력, 잠재력을 평가하는 방식으로 개선해 나갈 것이다. 영재교육 내실화를 위해 학생 선발 방법 개선, 교육과정 개편, 교사전문성 향상, 정부지원 확대 등을 포함한 「과학고등학교 발전방안」을 마련, 교육청, 과학고 관계자 등의 현장의견 수렴을 거친 후 고등학교 단계의 우수 과학인재 양성 기반을 마련해 나갈 것이다. 이와 함께 고등학교 단계의 핵심 이공계 인력을 양성하는 과학고등학교 학생 수를 현재 전체 고교생의 0.2% 수준(3,900명)에서 고등학교 단계의 영재교육 기회 확대, 연구중심 대학의 이공계 신입생 수요, 과학고에 대한 교육 수요 흡수 등을 고려, 점진적으로 규모를 확대하여 많은 학생들이 과학고에서 전문적인 과학교육을 받을 수 있는 체제도 함께 마련할 것이다.

라. 영재교육에 대한 관심과 지원이 필요한 시점이다

영재교육 필요성에 공감을 하면서도 그 부작용을 우려하는 견해가 있다. 우리 부에서는 이러한 측면을 충분히 인식하고, 예상되는 문제점을 최소화하면서 영재성 계발이란 목표를 달성하는데 주안을 두고 영재교육 정책을 추진하고 있다. 영재교육이 특정한 학생을 위한 교육이 아니라 학생 개개인이 지니고 있는 잠재력을 계발하는 모두를 위한 교육이 되어야 한다.

이러한 점에서 특히 사회·경제적 이유로 잠재력을 발현하지 못한 학생에 대한 세심한 배려가 필요하며 이들을 위한 영재교육기관이 적절하게 설치·운영되어야 한다. 우리의 경우 법령에 이들을 위한 별도 영재교육프로그램을 운영할 수 있도록 규정해 놓고 있는 것은 선진적인 제도라고 볼 수 있다.

제12조(영재교육대상자의 선정기준 등 〈개정 2006.12.21〉) ① 영재교육대상자는 영재교육기관의 교육영역 및 목적에 적합하고, 교육내용을 이수할 능력이 있다고 인정되는 다음 각 호의 어느 하나에 해당하는 자로 한다. 〈개정 2006.12.21〉

1. 표준화된 지능검사, 사고력검사, 창의적 문제해결력검사 그 밖의 소정의 검사·면접 또는 관찰의 방법에 따라 특정교과 또는 특정 분야에서 일정수준 이상의 뛰어난 재능 또는 잠재력이 있다고 인정되는 자
2. 실기검사 그 밖의 소정의 검사·면접 또는 관찰의 방법에 따라 예술적·신체적 분야에서 일정수준 이상의 재능 또는 잠재력이 있다고 인정되는 자

② 제1항에도 불구하고 사회·경제적 이유로 잠재력이 발현되지 못한 다음 각 호의 자로서 영재교육기관의 교육영역 및 목적에 적합하고, 교육내용을 이수할 능력이 있다고 인정되는 자는 영재교육대상자로 선발될 수 있다. 〈개정 2006.12.21, 2008.10.14〉

1. 「국민기초생활 보장법」 제5조에 따른 수급권자의 자녀
2. 「도서·벽지 교육진흥법」 제2조에 따른 도서·벽지에 거주하는 자
3. 「장애인 등에 대한 특수교육법」 제15조에 따른 특수교육대상자

4. 행정구역상 읍·면 지역에 거주하는 자
5. 그 밖에 사회·경제적 이유로 교육기회의 격차가 발생하였다고 인정되는 자

영재교육의 질적 수준을 국가에서 제도적으로 관리하기 위해 매년 영재교육기관에 대한 평가를 실시하고 영재교육대상자 선발도구와 교수·학습 자료의 개발·보급을 위한 지원도 강화하고 있다.

또한 부작용을 예방하기 위해서 영재교육 전문가들의 전문적인 분석 결과를 널리 알려 영재교육에 대한 이해를 구하는 한편, 실제 영재교육 프로그램 운영에서 부작용을 예방할 수 있도록 하고 있다. 이로써 영재교육이 개인의 잠재력을 올바르게 성장시키는 하나의 교육제도로 조심스럽게 정착되도록 각계 전문가들이 지혜를 모아야 한다. 그리고 학교와 가정, 사회의 영재교육에 대한 오해를 바로잡기 위해 다양한 대상을 위한 홍보 전략을 수립하여 추진해 나가고 있다.

제 6 장

영재교육진흥법령의 이해

1. 영재교육진흥법

가. 입법취지와 제정경과

1) 입법취지

영재교육은 그간 "국가 경쟁력 강화"라는 국가적인 측면과 "교육기회의 형평성 제고"라는 개인적인 측면에서 논의가 이루어져 왔다. 특히, 영재교육진흥법의 제정 등 국가 차원에서 영재교육을 법제화하면서 추진하게 된 가장 큰 이유는 "한사람의 영재가 수백만 명을 먹여 살릴 수 있다"라는 이유, 즉 창의적인 인재의 육성·활용이 21세기 지식기반사회의 국가경쟁력을 좌우한다는 사실 때문이다.

그러나 국가적인 측면이 부각된 반면에 영재교육을 실시하는 두 번째 이유 즉, 개인적인 측면에서의 영재교육의 필요성은 간과되어 온 경향이 없지 않다.

영재교육은 우리 헌법 제31조에서 규정하고 있는 "국민의 교육기본권", 즉 "누구나", "능력에 따라", "균등하게 교육받을 권리"를 국가적 차원에서 보장하기 위한 수단이기도 하므로, 신체적·정신적 장애를 가진 학생에게 장애의 정도에 맞는 시설 등 교육여건과 교육과정을 갖추어 "공교육"차원에서 특수교육을 실시하듯이, 영재교육도 보통교육 체제하에서는 그 능력을 충분히 발휘하지 못하고, 타고난 잠재성을 사장당할 우려가 있는 학생들을 위한 "균등한 교육기회의 제공"차원에서 접근하는 하나의 방법이 될 수 있다.

따라서 영재교육진흥법령의 입법취지는 개인의 타고난 잠재력을 계발하여 소질을 최고도로 발휘하게 하는 우리 헌법의 교육기본권에 충실하고, 그 결과 우수인재를 통한 국가경쟁력 강화를 함께 도모하려는 취지이다.

2) 제정경과

영재교육에 관한 여러 논의는 학문적·사회적 필요성에 의하여 일찍이 이루어져 왔으나 국가차원에서 영재교육이 본격 논의되기 시작한 것은 1995년 "5.31 교육개혁"조치에 의하여 당시 "교육개혁위원회"의 대통령 보고서에 영재교육강화를 제안한 이후부터라고 볼 수 있다.

> 대통령보고서에는 "각 분야별 영재를 판별할 수 있는 과학적인 도구를 개발·적용하여 영재를 조기에 발견하도록 하고, 영재가 영재로서 교육받을 수 있도록 정규 학교 내의 영재교육과 영재교육기관을 통한 영재교육을 활성화하며, 연구소 또는 대학에 「영재교육센터」설치·운영을 지원한다."고 제안

이러한 제안의 영향으로 교육부에서는 1996년도부터 영재교육의 시행을 위한 체제 구축의 일환으로 한국교육개발원(KEDI)으로 하여금 기초연구, 정책연구, 판별도구 개발, 교수·학습자료, 교육과정 개발 등을 위한 "영재교육활성화 체제 구축 연구"에 착수하게 되었고, 법제상으로도 1997년 기존 교육법을 전면 개편(교육법을 교육기본법, 초·중등교육법, 고등교육법으로 개편)하면서 교육의 이념과 제도에 관한 기본원칙을 규정한 교육기본법 제19조에 국가와 지방자치단체의 책무로서 영재교육에 관한 시책을 수립·시행할 의무규정을 두게 되었다.

영재교육정책 추진을 위한 구체적인 법적 기반 마련은 행정부보다 오히려 국회가 주도하여 2000년 1월28일에는 이상희 의원이 대표발의한 영재교육진흥법이 제정·공포(시행은 2002년 3월1일)되었다. 동 법은 영재교육에 관한 기본사항을 규정한 기본법의 성격을 가짐과 동시에 현행 초·중등교육법에 적용되는 보통교육의 규정을 준용하지 아니하고 이를 시행령에 위임함으로써, 영재교육에 관하여는 초·중등교육법령의 규정과 달리 적용할 수 있는 가능성을 열어 놓은 특별법으로서의 성격을 가진 법률이다.

교육부는 영재교육진흥법이 제정됨에 따라 이의 차질 없는 시행을 위해 영재교육진흥법시행령 제정 작업에 착수하여 2000년 12월에 각계의 의견수렴과 공청회 등을 거쳐

영재교육진흥법시행령(초안)을 작성하였고, 한편으로는 영재교육 정책을 추진하기 위한 구체적 방안을 정립하기 위한 정책검토에 착수하였다. 특히 2001년 5월7일에는 대통령이 주재한 인적자원관계 장관 간담회에서 그 동안 교육부가 구상해 온 영재교육정책 추진방향에 대한 국무위원들간의 논의가 이루어졌는바, 동 회의에서는 영재교육정책의 기본방향을 정규학교인 "영재학교"를 통한 "소수 고급인적자원의 육성" 및 영재학급과 영재교육원을 통한 "영재교육의 기회확대와 활성화"로 설정하고, 교육인적자원부를 중심으로 관계부처 협의, 각계 의견수렴 등을 거쳐 영재교육체제를 정립하기로 함과 동시에, 현행 영재교육진흥법의 일부 문제조항도 개정해 나가기로 의견을 모았다.

2001년 5월부터 8월까지 교육부는 영재교육 정책방향에 따라 시·도교육청, 관련 학회, 관계부처의 의견을 수렴하기 위한 수차례의 회의를 거쳤고, 의견수렴결과를 종합하여 2001년 8월30일 인적자원개발회의 실무회의에서 부처간 협의를 거쳐 2001년 9월12일 영재교육정책 추진방안을 확정하였으며, 동 정책방향에 따라 2002년도 영재교육시행계획을 지난 2002년 4월10일 인적자원개발회의에서 확정하였다. 특히, 영재학교는 부산과학고를 영재학교로 지정(2002년 5월3일)하고, 연내에 신입생을 선발하여 내년(2003년) 3월1일 개교하도록 하였고, 각 시·도교육청에서도 기 확정된 2002년 시행계획에 따라 2002년 하반기부터 영재학급 및 영재교육원을 차질 없이 설치해 나가도록 하였다.

한편, 교육인적자원부는 그 동안 정립한 영재교육정책 추진방안을 법적으로 뒷받침하기 위하여 영재교육진흥법시행령(초안)을 수정, 전문가 협의 및 시·도교육청, 관계부처 의견조회를 거쳐 2001년 11월17일 영재교육진흥법시행령(안)을 입법예고 하였으며 동시행령(안)은 정부규제개혁위원회 심의, 법제처 심사, 차관회의, 국무회의를 거쳐 2002년 4월18일 공포·시행하게 되었다.

또한 지난 5월7일 대통령주재 인적자원관계 장관 간담회에서 논의된 바와 같이 영재교육진흥법의 일부문제 조항을 개정하기 위한 법안 개정도 동시에 추진되어, 현재 동 법률의 개정안이 법 제정 당시 법률입안자인 이상희 의원의 대표발의로 지난해 10월20일 국회에 제출되었으나. 국회사정으로 심의가 이루어지지 못하고, 폐기되었다가 2005년 관련조항이 개정되었다.

나. 영재교육진흥법의 법률적 의의와 한계

1) 영재교육진흥법의 성격: 일반법과 특별법의 공존

영재교육진흥법은 그 명칭만 보면, "진흥법"으로서 국가 또는 지방자치단체의 영재교육 진흥 책무 등 영재교육 진흥을 위한 시책 강구를 주 내용으로 하는 프로그램적 성격을 가지는 것으로 보인다. 그러나 법률의 구체적 내용을 보면 "영재교육진흥을 위한 국가의 책무" 및 이의 효과적 추진을 위한 "중앙 및 시·도 영재교육진흥위원회의 구성·운영", "영재교육기관의 설립·운영", "영재교육담당교원의 임용" 등이 망라되어 있어 영재교육이라는 특별한 영역의 교육을 공교육차원에서 실시하기 위한 기본적인 사항을 규정하고 있다.

따라서 영재교육진흥법은 영재교육에 관한 일반법이다. 그러나 영재교육진흥법이 다른 법률과 주목되는 차이점은 이러한 일반법적인 성격과 동시에 특별법으로서의 성격을 강하게 가진다는 점이다. 즉, 영재교육진흥법에서 규정하고 있는 영재교육대상자의 선발, 영재교육기관의 설치·운영 등은 새로운 교육대상자를 발굴하거나, 새로운 교육기관을 설립하는 것이 아니라, 현재 초·중등교육법령의 적용을 받고 있는 학생들을 대상으로 영재교육대상자를 선발하고, 기존의 교육기관인 학교 중에서 영재학교를 전환하거나, 신설하도록 규정하고 있는 것이 바로 영재교육진흥법이 가지는 중요한 특별법적인 성격이다.

영재교육진흥법은 새로운 학교의 종류로서 영재학교를 설정하지 않고(초·중등교육법 제2조의 규정에 의한 학교는 법률상 학교의 종류와 우리 교육의 학제를 동시에 규정한 조항임), 영재교육기관의 종류로서 영재학교를 설정하면서도 기존의 학교를 전환하거나 새로이 학교로 설립할 수 있도록 규정하고 있음. 따라서 영재학교는 기존의 초·중·고등학교의 성격을 가지면서 영재교육을 위한 새로운 학교가 되는 것임. 마치 특수 목적 고등학교가 고등학교의 하나의 종류이지 새로운 학교의 종류가 아닌 것과 유사한 것이다.

따라서 영재학교에 대하여는 영재교육 관계법령에서 영재교육이라는 목적을 달성할 수 있도록 초·중등교육법에 대한 특례를 규정할 수 있어야 본래의 입법취지를 제대로 살릴 수 있다. 동일한 이치로 학생선발, 영재교육담당교원의 임용 등에서도 다른 기본법제를 개정하지 않고 영재교육 시행을 위해 특별히 필요한 사항만을 규정하고 있음. 그러므로 영재교육진흥법은 초·중등교육법과 달리 적용되는 부분에 있어서 초·중등교육법령의 특별법으로서의 성격을 지닌다.

이러한 특별법적 성격이 큰 의미를 지니는 것은 초·중등교육체제에 일반적으로 적용되는 교육관계 법령이 영재교육의 영역에서는 법령이 정하는 바에 따라 달리 적용할 수 있다는 것을 의미함과 동시에, 이는 입법권자의 의지에 따라 영재교육정책을 초·중등교육정책과 달리 꾸려나갈 수 있음을 뜻하는 것이기 때문이다.

2) 영재교육진흥법의 위임조항과 그 한계

영재교육진흥법은 그 입법취지와 규정내용상 초·중등교육관계법령에 대한 특별법임을 알 수 있으나, 구체적인 법조문 어디에도 초·중등교육법령의 어느 규정을 달리 적용한다는 내용이 명확히 규정되어 있지 않다.

대신 영재교육진흥법은 특별법적인 내용을 본문에서 상당부분 하위법령에 위임하고 있으며, 이는 영재교육의 특성을 최대한 구현하기 위하여 타 법령에 얽매인 경직적 법 시행을 예방하기 위한 입법자의 취지가 담겨져 있기 때문인 것으로 여겨진다. 예를 들어 법 제6조에서는 영재학교의 설립과 관련된 내용을 규정하면서 이를 초·중등교육법령에 의한 학교와 어떠한 관계를 가지는 지를 규정하지 아니하고, 동법 제9조에서 "영재교육기관의 설립·설치기준 및 운영방법 등에 관하여 필요한 사항은 대통령령으로 정한다"라고 규정하고 있다.

따라서 시행령을 입안할 권한과 책임이 있는 행정부는 입법권자의 입법취지에 따라 영재교육기관의 설립과 운영에 관한 사항을 위임받고 있으므로, 현행 초·중등교육법령의 예외사항을 시행령에 규정한다 하더라도 이것이 영재교육진흥법에서 위임한 영재교육기관의 설립과 운영에 관하여 필요한 사항이라면 "하위법의 상위법 위반 금지"에 저촉되지 아니하는 범위 내에서 이를 달리 규정할 수 있다고 볼 수 있다.

그러나 한편으로 법 제9조의 방식과 같은 위임은 입법기술상 바람직한 것이 아니며, 또한 법률제정의 내재적 한계인 "포괄적 위임의 금지"에 저촉될 우려가 있으므로, 법률개정을 통해 구체적으로 하위법령에 위임하는 내용의 기준과 범위를 정하여야 할 것으로 판단된다.

3) 영재교육기관별 법적 성격과 적용조항 간 관계

영재교육진흥법 제2조 및 제12조에서는 초·중등교육법상의 "학교" 및 "교원"과 성격을 달리하는 "교육기관"과 "영재교육기관의 교원"에 대하여 규정하고 있다. 영재교육이 영재교육기관에서 영재교육교원에 의하여 이루어진다는 것을 감안할 때, 영재교육법상의 교육기관과 담당교원이 초·중등교육법과 어떠한 점이 다르고, 이에 따라 시행령에서 이들에 대하여 어떻게 규정할 것인가는 매우 중요한 문제이다.

초·중등교육법상의 교육기관은 동법 제2조의 규정에 의한 "학교"임. 이에 비하여 영재교육법상의 교육기관은 "영재학교", "영재학급" 및 "영재교육원"의 3기관을 통칭하는 용어이다. 이중 영재학교는 동법 제2조제4호에서 "영재교육을 위하여 설립·운영되는 고등학교 과정 이하의 학교"이므로 영재학교가 어떠한 학교급의 과정을 가르치는가에 따라 동 학교는 영재교육진흥법상의 영재학교로서의 법적 지위를 가짐과 동시에 초·중등교육법상의 초등학교, 중학교, 고등학교 중 하나의 학교의 지위를 가지게 된다.

영재학교가 하나의 과정이 아닌 여러개의 과정, 예를 들어 중학교와 고등학교의 과정을 모두 가르치게 되면 이는 초·중등교육법상의 학교의 하나가 아니라 예컨대 중·고학교와 같은 새로운 학교가 아니냐는 의견이 있을 수 있으나, 이는 중학교와 고등학교의 시설·교원 등을 통합하여 운영하는 학교(초·중등교육법 제30조)일 뿐, 법적 지위는 중학교와 고등학교로서 각각의 지위를 가지게 된다. 그러하지 아니하다면 이는 교육법령상의 기본학제를 변경하는 것으로 초·중등교육법 제2조의 학제에 관한 규정을 개정하거나 영재교육진흥법에서 영재학교라는 새로운 학교의 종류를 제시하여야 하나, 현행 영재교육진흥법에서는 영재학교를 고등학교 이하의 과정의 학교로 규정하고 있을 뿐 새로운 학교의 종류를 창설하고 있지는 않다.

따라서 영재학교의 설치·운영에 있어서 시행령에서 교육과정, 수업일수, 학급편성, 학년제, 학교운영위원회 등을 초·중등교육법령과 다르게 규정할 경우 이는 특별법으로서 예외규정을 규정한 것일 뿐, 그 개념은 초·중등교육법령과 동일한 것이다. 이에 반하여 영재학급 및 영재교육원은 영재교육진흥법상으로는 영재학교와 같은 영재교육기관으로서의 법적 지위를 가지나 초·중등교육법상의 학교는 아니다. 영재학급은 그 정의상 각급학교에 설치하는 학급이고, 영재교육원은 대학·공익법인 등의 부설기관이므로 학교로 볼 수 없다.

따라서 영재학급 및 영재교육원의 설치·운영에 있어서 시행령의 규정은 초·중등교육법의 예외규정을 규정하는 것이 아니라 영재교육진흥법에서 위임한 사항을 규정하는 것이다. 영재학급의 교육과정, 영재교육원의 교육과정 등 초·중등교육법상의 동일한 용어를 시행령에서 규정한다 하더라도 이는 교육기관으로서의 일반적인 용어일 뿐, 초·중등교육법상의 법적 개념을 사용하는 것이 아니다.

> 예를 들어 시행령 제33조에서 "영재교육기관의 교육내용은 학칙으로 정한다"라고 규정한 경우 "영재학교는 초·중등교육법에서 규정한 교육과정과 교과에 관한 규정에도 불구하고, 학칙으로 정한다"라는 의미이지만, 영재학급과 영재교육원은 초·중등교육법상의 교육과정과 교과를 당초부터 적용받지 아니하므로(학교가 아니므로) 예외규정이 아닌 일반규정인 것임.

영재교육기관에 두는 교원의 경우도 이와 마찬가지이다. 영재교육기관은 영재교육진흥법상 교원을 두나 각 기관의 성격별로 교원의 성격이 달라지게 된다. 영재학교는 초·중등교육법상 학교이므로 그 소속 교원은 초·중등교육법상의 교원이나(시행령 제28조의 규정에 의하여 대학교원 등이 파견 및 겸임 근무하는 경우는 제외) 이에 반하여 영재교육원은 초·중등교육법상 학교가 아니므로 영재교육원의 교원은 영재교육기관의 교원일 뿐 초·중등교육법상의 교원이 아니다 (따라서 시행령 별표 2에서는 "교사"가 아닌 "강사"라는 명칭을 사용하고 있음) 영재학급에 두는 교원은 영재학급이 초·중등교육법상 학교는 아니나 각급학교에 설치되는 학교이므로 영재학급을 둔 학교의 소속교원이 담당할 수밖에 없어 초·중등교육법상의 교원이 된다. 따라서 시행령에서는 영재교육기관에 두는 교원을 각각 분리하여 규정하고 있고, 그 임용자격도 상 이하며, 복무·보수 등도 각각 그 지위에 맞도록 교육공무원법을 적용하거나 임용권자가 정하도록 규정하고 있다(시행령 제26조, 제27조).

4) 영재교육진흥법의 개정 필요조항

영재교육진흥법은 그 입법취지상 초·중등교육법령의 특별법으로서의 성격이 분명함에도 이를 명확히 하는 규정이 없고, 특별법으로서 정할 내용의 많은 부분을 하위법령에 위임하여 포괄위임금지에 저촉될 우려가 있다는 점과 영재교육을 시행함에 있어서 다음과 같은 문제를 내포하고 있다고 본다.

※ **영재교육진흥법 제5조(영재교육대상자의 선정)**

① 고등학교과정 이하의 각급학교에 취학한 자 중에서 다음 각호의 1의 사항에 대하여 뛰어나거나 잠재력이 우수한 사람 중 영재판별 기준에 의하여 판별된 사람을 영재교육대상자로 선정한다.

1. 일반 지능

2. 특수 학문 적성
3. 창의적 사고 능력
4. 예술적 재능
5. 신체적 재능
6. 기타 특별한 재능

② 제1항의 영재교육대상자는 교육감이 시·도위원회의 심사를 거쳐 선정하되, 영재교육기관의 장에게 그 권한의 일부를 위임 또는 위탁할 수 있다.

③ 제1항 및 제2항의 규정에 의한 영재교육대상자의 판별·심사·선정의 기준 및 절차와 선정 통보 등에 관하여 필요한 사항은 대통령령으로 정한다.

※ **영재교육진흥법 제10조(영재학교 또는 영재학급의 지정·배치)**

① 영재교육대상자를 보호하는 자는 영재학교대상자가 영재학교 또는 영재학급을 둔 학교에 취학하고자 할 때에는 시·도교육감에게 학교를 지정·배치하여 줄 것을 요구할 수 있다.

② 시·도교육감은 제1항의 요구를 받은 때에는 적절한 학교를 지정·배치하여야 한다. 이 경우 다른 시·도에 소재하는 영재학교 또는 영재학급을 둔 학교를 지정·배치하고자 할 때에는 당해 시·도교육감과 협의하여야 한다.

③ 제2항의 규정에 의하여 영재교육대상자를 배치받은 학교의 장은 대통령령이 정하는 특별한 사유가 없는 한 이에 응하여야 한다.

④ 제1항 및 제2항의 규정에 의한 영재학교 및 영재학급의 지정·배치요구 등에 관하여 필요한 사항은 대통령령으로 정한다.

첫째, 동조항은 공적인 차원에서 모든 초·중·고학생을 영재와 비영재로 구분하는 위험을 초래할 수 있다. 영재교육대상자를 시·도교육감이 선정하게 되면 이는 선발권을 교육감이라는 국가기관 (영재교육이 국가주도의 사무라면 영재교육을 실시하는 입장에서의 교육감은 국가기관이다)이 행사하게 되어 학생들을 영재와 비영재로 나누는 결과가 된다.

영재성의 판별은 특수교육진흥법에서 특수교육대상자를 판별하듯이 비교적 뚜렷한 판별기준에 의하여 판별되어지는 것도 아니고 그 범위와 수준차이가 매우 심한 상태에서, 영재교육대상자를 교육감이 선발하면, 대부분 영재로 선발되지 못하는 것이 당연한 정상적인 학생들을 엉뚱하게도 "비영재"로 낙인하는 결과를 초래할 수 있는 것이다.

둘째, 동 조항은 영재성의 변화를 반영하지 못하고 있다. 영재성은 각 개인별로 수준차이가 매우 심하고, 아동의 발달단계에 따라서 일찍 발현되기도 하고, 늦게 나타나기도 하나, 동 조항은 영재로 선정된 학생들이 요구하는 경우 부득이한 사유를 제외하고는 영재교육기관에 배치할 의무를 교육감에게 부여하고 있어, 소위 "영속적인 영재교육의 기회제공"이라는 불합리한 권리를 부여하고 있다. 이는 우리의 교육현실상 계속적인 영재의 양성과 이에 따른 영재교육기관의 수요·공급 불일치를 가져와 국가적으로 큰 부담이 될 뿐만 아니라, 개인적으로도 영재성의 변화로 인하여 보통교육을 받는 것이 훨씬 바람직한 학생들에게 한번 영재로 판별되었다 하여 소질과 적성에 맞지 않는 영재교육을 강요하게 되는 결과를 초래할 수 있다.

셋째, 동 조항은 영재교육기관의 자율성을 침해하고 있다. 교육기관은 그 속성상 당해 기관에서 교육할 대상자를 스스로 정한 기준과 방법에 의하여 선발하는 것이 기본원칙이다. 다만, 의무교육 실시기관이나 고교평준화 지역과 같이 평준화된 교육환경·교육과정 등을 전제한 교육기관은 당해 기관의 입학정원, 학생들의 통학편의 등을 고려하여 정책적으로 국가 또는 지방자치단체가 교육기관을 배정하고 있다. 영재교육기관은 그 속성상 다양한 분야의 영재들을 대상으로 다양한 수준의 영재교육을 하는 기관이니 만큼, 모든 학생들을 대상으로 영재교육을 하지 않는 이상 그 기관의 설립목적, 교육과정, 교육내용 등에 적합한 학생을 자유로이 선발하여야 함에도 불구하고, 동 조항은 교육감이 영재교육대상자를 선발하여 이를 영재교육기관에 일괄 배치하도록 함으로써 영재교육기관의 자율성을 침해하고 있는 것이다.

이러한 문제점 때문에 제5조의 영재교육대상자 선발권을 현행 교육감에서 각 영재교육기관의 장으로 변경하였고, 제10조는 이를 삭제하도록 개정을 하게 된다.

2. 영재교육진흥법 시행령

가. 입법취지

교육인적자원부는 영재교육진흥법시행령을 다음과 같은 입법취지하에 제정하였다.

첫째, 정부방침으로 확정된 영재교육 정책방안의 시행을 위한 법적 기반을 마련하고자 하였다. 영재학교는 고등학교로 한정하여 소수의 전문인력을 육성하도록 하고, 영재학급 및 영재교육원은 그 범위를 제한하지 아니하되, 비정규교육과정으로 하여 영재교육 기회확대와 활성화를 도모하도록 하기 위한 것이다.

둘째, 영재교육기관의 자율성을 최대한 보장할 수 있도록 하였다. 현행 초·중등교육법상의 학생선발, 학사운영, 교육과정의 편성·운영에 적용되는 규정을 배제하고 대부분을 학칙으로 규정하여 영재교육기관이 자율적으로 이들 사항을 결정하여 운영할 수 있도록 하였다. (이는 특히 영재학교에 적용되며, 영재학급과 영재교육원의 경우 초·중등교육법상의 "학교"가 아니며, 비정규교육과정이므로 영재교육법령에 특별한 규정이 없는 한 원칙적으로 기관 운영은 자율임) 다만, 자율에 따르는 책임을 강조하기 위하여 영재교육기관 본래의 설립취지에 맞지 아니하다고 판단되면 위원회의 심의를 거쳐 영재교육기관의 지정을 취소할 수 있도록 하였다.

셋째, 영재교육 담당교원의 전문성을 강화하고자 하였다. 영재교육의 특수성을 고려하여 반드시 일정시간 이상의 연수를 이수한 자로 하여금 영재학교나 영재학급의 교원으로 임용될 수 있도록 하고, 정규교원으로서 영재교육 수요를 충족할 수 없는 특별한 분야의 교육을 담당하게 하기 위하여 교원자격증이 없는 자도 일정자격요건을 충족하면 강사로 임용할 수 있도록 하였고, 대학이나 정부출연연구기관의 임·직원 등도 파견 또는 겸임근무할 수 있는 길을 마련하였다.

한편, 영재교육담당교원의 사기진작과 전문성 강화를 위해 영재교육담당교원에게는 현행 전보기간제한에 대한 특례를 인정할 수 있도록 하였고, 연구비 지급, 승진 등 인사상 우대조치를 취할 수 있도록 하였다.

나. 시행령의 주요내용

영재교육진흥법시행령은 총 6장 39조, 부칙2항으로 구성되어 있으며 각 장별 주요 내용은 다음과 같다.

1) 제1장: 총칙

총칙의 주요내용은 법률에서 국가의 임무로 규정하고 있는 영재교육종합계획의 수립에 관한 내용과 절차를 규정한 것이다.

교육인적자원부장관은 관계부처와의 협의 및 중앙영재교육진흥위원회의 심의를 거쳐 영재교육진흥을 위한 종합계획을 수립 하도록 규정하고 있으며(제2조제1항) 관계부처의 장은 교육인적자원부장관으로부터 종합계획을 통보받은 때에는 그 소관업무와 관련된 시행계획을 수립·추진하여야 한다(제2조제4항)

2) 제2장: 영재교육진흥위원회

영재교육진흥위원회는 교육인적자원부에 두는 "중앙영재교육진흥위원회"와 시·도교육감 소속하의 "시·도영재교육진흥위원회"로 구분되며, 각각 영재교육정책에 관한 최고의 심의기구임과 동시에 법령상 구체적 사항에 대한 심의권한(영재학교 지정심의, 영재학급·영재교육원 지정 심의 등)을 부여하고 있다. 중앙위원회는 관계부처공무원 및 영재교육전문가로 구성하고 (제3조), 시·도 위원회는 직접적인 영재교육 정책집행의 심의 기관임을 감안, 전문가 및 이해 관계자(학부모, 기관장 등)로 구성한다(제10조).

3) 제3장: 영재교육대상자의 선정 등

본 장에서는 영재교육대상자의 선정과 관련된 선정기준 및 절차에 관한 사항을 규정하고 있다. 영재교육대상자로 선정되고자 하는 자는 재학중인 학교의 장, 지도교사 등의 주천서를 첨부하여 영재교육을 받고자 하는 영재교육기관에 제출(제11조제1항)하고 영재교육기관의 장은 선정추천심사위원회의 심의를 거쳐 추천대상자를 확정하도록 하고 있다.

영재교육대상자의 선정기준은 교과성적이 아닌 창의성을 충분히 검사할 수 있는 객관적 방법을 사용하도록 하고, 반드시 당해 영재교육기관의 교원 및 전문가로 구성된 영재교육대상자 선정추천심사위원회를 거치도록 규정(제12조, 제16조).

영재학교는 다른 고등학교보다 먼저 모집할 수도 있고, 모집지역의 제한을 받지 않으며, 영재학교에 합격하여도 다른 고등학교에 응시하여 진학할 수도 있도록 하는 등, 초·중등교육법령상의 특례를 규정하고 있으며, 입학한 후에도 다른 일반학교로의 전학도 가능하다.(제14조, 제18조) 이는 영재학교의 특성을 고려한 규정으로 영재학교 입학에 대한 자율성을 규정하여 원하지 않게 영재학교에 입학한 경우 혹은 부적응의 경우를 대비한 것이다 당초에는 영재학교에서 부적응한 학생에 대하여는 전학권고를 하거나 강제로 일반학교로의 전학을 결정할 수 있는 조항을 두었으나 이는 비교육적이고 법리적으로도 합당하지 않다는 지적에 따라 입법화하지 아니하기로 하였다.

영재학교의 입학자격은 중학교 졸업자 및 이와 동등 이상의 학력소지자로 함을 원칙으로 하되, 특히 우수한 학생의 경우 중학교 재학생도 선발신청을 할 수 있고, 선발된 자가 입학한 경우에는 당해 중학교를 조기졸업한 것으로 간주하며(제14조) 이 경우 중학교 중퇴자가 문제가 될 수 있으나 중학교 재학생이 아닌 이상 선발신청을 할 수 없다 (물론, 중학졸업 검정고시 등을 통해 중학교 졸업학력을 갖춘 경우는 가능함) 이는 의무교육기관인 중학교에서 영재학교 입학을 위해 고의로 자퇴하고, 영재학교 입학을 위한 준비에 주력하는 폐해를 막기 위한 것이다. 영재학급 및 영재교육원의 경우 비정규교육과정이므로 그 입학자격은 당해 영재교육기관이 자율적으로 결정할 사항이다.

4) 제4장: 영재교육기관의 설립 및 설치

본 장에서는 영재교육기관(영재학교, 영재학급, 영재교육원)의 설치에 관련된 제반사항을 규정하고 있다. 기존의 학교 중 영재학교로 전환하는 대상은 사실상 고등학교로 한정할 수 있도록 하고 있다. (제19조제1항) 현행법에는 영재학교의 학교급에 대하여 고등학교 이하의 각급학교 중에서 지정할 수 있도록 규정하고 있고, 그 설치·운영에 관하여는 대통령령에 위임하고 있으므로 대통령령에서 영재학교 지정절차규정을 이용하여 사실상 학교급을 고등학교로 한정한 것이다.

이는 초등학교·중학교의 경우는 의무교육기관이고 학생의 발달단계와 국민 보통교육과정을 수학하는 시기임을 감안하여 정규학교인 영재학교는 고등학교로 한정하는 것이 바람직하다는 정책적 판단에 의한 것이다.

다만, 초·중학생은 프로그램식으로 운영되는 영재학급 또는 영재교육원에서 수학할 수 있고, 특히 우수한 학생의 경우는 중학교 재학생도 영재학교에 입학할 수 있으므로 영재교육의 기회를 제약하지는 않다.

영재교육진흥법 제6조에서는 "국가는 새로이 영재학교를 설립·운영할 수 있다"라고 규정하고 있으므로 영재학교는 반드시 국립으로 하여야 한다. 따라서 영재학교의 신설은 법률 또는 대통령령으로만 가능하고 자치단체가 조례로 설치할 수 없다.

영재학교의 지정은 교육부장관이 교육감의 추천을 받아 중앙위원회의 심의를 거쳐 행하고, 지정 신청은 지정·전환을 희망하는 학교장이 하도록 하고(제19조) 영재학교의 시설·설비기준은 현행 고등학교 이하각급학교설립·운영규정(대통령령)에 의하되, 학급당 학생수는 20인 이하로 제한하고 있다(제19조제3항, 제32조제3항).

영재학급 및 영재교육원은 주 교육대상이 초등학생 또는 중학생인 점을 감안(고등학생도 영재학급·영재교육원에서 수학할 수 있음)하여 정규교육과정을 이수하지 아니하는 프로그램 형태로 설치하도록 하고 있다(안 제27조). 다만, 영재학급은 정규교육과정중 비정규교과과정인 특별활동이나 재량활동시간에 운영할 수 있고, 영재교육원의 경우에도 초·중등교육법시행령의 체험학습의 형태로 학교장의 허가를 얻은 경우 영재교육원에의 출석을 수업으로 인정할 수 있도록 함(시행령 제32조제5항, 제6항).

영재학급 또는 영재교육원의 설치·운영은 이를 설치하고자 하는 각급학교의 장(영재학급의 경우) 또는 영재교육원 설치권자가 교육감에게 설치승인을 신청하고, 교육감이 시·도위원회의 심의를 거쳐 승인하도록 규정하고 있으며(안 제20조, 제21조) 다만, 영재교육원의 경우 관계부처의 재정지원을 50% 이상 받는 경우 중앙위원회의 심의를 거쳐 관계부처의 장이 승인할 수 있도록 함(제21조제1항).

이는 영재교육원의 경우 현재의 대학부설 과학영재센터처럼 관계부처의 협조와 지원을 확대하고, 관계부처의 영재교육에의 참여를 적극 유도하기 위한 조항임.

영재학교, 영재학급 및 영재교육원은 각각 지정권자 또는 설치승인권자가 그 설치승인 또는 지정을 취소할 수 있음. 다만, 그 권리보호를 위해 시행령에서는 당해 기관의 장의 의견진술 기회부여 등을 규정하고 있다(제23조).

5) 제5장: 영재교육기관의 운영

본 장에서는 영재교육기관(영재학교, 영재학급, 영재교육원)의 자율권 부여를 기본원칙으로 학사운영, 교육과정 등에 관한 초·중등교육법령상의 특례 및 영재교육담당교원의 임용에 관한 사항을 규정하고 있음.

영재학교의 교육과정, 교과용도서 채택·사용, 학년제, 학기제, 학급편성 등은 모두 학칙으로 규정하여 자율권을 부여함(제32조, 제33조, 제34조). 동 규정에 따라 영재학교는 원칙적으로 학교운영에 관한 모든 사항을 자율적으로 운영할 수 있음. 다만, 동 사항은 학칙 규정사항이므로 초·중등교육법 제8조제1항에 의거 관할청의 인가를 받아야 하고, 또한 교육부장관 또는 교육감 영재학교에 대한 평가 및 포괄적 지도·감독권이 있으므로 사후적인 시도·감독권은 행사할 수 있다.

영재학급과 영재교육원은 비정규교육과정이므로 원칙적으로 학사운영에 관한 초·중등교육법령의 적용을 받지 아니함. 다만, 영재학급의 경우 영재학급의 학사운영도 당해 학교의 학칙으로 정하도록 하고 있으므로 관할청의 인가를 받아야 한다. 영재학교 및 영재학급에서 영재교육을 담당하는 교원은 별표1의 임용기준을 갖춘 교원중에서 임용권자가 임용하도록 하며(제25조제1항) 이 경우 교육전문직원, 일반학교의 교원등을 파견·겸임근무할 수 있도록 하였다(제28조).

영재교육원에는 필요한 교원(그 명칭은 정규교원이 아닌 점을 감안, 원장 및 강사로 함)을 두되 영재교육원의 설치·운영권자가 별표2의 임용기준에 해당하는 자 중에서 임용함 (제26조) 영재교육원에 임용된 원장 및 강사는 초·중등교육법상에 의한 교원이 아니므로 교육공무원법 또는 사립학교법의 적용을 받지 아니함. 다만, 교육감 또는 교육부장관 등은 영재교육원에 정규교원 또는 교육전문직원을 파견 또는 겸임근무하게 할 수는 있다(제28조).

영재학교 등에 및 특히 전문적인 영역의 교육을 위하여 필요한 경우 교원자격증이 없는 자를 교원으로 임용할 수 있다. 이 경우 별표 3의 규정에 의한 임용기준에 해당하는 자(외국인 포함)를 강사로 임용하거나(제27조) 대학교수, 또는 정부출연연구기관의 임·직원을 파견·겸임근무하게 할 수 있다(제28조).

영재학교 또는 영재학급의 강사의 신분은 영재교육기관의 교원이나 초·중등교육법에 의한 교원은 아님. 따라서 임용, 복무, 보수등에 관한 것은 교육공무원법의 적용을 받지 아니하고, 임용권자와의 계약에 의하여 결정된다(제27조제2항).

영재학교, 영재학급, 영재교육원 등에서 영재교육을 담당하기 위하여는 정규교원, 파견교원, 강사 등 신분여하를 불문하고(영재교육원 원장 제외) 연수를 받도록 하고 있다. 연수시간은 교육부장관 또는 교육감이 정하는 바, 우리부는 원칙적으로 영재학교는 120시간, 그 외 영재학급 및 영재교육원의 담당교원은 60시간의 직무연수를 받도록 할 방침이다.

6) 제6장 보칙 및 부칙

영재교육에 관한 각종 정책연구, 자료개발 및 영재교육기관의 설치·운영을 위한 각종 기초자료의 조사 등을 위해 한국교육개발원을 영재교육연구원으로 지정할 수 있도록 하고, (제38조)-관계 중앙행정기관의 장도 필요한 경우 별도로 영재교육연구원을 설치하거나 영재교육연구원을 지정할 수 있다.

시행일로부터 5년간은 영재교육 담당교원 연수를 받지 아니한 자를 임용할 수 있는 특례(다만 임용 후 1년 이내에 연수를 받아야 함)를 두고 이는 영재교육기관 설치 당시에 미리 영재교육 연수를 이수한 교원을 확보하여야 하는 부담을 완화하기 위한 것임(부칙 제3조)

3. 영재교육진흥법령 개정

가. 영재교육진흥법 개정(2005. 12. 7)

2002년 영재교육진흥법이 시행된 후 학교 현장에서 영재교육을 시행하는 과정에서 여러 미비점이 도출되어 이를 보완하기 위한 법령개정작업이 국회를 중심 으로 활발히 일어나게 된다. 2005년 당시에 송유근 학생의 초등학교 졸업문제가 사회적 이슈로 제기됨에 따라 특정한 분야의 뛰어난 학생에 대한 제도적 보완책 마련이 주요 관심 과제로 부상하게 되었다.

당시 한나라당 이군현 의원, 이주호 의원, 권철현 의원이 각각 영재교육진흥법 개정 법률안을 제출하였다. 이군현 의원은 영재교육대상자의 선발 주체를 교육감에서 당해 영재교육기관의 장으로 변경하고, 교원 임용기준에도 불구하고 영재교육을 담당할 능력이 있는 자를 영재교육기관의 교원으로 임용할 수 있도록 하여 영재교육 담당교원의 전문성을 높이는 방안, 학생의 진급 또는 졸업에 있어 학년제외의 제도와 수업일수, 교육과정, 교과용도서 등 그 밖의 학사운영을 별도로 할 수 있도록 하는 한편 국가 및 지방자치단체의 재정지원 대상을 영재교육기관으로 확대하도록 하는 것을 주요내용으로 개정안을 제출하였다.

이주호 의원은 현행 교육제도의 예외를 적용할 자를 정의하여 특례자 제도를 신설토록 하였으며, 시행령에 규정되어 있던 중앙영재교육진흥위원회와 시·도영재교육진흥위원회의 설치·기능 및 구성을 법률에 명시하여 그 안정성을 확보하도록 하였으며, 영재교육관련 전문연구기관인 영재교육연구원에서 해당 분야 전문가들을 통해 특례자의 판별 및 해당 특례자에 적합한 교육과정 수준에 관한 심사를 하고, 그 결과에 따라 특례자가 능력에 맞는 교육을 받을 수 있도록 해당 분야의 전문가 및 유관기관과의 연계 등 진로지도를 실시하도록 하는 내용을 개정안에 담아 제출하였다.

권철현 의원은 국가 및 지방자치단체는 영재교육기관에서 영재교육과정을 이수한 학생에 대하여 동일계열의 상급 교육기관에서 교육을 받을 수 있는 연계체계를 마련하도록 하는 한편 영재교육과정 운영상 필요한 경우 「초·중등교육법」 제21조의 규정에 따른 교원의 자격기준에도 불구하고 영재에 대한 전문적 지식을 가진 자도 임용될 수 있도록 하여 영재교육 담당교원의 전문성을 높이는 내용으로 개정안을 제출하였다.

2005년 4월 18일 이군현의원이 대표발의 하여 교육위에 회부된 「영재교육진흥법 일부개정법률안」, 2005년 4월 19일 이주호의원이 대표 발의하여 교육위에 회부된 「영재교육진흥법 일부개정법률안」과 2005년 5월 3일 권철현의원이 대표 발의하여 교육위에 회부된 「영재교육진흥법 일부개정법률안」이 각각 제254회국회(임시회) 제1차위원회(2005. 6. 15)에 상정되었다. 이군현 의원, 이주호 의원, 권철현의원이 각각 대표 발의한 「영재교육진흥법 일부개정법률안」이 제256회국회(정기회) 제1차위원회(2005. 9. 7)에 상정되어 검토보고와 대체토론을 거친 후, 법안심사소위원회에 회부되었으며 제256회 국회(정기회) 제3차 법안심사소위원회(2005.10.18)에서 3건의 법률안을 심사한 결과, 이를 통합하여 위원회 대안을 마련하기로 하고 제256회 국회(정기회) 제6차위원회(2005.10.20)에서 법안심사소위원회의 심사결과를 바탕으로 심사한 결과, 3건의 법률안을 각각 본회의에 부의하지 아니하기로 하고, 「영재교육진흥법 일부개정법률안」을 교육위 대안으로 제안하기로 하였다.

이러한 개정 법률안을 마련하게 된 이유로 국가차원의 고급인적자원 발굴과 육성을 위하여 2000년 영재교육진흥법이 제정되었으나 영재아의 발굴·계발과 그 지원 및 관리활용 체제가 아직까지는 미약하므로 지방자치단체의 임무 강화 및 영재교육을 위한 우수교원의 확보, 영재아 중 현저한 두각을 나타내는 특별한 영재아들에 대한 학습권 보장 등 현행 영재교육진흥법 시행과정에서 제기된 일부 미흡한 점을 개선·보완하려는 것이었다.

개정된 주요내용은 영재교육대상자 중 하나 또는 그 이상의 분야에서 타고난 재능과 잠재력이 현저히 뛰어나 특별한 교육적 지원을 필요로 하는 자를 영재교육특례자로 정의하고(안 제2조제8호 신설), 영재교육의 진흥을 위하여 지방자치단체의 임무를 추가하였다(안 제3조제2항 신설). 그리고 중앙영재교육진흥위원회와 시·도영재교육진흥위원회의 설치·기능 및 구성을 법률에 명시하고, 시·도위원회에 특례자 선정에 대한 재심기능을 부여하였으며(안 제4조, 제4조의2 내지 제4조의4 신설) 영재교육대상자의 선발주체를 해당 영재교육기관의 장으로 변경하고, 이의 선발과정에서 사회·경제적으로 어려운 영재가 제도적으로 선발될 수 있도록 하였다(안 제5조). 영재교육기관의 장의 영재교육대상자에 대한 외부기관 위탁 및 영재교육대상자가 위탁받은 대학에 입학할 경우 학칙이 정하는 바에 따른 학점 인정이 가능하도록 하고(안 제11조제2항 및 제3항 신설). 영재학교는 학생의 진급 또는 졸업에 있어 학년제외의 제도와 수업일수, 그 밖의 학사운영을 별도로 할 수 있도록 하였으며(안 제11조의3 신설). 영재교육기관의 장은 영재교육대상자들에 대한 학교생활기록부를 작성·관리하도록 하고(안 제11조의4 신설). 「초·중등교육법」상의 교원 자격기준에도 불구하고 영재교육을 담당할 능력이 있는 자를 영재교육기관의 교원으로 임용할 수 있도록 하였다(안 제12조). 영재교육을 담당하는 교원에 대한 파견근무 제도를 신설하고(안 제12조의2 신설) 국가 및 지방자치단체의 재정지원 대상을 영재학교, 영재학급에서 영재교육원까지로 확대하였으며(안 제14조) 영재교육연구원을 영재교육담당 교원을 위한 연수기관으로 지정할 수 있도록 하였다(안 제15조제3항 신설).

특례자 선정에 관하여 공정하고 전문성 있는 판별이 시행될 수 있도록 영재교육연구원에서 특례자의 판별 및 해당 특례자에 적합한 교육과정 수준에 관한 심사를 하도록 하였으며(안 제15조제2항제7호 및 제8호 신설) 영재교육특례자의 선정 절차 및 특례자 선정에 관한 심사의 공정성을 기하고 학생과 학부모의 권리보장을 강화하기 위하여 선정결과에 대하여 재심기회를 부여하였다.(안 제16조 및 제17조 신설) 특례자와 보호자 및 특례자의 교육을 담당하는 교육기관의 장은 해당 기관의 교육과정이 특례자에게 적합하지 아니하다고 인정되는 경우 다른 학교 또는 다른 교육기관으로 전학·배치할 수 있도록 하는(안 제18조 신설). 등 영재교육시행과정에 드러난 미비점을 보완하였다.

나. 영재교육진흥법 시행령 개정(2006. 12. 21)

「영재교육진흥법」이 개정(법률 제7702호, 2005. 12. 7. 공포, 2006. 12. 8. 시행)되어 영재의 발굴·계발과 그 지원 및 관리활용 체제를 보완하기 위하여 영재교육에 대한 지방자치단체의 임무가 강화되고, 영재교육을 위한 우수교원의 확보 및 특별한 영재에 대한 학습권 보장 등에 관한 사항이 개선·보완됨에 따라 동법에서 위임된 사항과 그 시행에 관하여 필요한 사항을 정하기 위해 영재교육진흥법 시행령을 개정하였다.

이의 주요내용은 다음과 같다.

1. 영재교육대상자 선정권한 및 절차를 변경하였다. 종전에는 교육감이 영재교육기관의 추천을 거쳐 영재교육대상자를 선정하였으나 앞으로는 영재교육기관이 영재교육기관에 설치된 선정심사위원회의 심의를 거쳐 영재교육대상자를 선정하도록 하여 영재교육기관이 영재교육대상자를 직접 선정하게 됨에 따라 영재교육기관의 자율성 및 책무성을 강화하고, 영재교육기관별 특성을 고려한 대상자 선정이 가능하게 되었다.
2. 사회취약계층 자녀에 대한 영재교육대상자 선정기준 및 절차를 마련하였다. 저

소득층 자녀, 사회적 취약 지역 거주 등 사회·경제적 이유로 잠재력이 충분히 발현되지 못한 자를 영재교육대상자로 선발하기 위한 절차가 필요하였으며 사회취약계층 자녀에 대한 영재교육대상자 선정기준을 정하되, 영재교육기관의 장이 선정세부기준을 별도로 정할 수 있도록 하되, 선정 절차에 필요한 비용을 감면할 수 있도록 하였다. 이를 통해 영재교육에 소외되기 쉬운 사회취약계층 자녀에게도 영재교육의 기회를 제공할 수 있게 되었다.

3. 영재학교 교원임용의 특례 및 파견 근무자의 파견 취소조항을 신설하였다. 영재학교가 설립 목적에 따른 특수 영역의 교육을 담당하기 위하여 영재교육 관계 전문가를 교원으로 임용할 필요성이 있으므로 영재교육 관계 전문가 중 「초·중등교육법」상의 교원 자격이 없는 자도 영재학교의 교원으로 일정기간 임용할 수 있도록 하되, 교원 자격이 없는 교원은 근무기관을 해당 영재학교로 한정하는 한편, 파견사유가 소멸하거나 파견목적이 달성될 가망이 없다고 판단되는 파견 교원 등에 대해서는 영재교육기관장이 파견의 취소를 요청할 수 있도록 하였다. 이는 영재학교 특례 교원의 임용 기준을 제시함으로써 교원 임용의 투명성과 자율성을 확보하고, 영재교육기관장이 파견 근무자에 대한 파견 취소를 요청할 수 있도록 함으로써 영재교육기관 교원의 질적 향상이 이루어지게 되었다.
4. 대학교육과의 연계성 확보를 구체화 하였다. 영재교육기관에서 이수한 대학교육 과정에 상당하는 교과목을 대학의 학점으로 인정할 수 있는 근거를 마련할 필요가 있으므로 영재교육과정 이수자가 영재교육기관에서 이수한 대학교육과정을 대학의 학점으로 인정할 수 있도록 하였다. 이를 통해 영재교육기관이 설립 취지에 부합되는 교육을 제공하고, 중등학교와 고등교육의 연계성을 확보하게 되었다.
5. 영재교육특례자 선정 절차를 마련하였다. 영재교육대상자 중 재능과 잠재력이 현저히 뛰어나 특별한 교육적 지원을 필요로 하는 자를 영재교육특례자로 선정하기 위한 절차가 필요하여 영재교육연구원에 특례자선정심사위원회를 설치하고, 선정심사위원회의 설치·구성 및 운영, 특례자 판별·심사의 기준 및 절차와 통보, 특례자 전학·배치 절차 등에 관한 사항을 정하고 있다. 특례자선정심사위원회 설치·구성 및 운영, 판별·심사 기준 등에 관한 사항을 정함으로써 공정하고 투명한 영재교육특례자 선정이 이루어질 수 있게 되었다.
6. 영재교육 종합데이터베이스 구축을 규정하였다. 영재교육에 관련된 정보를 종합

적으로 관리하기 위한 종합데이터베이스의 구축이 필요하고 이를위해 한국교육개발원이 구축·관리할 수 있는 자료의 범위를 정하고 영재교육기관의 관련 자료 수집 협조 의무를 규정하였다. 이는 종합데이터베이스를 구축하여 국가 차원의 영재교육 정책 수립에 필요한 정보를 제공하고, 영재교육기관의 교수·학습을 효율적으로 지원할 수 있을 것이다.

7. 영재교육 담당 교원 연수기관 지정과 관련한 내용을 규정하고 있다. 영재교육 담당 교원의 전문성을 높이기 위하여 영재교육교원연수원이 필요하므로 영재교육의 연구 및 자료개발을 수행하고 있는 영재교육연구원을 영재교육교원연수원으로 지정할 수 있도록 함으로써 영재교육 담당 교원의 전문성을 높일 수 있게 되었다. 이러한 내용을 중심으로 시행령이 개정되어 법제심사, 차관, 국무회의를 거쳐 2006. 12. 21 공포하게 되었다.

다. 영재교육진흥법 시행령 개정(2008. 10. 14)

2007년10월 국무총리실에서 영재학교에 사용되는 교과용 도서에 대한 규제 정비를 요청함에 따라 영재학교 교육과정 운영의 자율성을 강화하고 심화된 학습을 위해 교과용 도서의 교육감 승인을 삭제하고 영재교육 시행 과정에 드러난 일부 미비점을 보완하여 영재교육의 안정적 정착 기반 마련하기 위해 시행령 개정을 추진하게 되었다.

기본방향은 첫째, 영재교육기관의 자율성 보장이다. 영재학교, 영재교육원 등 영재교육기관 운영의 자율성을 저해하는 조항 정비를 통해 영재교육기관 특성에 맞게 자율적 운영을 지원하는 방향으로 추진하고, 둘째 시행 과정에 나타난 미비점 보완하는 것으로 영재교육진흥법시행령 시행 이후 시·도교육청 등에서 영재 교육 추진 과정에 나타난 미비점을 개선하는 방향으로 추진하는 한편 영재교육기관에 두는 교원 자격 재정비하기 위해 영재교육기관에 두는 교원에 대한 자격기준을 완화하여 해당 분야의 전문가들이 교육할 수 있도록 영재교육기관 교원자격 체계 재정비하도록 하였다.

주요내용은 다음과 같다.

1. 영재교육대상자 선정기준을 확대하였다. 영재교육대상자 선정 시 사회·경제적 이유로 잠재력이 발현되지 못하다고 인정되는 자를 의무적으로 선정하도록 하고 있으나, 특수교육대상자는 제외되어 있어 소외계층에 대한 실질적인 영재교육기회가 제한되는 문제가 있으므로 사회·경제적 이유로 잠재력이 발현되지 못하다

고 인정되는 자에 「장애인 등에 대한 특수교육법」에 의한 특수교육 대상자도 포함하도록 하여 소외계층에 대한 영재교육기회를 확대함으로써 사회통합에 기여할 것으로 기대되었다.

2. 영재교육기관에 두는 교원의 자격기준 완화 해당 분야 전문가 임용 근거 마련하였다. 영재학교에는 해당 분야 전문가들이 영재교육을 담당할 필요가 있으나 전문가 임용이 제한되어 우수 인력 운용 면에 어려움이 있으므로 영재학교에 두는 교원 중 교원자격 미소지자를 해당 분야 전문가들을 자유롭게 임용할 수 있도록 함. 다만 동등한 조건일 경우 교원 자격 소지자를 우선 임용하도록 하였다. 이는 학위가 없어도 해당 분야에 특수한 능력을 보유하고 있어 영재교육을 담당할 능력이 있다고 인정 되는 자를 영재 교육기관 교원으로 임용할 수 있도록 하기 위한 것이다.
3. 일반교원 연수 시 영재교육 내용 포함 근거를 마련하였다. 영재교육대상자 선정 시 교사 추천이 필수 요건이나 일반교원의 경우 영재교육에 대한 이해가 부족하여 잠재력 있는 학생을 추천하는 데 한계가 있으므로 일반교원을 대상으로 실시하는 직무연수과정에 영재교육에 대한 내용을 포함시키도록 함으로써 일반교원들의 영재교육에 대한 이해를 높일 것으로 기대되었다.
4. 영재학교장에게 교과용 도서 선정 자율권을 부여하였다. 영재학교에 사용되는 교과용 도서를 교육감 승인을 받도록 하고 있으나 영재학교에 사용되는 교과용 도서의 경우 전문적인 분야가 많아 승인 절차가 형식적으로 이루어지고 있으므로 영재학교의 장이 자율적으로 교과용 도서를 선정하여 교육과정을 탄력적으로 운영할 수 있도록 하였다.
5. 학교생활기록부 기재 시기를 변경하였다. 영재교육 받은 자에 대해 학교생활기록부를 매 학기별로 소속 학교의 장에게 송부하도록 되어 있으나, 학교생활기록부 기재는 학년말에 이루어져 학기별 송부는 실효성이 떨어지므로 영재교육을 받은 자에 대하여 학교생활기록부에 준하는 자료를 작성하여 학년말에 소속 학교의 장에 송부하도록 하였다. 이는 영재담담교원의 업무 부담을 경감하고 학교생활기록부 기재 혼선을 줄일 수 있을 것이다.

이러한 내용을 중심으로 시행령이 개정되어 법제심사, 차관, 국무회의를 거쳐 2008. 10. 14 공포하게 되었다.

부록 1

교육인적자원분야 장관 간담회 자료

I. 영재교육 추진방안(2001. 5. 7)

1. 영재교육 추진현황

추진현황

- 2000년 1월, 영재교육진흥법 제정으로 제도화 기반 조성
  - 2002년 3월 법 시행에 맞춰, 시행령(안) 및 우리 현실에 적합한 시행 모델 모색 중
- 그 동안 교육인적자원부의 입장은 "영재학교에 대해 2년간 연구학교를 운영, 문제점 보완 후 2004년도부터 단계적으로 지정을 검토"하는 것

영재교육기관의 형태

- 영재학교(특수 전일제학교)
  - 신설 또는 기존 고교과정 이하 학교를 전환하여 운영
- 영재학급
  - 기존학교 틀 안에서 상설·비상설로 운영
- 영재교육원
  - 교육청·대학 등에서 방과후 또는 방학중 운영하는 영재교육 프로그램

향후 일정

- 영재교육 시행 기본방침 확정(2001. 5~8)
  - 공청회 등 각계 의견수렴 및 시행령(안) 마련
- 영재교육 시행준비 본격화
  - 영재교육 담당교사 연수(2001. 하반기)
  - 영재판별 도구 및 학습자료 개발
    - 1단계 완료(1996~2000), 현재 2단계 개발 중(2001~2005)

2. 토의사항

- 영재교육 기회를 폭넓게 제공하기 위하여 방과후 활동 중심인 영재학급·영재교육원

활성화가 필요하지만,

- 영재학교의 경우는 영재학교 입학을 위한 과외급증, 취지와 동떨어진 대입준비 교육 등 부작용 발생이 우려되어 신중한 검토가 필요

영재교육진흥법 규정상 제약 요인

- 명칭은 「진흥법」이지만 기존 교육제도에 광범위한 예외를 인정하는 「특별법」성격을 내포
  - ■ 시행령에 학생 선발, 교육과정 운영, 교원 임용 등을 위임하고 있어 특례의 범위설정 문제가 대두
- 현행 영재교육진흥법은 한번 영재교육대상자로 선정된 학생들은 고교 졸업 때까지 계속 영재학교 또는 영재학급에 배치를 요구할 수 있고, 시·도교육감은 이를 의무적으로 수용하도록 규정
  - ■ 영재성의 변화, 영재교육기관 간의 성격 차이 불인정
  - ■ 영재교육대상자가 누적될 경우 국가차원의 영재교육 수요-공급 관리가 어렵고, 특히 영재학교 신·증설 및 대학입학상 특전 요구로 연결돼 공교육 체제가 흔들릴 가능성이 있음.

☞ **법 발효·시행 전에 문제조항 개정 필요**

영재의 범위 및 영재학교 운영방향

- 영재교육 대상자의 범위는 나라마다 다양
  - ■ 중국 0.01%(상설 영재학급 중심)
  - ■ 미국 3~15%(프로그램 형태인 영재학급·영재교육원 중심)

☞ **영재교육 대상자의 범위설정에 대한 검토 필요**

- 특히 "영재학교"는 학생선발 방법, 교육여건 등이 기존학교와 크게 달라 국민적 관심이 집중되어 있는 상황
  - ■ 우리나라 실정에 적합한 한국적 운영 모델 정립이 관건
- 영재학교 수의 다과 및 운영 주체에 따라 파급효과가 달라짐

구분	다수 영재학교 (공·사립까지 허용)	극소수 영재학교 (국립중심으로 운영)
장점	• 폭넓은 교육기회 제공	• 공교육에 미치는 영향을 최소화하면서 특정 분야 영재 육성
단점	• 입시 교육에 치중하고 있는 과학고·외국어고 전철 우려 • 자립형사립고와 구분 불투명	• 선발된 학생 진로관리에 대한 국가 책임이 가중

☞ **영재학교 개설여부, 형태, 시기 등에 대한 검토 필요**

◎ 과학고의 영재학교 전환여부와 대학입시 문제

- 과학영재 육성을 목표로 16개 과학고 운영 중
  - ▪ 총 재학생 3,094명, 전체 고교 재학생의 0.15%
  - ▪ 외국의 경우 영재학교는 과학고 중심이며 극소수로 운영
    - 미국: 과학·수학고 15개교(주립)
    - 러시아: 과학·수학고 5개교(국립 및 대학부설)
- 과학고의 영재학교 전환에 대해서는 찬·반 두 가지 견해가 대립
  - ▪ 찬성론: 당초 과학고 설립취지를 달성하는 데 효과적
    영재학교 설립여건을 충족하는 곳은 과학고 정도
  - ▪ 반대론: 대학입학 문제가 걸려 있는 한 영재학교로 전환해도 그 효과는 미지수

☞ **「서울대 입학 증후군」이 있는 한 과학고의 영재학교 전환은 영재육성보다 서울대 입학통로로 이용될 가능성이 큼**

제안사항

- 공교육 수준에서 국가·사회가 요구하는 우수한 인재양성을 위한 일반적 영재교육은 필요함.
- 그렇지만 서울대 등 일류대 입학을 위한 영재교육이 되면 공교육 부실화를 초래하고 국가 인적자원 공급에도 차질이 생길 가능성이 있음.
- 따라서 영재학급과 영재교육원 활성화에 우선을 두면서, 영재학교는 극소수·제한적으로 운영하는 방향으로 추진하고자 함.
  - ■ 영재학급·영재교육원: 2003년부터 지정·운영
  - ■ 영재학교: 2004년 이후 운영 검토(국립학교 신설 또는 과학고 전환)

II. 주요 쟁점사항 검토

1. 영재판별의 신뢰성 확보방법

- 영재교육의 실효성을 좌우하는 요소
  - ■ 학업성적, IQ 중심이 아닌 창의성 중심으로 판별
  - ■ 이를 위해 다단계 판별절차를 거칠 계획(서울시교육청 과학영재반 선발사례)
    - 학교장 등의 추천→지능검사·창의적 문제해결력 검사→수행평가→관찰평가 등
- 특히 판별의 중요성은 전일제 영재학교 운영시 더욱 중요
  - **■ 수학 및 과학 분야 판별도구는 이미 개발되어 있음**
  - **■ 현재 영재교육 보편화에 대비한 '간편형 창의성 검사도구' 및 인문·사회 분야 판별도구 개발을 추진 중에 있음**

2. 대학입학 혜택 부여 여부

- 특히 영재학교 졸업생에 대한 대학입학 특혜부여 문제가 사회적 관심사로 대두
  - ■ 특혜의 형태로 일부에서 「정원외 입학」을 요구
- 특혜를 부여해야 한다는 논리는

- 영재학교 학생들이 대학입학에 신경을 쓰지 않으며 영재성 계발에 몰두할 수 있게 해야 한다는 입장으로
- 과학고 학생들이 입시에 치중해 과학고가 황폐화된 사례를 제시

• 특혜를 주어서는 안 된다는 논리는
  - 대학입학은 본인의 학업성취에 따라야 하는 것으로 사회적 형평에 어긋나며
  - 입시특혜 부여 시 영재학교 입학을 위한 과열과외 등 부작용을 지적

☞ **현재 영재학교 학생에 별도 특혜를 부여하지 않고 대학 자율에 맡기는 특별전형으로 의견이 모아진 상태**

3. 과학고 현황 및 향후 대책

• 1983년 과학영재 육성을 목표로 경기과학고 설립
  - 계속 늘어나 현재 16개 과학고 설립(학생수: 3,094명)
  - 졸업생 진로는 KAIST 42%, 일반대학 54%, 기타 4%
    - KAIST입학생 중 과학고 출신(조기졸업자 포함)은 84%
  - 과학고가 계속 늘어나면서 대학입학 문제가 대두되며 입시학습으로 흘러가게 되는 양상을 초래

• 내신 불이익으로 자퇴생 문제가 쟁점화 되어 왔으나 최근 감소 추세로 전환
  - 자퇴생 감소(과학고·외국어고): '99년 931명 → 2000년 419명 (512명 감소)
  - 대학입시에 심층면접·구술고사가 도입되어 불이익이 상쇄가 가능하리란 전망 때문으로 분석

• 영재학교 운영시 법령상 규정된 교육여건을 갖춘 학교는 과학고 정도여서 과학고를 단계적으로 영재학교로 전환하는 것이 현실적이라는 의견이 있는 바
  - 이 경우에도 대학입학 문제가 걸려 있는 한 과학고의 재판을 예방하기는 어려울 것으로 전망됨.

• 반면에 과학고 외 다른 학교를 영재학교로 지정할 경우 과학고 재학생 및 학부모의 반발이 예상됨.
  - 과학고에 대한 별도 개선 대책 필요

☞ **과학고 문제는 과학고 운영체제 개편 등을 통해 해결할 사안으로 단순히 영재학교로 전환해**

서 해결될 사안이 아니라고 봄.

☞ **다만 외국의 경우에도 과학고 형태로 영재교육을 실시하고 있는 바, 이런 측면에서 과학고 운영체제 개선을 전제로 한 영재학교 전환 등 다각적인 검토가 필요함**

4. 각 부처의 영재학교 신설 움직임에 대한 대책

- 현재 방침은 관련부처에 전문 분야 영재육성을 위한 영재학교와 영재교육원 설립·운영을 허용하는 것으로 되어 있음.
  - ■ 과학기술부, 문화관광부, 정보통신부 등의 인적·물적 자원과 전문성을 영재교육에 투입하기 위한 취지
    - • 교육부총리 부처로 승격 후 관계부처를 수용하기 위한 정책적 판단도 작용
  - ■ 이 경우 국가차원의 영재교육 정책 조율을 위해 교육인적자원부 차관이 위원장인 영재교육진흥위원회의 심의를 거치도록 규정
- 최근 과학기술부에서 「과학영재학교」설립을 구상하고 있으나, "내년 9월 개교" 로 잘못 보도되어 국민적 혼선을 초래
  - ■ 과학고 문제, 영재학교 운영 모델 등을 함께 고려해야 할 사안
  - ■ 특히 과기부의 「과학영재학교」설립으로 KAIST 입학생의 84%를 차지하고 있는 과학고 학생들의 KAIST 입학 기회가 축소될 경우 집단적 반발이 예상되어 정책 구상단계부터 부처간 협의가 필수적
- 영재교육 정책은 국민적 관심도가 높고, 기존 교육제도에 미치는 영향이 커 전체적인 틀 속에서 검토가 필요함

☞ **정부의 영재교육 방침 확정 전까지 각 부처 발표 자제가 필요(교육인적자원부와 사전 협의)**

5. 영재학교 등의 개설가능 시기

- 2002년 3월에 영재교육진흥법이 발효되지만 동법에 규정된 영재교육진흥위원회의 심의를 거쳐야 하고 각종 설립기준을 충족해야 하기 때문에 법 시행과 동시에 영재교육기관을 개설하는 것은 현실적으로 어려운 상황임.
- 영재학급·영재교육원은 현재에도 유사 프로그램이 운영되고 있고, 기준 요건이 복잡

하지 않아 2002년 3월 위원회 구성 후 신청에 따라 지정할 수 있으나
- ■ 위원회 구성에서 심사에 이르기까지 3개월 정도가 소요되고
- ■ 통상 영재교육 프로그램은 학기초인 3~4월에 구성 운영되는 점 등을 고려해 볼 때
- ■ 다음 연도인 2003년도부터 프로그램 개설이 가능함.

- 영재학교의 경우에는
  - ■ 우리부의 그간 입장이 "연구학교를 2년 정도 운영 후 문제점을 보완, 2004년부터 단계적으로 지정하는 방안을 검토"였으며
  - ■ 교사 확보 등에서 엄격한 설립기준을 요구하고 있어
  - ■ 빨라야 2004년 이후에나 지정 여부를 검토할 수 있음.
- 아울러 새로이 영재학교를 신설하고자 할 경우에는(과학기술부 구상 중)
  - ■ 학교신설에 최소 2년이 소요되고
  - ■ 영재판별 방법 연구, 교사확보 등에도 상당한 기간이 소요돼
  - ■ 2005년경에나 가능할 것으로 봄.

☞ **영재학급·영재교육원: 2003년부터**

☞ **영재학교: 2004년 이후**

III. 참고자료

1. 우리나라 영재교육 시행 현황

영재교육진흥법 제정과 관계없이 1980년대부터 특별활동 등 특기·적성교육의 일환 및 과학고 등 특수목적고 형태로 영재교육을 실시해 왔음.

1-1. 실시현황

- 일반학교의 비상설 영재학급
  - ■ 특별활동, 방과후활동 등을 통해 영재교육 실시
  - ■ 시행학교 수: 총 151개교(1999)
- 지역공동 영재반

- ■ 시·도 및 지역교육청 단위로 지역에 있는 초·중·고 학생을 대상으로 주말 또는 방학 중 영재교육 실시
- ■ 시행교육청 수: 63개 교육청(1998)
- ■ 서울시교육청은 2001년도부터 서울·한성과학고에 위탁, 관내 중학생 92명을 선발·교육(수학·과학·정보 분야 중심)

- 대학부설 영재교육센터
  - ■ 전국 15개 대학에 「과학영재교육센터」를 지정, 선발된 초·중학생을 대상으로 주말 또는 방학 중 과학영재교육 실시
  - ■ 대상 인원: 3,738명 (2000)
- 초·중등교육법상 영재 양성 특수목적고
  - ■ 과학고 16개교 3,094명, 외국어고 18개교 19,571명 (2000년)

1-2. 문제점

- 영재교육의 질을 보장하는 법적·제도적 장치 부재
- 영재 판별 및 창의성 계발을 위한 전문성 등 취약
- 과학고, 외국어고의 경우 대학입학을 위한 입시교육에 치중

2. 외국의 영재교육 정책

- 각국의 실정에 따라 다양한 영재교육을 시행 중
  - ■ 영재학교, 영재학급, 지역공동 영재반, 영재교육센터, 사사제도, 방과후 학급, 시간제 학급 등
- 일반적으로 전일제 영재학교·상설 영재학급보다 비상설 프로그램을 통해 심화학습에 주력하고 있는 상황

2-1. 미국

- 영재교육 대상의 범위: 3~15%(각 주 및 교육기관마다 상이)
- 영재학교 형태로 15개 수학·과학고등학교 운영(주립)
- 영재학급, 영재교육원 형태로 다양한 프로그램 운영

2-2. 이스라엘

- 영재교육 대상의 범위: 1%
- 상위 1%이내의 모든 학생에게 초등학교 3학년부터 영재교육 실시
- 종합영재학교 형태로 「Art and Science Academy」 운영
- 특별학급 및 방과후 심화학습 중심으로 다양한 프로그램을 제공

2-3. 중국

- 영재교육 대상의 범위: 0.01%(극소수 영재 선발 육성)
- 50개 실험학교에 상설 영재학급 설치 운영
  - ■ 속진과 심화를 병행하는 영재교육 실시

2-4. 러시아

- 영재교육 대상의 범위: 1%
- 방과후 각종 써클·클럽활동을 통한 심화학습 중심
- 전일제 학교로는 5개의 수학·과학고를 운영
  - ■ 주요 국립대 부설 형태

부록 2

국가인적자원개발회의 제5차 실무조정회의 안건

국가전략 분야 인재양성을 위한 영재교육 추진 방향(8.30)

본 안건은 2002년 3월1일 시행되는 영재교육을 추진하기 위한 정책방향, 영재학교 등 영재교육기관의 지정 및 운영방안 기타 영재교육 시행을 위한 준비 사항 등을 제시하고 있습니다.

I. 기본방향

1. 추진목표와 방향

- 소수정예의 고급 인적자원 확보

⬆

- 영재학생의 조기 발굴 및 육성
- 다양한 영재교육 기회 제공
- 우리 현실에 적합한 시행체제 마련

2. 기본구상

전일제의 영재학교

- 국가전략 분야 대상 정부주도 운영
- 관계부처와 시·도교육청간의 협약으로 시행

영재학급·영재교육원

- 방과후·방학중 프로그램 형태로 시·도교육청 등 자율 운영
- 다양한 분야를 대상으로 영재교육기회 확대와 활성화 유도

영재교육제도의 점진적 안착

- 현실 여건을 감안한 단계적 시행 및 준비 철저
- 교원연수·판별도구 개발 등 인프라 구축

II. 추진계획

1. 영재학교 운영: 협약방식 운영모델 도입

전문화된 영재교육 실시를 위해 해당 분야 인력육성 책임이 있는 부처에서 기존 학교 중 적격학교를 선정, 시·도 교육감과 협약을 체결하고 영재교육을 주문하는 형태로 시행함.

◎ 영재학교의 특성

- 영재판별방법 (창의력 테스트, 심층면접 등)에 의한 학생 선발
- 무학년제 등 학교장 재량에 의한 교육과정 운영
- 교원 1인당 학생수 10인 이내 등 맞춤식 교육여건 제공

◎ 영재학교 지정·전환 조건

- 협약체결 및 영재교육법령상의 영재학교 설립기준을 충족한 경우에 한하여 허용
  - ▪ 관계부처가 협약을 통해 전문인력 양성에 필요한 영재교육을 실시토록 시·도교육감에게 주문하고 소요경비를 지원
  - ▪ 대학과도 협약을 체결하여 영재교육 지원 및 졸업생 진로대책 마련

    ※ 2002년부터 지정, 2003년초 이후 개교

◎ 운영대상 학교의 범위

- 국가차원에서 고급인적자원 양성이 절실한 분야부터 우선 시행

※ 예) 과학 분야 (과기부) → 과학고 중에서 선정 등

- 극소수 학교 대상 시범 운영후 성과를 보아 단계적 확대
- 고교과정 학교로 운영하되, 중학교 재학생도 선발

◎ 협약내용: 법령범위내 당사자간 협의로 결정

- 관계 부처의 지원사항, 학생선발 방법, 교육과정의 운영, 교원임용 등

2. 영재학급 및 영재교육원 운영

- 일반 초·중·고생 대상의 영재교육 기회 확대 차원에서 프로그램식 운영 활성화를 유도함.
  ※ 미국·이스라엘도 프로그램식 영재교육에 중점
- 지정·운영권자인 시·도교육감 또는 전문 분야 관계부처의 자체계획에 따라 추진토록 하며, 교육부는 판별도구 등 기초자료 지원역할을 수행함.

영재학급/영재교육원의 특성

- 과학, 언어, 예·체능 등 특별 분야 심화학습기회 제공
- 영재판별방법에 의한 학생선발
- 학급당 학생수 20인 이내 및 관계 분야 전문가의 학습지도

지정조건

- 지정권자가 자율적으로 법령범위 내에서 지정요건을 정함
  - 영재학급: 지방영재교육진흥위원회 심의→시·도교육감 지정
  - 영재교육원
    - 교육청에 설치시: 지방위원회 심의→시·도교육감이 지정
    - 대학 등에 설치시: 중앙위원회 심의→관계부처 장관 지정

시행방안

- 영재학급은 현재 운영중인 연구학교(4개교, 2001～2002) 결과를 토대로 현장에 적합한 모델을 보급
  - 방과후 및 학교연합 지역공동 영재학급 등 현실을 고려한 모델 권장
- 영재교육원은 시·도 교육청, 대학(15개) 등에서 현재 시행중인 영재교육센터 등을 교원 및 시설기준 충족여부에 따라 연차적으로 전환
  ※ 2002년부터 지정, 2002년 하반기부터 개설

III. 영재교육 시행을 위한 준비사항

◎ 영재교육 시행을 위한 기반 구축

- 영재교육진흥법 개정 및 동법시행령 제정
  - ■ 현행법의 일부 개정 필요 조항을 연내에 의원입법으로 개정 추진
  - ■ 영재교육진흥법시행령을 전문가 의견 수렴하여 최종 확정
- 영재판별에 실제 활용할 판별도구 및 판별방법 개발·보급

  ※ 기 개발 20종, 향후 개발 12종
- 영재교육 담당 교원 연수
  - ■ 2001~2002: 교육부 주관 360명 양성 (120명 대상 1차연수 기 실시)

◎ 영재교육 시행시 고려사항

- 영재학교로 지정되지 않은 과학고에 대한 지원
  - ■ 전국 과학고(16개) 중 1~2개만 영재학교로 지정할 경우 기타 과학고의 반발 예상
  - ■ 과기부 및 시·도교육청과 협의, 시설 개선 및 교원연수 등 지원방안(과기부의 과학영재고 운영비 자금 중 일부를 과학고에 지원 등) 마련
  - ■ 영재학교 졸업생의 KAIST 대거 진학으로 기존 과학고 졸업생 진학기회 축소 우려에 대비한 KAIST의 입학정원 확대 등 검토
- 영재학교 졸업생 진로대책의 수립
  - ■ 대학별 자율에 의한 특별전형 제도를 적극 활용하되, 중·장기적으로 국비유학 및 협약대상 대학에 입학시 우대방안 등 강구
- 조기 영재교육으로 인한 사교육 열풍 예방을 위해 전문가 홍보등 대처

〈참고〉

이스라엘 영재교육 현황

- 1973년부터 영재교육을 본격적으로 실시하고 있는 이스라엘 영재교육의 특징은 프로그램식 영재교육기회를 다양하게 제공하는 것으로,
- 초·중학교에서는 방과후 프로그램 및 주말학급으로, 고교단계에서는 대학제공 프로그램을 주로 활용하고 있으며 전일제 영재학교로 Israel Arts and Science Academy(IASA)를 1990년부터 운영

초·중학교의 영재교육

- 영재교육 대상자 판별
  - 초등 2~3학년 대상 (8~10세) 영재판별 실시
  - 1차 학교성적 상위 15% 대상검사, 2차로 시험후 상위 1.5%~3% 선발
- 영재교육 프로그램
  - 상위 1.5%: 주말 특별학급(대상학생의 33.6%) 또는 정규학교 영재학급(대상학생의 15.2%) 에서 수용
  - 차상위 1.5%: 오후 특별프로그램(대상학생의 51.2%)에서 수용

고등학교의 영재교육

- 영재교육 프로그램(3형태)
  - 전일제 영재학교: Israel Arts and Science Academy(IASA)
    - 다른 학교와는 달리 교육부장관의 지도감독을 받는 학교
    - 재정운영: 미국측 모금 50%, 교육부 지원 30%, 학부모 납부 20%
    - 매해 모집인원: 70~80명 정도(과학 분야 75%, 예술 분야 25% 선발)
    - 학생선발: 시험→면접→워크숍의 3단계로 선발
    - 특별한 대학진학의 혜택은 없으며, 고3에서는 대입자격시험 준비
  - 고교에서 영재학급 운영: 영재학생이 일반학생들과 학습하는 문제 발생
  - 대학에서 제공하는 오후 특별프로그램

부록 3

제5차 인적자원개발회의(2001. 9. 19)

과학영재학교 설치·운영 방안

본 안건은 영재교육진흥법(2002년 3월 시행예정)에 근거한 과학영재학교를 설치하기 위한 방안으로써, 과학고 2개를 영재학교로 지정·전환하고 과기부에서는 실질적인 영재교육이 이루어질 수 있도록 교육부, 교육청 등 관계기관 간 협약을 통하여 과학영재학교 운영에 참여하는 정책방향을 제시하고 있습니다.

1. 과학영재교육 체계 및 목표

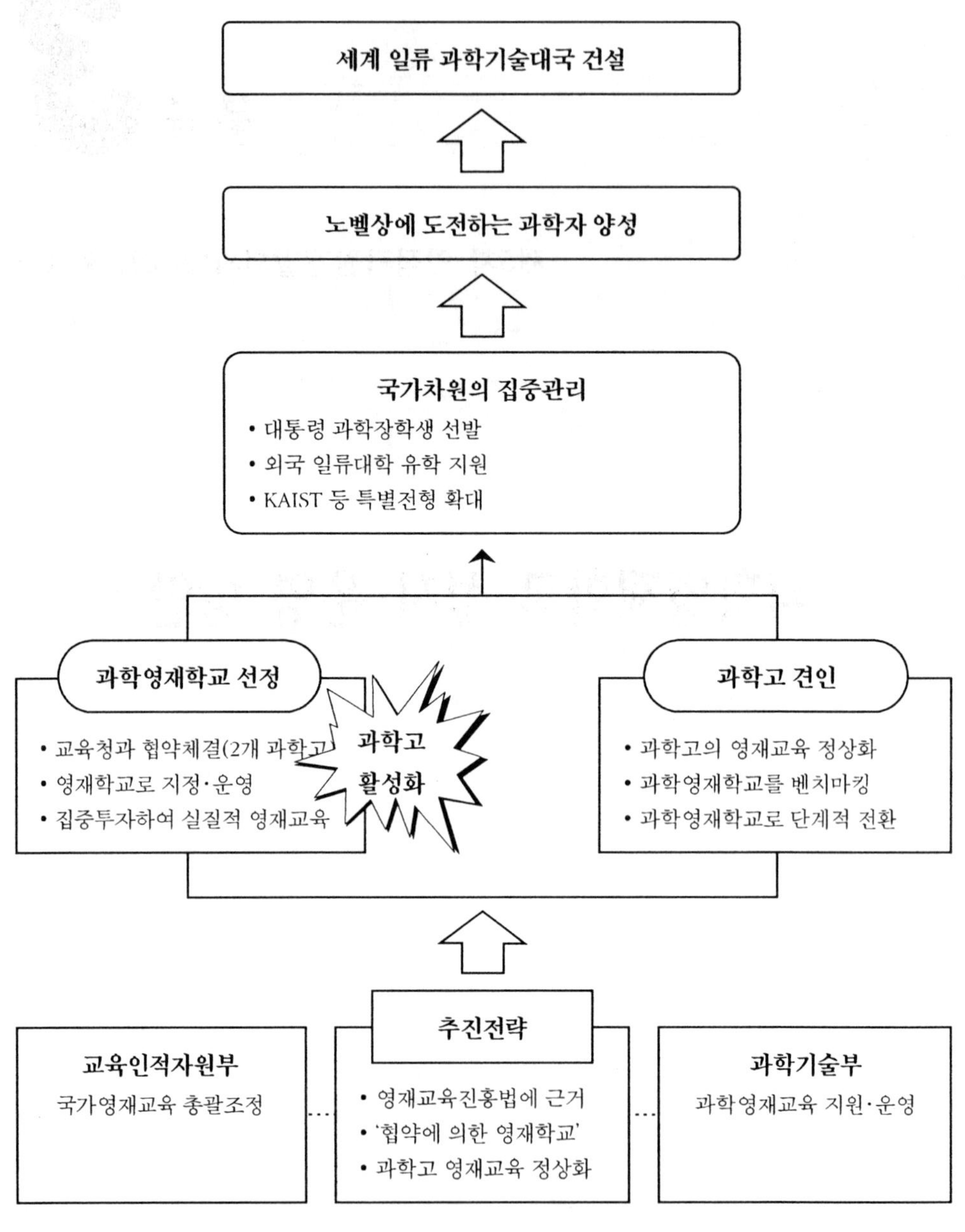

2.『협약에 의한 과학영재학교』운영 개요

협약·운영 개요

- 과학고 2개를 선정하여, 과기부 및 교육청이 실질적 영재교육을 위한 협약을 체결
  - ■ 교육부: 영재교육진흥법상의「영재학교」지정
    - "협약에 의한 영재학교 운영"의 법적 근거 마련
  - ■ 과기부: 재정지원과 동시에 학교 운영에 주도적으로 참여
  - ■ 교육청: 학생선발, 교육과정, 교원임용, 학생평가 등 개선

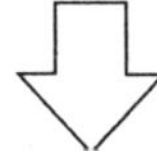

협약서 내용(안)

- 협약기간, 협약당사자의 권리와 의무, 운영기구 설치 운영 등
  - ■ 협약학교의 운영위 및 자문기구 명시
- 학생선발
  - ■ 영재판별, 선발시기, 선발연령, 모집범위 (전국 및 지역 비율) 등
- 교육과정
  - ■ 수학, 과학의 비중 등 교과편성, 대학과의 연계, 사사교육 등
- 교원
  - ■ 박사소지자 비율, 교원자격, 영어모국어 교원, 국내외연수 등
- 기타
  - ■ 대학진학, 평가, 과도기 학교운영, 재정지원, 협약발효 등

3. 과기부 지원 내용

지원 기준

- 과학영재학교를 우선 지원
- 과학영재학교로 지정되지 않은 과학고(예비 과학영재학교)에 대하여도 기 확보된 예산의 범위 내에서 일정한 절차를 거쳐 지원

지원 내용

- 인프라 확충
  - ■ 첨단장비, 실험실습기자재 등
- 교원 지원
  - ■ "연구와 교육(R&E)" 프로그램
    - 대학교수, 교사 및 학생의 3자 공동연구(사사교육 포함)
  - ■ 과학영재교사 전문성 개발 프로그램(교원 국내외 연수)
    - 영재판별과 평가, 창의력 사고 교수법, 심화학습 등
  - ■ 과학실험 보조원 지원
  - ■ 해외 Post-doc 연수
  - ■ 해외과학영재교육 석학 초빙지원

교과과정 등 학사운영 전반

- ■ 교재개발
  - 수학, 과학, 정보·컴퓨터 과목 위주
  - On-line(교과별 web 사이트 구축) 및 Off-line 교재 개발
- ■ 영재학교 운영 정책기획연구 수행(2001. 7~2002. 4)
  - 영재판별·선발, 교과과정, 학사운영, 학칙, 평가, 진학 등

※ 첨단장비, 기자재, 교재개발: IMT-2000 자금 확보(120억 원)

※ 교수·교사·학생 공동연구 및 교원연수: KAIST 출연금 신청중(50억 원)

4. 기대효과

- 기존의 교육인프라를 최대한 개선·활용하여 중복투자를 방지
- 영재학교운영의 중요사항 결정에 과기부가 참여하여 실질적 영재교육 강화
- 부처간 또는 중앙과 지방간 협력의 좋은 모델로 평가
- 국가 과학영재교육의 양적 성장 및 질적 고도화 계기 마련

5. 향후 추진계획

- 9월19일: 인적자원개발회의 상정·확정
- 10월: 학교선정 및 학교 예산, 교원, 기자재 등 실사
  협약체결 및 영재학교 운영계획 수립(과도기 포함)
- 11월: IMT-2000 장비 및 기자재 투입
- 2002.4월: 영재학교 지정
- 2002.5월: 2003년도 신입생 선발 홍보
- 2003.3월: 영재학교 개교

〈참고〉

과학영재학교 교육운영의 특징

	과학고	과학영재학교
법적 근거 ➡	• 초중등교육법	• 영재교육진흥법
학생 선발 ➡	• 수학·과학 성적 우수자 • 경시대회 입상자 • 중학교졸업 인정자	• 다양한 영재판별법 • 과학영재센터와 연계 • 연령 및 선발시기 제한 없음
교육 과정 ➡	• 교육과정기준 준수 • 일반교과과정+수학·과학 20% 정도 추가	• 개별학생에 대한 맞춤식 교육 • 다양한 선택과목 • 수학, 과학의 강화(70%) • 최신 전자교재
수업 ➡	• 학년별 반편성 • 대입 학습	• 능력·적성별 수업 • 국제 사이버 강의 병행 • AP과정, 사사교육 실시
교원 ➡	• 교원자격증 소지자 • 교육공무원 임용령	• 50% 이상 석·박사학위 • 외국인교사, 계약직전문가 • 대학교수 겸직
진학 ➡	• 입시제도 변화에 민감 • 수능, 내신, 특별전형	• 해외유학 • KAIST 등 특별전형 확대
기타 ➡		• 영어 생활화 • 해외 영재학교와 교환학생 제도 도입 • 국내외 석학초청 대화

부록 4

국가인적자원개발 기본계획

(2001.12.17)

1. 영재의 조기발굴 및 육성

1-1. 국가 차원의 영재교육 시행체제 마련

1-1-1. 영재교육을 위한 제도적 기반 조성

초·중등교육에서 우수한 인재를 조기에 발굴·육성할 수 있는 법적·제도적 기반을 마련하고, 관계부처가 전문 분야의 인재육성을 위해 적극적으로 참여할 수 있는 방안을 강구하여 영재교육 활성화를 도모

◎ 추진 배경

- 창의적이고 우수한 잠재적 재능을 가진 영재들을 조기에 발굴·육성할 수 있는 국가차원의 제도적 장치가 결여되어 있는 상황에서,
- 사교육 차원 및 각 교육청, 각 부처별로 법적·제도적 기반 없이 영재교육을 추진하고 있는 실정

  ※ 현재의 영재교육 실시 현황

  - 교육청 차원: 비상설 영재학급(151개교), 지역 공동 영재반(63개 교육청)
  - 관계부처 차원: 대학부설 과학영재 교육센터(15개, 과기부 지정)
- 따라서 초·중등교육에서 영재교육이 이루어질 수 있는 제도적 기반을 마련하여 영재의 조기 발굴·육성이 가능한 제도적 통로를 마련하고,
- 각 부처별로도 관계 영재교육 분야에 재정 및 인력지원을 통한 적극적인 참여방안을 강구할 필요

◎ 추진 내용

- 영재교육 추진을 위한 법적·제도적 기반 마련
  - ■ 영재교육진흥법'시행을 위한 시행령 제정·공포('02. 3.1 시행예정)
  - ■ 현행 영재교육진흥법의 일부 문제조항 개정(의원입법, 2002 3.1 시행예정)

    ※ 영재교육진흥법중 개정필요 조항

    - 영재교육 대상자 선발권을 현행 시·도교육감에서 각 영재교육 기관의 장으로

변경

◦ 영재학교의 자율성을 대폭 부여하기 위한 초·중등교육법 상의 특례 조항 신설

- 협약방식에 의한 영재학교의 지정·운영방안 마련
  - ■ 영재교육에 참여하고자 하는 관계부처의 장은 고등학교 중 일부학교를 선정하여 시·도교육감과 협약을 체결
  - ■ 관계부처는 시설비·학교 운영비 등을 지원하는 조건으로 학교 운영에 관한 사항(학생선발, 교육과정, 학사운영 등)에 대해 학교에 주문 가능

    ※ 부산과학고의 협약방식에 의한 운영

    과학기술부장관과 부산시교육청 교육감은 부산과학고를 영재학교로 전환하여 운영하기로 하고, 협약을 체결('01.11.14), '03년 개교추진 중

1-1-2. 영재교육기관의 특성이 반영된 영재교육 추진

영재교육 대상자의 수준 및 능력에 따른 교육이 이루어질 수 있도록 영재학교, 영재학급, 영재교육원 등 영재교육기관별 특성이 반영된 기관 운영의 제도적 장치 마련

추진 배경

- 현행 영재교육진흥법상의 영재교육기관은 영재학교와 영재학급 및 영재교육원의 3종류로 구분되어 있어
- 영재교육의 특성상 교육대상자의 수준과 최종 교육목표가 다를 수밖에 없으므로, 각 영재교육 기관도 이러한 특성이 반영된 영재교육 추진이 필요

  ※ 현행법상의 영재 교육기관

  ◦ 영재학교: 국가가 새로 설립하거나 국·공·사립의 학교 중 일부를 지정·전환

  ◦ 영재학급: 국가 또는 지방자치단체가 고등학교 이하의 각급학교에 설치

  ◦ 영재교육원: 교육청, 대학, 공익법인 등에 부설기관의 형태로 설치

추진 내용

- 영재학교는 기존 국·공·사립의 고등학교 중 일부 학교를 국가가 지정하되, 소수의 우수인재 양성을 위한 전문 분야로 한정

- 2003년부터 과학고(부산 과학고)를 영재학교로 운영하되, 성과를 보아 타 분야로의 단계적 확대를 검토
- 초등학교와 중학교의 경우 학생의 인성발달 및 의무교육 기관인 점을 고려, 영재학교 형태의 영재교육은 제한

- 영재학급은 시·도교육감이 지정하는 학교에 설치하되, 방과후·방학중 프로그램 등 비정규 교육과정의 형태로 운영
  - 다양한 분야를 대상으로 영재의 조기발굴 통로를 확대하여 영재교육기회의 확대를 도모
  - 현재의 비상설 영재학급 등은 단계적으로 정규 영재학급으로 전환(2003년부터)
- 영재교육원은 대학, 교육청, 공익 법인, 정부출연 연구기관 등에 교육감의 지정을 받아 비정규 교육과정을 설치하여, 다양한 분야의 영재교육을 실시
  - 현재의 '대학부설 과학영재 교육센터' 등 전문 분야 관계부처의 지원을 받는 영재교육원은 관계 부처의 장이 지정

1-2. 영재교육 정착을 위한 기반 조성

1-2-1. 영재의 특성을 살릴 수 있는 교육여건 조성

현행 초·중등교육법령상의 교육과정과 학교운영에 관한 자율성을 대폭 확대하여 효과적인 영재교육이 이루어질 수 있도록 하고, 시설·학급당 학생수 등의 교육환경을 선진국 수준으로 조성

◎ 추진 배경

- 초·중등 교육체제에서 실시되는 영재교육은 영재 및 영재교육기관의 특성에 맞는 교육여건을 조성할 필요가 있음
  - 현행 초·중등교육법상의 교육과정, 학사운영, 시설·설비 기준 등에 관한 법령규정은 전국적인 통일 기준을 규정한 것으로, 이를 그대로 준용할 경우 영재교육의 획일화를 초래할 우려가 있음.
- 따라서 영재교육기관의 자율성 확보를 위한 조치가 무엇보다도 중요함

추진 내용

- 영재 교육기관(특히 정규교육기관인 영재학교)에는 현행 초·중등교육법상의 교육과정, 학사운영 등의 특례를 인정하여 자율성을 최대한 부여
- 교육시설·학급당 학생수·교원당 학생수 등을 선진국 수준으로 하여 충실한 영재교육이 이루어질 수 있는 교육환경을 조성
  - 교육시설·설비: 기존 고등학교 시설·설비기준 외에 영재교육에 필요한 도서관, 세미나실, 실험·실습실 등을 갖추도록 함(의무사항 아님)
  - 학급당 학생수: 20인 이하로 유지(의무사항)
  - 교사 1인당 학생수: 10인을 초과하지 않도록 함(의무사항)

〈영재학교에 특례가 인정되는 사항〉

구분	초·중등교육법령	특례 사항
교육과정	국가교육과정 준수	자율 운영
교과서 채택·사용	국정 및 검·인정 도서	자율 선택
수업일수	220일이내	자율
학년제	채택 의무	무학년제, 학점제 가능
학기제	2학기제	자율
학교운영위원회원회	교원·학부모·지역위원	전문가로 대체가능
학급편성	학년별 편성	교과별, 영역별 편성 가능

1-2-2. 영재교육 기본 인프라 구축

영재교육의 활성화를 위해 영재의 판별도구, 교육과정, 교원연수 등 영재교육의 기반을 체계적으로 마련하고, 시·도별 영재교육 추진 협의체 등을 통한 관련 기관간의 지원·연계 체제 구축

추진 배경

- 영재교육의 본격 추진을 위해서는 영재의 판별, 영재의 특성에 맞는 교육과정 및 교과개발, 교수·학습자료의 개발, 영재교육 담당교원의 연수 등이 선행되어야 하며,
- 국가차원에서 영재교육을 추진하기 위한 정책연구·지원기관의 육성과 함께, 시·도 교육청 등 실제 영재교육이 이루어지는 기관간의 지원·협력 체제가 구축되어야 하는 것

이 필수 요건임

- 현재 1996년부터 2000년까지 「영재교육 활성화 체제 연구」를 통해 영재 판별도구, 교수·학습자료, 교육과정 등을 1차 개발한 상태이며 2001년부터 5개년간 제2차 계획에 착수하였음

추진 내용

- 영재판별도구, 교육과정 등 소프트웨어적 인프라의 지속 구축
  - ■ 제2차 영재교육 활성화 체제 연구(2001～2005)를 통해 판별도구 12종, 교수·학습자료 20종 추가 개발 예정
- 2002년도에는 영재교육 담당 교원연수를 2001년에 비해 2배로 늘이고, 2003년도부터는 시·도교육청별로 연수를 확대 실시
- 한국교육개발원을 영재교육담당 연구·지원기관(영재교육연구원)으로 지정하여 체계적인 정책연구 수행
  - ■ 전문 분야 영재교육의 체계적인 연구·지원을 위해 관계부처의 장도 영재교육연구원을 설립·지정할 수 있도록 추진
- 영재교육 추진에 따른 중복투자의 비효율을 방지하고, 시·도별 연계체제 구축을 위해 시·도교육청별 '영재교육 추진 협의체'를 구성·운영

부록 5

제3차 인적자원개발회의(2002. 4. 10)

국가인적자원개발 기본계획에 따른 『영재의 조기발굴 및 육성』 2002 시행계획

본 안건은 지난해 12월 17일 확정된 국가인적자원개발 기본계획 중 "성장을 위한 지식과 인력개발 분야"의 정책과제로서 제시된 「영재의 조기발굴 및 육성」에 대한 2002년도 시행계획을 담고 있음

I. 추진배경 및 경과

추진배경

- 2001년 12월 17일 확정된 『국가인적자원개발기본계획』의 주요 정책과제인 「영재의 조기발굴 및 육성」에 대한 시행계획 수립
  - ■ 창의적이고 특별한 재능을 갖춘 우수 인재를 조기에 발굴·육성하고, 이들이 계속해서 자기능력을 발휘하여 사회에 공헌할 수 있는 국가차원의 인재관리시스템 구축

    ※ 「영재의 조기발굴 및 육성」의 세부 정책과제
    - 영재교육을 위한 제도적 기반 조성
    - 영재교육기관의 특성이 반영된 영재교육 추진
    - 영재의 특성을 살릴 수 있는 교육여건 및 인프라 구축
- 2002년 3월 1일부터 시행된 영재교육진흥법에 따라 공교육차원에서 국가 고급인적자원의 육성 및 영재교육의 기회확대와 활성화 도모

추진경과

- '95. 5. 31 교육개혁위원회 대통령보고서에 영재교육강화 제안
- '97. 12.13 교육기본법에 영재교육 의무조항 규정
- '00. 1. 28 영재교육진흥법 제정·공포 (2002. 3. 1 시행)
- '01. 5. 7 대통령주재 인적자원 분야 관계 장관간담회 개최
- '01. 8. 30 영재교육 정책방향 인적자원개발회의 실무회의 통과
- '01. 9. 19 과기부의 과학영재고 운영계획 인적자원개발회의 의결
- '01. 11.14 과기부장관 및 부산교육감간 영재학교 협약 체결
- '01. 12.17 국가인적자원개발기본계획 확정
- '02. 4. 8 영재교육진흥법시행령 국무회의 의결

II. 영재교육정책의 기본 방향

기본 방향

◎ 정책목표

- 국가 고급인적자원의 조기발굴·육성을 통한 국가경쟁력 강화
- 개인의 잠재된 창의성과 능력계발을 통한 자아실현 도모

◎ 영재교육대상자의 범위

- 수학, 과학, 예·체능 등 특정 분야에서 뛰어난 창의성과 잠재능력을 가진 자

☞ **교과성적 위주가 아닌 특정 분야 소질과 잠재력을 평가하여 선발**

- 여건 및 성숙도를 고려하여 단계적으로 대상자를 확대

◎ 추진방향

- 공교육차원에서 영재교육 본격 추진
  - 국가, 지방자치단체(교육청), 대학, 정부출연기관 등에서 다양한 형태의 영재교육 프로그램 운영
  - 사교육 과열 예방 등 우리 현실에 적합한 시행체제 구축
- 영재교육기관별 특성화에 따른 영재교육
  - 영재학교는 소수정예의 고급인력 육성을 목표로 고등학교 단계에서 운영

    ※ 부산과학고를 시범 운영 후 단계적으로 확대
  - 영재학급·영재교육원은 각 분야 영재의 조기발굴·육성을 위하여 적극 활성화
- 영재교육 추진을 위한 인프라의 지속적 구축
  - 우수교원 확보 등 교육여건을 선진국 수준으로 제고
  - 교수·학습자료, 판별도구 등의 지속적 개발·보급

III. 정책과제별 시행계획

1. 영재교육을 위한 제도적 기반 조성

- 2002년도에는 공교육차원의 영재교육시행을 위한 법령체제를 완비함과 동시에 "협약에 의한 영재학교 운영" 등 정부 부처 간 참여와 협조에 의한 영재교육 시행 모델을 정립
- 2003년도 이후에는 「영재교육진흥 종합계획」을 토대로 영재교육 정착 및 관계부처의 참여 확대 추진

2002년도 추진계획

- 영재교육진흥법령의 완비
  - ■ 현행 영재교육진흥법의 일부 문제조항 개정 추진(국회 교육위 계류중)
    - ※ 개정필요조항
      - ◦ 영재교육대상자 선정권을 현행 교육감에서 각 영재교육기관으로 변경
  - ■ 영재교육진흥법시행령('02. 4. 8 국무회의 의결) 시행
- 영재교육 시행모델 확립
  - ■ 관계부처의 행·재정지원을 조건으로 중앙행정기관의 장과 교육감의 협약에 의한 영재학교 운영방안 정립
    - ※ 과기부·부산교육청간 협약체결('01.11.14)로 부산과학고의 영재학교 전환 합의
  - ■ 시·도교육감과 대학, 정부출연연구기관 협조에 의한 영재교육프로그램 개설 적극 유도
- 영재교육 정착을 위한 지원 시스템 구축
  - ■ 관계부처 공무원과 전문가로 구성된 「영재교육진흥위원회」를 교육인적자원부 및 교육청에 구성·운영(4월중)
  - ■ 교육인적자원부 및 시·도교육청 관계자로 구성된 「영재교육추진협의회」를 구성, 분기별로 추진 상황을 점검·평가
- 『영재교육진흥 종합계획』 수립
  - ■ 연내에 영재교육에 관한 장기적 계획을 담은 『영재교육진흥 종합계획』을 수립 (영

재교육진흥법 제2조)

- ■ 영재교육기관의 설치·운영, 평가·지원, 재정확보방안 등을 구체화

2003년도 이후 추진계획

- 『영재교육진흥 종합계획』에 따른 제도적 기반 강화
  - ■ 종합계획을 뒷받침할 법적 근거 마련을 위해 현행 "영재교육진흥법" 전문 개정 추진
  - ■ 영재교육기관에 대한 초·중등 교육법상 관련 규제 대폭 완화
  - ■ 선진국의 영재교육 사례를 지속적으로 벤치마킹
- 전문 분야별 영재육성을 위한 관계 부처간 지원 및 협력체제 강화
  - ■ 수학·과학·예능 등 전문 분야 영재육성을 위한 관계부처의 영재교육기관에 대한 행·재정 지원 확대 추진
  - ■ 각종 교육·연구시설에서 영재교육 프로그램 개설·운영

2. 영재교육기관의 특성이 반영된 영재교육 추진

- 2002년도에는 영재학교 개교준비 및 영재학급·영재교육원 등 영재교육기관의 단계적 설치를 통해 기관별 특성에 맞는 영재교육을 추진
- 2003년도 이후에는 영재교육 기관·분야의 확대 및 고등교육기관과 연계를 통한 영재교육의 지속성 유지를 추진

2002년도 추진계획

- 영재학교(부산과학고) 개교 준비(2003년 3월 1일 개교)
  - ■ 수학·과학 분야의 최우수 인재 양성을 위한 영재학교로 육성
    - 연내에 신입생(144명) 선발 및 교육과정 개발 완료

      ※ **신입생 선발은 학과성적 위주가 아닌** (1) 서류전형, (2) 창의적 문제해결력 검사, (3) 과학캠프를 통한 심층면접 등 다단계 절차 통해 창의성 위주 선발
  - ■ 교육인적자원부, 과학기술부, 부산교육청 공조로 영재학교 전환을 중점 지원
- 영재학급 및 영재교육원의 설치·운영
  - ■ 초·중·고등학교의 각급학교에 설치(영재학급) 또는 시·도 교육청 및 대학 등 부설

기관으로 설치(영재교육원)하되, 방학중·방과후 주말 등 프로그램 형태로 운영

■ 법령상의 여건을 갖춘 곳부터 시·도교육감 또는 관계 중앙행정기관의 장이 단계적으로 설치 승인

■ 2002년도 영재학급 및 영재교육원 운영 계획

- 영재학급: 전국 초등학교(23교, 1,210명), 중학교(17교, 428명), 고등학교(7교, 455명) 등 총 47교, 134학급 설치·운영
- 영재교육원: 전국 시·도교육청(62개소, 7,524명) 및 대학부설 (5개소) 총 67개소 설치·운영 예정

2003년도 이후 추진계획

- 영재교육기관의 확대 및 분야의 다양화

■ 영재학교는 부산과학고의 운영성과를 보아 타 과학고 및 다른 분야로의 확대를 추진

■ 영재학급·영재교육원은 단계적으로 계속 확대

※ 시·도교육청 영재학급 및 영재교육원 운영 계획('02~'05)

구분	2002				2003				2004				2005			
	초	중	고	계	초	중	고	계	초	중	고	계	초	중	고	계
영재학급	23	17	7	47	69	55	34	158	94	75	47	216	142	117	61	320
영재교육원	67				71				84				107			

- 영재교육 수범사례 확대

■ 우수 영재교육기관 평가·지원으로 우리현실에 적합한 영재교육 모형을 확산

- 고등교육기관과의 연계성 확보를 통한 영재교육의 지속성 유지

■ 영재학교 졸업생에 대한 KAIST 진학, 각 대학별로 해당영역에 대한 특별전형 확대 권장, 해외유학 등 진로대책 수립

■ 고등교육기관 위탁교육 및 이에 대한 대학별 선행학습 인정제도(AP: Advanced Placement)채택 등 연계성 확보

3. 영재의 특성을 살릴 수 있는 교육여건 및 인프라 구축

- 2002년도에는 영재의 특성에 맞는 맞춤식 교육을 위한 영재교육기관의 우수교원 확보, 교육여건 개선 등 영재교육 추진 인프라의 기반을 구축
- 2003년도 이후 교육여건 및 인프라를 지속적으로 강화 추진

2002년도 추진계획

- 우수 영재교육 담당교원 확보 및 전문성 신장
  - ■ 영재학교
    - 박사학위 소지자 비율(현재 17%)을 25% 까지 확대
    - 한국과학기술원 소속 박사학위소지자 연구원 4명을 파견
    - 소속 교원 전원 국내·외 연수실시 및 연구개발 활동 지원
  - ■ 영재학급 및 영재교육원
    - 우수 교원 배치 및 정부출연연구기관 등의 전문가 파견·겸임근무 추진
  - ■ 영재교육담당 교원은 60시간 이상의 직무연수 이수 의무화
    - 한국교육개발원 개발 원격연수 시스템 본격활용
- 교수·학습자료, 영재판별 도구 등 개발·보급
  - ■ 기 개발된 자료의 활용도 제고(인터넷 탑재 등)
    ※ '96–'01까지 교수·학습자료 42종, 판별도구 30종 등 72종 개발완료
  - ■ 영재학교용 전자교재(21개 교과) 개발 및 타 영재교육기관에 보급
  - ■ 학교현장에서 쉽게 활용할 수 있는 창의성 판별도구 개발·보급(4종)
- 선진국 수준의 교육여건 확충
  - ■ 영재교육기관의 학급당 학생수는 반드시 20인 이하로 운영
  - ■ 기본시설 외에 영재교육 영역별로 필요한 실험·실습실 등 확보
    ※ 영재학교의 경우, 연내 첨단 과학관 건립 및 첨단 기자재 구비 완료

2003년도 이후 추진계획

- 영재학교 등 영재교육기관에 대한 지속적 재정 투자
  - ■ 국가 및 지방자치단체의 시설비·운영비 등 지원 확대

※ 영재학교 등에 대한 재정소요 전망('02~'05, 과기부, 시·도교육청)

구분	2002	2003	2004	2005	합 계
영재학교	26억	54억	100억	100억	280억
영재학급	9.7억	21.2억	30.7억	42.4억	104억
영재교육원	21억	32.9억	38.7억	46.1억	138.7억

- 우수교원의 확보 및 영재교육담당 교원의 전문성 제고
  - ■ 영재학교의 교원 중 박사학위 소지자를 2005년까지 50% 이상 확보하고 한국과학기술원 연구원파견을 지속적으로 확대
  - ■ 영재교육 담당교원의 직무연수 확대 실시

    ※ 영재교육 담당교원 연수 실시계획('02~'05)

구 분	2002	2003	2004	2005	합 계
교육부	280	200	200	200	880
시·도교육청	700	1,300	1,500	1,700	5,200
계	980	1,500	1,700	1,900	6,080

- 교수·학습자료, 판별도구 개발·보급 지속 추진
  - ■ 2005년까지 교수·학습자료 34종, 판별도구 10종 등 총 44종 추가개발
  - ■ 영재교육기관간 자료 공유로 자료개발의 효용성 및 활용도 제고

부록 6

제4차 인적자원개발회의(2002. 5. 9)

「영재교육진흥종합계획」 수립방안(안)

본 안건은 국가발전을 주도할 고급 인적자원의 발굴·육성을 위한 국가차원의 「영재교육진흥종합계획」을 관계부처 공동으로 수립하는 방안을 제안하고 있습니다.

I. 제안배경

2002년 3월1일 영재교육진흥법의 시행에 따라 향후 국가 발전을 주도할 고급 인적자원의 육성을 목표로 국가차원의 영재교육에 관한 중장기적인 추진방안을 제시하는 종합계획의 수립이 필요

◎ 공교육차원의 영재교육 실시를 체계화

- 영재교육진흥법의 시행, 부산과학고의 영재학교 지정·전환 등으로 공교육 차원에서의 영재교육 실시 기반은 마련되어 있으나,
  - ■ 영재교육 대상자의 범위, 영재교육의 영역, 중·장기적 영재교육기관의 설치·운영 계획에 대한 정부차원의 비전 제시는 부재
    ※ 현재까지의 영재교육 정책은 영재교육진흥법 시행 대비에 중점

◎ 새로운 인재양성 시스템으로써의 영재교육 정책방안 모색

- 그간, 영재교육의 필요성에 대한 공감대는 형성되어 있으나, 사교육 과열, 형평성 문제 등 부작용 우려로 활성화되지 못한 상태
  ※ 수학·과학 분야에 치우친 영재교육 영역 설정 및 프로그램 운영
  ※ 영재학교 1교(부산과학고)를 제외하고는 전부 주말·방과후 프로그램 등 비정규교육과정으로 운영
- 따라서 영재교육 실시를 지식기반사회 성장동력을 제공할 고급 인적자원의 육성·활용차원에서 재조망 필요
  - ■ 영재의 조기발굴·육성을 통해 국가발전을 주도할 인재의 양성
  - ■ 개인의 잠재된 능력·소질의 계발기회 확대로 자아실현과 사회통합

II. 「영재교육진흥종합계획」 수립 기본방향

◎ 근거

- 영재교육진흥법 제3조 및 동법시행령 제2조
  - ■ 국가의 임무로서 "영재교육에 관한 종합계획"을 수립하도록 규정

■ 교육인적자원부장관이 관계 중앙행정기관의 장과 협의하여 수립

※ 2002년 영재교육 시행계획 보고시('02.4.10, 인적자원개발회의) 필요성 제기

기본방향

- 영재교육에 관한 기본적 이념과 철학의 정립
  - ■ 영재교육의 추진원칙, 추진방향 및 정책추진의 필요성 등
- 국내외 실태분석을 통해 중장기 발전방향 도출
  - ■ 관계 부처의 참여와 협조에 따른 역할분담 및 지원체제 정비
  - ■ 각급학교, 대학, 연구소 등의 인프라 활용방안과 연계
- 영재교육의 영역, 영재교육기관의 운영형태 등에 관한 기준 제시
  - ■ 각 전문 분야별 영재의 육성 및 인프라의 구축 방안 등
  - ■ 영재교육 추진방향에 따른 법령 및 제도의 정비 방안

[종합계획에 포함할 사항]

- 영재교육의 기본방향
- 영재교육 영역·대상자 및 영재교육기관 운영형태에 관한 기준
- 영재교육 인프라(교원, 판별도구, 교수·학습자료 등)구축 방안
- 고등교육기관과의 연계 및 계속교육 방안
- 영재교육을 위한 행·재정 지원방안 등

III. 종합계획 수립방법 및 추진일정

「관계부처 합동 기획단」구성·운영

- 범정부 차원의 영재교육 종합계획 수립
- 교육인적자원부 차관보를 단장으로 관계부처 국장으로 구성하여 4개월('02. 5.~8)간 운영
  - ■ 위원은 관계부처 추천을 받아 구성하며, 실무자로 구성된 별도 작업팀 구성·운영

    ※ 참여부처: 교육부(총괄), 과기부, 문화부, 산자부, 정통부, 여성부, 예산처 등

◎ 합동 기획단 지원 연구기관 지정

- 한국교육개발원을 전담 지원 연구기관으로 지정
  - ■ 관계부처 합동기획단과 공동작업으로 종합계획 수립의 실효성 제고

    ※ 한국교육개발원은 영재교육진흥법(제15조)에 의한 "영재교육연구원"으로 지정 예정
- 실태분석, 정책개발, 공청회 개최 등을 위한 정책연구 실시

  ※ 외국 영재교육사례 벤치마킹 추진

◎ 향후 추진일정

- 인적자원개발회의에 의제제안안건으로 상정: 2002. 5. 9
- 「영재교육진흥종합계획(안)」수립: 2002. 5. ~2002. 8.
- 인적자원개발회의에 종합계획(안)상정: 2002. 9월중

〈첨부〉

외국의 영재교육 정책 현황

외국의 경우 각국의 실정에 따라 차이가 있으나 고급인적자원의 개발을 통한 국가발전을 목표로 영재학교, 영재학급, 영재교육센터, 사사제도, 월반, 조기진학, 조기졸업 등 다양한 방법을 통한 영재교육 추진중

1. 미국

- 영재교육 대상의 범위: 3~15% (각 주 및 교육기관마다 상이)
- 영재학교 형태로 15개 수학·과학고등학교 운영 (주립)
- 영재학급, 영재교육원 형태로 다양한 프로그램 운영

2. 이스라엘

- 영재교육 대상의 범위: 3%
- 종합영재학교 형태로 「Israel Arts and Science Academy」 운영
- 특별학급 및 방과후 심화학습 중심으로 다양한 프로그램을 제공

3. 중국

- 영재교육 대상의 범위: 0.01%(극소수 영재 선발 육성)
- 50개 실험학교에 상설 영재학급 설치 운영
  - 속진과 심화를 병행하는 영재교육 실시

4. 러시아

- 영재교육 대상의 범위: 1%
- 방과후 각종 써클·클럽활동을 통한 심화학습 중심
- 전일제 학교로는 5개의 수학·과학고를 운영(국립대 부설형태)

5. 영국

- 2001년 가을부터 영재교육 본격 실시(중등의 경우 상위 5~10% 대상)
- 전국 1,000개 중학교, 400개 초등학교 및 16개 기관에서 프로그램식 교육실시

부록 7

외국의 영재교육 현황

오스트레일리아의 영재교육 현황

오스트레일리아(New South Wales 주)의 영재교육 개요

- 초등학교 Opportunity Class 운영
- 중등학교 Seletive School 운영
- 교육영역: Academy 및 Intellectuall IQ 140 이상
- 선발: 주정부 시험 및 학교성적, 영재성 검사 종합하여 선발(수학, 영어, GA)
- 교사: 별도 연수프로그램 없음

주 정부 영재교육 정책

- 영재교육 실시 근거
  - 연방정부 차원에서 별도의 영재교육 정책을 갖고 있지는 않으며 주 정부 차원에서 개별적으로 실시

    ※ 뉴 사우스 웨일주, 빅토리아 퀸즈랜드 등 동남부 지역에서 활성화되어 있음.
  - 별도 법령 근거는 없으며 1990년 제정된 'Education Reform Act'의 일반조항 '각 학생들이 잠재력을 성취고 특별한 능력을 지닌 학생들에게 기회를 제공하도록 지원하여야 한다'에 근거하여 영재교육을 실시
- 뉴사우스 웨일즈 주는 1991년부터 영재교육 실시
  - 영재교육 실시배경에는 공교육을 살리기 위한 취지도 반영

    ※ 전체 학교의 10%를 차지하는 가톨릭 계열 학교와 30%에 해당하는 사립학교(independent school)는 주정부 교육부의 지도감독을 받지 않고 자체 방침에 따라 운영되고 있으며, 학부모들의 사립학교 선호 등에 대응하여 공립학교의 수월성 제고 교육 필요성 때문에 실시
- 교육체제
  - K-12 체제로 구성
- K-6는 초등교육, 7-12는 중등과정
  - 40개 school district, 2,240개 학교, 70만 명 학생, 5만 명 교사 담당
- 영재교육 실시 모형

- ■ 초등에서는 영재학급(Opportunity Class), 중등에서는 선택학교(Selective School)를 운영
- ■ 초등학교 3학년 때 전체학생 대상으로 OC 테스트를 해 선발된 영재학생을 대상으로 4학년부터 OC 교육을 실시, 이어 초등 6학년 때 SS 테스트를 실시하여 중등학교인 SS 입학생을 선발
- ■ OC 및 SS는 주 정부에서 지정 운영
  ※ 현재 뉴사우스 웨일즈 주에서 70개 OC, 29개 SS 운영 중
- ■ 6만 명의 학생 중 1,500명이 OC에, 3,000명이 SS에 재학
- ■ 영재교육 대상자는 학문적으로 뛰어난 학생(Academically gifted)으로 규정하여 수학 및 영어 성적을 중시하고 있으며 음악 등 타 분야에 뛰어난 학생들은 특별학교(special school, 우리의 실업계 고교, 예술고, 외국어고, 체육고)에서 관장

- 교사
  - ■ 별도 자격요건을 규정하지 않고 있으며, 일반교사를 배치. 따라서 영재 교육 담당교사에 별도 특혜도 없음
  - ■ NSWU에서 영재교육을 이수한 교사라도 영재교육 교사 배치에는 참고치 않고 있는 실정
    ※ OC/SS 운영학교에서는 교사의 전문성 문제를 가장 큰 문제로 지적하며 이 부분의 개선이 시급하다고 지적
- OC 운영체계
  - ■ 초등 4학년 전학생 대상 테스트해서 선발, 초등 5~6학년간 영재교육 프로그램 제공
  - ■ 프로그램은 상설영재학급(독립된 반) 형태
  - ■ 주 정부 전체에서 약 70개의 OC 운영
  - ■ 학생들은 해당 school district에서 관내 OC 설치학교로 배정
  - ■ 교사는 인터뷰를 통해 선발하며 별도의 자격기준 (연수 등)을 요구 하지 않음.
  - ■ 학생 선발
    - • 교사, 학부모 또는 학생 자신의 추천에 의해서 선발시험을 치를 학생을 선정
    - • 선발시험은 주 정부 시험과 학교시험, 일반능력검사로 구성

- 주 정부 시험: 영어, 수학 각 50점
- 학교내신: 영어, 수학 각 50점
- 일반능력검사(general ability test): 100점

  ■ 학교내신과 주 정부 시험성적에 격차가 클 경우 조정해 학교내신이 부풀려지는 현상을 예방
  ■ 교육과정은 심화학습, 컴퓨터, 문제해결능력 배양에 중점
- SS와 연계체제
  ■ 대부분의 OC 학생은 SS에 합격해 연계체제를 갖추고 있음.
  ※ OC 학생 중 문제가 있는 학생만 SS 입학대상에서 제외
  ■ SS에서 배울 것을 미리 OC에서 가르치기도 하며, 이 경우 SS에서는 그 내용을 가르치지 않도록 SS와 협의하고 있음.
- SS 운영체계
  ■ 주 정부에서 학생선택권 등을 부여한 영재학교(일부 학교에서는 Selective Class 형태로 운영)
  ■ SS 운영을 위해 주 정부로터 받는 재정지원에 일반학교와 차이는 없음. 이유는 SS에 대해 반대하는 여론도 있기 때문임. 다만 부모들의 기부가 학교운영 재원 조달에 큰 몫을 차지(주정부 지원금의 3배를 차지)
- 대학입학 특혜는 없음.
  ■ 우수한 교육환경을 제공하고 SS로 대학입학 지수(UAI, Universtiy Admission Index)가 높아져 학생 입학사정에 일부 도움을 받고 있는 정도로 대학입학에 따른 특혜는 없음.
  ※ 대학위원회에서 University Admission Index를 제정하는데 여기에는 주정부의 대학입학시험(HSC)과 학교의 내신이 모두 반영되며, 대학은 두 지표를 비교해 조정함. 따라서 SS 재학생은 HSC가 안 좋더라도 학교 내신에서 가중치가 부여돼 대학 입학에서 다소 혜택을 받게 되는 결과가 발생. 아울러 인터뷰에서 SS 출신인 점이 고려되며, 장학금을 받는 경우가 많은 것이 혜택으로 볼 수 있는 것
  ※ HSC를 갖고 대학생을 선발하는 방식에서 최근 면접, 학교 내신, 특별활동 실적 등으로 대학의 학생선발 방식이 바뀌면서 SS에 유리

- ▪ 이 학교와 뉴 사우스 웨일즈 대학과 협약을 체결, 이 학교 학생들이 수요일 NSWU에 가서 수업을 들으면 나중에 NSWU 입학시 학점으로 인정하는 제도를 운영
- ▪ 일반학교와 비교한 학교운영비, 교사 배치 및 근무여건 등에서도 특혜가 없이 운영(사유: 교원노조의 차별대우 금지 때문)
- ▪ 학생선발은 초등 6학년 때 전학생 대상 테스트를 실시하고 학생들의 4지망 학교까지 신청에 의하여 선발
- ▪ 대부분의 OC학생들이 SS에 들어가게 되며, OC에 포함되지 않은 학생 들도 시험을 통해서 1/2 정도를 충원
- ▪ 지역교육청 단위에서는 당락 범위에 있는 학생들 사정을 위하여 위원회 구성 운영
  - 지역교육장, SS교장, 학부모 대표로 구성
  - 능력은 있는데 시험을 잘못 본 학생인 지, 최근 이민 온 학생인 지, 원주민인 지 등을 고려

- 교사
  - ▪ 교사는 별도로 선발하거나 자격요건을 요구하지 않으며, 일반학교와 같은 방식에 의해 채용되고 근무하고 있으며, 보수 및 수업 시수 등에서도 차이가 없음
    ※ 사유는 교원노조에서 교사간 차별대우를 반대하고 있기 때문임.
  - ▪ 주 정부 차원에서 제공하는 교사 연수 프로그램은 없으며 교장의 책임 사항으로 되어 있어 교사의 전문성이 문제가 되고 있음.
  - ▪ 개별 SS 차원에서 교사 연수프로그램을 부분적으로 운영중임.
    ※ 뉴 사우스웨일즈 대학의 영재교육연구소(GERRIC)에서 전문가를 초청해 교사연수를 하는 방안 등 실시 중
  - ▪ 대신 교사가 SS로 오면 오래 근무해 경험에 바탕을 둔 교육이 가능해 전문성 문제를 보완하고 있음.
- 초기 8개의 SS에서 시작, 현재는 29개의 SS 운영. 그 결과 일부 학교의 질적 저하 문제가 발생
  - ▪ SS 학교와 대상 학생수가 늘면서 SS 특성을 잃는 경우가 발생
  - ▪ SS가 증가한 사유는 사립학교를 보내고 싶은 부모가 대안으로 SS를 원하고, 주 정부에서는 공교육을 살리는 역할을 하기 때문
  - ▪ 이에 따라 SS 학생 반, 일반학생 반인 학교도 출현
- 예술, 체육 등은 특별학교 형태로 별도 운영(SS에서 분리)

- ■ 3개 체육학교, 5개 예술학교 운영

- 교육과정은 일반학교와 같으나 특정과목을 심화하는 데에서 차이가 있음
  - ■ IQ 140 이상/성적 상위 0.5% 학생들에 대한 속진, 특정 분야에 뛰어난 학생에 대한 멘터링 서비스(자원봉사 인력을 맺어 줌)
  - ■ 일반학교에서 개설하는 기초과정은 개설하지 않고 대신 고급과정 중심으로 개설
  - ■ 전체 학생의 95% 이상이 대학에 진학하는 성과
- 심화(enrichment)에 중점을 두고 교육과정 운영
  - ■ 주요교과, 음악, 미술, 리더십, 컴퓨터 등 강조
  - ■ 교육위원회(Boarder of Education)에서 교육과정 운영에 대한 가이드라인을 주지만 개별 SS의 커리큘럼은 각 학교에서 편성 운영
  - ■ 속진은 가능하지만 강조는 않고 있음.
- 기타 방과후 영재교육
  - ■ Community Language School(토요일 개설)에서 언어교육을 실시
  - ■ 이 내용은 고교 자격증에 표시되고 대학입학시험에도 반영됨
- 뉴사우스 웨일즈 주 영재교육 평가
  - ■ 현재 주 정부 차관의 지시에 의해 영재교육 정책 전반에 대한 재검토 작업 중
  - ■ 지난 해 의회에서는 영재교육이 보다 활발해져야 한다며 평가보고서를 발행
  - ■ 영재교육을 부정적으로 보는 이유를 찾아 대응책을 모색해야 한다는 입장
  - ■ 모든 학생들의 환경기반(background)에 따른 영재교육 제공
  - ■ 교사 연수 필요
  - ■ 수월성 센터의 창조(SS 및 OC 확충) 등 강조

    ※ SS의 경우 대부분의 학생들이 자격고사를 통해 11~12학년에 진학(대학진학 자격시험 응시가 가능), 일반학교는 15% 정도가 11~12 학년에 진학
  - ■ 호주 사회에서 SS는 쟁점이 되고 있는 이슈로 소수 엘리트교육에 반대하며 일반학교에서 가르쳐야 한다는 입장(특히 교원노조)이 강해 SS가 영재교육 취지를 100% 구현하다는 데 장애가 되고 있음.
  - ■ 영재교육 정책을 따르지 않으려는 학교가 많다는 문제를 안고 있음.

    ※ 전문화된 교사, 재원 등이 필요하나 이에 대한 지원이 적어 일선 학교는 영재교육에 소극적
  - ■ 현재 주 정부는 학문 분야 한 분야만 뛰어난 학생을 영재로 보는 견해 에서 각 분야

에 잠재력을 지닌 학생들로 영재의 개념정의를 바꾸는 방안을 검토중

Sydney Girls High Selective School

- 1883년에 설립된 중고 통합 공립학교로 Selective School로 1991년 지정됨.
  - ■ 전체학생 920명(6년제)
  - ■ 7~10학년 각 150명(1개 학급 30명), 11~12학년 각 160명(1개 학급 24명)
  - ■ IQ 평균 140 이상
  - ■ 3,000명이 신청
  - ■ 주 정부 전역에서 학생 선발(28개의 SS 학교 중 랭킹 6위에 해당)
- 초등 6학년 때 시험 봐서 선발
  - ■ 성적결과를 놓고 학생들이 4개 학교까지 순위별로 지원, 교육청에서 학교 배정
  - ■ 주정부 주관 시험성적, 학교주관 성적과 영재성 검사를 종합해서 선발

▶ 영어 100점(학교성적 50, 주 정부 성적 50)

▶ 수학 100점(학교성적 50, 주 정부 성적 50)

▶ General Ability Test 100점(IQ TEST와 유사 Non-Verbal Type)

  - ■ 저소득층 학생들도 입학 가능해 경쟁이 심한 편
- 교육프로그램
  - ■ 7~10학년까지는 일반학교와 같은 교육과정을 운영
  - ■ 9~10학년 때는 11~12학년 때 준비하는 HSC를 미리 준비하고, 11~12학년에서는 HSC를 본격 준비
- SS에 교사 선발권은 없으며 별도 제도 없이 일반교사를 그대로 배치(Student is selected, but teacher is not selected)
- 부모의 참여와 협조가 SS 운영에 절대적

Woollahra Public School

- 총 18개 학급 중 5~6학년에 2개씩 4개 OC 운영
  - ■ OC 학급당 학생수는 30명으로 총 60명이 OC 학생

    ※ Woollahra Public School 소재 school district에서는 2,000명 중 60명이 OC 학생

으로 선발되어 이 학교에 배치되었음.(OC 지원자는 580명)

- 5~6학년 중 일반학생과 OC학생의 비율은 5: 5
- 이 학교 4학년 재학생의 10%가 OC 테스트를 통과

• OC 운영

- OC 테스트에 통과한 학생들은 5학년 때 Woollahra Public School로 전학 옴

• 교사

- 중등학교와 마찬가지로 연수 등 별도 자격을 요구하지 않아 일반교사가 OC를 담당

※ 교장은 훈련을 받은 영재담당 교사가 없는 것을 문제로 지적하면서, 특히 OC 학생들 중 학습습관이 좋지 못한 학생들이 있어 상담교사가 70%를 OC학생들에 쓰고 있어 교사의 별도 필요능력이 중요하다는 의견을 제시

• 영역

- 학문적 영역, 지적우수아
- 다양한 영역에서 우수아가 있어 다양한 프로그램을 운영해야 하는 데 이에 대한 어려움이 있음

• 교수·학습자료

- 주 정부에서 별도 제공되는 것이 없고 교사들이 직접제작 활용
- 과제를 동일하게 주고 산출물이 다양하게 나오도록 지도
- 주 교육과정 목표가 지식 중심이 아니라 기능중심으로 되어 있음

• 기타

- 지역민들은 유치원부터 이 학교에 보내려 하고 별도의 재정지원이 없다

NSWU Gerric 영재교육센터

• 시드니 주정부 영재교육정책이 한 분야에 뛰어난 학생에서 여러 분야에 잠재력을 지닌 학생들을 대상으로 하는 영재교육 정책으로 바뀔 계획이라고 설명

• 주정부 영재교육 정책 전반에 대해서는 긍정평가

- 특히 학생선발 방법은 여러나라의 영재판별 방법을 연구해서 만든 것이라고 강조

• GERRIC 영재교육센터 운영

- 대학 자체 연구소로 운영재원은 자체 조달

※ 주정부 등 정부로부터 받는 재정지원은 없음.

- 다음 3개 업무를 주요업무로 추진

1) 교사 연수 2) 학생 대상 영재교육 프로그램 운영 3) 영재교육에 관한 연구

- ■ 영재교육에 관한 석사과정을 운영하고 있으며, 이 대학 사대 학생은 영재교육과정 1과목 이상 수강을 졸업요건화

- 교사 연수
  - ■ 개별 교사 차원에서 실시
  - ■ 80시간 연수 받으면 자격증(certification) 발급하고 석사과정을 1/3이수한 것으로 인정
  - ■ 기타 20시간 과정, 1일 과정(무료) 등 운영
  - ■ 영재교육 담당 교원 연수에서는 영재아에 대한 심리특성 이해, 잘못된 시각 교정, 판별, 컬리큐럼, 프로그래 개발 등에 중점을 두어야 한다는 의견

    ※ 소장 개인의견은 OC/SS 담당교사는 일정시간 영재교육 연수를 의무화해야 하는 것이 필요하다는 입장
- 부모교육
  - ■ 주말에 6시간의 영재아 부모를 위한 프로그램 운영
- 학생대상 프로그램
  - ■ IQ 테스트 등 영재판별 서비스 제공
  - ■ 950명 학생 대상 방학중 영재교육 프로그램 제공

    ※ 현재 28개 프로그램 제공, 각 프로그램당 학생 수는 20명
  - ■ 정부의 규제나 승인, 재정지원은 없으며 학부모 납입금, 기업후원금으로 운영
  - ■ 지도강사는 이 학교 교원연수 프로그램 참여교사, 또는 영재교육과정 이수자가 담당
  - ■ 속진(3~4학년→5~6학년, 7~10학년→11~12학년) 중심으로 운영
  - ■ OC/SS와 연계성은 없으며, 별도로 정한 영재기준에 부합하는 학생만 선정

싱가포르의 영재교육 현황

싱가포르의 영재교육

- 초등학교 9개교, 중등학교 7개교에서 영재학급 운영
- 교육영역: Academy 및 Intellectuall IQ
- 선발: 정부에서 3학년 때 시험 선발(수학,영어, General Ability) 상위 1%
- 교사: 별도 연수프로그램 없으며 연1회 컨퍼런스 개최
- 정부에서 영재교육 담당교사 배치 및 프로그램 가이드라인 제공

영재교육 정책

- 호주처럼 지적 영재(academically gifted)를 영재교육 대상으로 함.
  - 1984년부터 Gifted Education Programme(GEP)란 명칭으로 상설 영재학급을 초등 및 중학교에서 운영
    - ※ 초등 9개교, 중학교 7개교에서 전체학생의 1% 대상 실시 중
    - ※ GEP 프로그램 운영학교는 교육부에서 학생 통학거리 등을 고려하여 지정
  - 지적 및 도덕적 잠재능력을 개발하는 것이 목적
  - 교육과정은 일반학급과 동일. 단 심화학습 형태로 운영
  - 음악과 미술은 별도 프로그램으로 실시
    - ※ Music Elective Programme, Art Elective Programme를 일반학교의 특별 프로그램으로 운영(방과 후 일정시간 추가 운영 등)
- 엘리트위주의 국가정책과 맞물려 영재교육에 대한 투자가 활발
  - 교육부 안에 Gifted Education Branch(우리의 과수준)를 두고 영재교육 프로그램 기획 및 운영을 총괄
    - ※ 교육전문직 33명, 행정직 7명 근무
- 영재학급 학생에 대한 특혜
  - 전문성 지닌 교사에 의한 지도
  - 학급당 학생수가 낮음(영재학급 25명, 일반학급 40명)
  - 과학, 예술, 사회과학 등에 대한 각종 특별활동 프로그램 제공

- ■ 일반학생보다 2배 많은 예산지원
- ■ 교육과정은 일반학생과 동일. 심화학습으로 교사가 학습자료를 많이 만들어 제공한다는 측면에서 일반학급 운영과 다름

- 영재학급 담당교사 양성 및 처우
  - ■ GEP 운영학교에는 영재교육부가 따로 구성되어 해당학교의 영재학급 운영을 전담
  - ■ 영재학급을 담당하는 교사와 일반학급을 담당하는 교사를 분리 운영함에 따라 영재학급 담당교사는 영재학급만 전담하는 효과를 내고 있음

    ※ 학년별/교과별로 GEP 교사가 배치되어 있으며, 한 학교에서 오랫동안 GEP 프로그램을 관장한 교사가 대부분.
  - ■ 영재학급 담당교사에 대한 별도 보수는 없으며 단지 수업 시수를 일반교사에 비해 2/3 감면
  - ■ 영재학생 상담을 위하여 1~3명의 카운셀러를 배치
  - ■ 영재교육과에서 일반교사를 대상으로 경력 등을 참고해서 선발하며 선발된 교사는 3개 코스에서 총 90시간의 연수를 받아야 함.

- 선발단계
  - ■ **초등학교**: G3때 전체학생으로 선발시험 실시, G4때부터 영재교육 실시

• 1단계: Primary 3 Screening Test(영어/수학), 학생과 학부모 신청에 의해 실시
• 2단계: Primary 3 Selection Test(영어, 수학, 일반능력 검사로 선발)
• 테스트 결과는 공개하지 않으며 매년 시험문제를 바꿔 출제함.

    ※ 동일학년 집단(cohort) 15,000명 중 3,000명을 1차 스크린 한 후 최종 500명을 선발
  - ■ 심화학습에 중점
  - ■ G4에 선발하는 이유: 그 전에 실시하면 선발시험 결과가 안정성을 확보하기 어렵다는 판단 때문임.
  - ■ 500명 대상, 전체의 1%가 영재교육 대상
  - ■ 9개 영재학급 프로그램 운영학교에 배치하며, 심화과정 중심으로 운영(속진은 실시하지 않음)
  - ■ 학급당 학생 수는 25명(일반학급은 40명)

※ 속진 인정: 미국 호주

속진 불인정: 싱가포르 이스라엘

※ 1% 학생 선발이유: 각종 연구결과 활용, 교사 투입 등 행정적인 측면의 용이성도 고려

■ **중학교**: 초등 6학년때 초등학교 졸업자격 시험(Primary School Leaving Examination, PSLE)를 실시, 여기에서 1차 선발된 학생을 대상으로 Selection Test를 실시하여 중학교 1~4학년 간(G7~10) 영재교육을 받을 학생을 최종 선발

■ 선발방법은 초등 3학년 때 방법과 동일

※ G4에서 선발된 학생들은 G4~6 단계의 GEP에서 성과, PSLE 성적 등을 토대로 중학교 단계에서 영재학급 진학여부를 심사. 대부분은 그대로 G7 이후 영재학급으로 진학하는 편이며 G7에서 약 100명 정도를 추가 선발함.

■ 심화학습에 중점

■ 7개의 영재학교 운영. 수용인원 600명으로 전체학생의 1% 수준

■ **고등학교**: 고교과정에 해당하는 Junior Colleage 1~2학년부터는 별도 영재교육을 실시하지 않음. 대신 별도 특별 프로그램 등을 제공.

■ 사유: 상위 20% 학생들이 Junior College에 입학함에 따라 별도의 영재교육을 실시하지 않더라도 실질적인 측면에서 영재육성이 가능하기 때문 이 시기에 재능이 보다 분명히 드러나 별도의 교육 프로그램을 제공하는 것이 효과를 보이기 시작하기 때문

〈특별프로그램〉

- 운영사례; Science Research Programme, Scinece Focuse, Creative Arts Programme, Humanities & Social Sciences Research Programme, Humanities Award Programme, Language Elective Programmes 등
- 방과후에 제공, 성적이 나오지 않으며 대학입시와도 관련성이 없음. 그래도 우수학생들이라 학교공부에 덜 시달려 이러한 활동에 주저하지 않음.
- 위 프로그램들은 대학에서 제공. 영재교육과는 스폰서를 구하고 학생을 선발해 그 프로그램을 제공하는 대학에 인계하는 등 전체적인 프로그램 조정자 기능을 수행. 대학들은 학생들에게 파고들기 위해(reached down)위해 이러한 프로그램 운영에 적극적

- 대학입학과 연계
  - 영재교육이 중학교 단계에서 종료돼 대학과의 연결고리 문제가 없음.
  - 대학전형이 시험성적 위주에서 특기적성까지 고려하는 것으로 바뀔 계획으로 있어 Junior College에서 여러 특별프로그램을 이수한 학생들에게 인센티브가 부여될 것으로 전망

    ※ 싱가포르 경영대학은 최근 인터뷰에 중점을 두는 방향으로 입시를 변경했으며, 한 분야를 잘 하는 학생에게도 문호를 넓혀가고 있어 GEP 학생에게 유리할 것으로 전망
- 영재학급 운영평가
  - 8~9년 단위로 전체 프로그램 운영실태를 평가해서 개선방안을 모색
  - 평가단은 외부 전문가로 구성
  - 현재까지 평가는 잘 운영되고 있다는 것
- 향후 개선사항(영재교육 담당과장입장에서 제기한 사항)
  - 11~12학년까지 영재교육을 확장
  - 교사연수 강화
  - 수학(수학) 중심으로 선발방법 개선(현재 선발방법은 일반능력에 치중되어 있어, 영재로 여겨지는 학생을 제대로 뽑기 위해 수학시험 강화가 필요)
- 영재교육에 대한 사회적 인식
  - 학생 능력에 맞는 교육을 받아야 한다는 사회적 인식, 엘리트주의에 입각한 싱가포르 교육 정책으로 영재교육에 대한 논란은 적은 편
  - 이에는 교수학습 방법 외에 일반 학생과 영재학 생간에 차별이 없다는 점도 작용
  - 한편으로는 초등학교 때부터 영재를 선발함에 따라 학생들의 학습부담이 가중되고 있는 문제를 서민층에서는 제기하고 있는 상황

Chinese High School

- 7~10학년 대상의 중학교
- 전체 상위 3% 이상의 우수학생이 지원하는 학교로, 이중 영재학급 학생은 전체 상위 1%에 해당
  - 정부의 재정지원을 받는 사립학교(Independent School)

    ※ Independent School: 정부의 재정지원을 받으면서 중국어를 가르치는 의무가

부과되어 있으나 기타 교사임용 및 교육과정 운영 등은 학교재량으로 운영(180개 중학교 중 8개교만 Independent School)

- 각 학년마다 3개의 영재학급 운영
  - ■ 전체학생 1,800명 중 GEP 영재학급 학생 수는 300명
  - ■ 이와 별도로 Arts Elective Programme 운영(수업 후 1주일에 2시간씩 제공)
- 전체교사 130명 중 GEP 담당 교사는 30명
  - ■ 12개 GEP반 담당(학생수 정원 300명 기준시 교사1인당 학생수는 1:10)
- 교육과정 운영
  - ■ 정규과목에서는 일반학생과 GEP학생을 분리해서 수업운영
  - ■ 방과후 활동은 일반학생과 같이 실시

    ※ 일반학급 학생들도 우수해서 GEP 별도 운영에 따른 갈등이 없다고 함.
- 개선요망 사항(담당교사 의견)
  - ■ 현행 수학/영어 시험위주의 선발방식으로 영재학생을 제대로 선발할 수 없다며 개선이 필요하다는 의견을 제기
  - ■ 대학입학자격시험이 전교과를 잘 하는 것을 요구하는 문제가 개선돼 특정 분야에 뛰어난 영재학생에게 대학입학 기회를 주는 것이 필요
  - ■ 영재학생에 대한 정서적 측면의 고려가 중요(팀웍 등)해 소외감을 갖지 않도록 하는 배려가 필요

  ※ 특이사항: Chinese High School과 같은 부지에는 같은 재단에서 운영하는 Chiness Boarding School(외국인 중고생을 위한 기숙사)가 있음
  - ■ 싱가포르 정부의 장학금을 받고 오는 외국인 중고생 약 1,000명(50%가 중국학생)을 위한 생활관
  - ■ 13~19세 학생 대상, 첨단형 기숙사로 학습과 생활 전반을 지원
  - ■ 학생 15명당 교사 1명이 배정돼 기숙사 생활을 지도

Anglo-Chinese Primary School

- G4~6학년 대상 학년 당 2개 반씩 총 6개의 상설영재학급 운영
  - ■ 전담교사 16명
  - ■ 다른 학급의 경우에는 일반교사가 2~4개과목을 가치는 데 비하여 영재학급 담당교사는 지정된 1개 과목만 가르침.

※ GEP 반별 학생수: 21명

- ■ 수학에 뛰어난 학생을 위하여 방과후에 별도 프로그램도 운영

- 영재학급 교재 및 교사의 전문성 제고방안
  - ■ 9개 GEP 프로그램 운영학교 영재교육 담당교사 교육부 영재교육 담당공무원과 협의하여 개발
  - ■ 기본적인 교육과정 가이드라인은 교육부에서 제공, 이를 근거로 각 영재학급 교사들이 syllabus를 개발해서 활용
  - ■ 매년 GEP담당교사 워크숍을 교육부에서 주관 실시(의무적 참가)
- 개선 필요사항(담당교사가 제기한 사항)
  - ■ GEP 담당교사에 대한 처우개선

    ※ 최근 GEP 교사들의 교체율이 높아지고 있다며 이는 특별한 인센티브가 없기 때문이라는 의견
  - ■ 교육부는 소수 엘리트 육성 위한 영재교육에 적극적이지만 일반대중은 이에 호의적이지 않아 필요성에 대한 홍보가 필요

    ※ GEP 프로그램의 주 대상이 중국인이기 때문에
  - ■ 대부분 정책결정자 위치에 있는 영재학생 학부모들의 욕구에 맞추어야 하는 것도 문제임. 그런 학부모도 영재교육에 대한 인식이 부족해 이를 개선하기 위한 교육홍보가 필요

    ※ GEP 프로그램과 학생 성적과 연관시켜 평가하려 들기 때문에 GEP 프로그램의 목표, 비전 등을 초기에 잘 설명해 주어야 함.

제1차 영재교육진흥 종합계획

2002.11

교육인적자원부, 과학기술부, 문화관광부

정보통신부, 여성부, 기획예산처, 특허청

〈차 례〉

I. 추진배경 및 경과

추진배경

- 국가발전에 필요한 소수의 창의적 인력을 국가차원에서 개발·육성하기 위한 새로운 교육 시스템으로써 영재교육 정착을 도모
  - 2001.12.17 확정된 「국가인적자원개발기본계획」16개 정책 과제 중 하나인 '영재의 조기발굴 및 육성' 분야에 대한 종합적 청사진 제시
- 2002. 3. 1부터 영재교육진흥법이 시행됨에 따라 중장기적 관점에서 우리 현실에 적합한 영재교육의 기틀을 정립
  - 그 동안 마련된 법·제도를 바탕으로 우수 영재 육성을 위한 프로그램 개발·운영에 정책역량을 결집

> ※ **「영재교육진흥 종합계획」 수립 근거**
> - 교육기본법 제19조(영재교육 시책 수립에 대한 국가 및 지방자치단체의 의무)
> - 영재교육진흥법 제3조 및 동법시행령 제2조(영재교육진흥종합계획 수립)
> - 제3차(2002.4.10), 제4차(2002.5.9) 인적자원개발회의 의결

추진경과

- 2000. 1. 28 영재교육진흥법 제정 공포
- 2001. 5. 7 대통령 주재 인적자원 분야 관계장관 간담회에서 논의
- 2001. 8~9 영재교육 정책방향 인적자원개발회의 심의
- 2002. 4. 18 영재교육진흥법시행령 공포·시행
- 2002. 5. 9 인적자원개발회의에서 종합계획 수립방향 의결
- 2002. 6~ 관계부처 합동기획단 구성·운영
- 2002. 11.25 종합계획(안) 공청회 개최
- 2002. 11.27 중앙영재교육진흥위원회 심의·의결

II. 영재교육 현황 및 문제점

1. 영재교육 실시 현황

◎ 고교단계에서 영재학교 지정

- 부산과학고를 영재학교로 전환, 2003년 개교 예정 (학생선발 완료)
  - ■ 영재판별절차에 따른 학생선발, 영재성 계발을 위한 교육과정 구성, KAIST 교수 파견 등으로 본격적인 영재교육실시에 대비

    ※ 각 분야 우수인재 양성을 위하여 과학고, 외국어고를 운영하고 있으나, 학교수가 증가하면서 학교성적 위주 입시교육의 한계를 노출

    - 과학고 16개교(총2,887명), 외국어고 19개교(총18,315명)
    - 과학고의 경우, 비교내신제 폐지 후 매년 200여 명 학생들이 자퇴

◎ 대학 및 교육청 등에서 각종 영재교육 프로그램을 제공 운영

- 방과후, 주말, 방학중 비정규 교육 중심
- 2002년 현재 약 1만 명의 학생이 영재교육 프로그램에 참가하고 있으나, 지역별·학교급별로 영재교육 접근기회가 제한적

  ※ 영재학급: 81개교 약 3,500명
  교육청 운영 영재교육원: 36개소 약 3,000명
  대학부설 영재센터: 과기부(15개소, 약 3,000명), 문화부(1개소 350명)
  정통부(1개소, 150명)

※ **우수학생들의 성취도**

- 국제 수학·과학 올림피아드에서 상위 10위권 이내를 차지
  - ■ 국내 올림피아드 입상자 중 선발, 별도 지도를 통해 출전
- OECD 학업성취도 검사(PISA)에서 상위 5% 학생들의 성취도는 전체 학생 평균보다 상대적으로 하위

과목	전체	상위 5%
과학	1위	5위
수학	2위	5위
읽기	6위	20위

2. 주요 문제점 및 그 원인

최근 영재교육 필요성에 대한 사회적 공감대는 형성되어 있으나, 형평성 논쟁·입시위주 사회풍토 등으로 활성화되지 못한 상태임.

◎ 평등지향적 사회문화 및 입시위주 교육풍토로 영재교육 시행이 어려운 환경

- 특정 분야 우수학생을 위한 영재교육 필요성에 대한 공감대 형성 초기
- 영재성 계발보다 입시에 도움이 되는 학교성적 위주 교육을 선호

◎ 영재교육진흥법 시행 이전의 임의적 영재교육 체제를 벗어나지 못하고 있는 실정

- 초·중등학교 등에서 특기·적성교육 형태로 이루어져 영재교육 대상자 선발 및 프로그램 운영 등이 비체계적
- 영재성 발굴보다 엄격한 선발을 강조함에 따라 잠재적 영재에 대한 관심이 소홀
- 대학단계에서 별도의 영재교육 프로그램이 없어 영재성 계발이 초·중·고 단계에서 종결
- 일반고 중심 대입전형으로 특정 분야 영재의 특성 발휘에 제약
  ※ 특별전형 등에서 수능 또는 내신성적 상위 2~5%를 요구

◎ 교원, 판별도구, 프로그램 등 지원체계가 취약

- 영재교육 초기단계로 연수를 받은 교사가 부족
- 교원전보제 및 교원자격증 소지자 중심 교원 인사구조로 전문 인력을 영재교육 담당교원으로 양성·활용하기 어려운 실정
- 그 동안 정책적 관심 부족으로 판별도구와 교재 개발이 불충분

III. 외국의 영재교육 실태

1. 미국 및 유사 교육제도 채택 국가

미국

- 1932년부터 영재교육 시작, 상위 1~15% 학생 대상 실시(주마다 상이)
- 영재학교, 영재학급 등 다양한 형태의 영재교육 프로그램 제공
  - 영재학교: 수학·과학 공립고 10개교 운영
  - 영재학급 및 영재교육원: 방과후, 상설, 시간제, 방학 등

이스라엘

- 1973년 문교부에 전담 부서를 설치, 초등 3학년부터 전국 상위 3% 이내 학생을 선발하여 의무적으로 영재교육을 실시
- 영재교육 프로그램은 미국과 유사
  - 영재학교: 고교급 1개교(Israel Arts and Science Academy)

호주

- 주 정부 차원에서 개별적으로 실시
- 초등4~중학교까지 전체학생의 1%를 선발, 상설 영재학급 운영
- 고교단계에서 영재학교(Selective School)를 운영중이나 그 수준은 낮음

2. 입시교육이 치열한 아시아 국가

싱가포르

- 1984년부터 교육부에 전담과를 설치, 엘리트 육성이라는 국가 전략 차원에서 실시
- 초등4학년부터 중학교까지 상위 1% 이내 학생을 선발하여 상설 영재학급 형태로 운영
  - 고교단계에서 별도 영재학교는 없음

대만

- 1984년 영재교육을 포함한 특수교육법 제정
- 초·중학교 상위 1% 학생 대상 속진 및 방과후 영재교육 실시

3. 구 사회주의 국가

러시아

- 수학·과학 및 예능 중심 영재교육을 실시해 왔으나, 최근 국가의 지원 축소로 위축된 상태

중국

- 1978년부터 초·중학교에 50여 개 상설 영재학급 운영 중

4. 서유럽계 국가: 최근 들어 영재교육 강조 추세

영국

- 2001년도부터 영재학급 및 영재교육원 중심 영재교육 실시
  - 초등 5~6학년 및 중등학교 학생 대상

〈시사점〉

- 발굴에 중점을 두고 초·중학교 단계에서 영재학급과 영재교육원에 중점을 두면서, 영재학교는 고교에서 극소수로 운영
- 영재교육의 역사가 긴 나라들은 초등 3~4학년 단계에서 영재를 일정비율 선발, 고등학교까지 각종 프로그램을 제공
- 대학입학은 '대학자율 원칙'에 따라 별도 특례는 두고 있지 않음.
- 각 국이 공통적으로 우수교원 확보에 어려움을 겪고 있는 실정

IV. 영재교육 비전 및 추진방향

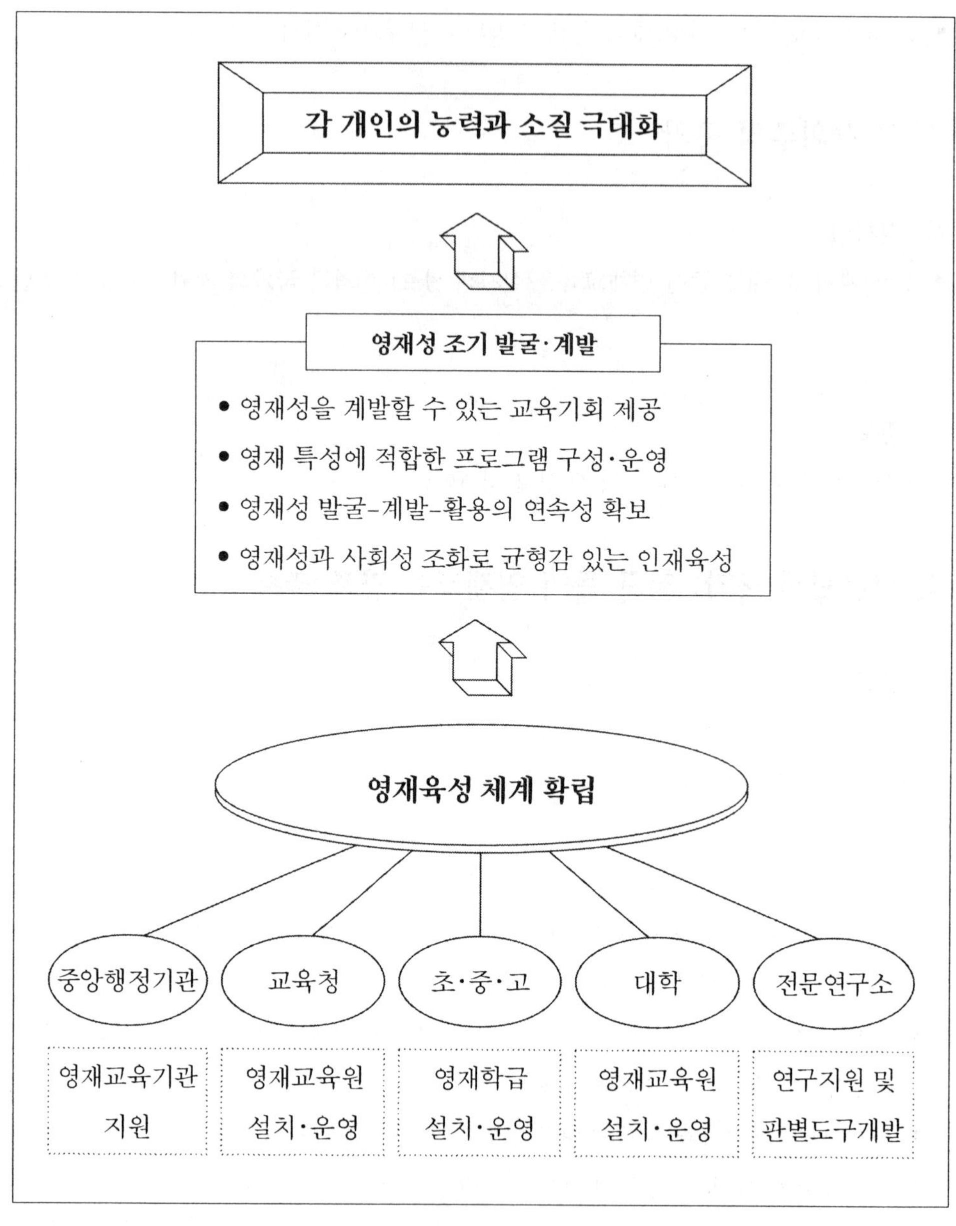

1. 정책목표

국가와 지방자치단체는 국가발전에 기여할 세계적 수준의 소수 정예인력 양성을 위하여 2007년까지 다음 5개 목표 달성을 위하여 공동 노력함.

목표 1 영재성 계발 기회의 확대

- 영재성 조기계발을 위하여 잠재적인 영재까지 영재교육대상자로 포함하며, 2007년까지 전체 학생의 0.5% 이상(약4 만 명)에게 영재 교육을 제공함(2002년 현재 0.1%).

목표 2 영재교육 기관의 특성화 및 세계수준 영재육성

- 영재학교-영재교육원-영재학급 간 역할을 특성화하고, 최소 1개 이상의 국제수준 영재교육기관을 설치·운영함으로써 고급 인력의 국내양성 기반을 다짐.

목표 3 고등교육단계와 영재교육의 연계성 확보

- 초·중·고와 대학이 연계되는 영재교육 시스템을 구축하여, 영재성 발휘가 대학단계에서 고도화되도록 함.

목표 4 영재교육 담당교원의 전문성 제고

- 우수 교원이 배치되도록 교원 임용제도를 개선하고 연수·연구활동 지원으로 영재교육 담당교원의 전문성을 높임.

목표 5 영재교육 연구·지원 기능 강화

- 영재교육을 전문적으로 지원할 '영재교육연구원'을 국가차원에서 육성하고, 판별도구 및 교수·학습 자료개발 기능을 강화함.

2. 추진전략

추진 구도

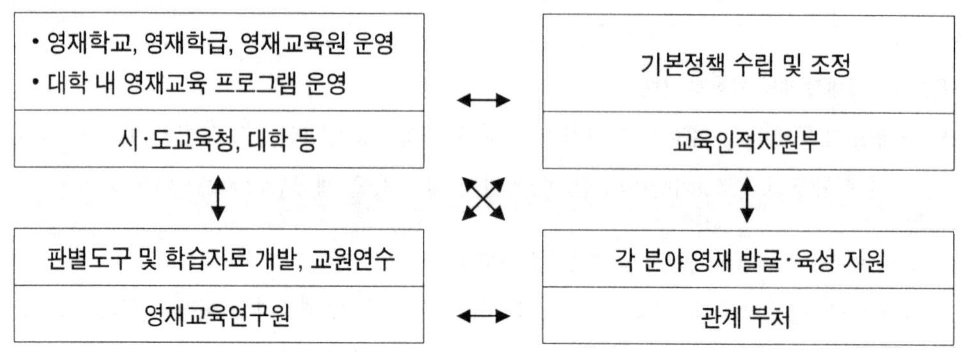

추진 방법

- 관련기관 간 역할분담에 의한 최적의 영재교육 프로그램 제공
  - ■ 분야 영재육성에 필요한 관계부처, 대학 및 정부출연기관 등의 인적·물적 자원을 영재교육에 투입
- 국가수준의 영재교육 기준 설정으로 질적 수준 제고
  - ■ 영재교육 프로그램 운영에 필요한 권장 기준을 제시·활용으로 국가 차원에서 영재교육 시행 취지 달성을 도모
- 영재교육 시행기관 간 협력체제 강화
  - ■ 관련자료 공동개발 및 공유로 자료활용 및 영재학생 지도능력을 극대화하고 영재교육에 필요한 전문성을 강화
- 종합계획 구체화를 위한 후속 추진체제 구축
  - ■ 각 부처 및 시·도교육청별로 매년 시행계획을 수립·추진하고, 주기적인 영재교육 프로그램 평가로 영재교육의 내실을 담보

V. 세부추진계획

영재교육 대상자의 수준 및 특성에 맞추어 영재학교·영재교육원·영재학급을 운영하면서, 고등교육기관에서도 영재교육이 계속될 수 있는 시스템을 구축

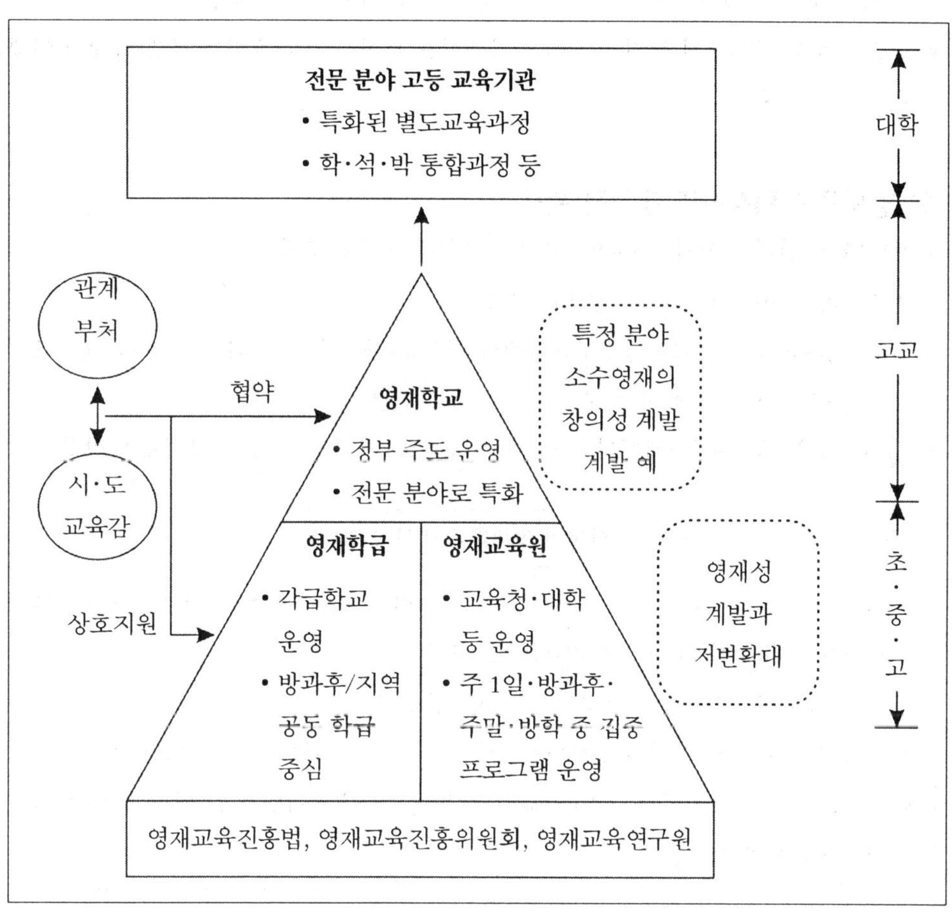

〈영재교육 추진체제〉

1. 영재성 계발 기회의 확대

영재성 계발 중심 '영재의 정의' 적용(포함의 원칙)

- 영재교육 대상자는 창의성 및 잠재력 계발에 중점을 두고 선발
  - 지적능력, 창의적 사고능력, 특수학문적성, 예술 등에서 성취도나 잠재력이 뛰어나 정규 교육과정과는 다른 특별한 교육을 필요로 하는 학생을 포괄
- 공교육 보완 차원에서 특정 분야에서 잠재력을 보이는 가능성 있는 학생(잠재적 영재)을 가급적 수용

영재교육 대상자의 점진적 확대

- '07년까지 전체 학생의 0.5%(약 4만 명) 수준을 목표로 추진
  - 2008년도 이후에는 1% 수준으로 확충

    ※ 영재교육대상자는 영재교육원에서 대부분(약 3만 명 내외), 영재학급에서 일부분(약 1만 명 내외)을 수용하는 방향으로 추진
- 영재교육 분야는 수학·과학과 함께 예술·정보화·언어 등 각 전문 분야로 다양화

〈외국의 영재교육 대상자 정의〉

- 미국: 각 영역에서 잠재력이나 성취도가 뛰어나 특별한 교육을 필요로 하는 상위 3~5% 이내의 학생(1972년 Marland 보고서)

  ※ 실제 교육대상자는 주별로 3~15%로 상이
- 이스라엘: 학문적 영역에서 잠재력이나 성취도가 뛰어난 상위 3% 이내 학생
- 대만: 학문적 재능, 음악, 미술, 체육 각 분야의 재능, 지도력 중 어느 분야에서나 상위 1% 이내의 학생

2. 영재교육 기관 특성화 및 세계 수준의 영재육성

현행 영재교육진흥법에서는 전일제 영재학교와 시간제 형태인 영재학급과 영재교육원을 영재교육기관으로 규정하고 있음.

영재학교: 특정 분야 소수 영재의 창의성 계발

- 국가차원의 인력육성을 위하여 중앙정부가 주도적으로 지정·운영
  - ■ 고등학교 단계의 정규교육과정으로 운영
  - ■ 국제수준의 기초인력 육성을 위하여 행·재정적 지원을 결집
    - ※ 외국인 및 전문가를 교원으로 채용, 교육과정 등 학교운영 자율권 최대한 보장, 전국 단위 모집, 교육여건 선진화 등
- 분야별로 관계부처가 집중 지원

과학	예술	기타 분야
과기부	문화부	–
• 부산과학고 운영성과 분석 후 2004년 이후에 추가지정 검토	• 기존학교 전환 또는 한국예술종합학교 부설로 설치 검토 ■ '07년 개교목표로 추진단 구성·운영	• 대상영역, 실행 가능성 등 연구·검토

- 전문 분야 심화교육에 중점
  - ■ R&E(Research and Education, 학생 개인연구 중심의 사사), 해외연수 등 학생의 연구능력 개발로 교육과정 특성화

영재교육원: 각 분야 영재의 잠재력 및 창의성 계발

- 교육청, 대학, 정부출연기관 등에서 설치·운영
  - ■ 각 기관의 특성에 적합한 프로그램 제공
  - ■ 교육청-시·도-대학 등 지역사회 공동개설 적극 권장하며 지역 교육청 당 1개소 개설을 목표로 추진
  - ■ 과학 등 분야에서 세계 수준의 대표적 프로그램을 1~2개 육성
    - ※ 세계 유수의 연구기관인 미국의 페르미 연구소와 아르곤 연구소, 이스라엘의 와이즈만 연구소는 초·중·고생 영재교육에서도 국제적 모범이 되고 있음.
- 집중적 교육이 가능한 환경을 조성
  - ■ 방과후 프로그램과 함께 방학중·주말 또는 주1~2일 과정(Pull-out)을 운영
  - ■ 기초심화교육 및 R&E(사사)를 강화
- 한국형 영재교육 프로그램으로 정착되도록 지원 강화

〈영재교육원 운영계획〉

운영형태	대학부설			교육청 운영
관계부처	과기부 정통부 특허청	정통부	문화부	교육부, 과기부, 정통부, 문화부. 특허청 등
운영 분야	수학·과학 정보, 발명	정보통신	기악, 현대무용, 창작 등	수학, 과학, 발명, 외국어, 음악, 정보, 미술, 창작
운영목표 (2007년까지)	30개 대학	정보통신대학 권역별 운영검토	예술종합학교 권역별 4~5개 대학	지역교육청당 1개
관계 부처의 참여	영재교육원 설치·지정·지원 및 운영조건 제시			시설, 프로그램, 인력, 교사연수 등

영재학급: 영재성 조기 발굴

- 각급학교가 공동으로 운영하고 교육청 및 관련부처에서 지원
  - ▪ 영재교육원 접근이 어려운 지역(중·소도시 및 농어촌 등)에 설치하고, 인근 학교가 공동 운영하는 형태를 권장
  - ▪ 교육청 차원에서 영재교육원·영재학급간 적정 배치를 추진
- 학생들의 잠재력 계발을 위하여 다양한 분야의 영재교육 프로그램을 통합 운영
  - ▪ 과학기술, 정보, 발명, 예술, 문예창작, 외국어 등
  - ▪ 방과후, 방학, 특별·재량활동시간 등을 통한 기초 심화교육에 중점

3. 고등교육단계와 영재교육의 연계성 확보

영재학교 졸업생에 대한 대입전형방법 개선

- 대학별 특별전형 확대를 통하여 전문 분야 대학 입학경로를 다양화
  - ▪ 특히 과학, 예술 등 관련 분야 대학과 협약으로 일정수준 이상인 학생들의 관련 대학 진학을 유도

    ※ 부산과학고: KAIST와 특별전형에 관한 협약체결
  - ▪ 영재학교 장 등의 추천에 의한 전형 권장 검토
- 대학입시에서 최저학력기준 완화 권장으로 특정 분야에 뛰어난 영재학생의 대입준비 부담을 해소

- 수시 모집 및 국제올림피아드 입상자에 대한 특별전형 요건 중 최저학력 기준(예: 수능 상위 2등급 이내 등) 예외인정
- 교과목별 최소 이수단위 지정에서 영재학교 교육과정의 특수성을 감안, 이수단위 총 수만 지정

● 해외 유수 대학에 유학 지원 등 다양한 대학진학 기회 제공
- 학부과정부터 해외유학 지원

대학에 수월성 제고 프로그램 운영 권장

● 영재학교 졸업생 등 최우수 학생을 엄선, 별도 프로그램 제공으로 잠재능력을 고도화
- 이공계 영재통합과정, Honor Class, 학제간 프로그램 등
- 하부단계부터 개인연구 과목 개설, 학·석·박 또는 학·석 연계 등 특화된 고급과정 제공
- 여건이 적합한 대학을 대상, 국가차원에서 프로그램 개발·운영비 등을 적극 지원

〈외국의 대학단계에서 수월성 제고 사례〉

● 이스라엘 텔아비브대학: 각과 최우수학생들에게 다른 학과 과목을 자유롭게 이수하는 학제적 프로그램을 제공

● 미국 Texas대('Plan II' 프로그램): 수학·과학 등 우수학생을 극소수로 선발, 최우수 교수가 일반학생과 다른 교육과정으로 지도

● 대학 교과목 조기이수 인정제도 도입 추진
- 영재학교 졸업생 등 우수학생들이 고교과정에서 이수한 과목을 대학에서 중복 수강하는 문제를 해소하고, 고급과목 수강 및 석·박사과정 조기 진급 기회를 제공
- 운영형태는 우리 현실에 적합한 모델을 개발·적용

※ 미국: 대학위원회(College Board)가 특정과목에 대해 고교생을 대상으로 시험을 실시, 통과된 학생에게는 해당과목 대학학점으로 인정하는 AP(Advanced Placement)제도를 시행하고 있음.

대학 수준에서 영재교육 활성화 방안은 별도 정책연구 실시 및 전문가 의견 수렴 등을 거쳐 2003년도에 최종 확정

4. 영재교육 담당교원의 전문성 제고

◎ 영재학교에 적합한 교원 임용 시스템 마련

- 국내외 전문가를 '계약직 전문교원'으로 임용할 수 있도록 관련규정 개정
  ※ 현재는 교원자격증 소지자만이 교원으로 임용될 수 있음.
  - ■ 여학생 구성비 등을 감안, 적정 비율의 여성 교원을 배치
- 필요한 분야의 경우 해외 우수인력을 초빙·배치하고, 대학·연구소 전문인력 파견제도를 활성화
  - ■ 우수교사 임용을 위하여 전국단위 공개선발 등 실시

◎ 영재 지도능력을 갖춘 우수교원 양성

- 시·도교육청 교육연수원을 중심으로 2007년까지 8,000명 배출
  - ■ 교육청-대학 연계 교원연수, 대학원 과정 개설 적극 권장
    ※ 2002년까지 1,300명 연수 실시
      ◦ 향후 5년간 교육부, 시·도교육청별로 연수 대상 확대
  - ■ 사이버 연수 시스템을 활용, 교원연수 기회를 대폭 확대
    ※ KEDI에서 2001년부터 구축 운영
- 교원연수과정 운영기준을 마련, 교원양성의 내실을 도모

◎ 담당교원의 전문성 신장 및 사기 진작

- 영재학급 및 영재교육원 전담 교사제 운영
  - ■ 시·도교육청 소속 순회교사제 적극 활용
- 국내외 연수, 특별연수 및 워크숍 등 자발적 연구활동 지원
  ※ 현직 교사 중심 '한국영재교육연구회' 결성(2002. 8)
- 전문성 축적을 위하여 교원 전보 등에서 예외 적용 추진
  - ■ 영재교육 연수과정이수 교원이 영재교육 프로그램 운영기관에 우선적으로 배치될 수 있도록 지침 제정·시행
  - ■ 예비교원 양성 및 현직교원 및 직무연수과정에 '영재교육' 과정을 포함, 일반교원의 영재에 대한 이해 확대

5. 영재교육 연구·지원 기능 강화

◎ 영재교육을 전문적으로 지원하는 국가차원의 '영재교육연구원' 지정 운영

- 판별도구 및 프로그램 개발 보급, 교원연수, 영재교육기관 평가, 현장 지도 등 수행
- 각 전문 분야별 설치로 전문성을 최대화

■ 과학, 정보통신, 예술 등 대상, 관련 분야 전문기관을 지정·운영

■ 한국교육개발원은 종합영재교육연구원 기능 수행하고 조직 및 인력을 단계적으로 보강(2002년 3명→2007년까지 13명으로 증원)

※ 미국: 코네티컷대학을 국립영재교육센터로 지정·운영
이스라엘: Henrietta Szold Institute(정부지원연구소) 운영

- 영재교육연구원 정책개발 기능 및 협력관계 활성화

■ 정례 협의회 및 합동 워크숍 개최, 협력 영재교육기관 운영 등

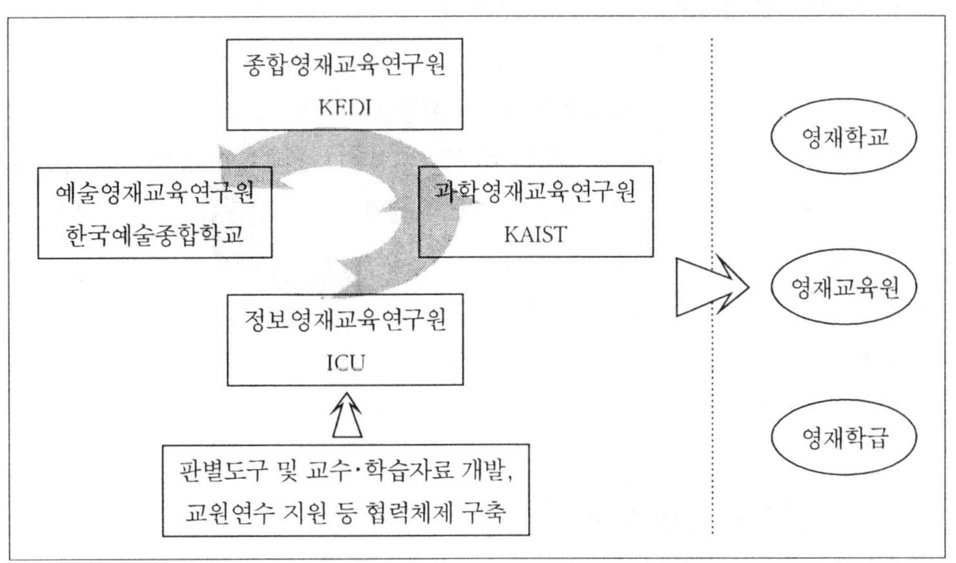

◎ 영재학생의 잠재력 계발에 주안을 두고 교수·학습자료 및 판별 도구 개발

- 영재교육기관별, 분야별, 학교 급별 특성을 감안

■ 영재학교: 고도의 창의성 및 문제 해결력 중심

■ 영재학급·영재교육원: 영재발굴 및 잠재력 계발 중심

※ 영재 판별도구 및 교수·학습자료 개발 계획

- ◦ 판별도구: 매년 2종씩 총 10종 추가개발(기개발 46종)
- ◦ 학습자료: 매년 10종씩 총 50종 추가개발(기개발 32종)

- 영재교육 담당교사의 현장 적용용 자료개발 활성화
  - ■ 자료전시회, 지역단위 연구모임 등을 통해 공동개발
- 자료 공유로 자료개발의 효용성 및 활용도 제고
  - ■ 각 기관 자료개발 방향 사전 조정 및 개발된 자료의 종합 DB화로 각 영재교육 기관의 자료 활용을 지원

    ※ 영재교육담당자협의회 구성·운영 중(2001)

◎ 출석수업 형태의 영재교육을 보완하는 원격 영재교육 시스템 구축

- 영재교육 접근기회가 부족한 원거리 통학생 및 교육시간이 제한된 영재학급 및 영재교육원 학생 대상 운영
  - ■ 영재학교 및 영재교육 전문기관에서 개발한 자료 등 활용

    ※ 미국 인디애나 과학·수학·인문고(Indiana Academy of Science, Mathematics and Humanities): 주내 일반학생 등을 위한 원격교육 프로그램 운영

    ※ 미국 스탠포드 대학의 영재교육 프로그램(EPGY)과 존스홉킨스 대학(Johns Hopkins University)의 영재센터: 사이버 영재교육 프로그램 운영으로 원거리 영재학생들의 심화·속진 학습 지원
- 해외 유수 영재교육기관과 교류 강화
  - ■ 원격교육시스템을 통해 국제 수준의 프로그램 접근성 제고
  - ■ 영재학교에 시범 적용 후 확대

VI. 영재교육 지원체제 구축

1. 관련 법·제도 개선

◎ 영재교육기관 및 영재교육 담당 교원임용에 대한 법령 정비

- 영재교육대상자 선발 등에 대한 법령 정비
  - ■ 영재선발 절차를 교육감에서 영재교육기관의 장에게 이관 등

    ※ 법 개정안 국회 계류 중

■ 영재교육기관 운영실태 분석을 통해 법령 전면개정 추진(2003 하반기)

- 영재교육 담당 교원임용 관련 법 개정 추진(2003)

■ 교육공무원법, 영재교육진흥법 개정으로 계약직 전문교원 임용근거 마련 등

영재교육담당 교원 임용지침 마련(2003)

- 전보제한 예외 적용, 가산점 부여 등

2. 영재교육에 대한 행·재정적 지원 강화

영재교육기관 평가 및 지원과 연계

- 우수 영재교육기관 평가·지원으로 우리 현실에 적합한 영재 교육 모델을 확산

■ 영재교육연구원 중심, 컨설팅 기능을 포함한 영재교육 장학지도를 중점 실시

■ 영재 및 영재교육에 관한 DB 시스템 구축으로 평가 지원

- 단계적으로 평가대상 기관을 확대

■ 평가모델 개발(2003)

■ 시범 실시 후 영역별·프로그램 형태별 평가로 확대(2004 이후)

영재교육 내실화를 위한 재정 지원 확대

- 기본 운영비 등은 각 영재교육기관 및 협력기관에서 분담
- 교육부의 영재교육 총괄·조정 기본사업비를 연차적으로 증액

■ 영재교육기관 평가단 구성·운영비 및 선정된 우수 기관 지원비

■ 매년 정례적인 영재교육 관계자 종합 워크숍 개최

■ 판별도구 및 학습자료 등 각종 기본 모델 개발비 등

■ 영재교육 관련자료 및 산출물 공유 시스템 구축 운영비 등

- 시·도교육청 운영 영재교육원 운영 여건 개선

■ 우수 모델 육성을 위하여 시·도교육청당 1~4개소를 선정

■ 시설 개·보수비 및 운영비 등 지원(특별교부금, 2003년도부터 시범 실시)

- 세계수준의 영재교육기관 육성을 위한 소요재원은 국가적 차원에서 지원

■ 외국인 전문가 채용, 담당 교원 연구수당, 교육 프로그램 개발비 등

■ 지원대상은 국가지정 영재학교 및 대학·교육청 운영 영재교육 프로그램 중 소수를 선정

3. 영재교육 프로그램 구성·운영 권장 기준 설정

필요성

- 영재교육이 국가인적자원개발 목표에 부합되도록 하기 위하여 각 영재교육에서 준수하여 할 국가차원의 기준을 설정·운영
  ※ 미국: 영재학회에서 영재교육에 관한 기준 제정

활용

- 영재교육에 참여하는 각 기관이 지켜야 할 가이드라인
- 영재교육기관 운영 및 평가 지원의 기준
- 영재교육 교육과정 구성 및 교원연수에 포함시켜야 할 핵심내용, 기본지침
- 학부모 및 학생 등의 영재교육 프로그램 선택 기준
- 인적자원개발기본법 등에 따른 영재교육정책 평가 지침

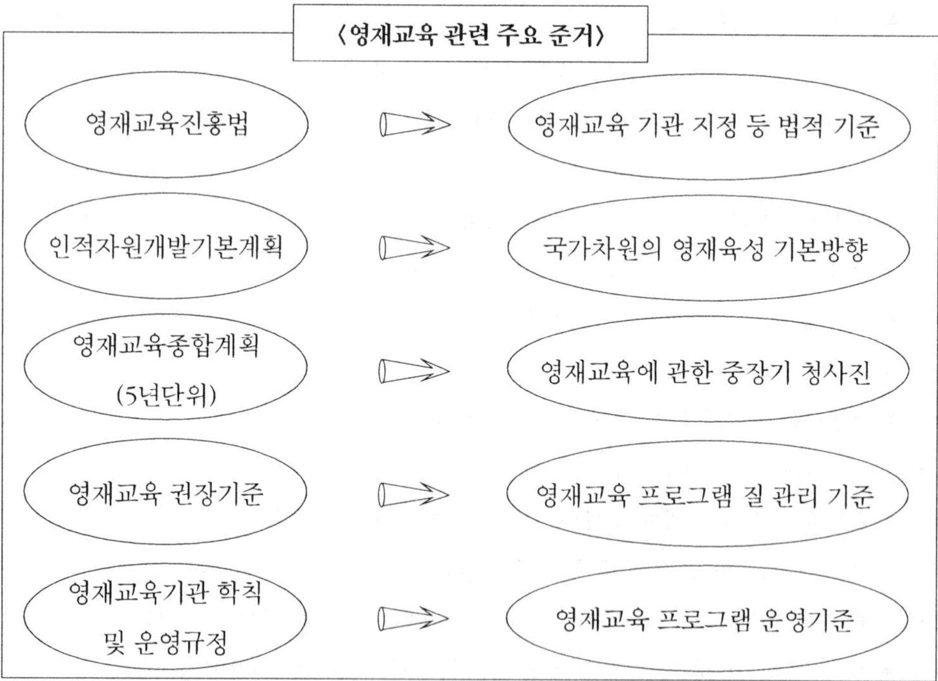

4. 주요골자(구체내용: 붙임1)

영재교육의 목표

- 영재교육대상자의 창의적 생산능력을 최대로 계발하고 도덕성을 함양한다.
- 영재교육대상자의 자기 주도적인 학습 태도를 최대로 계발한다.

영재교육대상자의 선발

- 영재교육대상자의 선발은 잠재력이 뛰어난 모든 아이들을 발굴하는데 초점을 둔다.
- 영재교육대상자의 선발은 그 대상에 따라 적절한 방법을 사용한다.
- 영재성의 판별은 지속적으로 실시하고 그 결과를 적절히 활용한다.

영재 교육과정의 구성 및 운영

- 영재교육대상자를 위한 교육과정은 상위수준의 내용, 고급의 사고과정, 질 높은 산출물, 자유로운 환경, 남녀 평등한 교육내용으로 구성하고, 자신의 진로특성을 탐색할 수 있는 내용을 포함한다. 특히 여학생 영재교육 대상자에 대한 진로지도교육을 반영한다.
- 영재교육과정은 일반 학생들을 위한 기본교육과정을 포함한다.

영재교육 담당 교원

- 영재교육은 영재교육과 해당 분야의 전문성을 갖춘 교원이 담당한다.
- 영재교육을 담당하는 교원은 정기적으로 연수를 받아야 한다.

영재교육기관의 운영

- 영재교육기관의 장은 영재교육의 취지를 적극 이해하고 학생들의 영재성 계발에 중점을 두고 당해 영재교육 기관을 자율적으로 운영한다.
- 영재교육기관은 주기적으로 교육내용, 방법 및 운영체제에 대해 전문가의 자문을 구하고, 자문에 필요한 관련 자료를 지속적으로 수집·축적·관리한다.
- 영재교육에 참여하는 중앙행정기관 및 시도 교육청, 대학, 정부출연기관 등은 영재교육 프로그램 운영에 관한 자료를 수집·분석하여 정책개선 기초자료로 활용한다.

VII. 향후 추진일정(안)

◎ 인적자원개발회의 상정: 2002. 11. 29(금)

※ 관계부처 기획단 회의(2002. 11. 8) 및 공청회(2002.11.25) 기 개최

※ 중앙영재교육진흥위원회 심의·의결(2002.11.27) 기 개최

◎ 관계부처 및 시·도교육청 세부계획 수립 추진: 2002.12~

부록 9

창의적 인재 양성을 위한 「수월성 교육 종합대책」

(2004. 11. 22)

〈차 례〉

I. 추진배경 및 경과

1. 추진배경

- 21세기 지식·정보화 사회에 세계 각국은 우수 인적자원 개발을 위한 수월성 교육에 정책역량을 결집하여 교육경쟁력 강화 추세
  ※ 영국: 중등교육개혁안 발표('04. 10. 18)
  ▪ 성취도에 따라 수준별 수업, 자격시험(4단계) 통과 시 연령에 관계없이 졸업
- 평준화 제도 안에서 국가인재 육성 차원의 수월성 교육의 필요성 증대
  ▪ 'PISA2000' 보고서: 전체 학생 평균은 우수, 상위 5%의 성취도는 낮음
  ※ 전체 학생 평균: 과학(1위), 수학(2위), 읽기(6위)
  ※ 상위 5% 학생 평균: 과학(5위), 수학(5위), 읽기(20위)

> ▪ 헌법 제31조: 모든 국민은 능력에 따라 균등하게 교육을 받을 권리를 가진다.
> ▪ 교육기본법 제19조: 국가 및 지방자치단체는 학문·예술 또는 체육 등의 분야에서 재능이 특히 뛰어난 자의 교육에 관하여 필요한 시책을 수립·실시하여야 한다.

- 인재육성 차원에서 재능 있는 다양한 분야의 재능 있는 학생을 조기 발굴 육성 필요
- 헌법, 교육기본법의 정신 구현을 위해 수월성 교육 필요

2. 추진경과(안)

- 영재교육진흥법 및 동법시행령 제정·공포: '02. 1. 28, '02. 4. 18
- 영재교육진흥종합계획 수립: '02. 11. 29
- 시·도교육청 영재교육 본격 실시: '03. 3
- 수월성 교육 종합대책 수립 관련 학교정책실내 협의회: '04. 10. 22, 11. 8
- 시·도교육청 수월성 교육 현황 파악: '04. 11. 5~11. 11
- 전문가 검토 보고서 작성: '04. 11.
- 수월성교육 종합대책(안) 마련: '04. 11.

II. 현황 및 문제점

1. 수월성 교육 실시 현황

◎ 영재교육 종합계획

- 영재교육진흥종합계획 수립·시행('02. 11)
  - ■ 영재교육기관 및 대상 확대: 영재학급, 영재교육원 학생 약25,000명(0.3%)
    ※ '04년 영재학급 253기관 451학급(8,145명), 영재교육원 192기관 862학급(16,418명)
    ※ 연도별 영재교육 대상자

연도	'02	'03	'04	'05	'06	'07
영재교육대상자	10,000명	20,000명	25,000명	30,000명	35,000명	40,000명

- 과학영재학교 지정·운영
  - ■ 우리부 지정, 부산교육청과 과기부의 협약에 의해 운영 ('03.3, 부산과학고)
- 영재교육 담당 교원연수 및 교수·학습자료 개발
  - ■ 영재교육 담당교원 5,000명 연수 실시('01~04. 1)
  - ■ 과학, 수학 교수·학습자료 12종(초4년~중3년) 개발
- 영재교육연구원(KEDI)지정·운영('02. 12. 26)
  - ■ 교원연수, 정책연구, 교수·학습자료 개발 및 시·도교육청 영재교육 지원

◎ 학교체제의 다양화·특성화

- 고교체제 다양화로 학생의 수준에 맞는 교육기회 제공(2.17 사교육비경감대책)
- 과학, 어학, 예술, 체육 등 우수 인재양성을 위한 특목고 운영('04. 4)

	과학	외국어	예술	체육	국제	공업	농업	수산	해양	계
학교수	17	22	23	15	1	22	10	5	3	118
학생수	3,092	18,301	17,134	3,611	448	25,009	2,500	1,349	1,552	72,996

- 입학전형 방법 개선, 전문교과 운영 강화, 동일계열 특별전형 도입 등을 주요 내용으로 한 특목고 운영 정상화 방안 발표('04. 10)

■ 정상화 방안 발표 후 서울시내 외고 입학경쟁률은 저하, 과학고는 상승

※ '05년도 서울시내 외고 입학경쟁률(6.3:1→4.1:1), 과학고(1.7:1→3.4:1)

• 다양한 직업군의 특성을 반영하는 특성화고 설립 운영

연도	'99	'02	'03	'04	비고
학교수	20개교	61개교	69개교	86개교	

• 단위학교의 자율성 제고를 위한 '자율학교' 제도 확대

연도	'99	'02	'03	'04	비고
학교수	15개교	32개교	65개교	83개교	

수준별 이동수업 및 AP 시범운영

• 수준별 교육과정 도입 운영

■ 전체 중·고등학교의 29.1% 수준별 이동수업 실시('04. 7)

• AP과정 시범운영으로 학습 연계성·수월성 추구

■ 서울대학교 AP과정 시범 실시('03 과학고생 등 100명 참가)

■ 한양대와 한영외고 물리학 AP 과정 운영('04. 9. 18명 참가)

■ 민족사관고등학교 AP Test Center 운영('02)

• AP 제도 시행 예정('06)

조기진급 및 조기졸업 제도 운영

• 조기진급 및 조기졸업 제도 도입('95)

• 조기진급 및 조기졸업제도 운영 미흡

■ 초·중학교에서 조기진급 및 조기졸업이 이루어지지 못함

■ 고교에서는 과학고에서 일부 실시되고 일반학교에서는 미흡

	2000학년도	2001학년도	2002학년도	2003학년도	계
초등학교	4	7	6	1	18
중학교	2	0	12	0	14
고등학교	231	278	363	222	1094
계	237	285	381	223	1126

2. 문제점

◎ 수월성 교육의 비전 및 전략 부재

- 수월성 교육에 대한 일반 국민의 부정적 정서
  - ■ 평준화에 따른 보편성 교육 중시
  - ■ 수월성 교육에 대한 계층간 위화감 및 교육 형평성 훼손 우려
- 우수 인재 육성을 위한 체계적인 정책 수립 미흡
  - ■ 제도나 체제 미흡으로 산발적인 프로그램 운영

◎ 대학-고교 간 수월성 교육 연계 체제 미흡

- 고교 단계에서 우수학생을 위한 프로그램을 운영해도 대학에서 인정하는 방안(AP 등)이 마련되지 않아 운영 성과 미흡
- 특정 분야의 탁월한 성취도를 반영하는 대입전형 방법 개선 노력 부족
  - ■ 대학별 우수학생 선발을 위한 특기자 전형 노력 부족

◎ 수월성 교육 운영을 위한 제도 개선 노력 부족

- 영재교육 영역 및 교육대상자의 제한적 운영으로 수월성교육 기회 제공 부족
- 프로그램 및 정책에 대한 관심 부족으로 조기진급 및 조기졸업제 운영 미흡

◎ 일반학교의 수월성 교육 실시 환경조성 미흡

- 수월성 교육 실시를 위한 체계적인 프로그램 부족
- 수월성 교육 지도 교원 양성 및 연수 부족으로 전문성 담보에 어려움
- 수준별 이동 수업은 교원, 시설, 자료개발 미흡, 학생·학부모의 이해 부족으로 정착의 어려움

III. 외국사례

◎ 미국

- 국가의 위기(A Nation At Risk) 보고서에 교육의 형평성과 수월성 강조
- 다양한 유형의 학교 운영으로 학생들의 학교선택권 확대

- ■ Magnet School, Charter School, Gifted School 등
- 일반학교의 수월성 교육
  - ■ 초·중학교: 교과목 대부분 학생수준에 따라 기본(basic), 보통(regular), 심화(advanced) 등 3~4 단계로 운영, 개별화 학습 프로그램 제공
- ■ 고등학교: 우수학생은 고 1때부터 AP과정 참여를 통해 수월성 교육

AP 과정은 대학위원회(American College Board)가 주관하며, ETS(Educational Testing Services)의 기술적 도움을 받아서 시행 **13,000여 고등학교에서 77,000여 학생 참여, 3,000여 대학에서 인정**

- 영재교육
  - ■ 1932년부터 영재교육 시작, 상위 1~15% 학생 대상 실시(주마다 상이)
  - ■ 영재학교, 영재학급 등 다양한 형태의 영재교육 프로그램 제공

영국

- 교육에서의 수월성 추구(Excellence in Schools) 교육백서 발표 (1997)
- '도시 내 수월성 교육 강화' 프로그램 운영
  - ■ 교과목 대부분 1~4급으로 구분
  - ■ '99년부터 상위 5~10%를 선발, 400여 중·고등학교에서 시행
- 중등교육 개혁안 발표('04. 10. 18)
  - ■ 성취도에 따라 수준별 수업, 자격시험(4단계) 통과 시 연령에 관계없이 졸업
    - ※ 4단계자격시험: Advanced, Intermediate, Foundation, Entry, 특히 Advanced 단계에서는 A^{+}, A^{++} 등 특급점수제 도입(5%)으로 우수학생 구분
  - ■ 자격시험 통과하면 7년 과정을 조기에 졸업하여 16세에 대학진학 가능
- 교사와 학부모간 합의에 의해 학년 간 조기진급이 흔하게 이루어짐
- '01년도부터 영재학급 및 영재교육원 중심 영재교육 실시
  - ■ 초등 5~6학년 및 중등학교 학생 대상

일본

- 임시교육심의회 설립(1984)으로 다양화·개성화된 교육 개혁 추진

- 다양한 유형의 학교 설치·운영
  - 중고일관학교, 국제중등교육학교, 과학기술고교, 종합예술고교 등
- 동경의 경우 교육수요자가 학교를 선택할 수 있도록 평준화 제도 폐지

중국

- 중점학교 제도를 운영, 학교별로 차별화 된 교육과정 운영
  - 중·고교 진학 시 입학시험 실시
- 13개 중점대학에서 영재들을 위한 대학 소년반 개설운영
- 약 0.01%의 극소수 학생을 영재로 선발, 1978년부터 초·중학교에 50여 개 실험학교에 상설 영재학급을 운영
  - 주로 속진과 심화를 병행하는 영재교육 실시

싱가포르

- 엘리트위주의 국가정책과 맞물려 수월성 교육에 대한 정책적 관심 높음
  - 영재교육 프로그램 운영(GEP)학교에서는 특별 프로그램 제공
  - 1984년부터 교육부에 전담과를 설치
- 초등4학년부터 중학교까지 상위 1% 이내 학생선발 상설 영재학급운영
  - 고교단계에서 별도 영재학교는 없음
- 대학에서 수월성 프로그램을 개설·운영하고 국가는 학생을 선발해 대학에 인계하는 등 전체적인 프로그램 조정자 기능을 수행

이스라엘

- 1973년 문교부에 전담 부서를 설치, 초등 3학년부터 전국 상위 3% 이내 학생을 선발하여 의무적으로 영재교육을 실시
- 영재교육 프로그램은 미국과 유사
  - 영재학교: 고교급 1개교(Israel Arts and Science Academy)

호주

- 주 정부 차원에서 개별적으로 실시
- 초등 4~중학교까지 전체학생의 1%를 선발, 상설 영재학급 운영

• 고교단계에서 영재학교(Selective School)를 운영

IV. 수월성 교육 추진방안

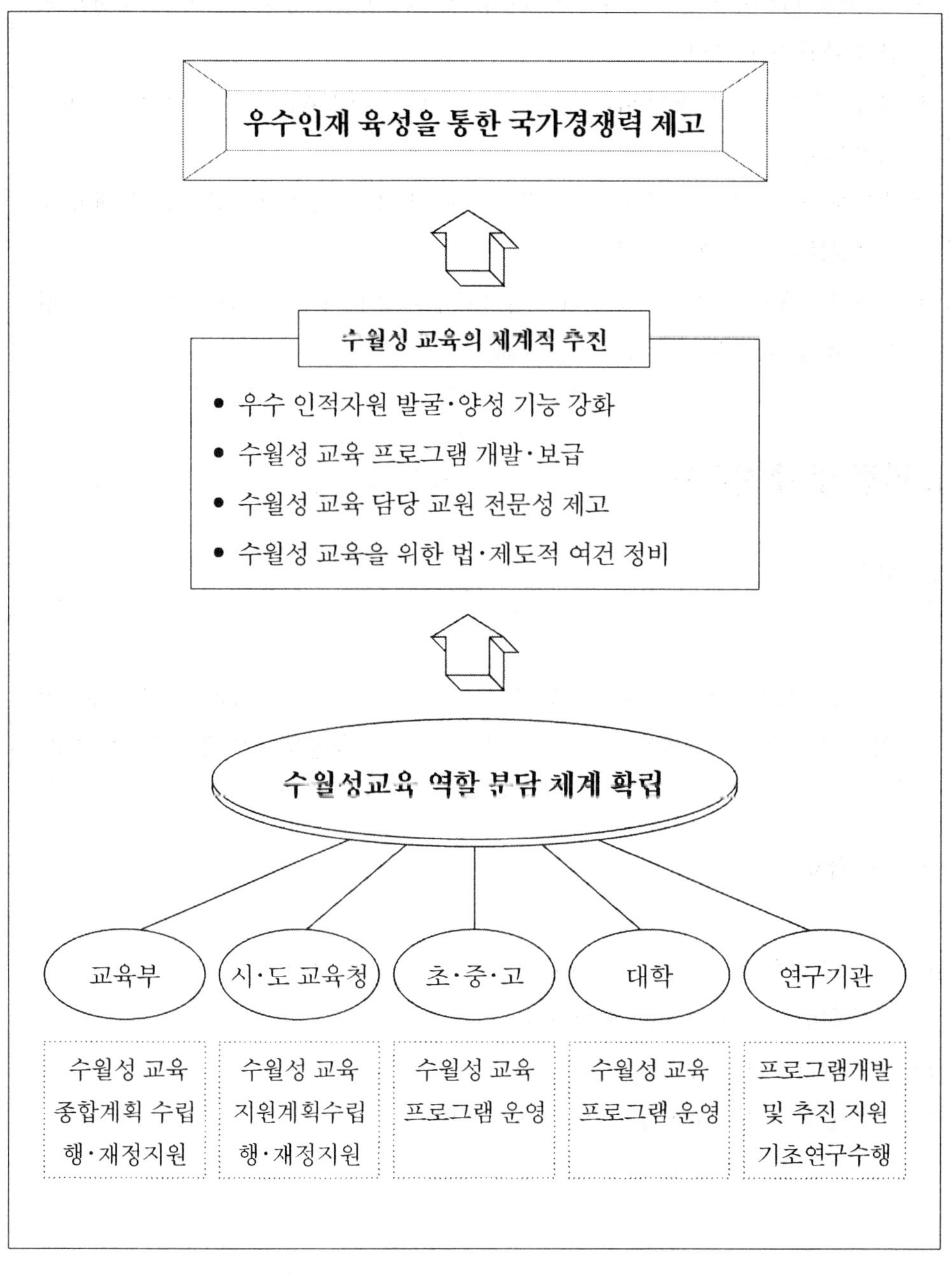

〈시사점〉

- 21세기 지식기반사회에 접어들면서 세계 각국은 우수인재 양성을 위한 수월성 교육 계획을 수립하는 등 수월성 교육에 정책역량을 집결
- 초·중등학교 내에 별도 교육 프로그램을 운영하거나 특정 분야의 인재 양성을 위한 특화된 학교 운영
- 미국, 영국, 프랑스 등의 나라에서는 교과목 난이도에 따른 수준별 수업이 일반화되어 있음
- 대학에서는 수월성 교육 프로그램을 개설하여 고등학생에게 제공하거나 대학 우수학생들을 위한 과정 운영
- 보편성 교육과 수월성 교육 간의 가치적 대립은 없으며 대부분의 국가에서는 수월성 교육에 대한 행·재정적 지원을 강화

1. 비전 및 추진과제

가. 비전

개개인의 적성과 소질을 최대한 계발할 수 있는 수월성 교육 제공	⇒	'10년까지 40만 명의 우수인재 육성을 통한 국가경쟁력 제고

나. 추진과제

과제 1: 우수 인적자원 발굴·양성 기능 강화
과제 2: 수월성 교육 프로그램 개발·보급
과제 3: 수월성 교육 담당교원 전문성 제고
과제 4: 수월성 교육을 위한 법·제도적 여건 정비

2. 추진전략

◎ 추진구도

- 교육인적자원부: 수월성 교육 기본정책 수립 및 조정
- 시·도교육청: 수월성 교육 프로그램 운영 지원, 교원 연수, 홍보 등
- 초·중·고·대학: 수월성 교육 프로그램, 학교 간 연계 프로그램 운영
- 연구기관: 수월성 프로그램 개발 지원·수월성 교육 관련 기초연구 등

◎ 연도별 수월성 교육 추진 목표

추진과제	2005	2006	2007년	2008	2009	2010년
수월성교육대상자	8만(1.0%)	16만(2.0%)	24만(3.0%)	24만(3.0%)	32만(4.0%)	40만(5%)
영재교육대상자	3만	6만	8만	8만	12만	16만(2%)
일반학교의수월성 교육대상자	5만	10만	16만	16만	20만	24만(3%)
영재교육영역	수학, 과학 중심	예술, 정보, 창작	예술, 정보, 창작	예술, 정보, 창작	예술, 정보, 창작	예술, 정보, 창작
영재 담당교원	6,000명	7,000명	8,000명	9,000명	10,000명	11,000명
수준별 이동수업 지도교원 연수	5,000명	10,000명	15,000명	20,000명	30,000명	40,000명
영재학교	1개교	–	2개교 (예술)	–	3개교 (정보)	–
AP제도	시범운영 (16개교)	도입 (과학고)	특목고 확대	일반고 확대	일반고 확대	일반고 확대
자립형사립고	시범운영 (6개교)	제도도입 검토	–	–	–	–
조기진급	과학고 중심	일반고 확대	중학교 확대	전 학교 확대	전 학교 확대	전 학교 확대
수준별 이동수업	40%	45%	50%	60%	70%	80%
교과별 Tracking	도입방안 연구	수학, 영어 도입	확대	확대	확대	확대

V. 주요 추진과제

1. 우수 인적자원 발굴·양성 기능 강화

가. 수월성 교육 대상자 조기 발굴

◎ 진단 도구 개발

- 일반학교

	대상	시기	방법	비고
초등학교	5~6학년	'06	지역교육청 영재교육원 개발	무학년제 도구 개발
중학교	1학년	'07	시·도교육청 영재교육원 개발	초등영재교육과 연계
고등학교	1학년	'08	전문연구기관 위탁 개발	조기진급, 조기졸업과 연계

- 특수 목적고
  - ■ 대상: 고 1, 2학년
  - ■ 시기: '06년
  - ■ 목적: 조기진급, 조기졸업 대상자 및 AP 과정 이수 대상자 선정
  - ■ 방법: 시·도교육청 영재교육원 협의기구 구성 개발

◎ 수월성 교육 대상 및 영역 점진적 확대

- 수월성 교육대상자 점진적 확대

구분		'05	'06	'07	'08	'09	'10
전체 수월성 교육대상자(명)	초	4만	8만	12만	16만	16만	19만
	중	2만	4만	7만	10만	10만	13만
	고	2만	4만	5만	6만	6만	8만
	계	8만 (1.0%)	16만 (2.0%)	24만 (3.0%)	32만 (4.0%)	32만 (4.0%)	40만 (5.0%)
영재교육대상자(명)		3만	6만	8만	12만	12만	16만
일반학교 수월성 교육대상자(명)		5만	10만	16만	20만	20만	24만

■ 초등학교 저학년(1~2학년)부터 수월성 교육 기회제공

■ '08년에는 수월성 교육 운영 성과 점검·평가

■ 2015년에는 10% 까지 수월성 교육 대상자의 저변 확대

- 수월성 교육 영역의 확대

■ 영재교육 영역은 국가 전략 차원에서 수학, 과학을 중심으로 운영하되 예술, 정보, 인문·사회, 언어, 창작 등 각 전문 분야로 다양화

■ 일반학교에서 수준별 이동수업 점진적 확대

구분	'05	'06	'07	'08	'09	'10
영재교육 분야	수학, 과학	예·체능	정보	인문·사회	언어, 창작	전 분야
일반학교 수월성교육	교실 내 수준별 수업	중학교 학년별, 수준별 이동수업	고등학교 학년별, 수준별 이동수업	중학교 무학년제 수준별 이동수업	고등학교 무학년제 수준별 이동수업	일반화

나. 우수인재 양성 기능 강화

◎ 영재교육기관 운영 확대 및 특화

- 분야별 영재학교 추가 설립

■ 과학 분야

  - 부산과학고 운영성과 분석 후 '05년 추가설치 검토(과기부 협의)

■ 예술 분야

  - 현행 예술고(23개) 중 '07년에 1교 예술영재교로 전환(문광부 협의)

■ 정보·통신 분야

  - 현행 과학고(17개) 중 '09년에 1교 정보영재교로 전환(정통부 협의)

※ 영재학교 설립 시 지역균형 발전, 영재교육 영역 등을 고려하여 추진

- 영재교육기관 및 영재학급 확대 운영

구분	'04	'05	'06	'07	'08	'09	'10	계
영재학교	1교			1교(예술)			1교(정보)	3개교
영재교육원 운영기관 수	192	200	200	250	250	300	300	300
영재학급 운영기관 수	253	300	300	400	400	500	500	500

■ 영재교육기관 운영 평가를 통해 점진적으로 확대('06년, '08년, '10년)

■ 중·소도시, 농·어촌 등에 우선 설치하여 거점학교 중심으로 운영

■ 거점학교 중심의 4~5개 학교가 교원, 학생선발, 프로그램 등 공동으로 운영하는 지역공동 영재학급 운영 모색

- 영재교육원 특화 운영

■ 시·도교육청 영재교육원 특화

· 수학, 과학, 예술, 정보, 발명 등 특화된 프로그램 운영

※ 관계 부처와 연계: 과학(과기부), 예술(문화부), 정보(정통부), 발명(특허청) 등

■ 지역 특성을 고려한 운영 방식 특화

· 집중교육이 가능하도록 Pull-Out 운영 권장

※ Pull-Out: 주에 1~2일 정도 소속 학교 대신 영재교육원에 출석

· 대학, 전문기업 연구기관, 외국 영재기관 등과 연계 운영

◎ 사이버 영재교육기관 운영: e-learning 지원 체제와 연계

- 사이버 영재학급·영재교육원 운영

■ 교육청 단위 e-learning 지원 체제와 연계하여 영재교육 접근성 제고

※ 대구교육청: 교수·학습센터에 사이버 영재학급 운영('04)

■ 시범·운영을 통한 점진적 확대

구분	'05	'06	'07	'08	'09	'10
사이버 영재학급	연구 검토	4 수도권, 중부권, 영남권, 호남권	운영성과 분석	확대방안 연구	16 시·도 교육청	확대

사이버 영재교육 사례

- 전남신안교육청: 원격화상 영재교육 실시, 전남인터넷방송과 연계하여 각 학교의 영재학생들에게 원격강의 실시
- 미국
  ※ 인디애나 과학·수학·인문고: 주내 일반학생 등을 위한 원격교육 프로그램 운영
  ※ 스탠포드 대학의 영재교육 프로그램(EPGY)과 존스홉킨스 대학 영재센터

산·학 협력을 통한 영재캠프 운영

- 목적
  - 영재학생들의 창의성을 계발할 수 있는 질적·양적 기회 확대 도모
  - 영재교육기관과 과학, 정보, 예술 등 관련 전문기업, 대학 등이 유기적인 협력 체제 구축
- 추진기관
  - 시·도교육청: 기업체, 전문단체, 대학 등에 협조 운영 협의 및 안내
  - 지역청 영재교육원: 개별 기업체, 연구기관, 대학 등과 구체적 사항 협의
- 추진내용(예시)
  - 화학프런티어 페스티벌: 고등학교 화학영재 대상(LG화학 등 참여)
  - IT 꿈나무 선발대회: 초중등 정보영재 대상(삼성 SDI)
  - 과학고생 대상 캠프 운영: 방학 중(삼성, ICU 등)

AP제도 (Advanced Placement) 도입

- 추진 위원회 구성('04. 12)
  - 외국 AP 운영 사례 벤치마킹으로 우리 현실에 맞는 모델 개발·정립
  - AP 교과목 구성, PT 문항 개발 및 운영방법 논의
    ※ AP 제도 도입방안 정책연구 추진('04. 12 연구책임자, 김하석 교수)
- 시범 운영 ('05)
  - AP 운영 가능 대학과 희망 고등학교와 연계하여 시·도교육청별 1개 고등학교 선정

시범·운영

- AP 제도 운영 ('06)
  - ■ 시·도별 운영위원회 구성: AP제도 운영기관 선정 및 일반화 방안 협의
- AP 코디네이터 선정 운영
  - ■ AP 코디네이터 교원 선정 및 전문성 개발
  - ■ Teacher Guide Book 개발·제공 및 온라인 연수 등

    ※ AP Coordinator: AP 운영관리 및 학생상담 등을 담당하는 교사

우리나라 AP 시범 운영사례

- 한양대와 한영외고: 물리학 AP과정 운영('04. 9)
  - ■ 매주 수요일: 한양대학에서 2시간 수업(화학, 생물, 통계학 등)

    한양대 입학 시 일정 시험 거쳐 학점으로 인정(18명 참여)
- 민족사관고
  - ■ 미국 College Board로부터 AP Test Center 지정('02)
  - ■ 15개 과목 91명 이수, College Board에서 제공한 자료집을 통한 학습

◎ 수준별 이동수업의 내실화: Tracking제 도입

- 교육과정 개정 추진
  - ■ 교육과정 연구 개정('05) 및 연구학교 실험 적용('06)
  - ■ 영어·수학 교과의 수준별 Tracking 운영 일반화('07)

    ※ 「단계형 수준별 교육과정 개선방안」 연구('04. 11)
- 수준별 교과서 연구·개발
  - ■ 현행 교과서 수정 및 보완('05)
  - ■ 수준별 교육과정에 적합한 다단계 교과서 개발('06)
- 수준별 이동수업 확대: 전체 중·고교의 50%까지 점진적 확대('07)

  ※ 수준별 이동수업 확대방안 연구('04. 12) 추진

  ※ 이동수업 확대목표: '04년(30%) → '05년(40%) → '06년(45%) → '07년(50%)

◎ 조기진급·조기졸업 제도 개선

- 조기진급·졸업 운영매뉴얼 개발·보급
  - ■ 목적: 조기진급·졸업 운영 우수사례 일반화를 통한 활성화
  - ■ 내용: 대상자 선정, 이수인정 평가 방법, 위원회 구성 방안 등
  - ■ 방법: 전문연구기관에 프로그램 개발 위탁
  - ■ 시기: '05년: 고등학교용, '06년: 중학교용, '07년: 초등학교용
- 조기진급·졸업 이수인정 조건완화
  - ■ 인수 인정 방안 연구 추진('05) 후 교육과정 개정과 연계하여 과목별 이수인정 범위 설정
- 조기진급·졸업 평가인정 방법 다양화
  - ■ 학교특성에 맞게 학교장이 이수인정 범위 설정 가능하도록 규정 정비('05)
  - ■ 초·중·고 학칙에 조기 진급관련 규정 마련
- 조기진급 및 조기졸업 대상자 지원
  - ■ 수월성 교육 프로그램 제공 및 대학 특별전형 확대
  - ■ AP, 영재교육, 시사교육, R&E, 수준별 프로그램 참여 기회 제공

◎ 특목고 교육기능 확대 강화

- 특목고 적정규모 연구 추진('05)
  - ■ 특목고 운영에 관한 장기적인 계획 수립
  - ■ 과학고: '08년까지 20개로 확대 계획
  - ■ 예술·체육고: 현 상태로 유지하며 전문교육 강화

과학고 17개교(3,092명), 외국어고는 22개교(18,301명), 예술고는 23개교(17,134명), 체육고는 15개교(3,631명) 운영 중 ('04년 현재)

- 특목고 전문교과 운영 강화
  - ■ 특기자 선발 확대: 실기, 실험·실습, 창의적 문제해결력 검사 등
  - ■ 전문교과 운영과 교수·학습방법 개선
  - ■ 탐구·실험능력 향상: R&E 프로그램 운영 등 특화된 프로그램 운영

    ※ R&E(Research and Education): 사사연구 프로그램으로서 해당 분야 전문가(교

수, 연구원)와 학생으로 연구팀을 구성, 1년 동안 공동연구 발표

- 과학고 상설연구학교 지정 운영: 수월성교육 교수·학습방법 개선 연구
  ※ 연구학교에관한규칙(교육부령) 개정

◎ 자립형 사립고 도입 여부 검토

- 학생 선발, 교육과정 운영 등 학교 운영의 자율성을 보장하는 자립형 사립고 제도 도입 여부 검토('05)
  - ■ 자립형 사립고 시범 운영(6개교) 성과 분석 후 제도 도입 검토
- 자립형 사립고 별 특화된 프로그램 운영 권장
  - ■ 특기적성, 교과, 체육, 과학, 예술 등

◎ 일반학교의 집중이수과정 운영 확대

- 목적
  - ■ 집중이수과정 학교의 선지원 비율을 늘려 학생들의 학교 선택권 확대
  - ■ 학교별 특화된 프로그램 운영으로 우수인재를 육성하는 수월성 교육 추구
- 운영 기관
  - ■ 시범학교 운영: 경기도 교육청:16개교 → 34개교로 확대('04)
  - ■ 확대 운영 계획

구분	'05년	'06년	'07년	'08년	'09년	'10년	비고
운영교육청 수	6	8	11	14	15	16	

- 추진 방법
  - ■ 평준화 제도 내에서 집중 이수과정 운영 유도로 분야별 우수인재 육성
  - ■ 학교별 집중이수과정 개설을 통한 학교별 특성화 프로그램 운영
  - ■ 학교 선택 유도를 위한 집중이수과정 시범학교 운영 및 점진적 확대
- 세부추진 내용
  - ■ 수학, 과학, 외국어, 예·체능, 문학 등 특정교과 집중 이수 운영('05)
  - ■ 지역별 거점 학교를 중심으로 집중 이수 학교 지정 및 협력 운영('06)
  - ■ 집중이수과정 운영 학교 간 정보 및 자료 공유('06)
  - ■ 집중이수과정 운영 학교 참여 선택 시 선지원 추진('07)

2. 수월성 교육 프로그램 개발·보급

◎ 영재판별도구 및 교수·학습 자료의 개발·보급

- 영재교육기관별, 분야별, 학교 급별 특성을 감안하여 자료 개발
  - 영재학교: 고도의 창의성 및 문제 해결력 중심
  - 영재학급·영재교육원: 영재 발굴 및 잠재력 계발 중심
  - 향후 5년간 학습자료 및 판별도구를 매년 12종씩 총 60종 개발·보급

    ※ 영재 교수·학습자료 및 판별도구 개발 추진 계획

구분	2005년	2006년	2007년	2008년	2009년	계
학습자료	정보 12종	예술 12종	언어 12종	창작 12종	인문 12종	60종
판별도구	정보 12종	예술 12종	언어 12종	창작 12종	인문 12종	60종

- 영재교육 담당교사의 현장 적용용 자료개발 활성화
  - 영재교사 연구모임, 자료전시회 등을 통해 공동 개발로 질적 수준 제고
- 자료 공유로 자료개발의 효용성 및 활용도 제고
  - 각 기관 자료개발 방향 사전 조정 및 개발된 자료의 종합 DB화로 각 영재교육 기관의 자료 활용을 지원

◎ 학교별·지역별 수준별 이동수업 모형 개발·보급

- 연구학교 운영을 통한 수업모형 개발
  - 전문 연구기관과 연계한 연구학교 운영
  - 우수사례 벤치마킹을 통해 수준별 이동 수업의 효율화 도모
- 수준별 학업성취 판별도구 및 수업자료 개발
  - 영어, 수학 수준별 자료 점진적 개발·보급 확대: '04. 12

    ※ 수준별 수업자료 개발 추진 계획

구분	2005년	2006년	2007년	2008년	2009년	계
영어	6종	6종	6종	6종	6종	30종
수학	6종	6종	6종	6종	6종	30종

3. 수월성 교육 담당교원 전문성 제고

영재교육 담당교원 전문성 신장

- 전문 영재교사 양성
  - ■ 국내·외 영재교육 전문가를 계약제 교원으로 임용
  - ■ 영재교육원 전담교사제 운영

    ※ 전남교육청: 영재교육원에 전담교사 배치 활용(16명)
  - ■ 대학 및 대학원에 영재교육 전공과목 개설로 전문 영재교사 양성
- 영재 지도능력 갖춘 우수 교원 양성
  - ■ 영재교육연구원을 연수기관으로 지정·운영
  - ■ 시·도교육청의 교육연수원을 중심으로 '09년까지 10,000명 배출

    ※ 영재교육 담당교원 연수 계획

구분		~'04	'05	'06	'07	'08	'09	'10	계
국내 연수	일반학급		4,700	4,700	4,700	4,700	9,700	9,700	38,200
	영재담당	4,400	800	800	800	800	800	800	9,200
국외 연수	일반학급		300	300	300	300	300	300	1,800
	영재담당	600	200	200	200	200	200	200	1,800

  - ■ 사이버 연수 시스템을 활용, 교원연수 기회 대폭 확대
  - ■ 국내연수: 시·도교육청 자체 연수과정 개설 운영
  - ■ 국외연수: 영재교육 기초과정 이수자 중 선발 후 전문연수 실시

    ※ 교원해외 장기유학 시 영재교육 담당교원 참여 확대
- 교원연수과정 운영기준을 마련, 교원양성의 내실을 도모
- 해외 유수 영재교육기관과 정기적인 심포지움, 세미나 등 교류 강화

수준별 교과 지도교원 연수 및 홍보강화

- 수준별 교과 지도교원 연수기회 확대
  - ■ 연수기회 확대를 위한 수준별 교과 원격연수 운영('04. 12~)

    ※ 수준별 이동수업 운영학교 담당교원 연수 실시('09년까지)
  - ■ 원격연수 콘텐츠의 다양한 활용을 통한 자격·직무 연수과정에 강좌개설

- 수준별 교육과정 운영의 지도력 향상을 위한 학교장 연수 강화
- 「수준별 이동수업 실제」 동영상 홍보자료 개발·보급
  - ■ 수준별 이동수업 우수사례 벤치마킹을 위한 동영상 자료를 제작·보급

4. 수월성 교육을 위한 법·제도적 여건 정비

◎ 수월성 교육 전담부서 지정·운영

- 시·도교육청별 전담부서 운영('05)
  - ■ 지원 계획 수립, 프로그램 운영 지원, 교원연수 및 관리, 홍보 등 수월성 교육 체계적 추진기능
- 수월성 교육 네트워크 구축('05)
  - ■ 교육부, 시·도교육청, 학교, 연구기관 간 네트워크 구축 상호자료 공유
  - ■ 판별도구 및 프로그램 개발, 연수, 현장 지도, 프로그램 피드백 등 공동 협의

◎ 수월성 교육 지원 연구기관 지정

- 수월성 정책과제별 연구기관 지정으로 전문성 제고('05)
  - ■ 수준별 이동수업, 영재교육, AP 등 대상, 관련 분야 전문기관 지정·운영

    ※ 수준별 이동수업: KICE, 영재교육: KEDI, AP: 한국대학교육협의회 등
- 수월성 교육 정책개발 기능 및 협력관계 구축
  - ■ 정례 협의회 및 합동 워크숍, 세미나 개최 등

◎ 수준별 이동수업 지원 시스템 구축

- 수준별 이동수업 특성화 학교 운영('05)
  - ■ 연구기관이 중점관리하고 시·도 교육청과 연구기관 간 연계·협력 지도

    ※ 중학교: 지역교육청 당 1교, 고등학교: 시·도 교육청별 3~4교
  - ■ 지정학교는 교원, 시설 등 우선 지원(강사 지원 등)
- 수준별 이동수업 현장 지원반 구성·운영('04)
  - ■ 시·도 교육청별로 전문직, 현장교원, 전문가 등으로 구성
  - ■ 수준별 이동수업 현장방문 연수 및 설명회 개최
  - ■ 수준별 이동수업 학교 군별 컨설팅 요원 위촉·운영

수월성 교육 관련 법령정비

- 수월성 교육 관련법령 정비 수요 조사('05)
  - 영재교육진흥법, 조기진급및조기졸업에관한규정, 초·중등교육법 등
- 수월성 교육 관련 법령 정비('06)
  - 영재선발을 영재교육기관장이 행하도록 영재교육진흥법 개정
  - 조기진급 및 조기졸업에 관한 규정 정비
  - 초·중등교육법에 AP 실시 근거 규정 마련
- 과학고의 상설연구학교 추진('05): 수월성 교육 개선 연구
  - 연구학교에관한규칙(교육부령) 개정

영재교육기관 평가인정제 도입

- 영재교육기관 평가인정을 통해 영재교육기관의 수준을 제도적으로 관리
- 영재교육연구원을 영재기관평가 인정센터로 지정 운영
- 평가 인정 기준안 마련을 위한 평가 도구 개발('05)
- 영재교육연구원 평가 시범 운영('06)
- 영재교육연구원 평가 기능을 확대 및 일반화('07)

수월성 교육에 대한 행·재정적 지원 강화

- 우수 교육기관 평가 심사 결과 지원
  - 우수기관 지원: 교원연수, 프로그램 등 행·재정 지원 강화
  - 부실기관 개선: 운영이 부실한 기관은 인근 기관과 통합 또는 폐지 유도
- 정책 과제 연구기관별로 수월성 교육 운영상황을 지속적 점검·평가
  - 우수사례 벤치마킹으로 일반화 유도
- 수월성 교육 정착 및 확산을 위한 재정 지원 확대
  - AP 도입방안 연구, 수월성 프로그램 개발 등을 위한 지원 강화
- 수준별 수업 강화를 위한 교육여건 개선
  - 교원 법정 정원 단계적 확보: 관계부처와 협조 증원 계획 수립
  - 학급 중심의 교실 체계에서 교과중심 체계로 전환: 고교부터 단계적으로 추진

    ※ '05년도에 교과교실 확보 5개년 계획('06~'10) 수립

수월성 교육 종합대책 기자회견 발표자료

수립배경

- 존경하는 국민여러분,
- 21세기 지식·정보화 사회는 창의적 인재를 요구하고 있습니다. 이에 세계 각 국은 국가 간 경쟁력 확보뿐 아니라, 개인 발전을 위해서도 창의적 인재를 육성하기 위한 수월성 교육을 강화하고 있습니다.
- 교육인적자원부에서는 이러한 시대적 흐름에 따라 지식·정보화 사회가 필요로 하는 인재육성과 국가 간 경쟁력 확보를 위하여 수월성 교육 종합대책을 수립하게 되었습니다.
- 이번 대책으로 우리 교육이 보편성과 수월성의 조화 속에 개개인의 잠재능력을 계발함으로써 평준화를 보완할 수 있으리라 기대하고 있습니다.

종합대책 개요

- 그러면 이번에 마련한 수월성 교육 종합대책의 주요내용에 대하여 말씀드리겠습니다.
- 첫째, 2010년까지 전체 초·중·고 학생의 5%인 40만 명에게 수월성 교육을 실시할 계획입니다.
  - 이를 위해 2010년까지 특목고, 영재학교, 영재학급, 영재교육원을 통해 영재교육 대상자를 1%로 늘리는 한편, 일반 학교에서도 수준별 이동수업, 집중이수과정, 조기진급 및 조기졸업, AP 제도를 통해 수월성 교육 대상자를 4%로 설정하여 우수한 인적자원을 발굴·양성 하도록 하였습니다.
  - 또한 영재교육 영역도 수학, 과학중심에서 예·체능, 정보, 언어·창작 등의 분야로 확대해 나가도록 하였습니다.
- 둘째, 2010년까지 관계부처와 협의를 거쳐 예술, 정보 분야 영재학교 2개를 추가 설립하여 모두 3개교를 운영하고, 영재교육원은 58개 신설하여 250기관으로 확대해 나가

도록 할 계획입니다.

- ■ 이와 함께 특수목적고도 창의적인 인재를 기를 수 있도록 그 기능을 강화하는 한편, 사이버 영재교육기관을 운영하여 도서 벽지나 농·어촌 학생들에게 영재교육을 받을 수 있는 기회를 확대하도록 하겠습니다.

- 셋째, 일반학교의 수월성 교육 기회를 확대하기 위해 2007년까지 수준별 이동수업을 전체 중·고등학교의 50%로 확대하고 영어, 수학 교과의 수준별 트래킹(Tracking)운영을 2006년도에 실험 적용을 거쳐 2007년도에 도입할 계획입니다.
- 또한 고등학생이 고교나 대학에 개설된 전문심화교과를 이수할 경우 향후 이를 대학의 학점으로 인정받는 AP(Advanced Placement)제도를 2005년도에 과학고의 시범·적용을 거쳐 2006년도에 도입하는 것을 검토하도록 하였습니다.
- 이와 함께 조기진급 및 조기졸업제도 개선을 위해 운영매뉴얼을 연차적으로 개발·보급하여 **조기진급 및 조기졸업제도**가 활성화될 수 있도록 하며 일반학교에서도 수월성 교육이 내실 있게 추진될 수 있도록 하였습니다.
- 또한 사회·경제적 지위가 낮아 영재교육을 받을 기회가 적은 소외 계층을 위한 '**Reach Out**' 프로그램을 운영할 계획입니다. 이는 경제적 여건으로 인해 영재 선발에서 제외되기 쉬운 소외 계층을 대상으로 교육청 또는 대학과 연계된 프로그램을 개설하여 영재교육 기회를 부여하여 교육복지 기능을 강화해 나가도록 하였습니다.
- 넷째, 영재교육 전문교사 양성을 위하여 2010년까지 약 6,000명의 담당 교사를 직무연수와 대학 및 대학원 영재교육 전공학과 개설을 통해 추가로 양성하여, 총 11,000명을 운용하는 한편 사이버 연수시스템을 활용해 연수기회를 확대할 계획입니다.
- 다섯째, 질 높은 수월성 교육 프로그램을 개발·보급하여 수월성 교육을 내실 있게 추진하도록 하겠습니다.

- ■ 우선 영재교육을 효율적으로 지원하기 위해 영재 판별도구 및 교수·학습 자료를 2010년까지 60종을 개발·보급하며, 개발된 자료는 종합 DB화하여 자료 활용도를 높여 나가겠습니다.
- ■ 이와 함께 일반학교에서 수월성 교육 대상자 선정 진단도구와 학교별, 지역별 수준별 이동수업 모형 및 학습 자료를 2010년까지 60종을 개발·보급하여 수월성 교육의 내실을 도모하는 한편, 수준별 이동수업 교사 연수프로그램을 함께 개발하여 보급할 계획입니다.

- 끝으로, 본 종합대책을 내실 있게 추진하기 위해 법·제도적 여건도 정비해 나갈 것입

니다.

- 우선 2006년까지 수월성 교육 관련 법령을 정비하여 단위 학교에서 수월성 교육 추진에 어려움이 없도록 하는 한편, 관련 규정을 개정하여 2006년도부터 과학고를 상설연구학교로 지정·운영할 계획입니다.
- 또한 시·도교육청 내 수월성 교육 정책 전담부서를 지정하고 수월성 교육을 전문적으로 지원할 전문연구기관도 개설·운영하는 한편 2007년도부터 영재교육기관 평가인정제를 도입하여 영재교육기관 수준을 제도적으로 관리해 나가도록 할 것입니다.
- 그리고 수월성 교육을 정상적으로 추진하기 위해 2010년까지 총2천78억원을 투입하여 교원연수, 프로그램 개발, 연구기관 지원, 영재교육기관 평가, AP운영, 영재교육기관 교류 사업을 내실 있게 추진해 나가겠습니다.

기대효과

- 이번 대책이 성공적으로 추진되면 평준화 제도 하에서도 국가가 필요로 하는 창의적 인재를 발굴·양성할 수 있는 교육의 보편성과 수월성을 조화롭게 추진할 수 있을 것이며 아울러 국가경쟁력 확보 측면에서도 세계적으로 우수한 인재를 발굴·양성할 수 있어 학교교육의 질을 한 차원 고양시킬 수 있을 것입니다.

당부말씀

- 존경하는 국민 여러분, 수월성 교육을 강화하는 것이 평준화의 틀을 깨는 것이 아니라 보편성 교육과의 조화를 통해 우수 인재를 육성하여 평준화 제도를 보완하는 성격을 지니고 있음을 이해해주시고 이 정책이 차질 없이 추진될 수 있도록 적극 성원해주시면 고맙겠습니다.
- 우리 부는 앞으로 학생 개개인에게 자신의 능력에 따라 알맞은 교육을 받을 수 있는 기회를 제공하는 한편 정책을 추진하는 과정에서 교육현장과 국민 여러분의 의견을 적극 수렴하여 교육경쟁력을 한층 높여나가도록 최선을 다하겠습니다.
- 감사합니다.

부록 10

제2차 영재교육진흥종합계획('08~'12)

2007. 12. 13

교육인적자원부 과학기술부 문화관광부 여성가족부 기획예산처 특허청

〈차 례〉

I. 추진배경 및 경과

1. 추진배경

- 2002. 11. 29 수립된 제1차 영재교육진흥종합계획이 마무리됨에 따라 국가 차원의 영재교육 중장기 비전 재정립 필요
  - ■ 그 동안 추진된 영재교육 정책성과 평가를 통해 우리 현실에 적합한 영재교육 기틀 마련
- 선진 각국은 우수인재 육성을 위한 다양한 정책방안을 마련하여 국가경쟁력 강화에 노력
  - ■ 미국: 2001년 연방정부의 「영재교육법(Gifted and Talented Students Act)」(1988년 제정)의 재승인으로 각 주별로 1~15% 영재교육 실시
  - ■ 영국: 2005년 영재교육에 대한 정부비전을 제시하고 5~10% 대상 실시
    ※ 2001년 「영재교육법」 제정, 2002년 국립영재교육원(NAGTY) 설립
  - ■ 호주:1991년 '영재교육전략' 제정, 전담부서 설치 및 10% 영재교육 실시
- 각 분야별 잠재능력이 큰 학생을 조기 발굴하여 체계적 교육프로그램 제공하는 등의 수월성 교육에 대한 요구 증대
  - ■ 영재(영재교육진흥법 제2조): 재능이 뛰어난 사람으로서 타고난 잠재력을 계발하기 위해 특별한 교육을 필요로 하는 자

영재교육진흥종합계획 수립 근거

- 교육기본법 제19조: 영재교육 시책 수립에 대한 국가 및 지방자치단체의 의무
- 영재교육진흥법 제3조 및 동법 시행령 제2조: 영재교육진흥종합계획 수립

2. 추진경과

- 2002. 11. 29 제1차 영재교육진흥종합계획 수립·발표
- 2003. 3. 1 부산과학고등학교를 영재학교로 지정·전환
  ※ 부산과학고등학교가 한국과학영재학교로 교명 변경(2005)

- 2004. 11. 22 수월성교육 종합대책 수립·발표
- 2005. 12. 7 영재교육진흥법 일부 개정
  ※ 영재교육대상자 선발권자를 교육감에서 영재교육기관장으로 변경 등
- 2006. 12. 21 영재교육진흥법 시행령 일부 개정
- 2007. 4. 제2차 영재교육진흥종합계획 수립 정책연구 추진
- 2007. 6~11. 제2차 영재교육진흥종합계획 수립을 위한 관련 부처 실무작업팀 구성·운영(6.14/10.8/10.29/11.5 4차례 협의회 개최)
- 2007. 8~11. 연구진 협의회(8.22/9.14/10.8), 과학영재학교 및 과학고 교장단 협의회(10.10), 전문가 협의회(10.24), 시·도교육청 담당자 협의회(11.1), 교육인적자원부내 협의회(10.7/10.10/11.22)를 통한 의견 수렴
- 2007. 11. 27 중앙영재교육진흥위원회 심의
- 2007. 11. 30 국가인적자원위원회 운영위원회 보고
- 2007. 12. 13 국가인적자원위원회 보고

II. 1차 계획의 성과와 반성

1. 성과

영재교육의 양적 · 질적 성장 기반 마련

- 영재학교, 영재교육원, 영재학급 등 다양한 유형의 영재교육기관 설치 ·운영하여 학생들에게 영재교육 기회 제공
  - 지역교육청 별 최소 1개 이상 영재교육기관 운영 기반 마련
    ※ 영재교육수혜자 변화 추이: 19,974명('03) → 46,006명('07)
    ※ 영재교육기관 변화 추이: 400기관('03) → 663기관('07)

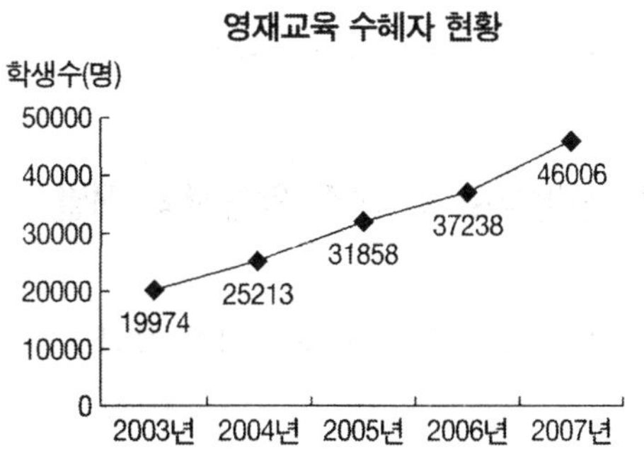

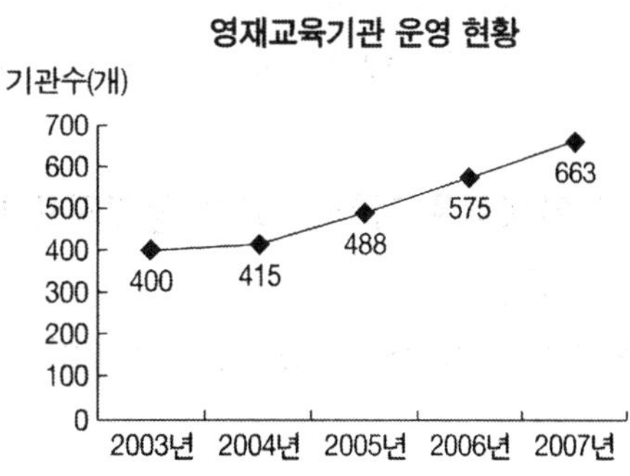

- 일반교육에 비해 학생·학부모의 영재교육 만족도 높음
  - ※ 영재교육 만족도: 학생(73.2%), 학부모(72.6%) 모두 일반교육(약 60%)보다 높음(「영재교육강화사업 성과평가 연구」, 한국교육개발원, 2005)

영재교원 연수, 국제심포지엄, 워크숍 개최 등 영재교육 담당교원 전문성 강화 노력 경주

- 단계별·특성별 영재교육 담당교원 연수 과정 개설·운영
  - ■ 기초 연수(60시간, 시·도교육청), 심화 연수(120시간, KEDI), 국외연수(KEDI 및 시·도교육청)
    - ※ 영재교육 담당교원 연수 이수현황: 2,368명('03) → 13,128명('07, 누계)

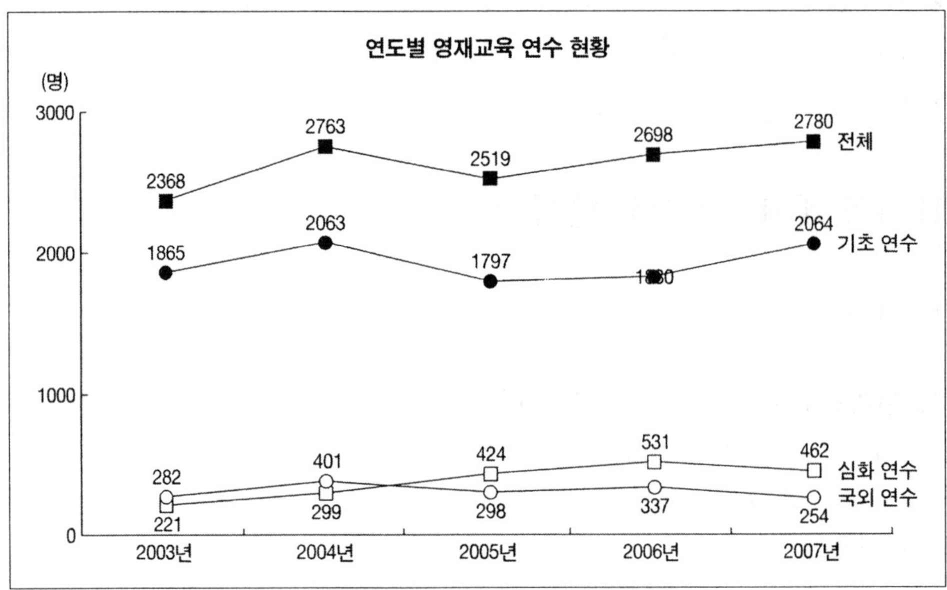

- 해외 유수 영재교육기관 간 국제심포지엄, 전국 규모 워크숍 및 시·도교육청 자체 워크숍 등을 통한 영재교육 이해 확산
  - ※ '05년부터 매년 국제심포지엄 개최(이스라엘, 싱가포르, 미국 등 참여)

영재교육 정착을 위한 영재교육대상자 선발도구 및 교수·학습자료 개발 노력

- 수학, 과학, 예술, 정보 등 분야별 영재교육 교수·학습 자료의 지속적 개발·보급

※ '07년까지 수학·과학 등 287종의 교수·학습 자료 개발

- 학생들의 영재성 측정을 위한 창의적 문제해결력 도구 개발·보급

※ '07년까지 수학·과학 등 188종의 선발도구 개발

영재교육 활성화를 위한 법적·제도적 기틀 마련

- 저소득층 자녀 등 소외계층의 영재교육 기회 제공을 위한 법적 기반 마련
  - 영재교육진흥법에 소외계층을 위한 영재교육 의무 규정 신설('05)
- 영재교육 시행과정에 나타난 미흡한 점을 보완하기 위한 영재교육진흥법('05) 및 동법 시행령('06) 일부 개정
  - 영재교육의 자율성 확대를 위해 영재교육대상자 선발권자를 시·도교육감에서 영재교육기관의 장으로 변경
  - 사회·경제적 이유로 잠재력이 충분히 발현되지 못한 영재를 선발하기 위하여 별도의 선발 절차 등에 관한 조항 신설
  - 영재교육 특례자 제도 및 영재교육연구원을 영재교육 담당 교원 연수기관으로 지정 가능 조항 신설
  - 영재교육 종합데이터베이스 구축·관리 규정 신설
- 영재교육대상자 확대 등 영재교육 강화를 위한 수월성교육 종합대책('04) 수립·시행

우수인재 양성을 위한 영재교육 행·재정 지원체제 구축

- 중앙영재교육진흥위원회 구성('02) 및 KEDI 영재교육센터를 영재교육연구원으로 지정('02)
- 과기부, 문화부 등 관련 부처의 영재교육 참여 강화
  - 과기부는 KAIST를 과학영재교육연구원으로 지정, 25개의 대학부설 과학영재교육원 운영
  - 문화부는 한국예술종합학교 부설 예술영재교육연구원 운영
- 국가 및 지자체의 영재교육 관련 예산 지원 증대

※ 영재교육 예산 변화 추이: 238억 원('03) → 515억 원('07)

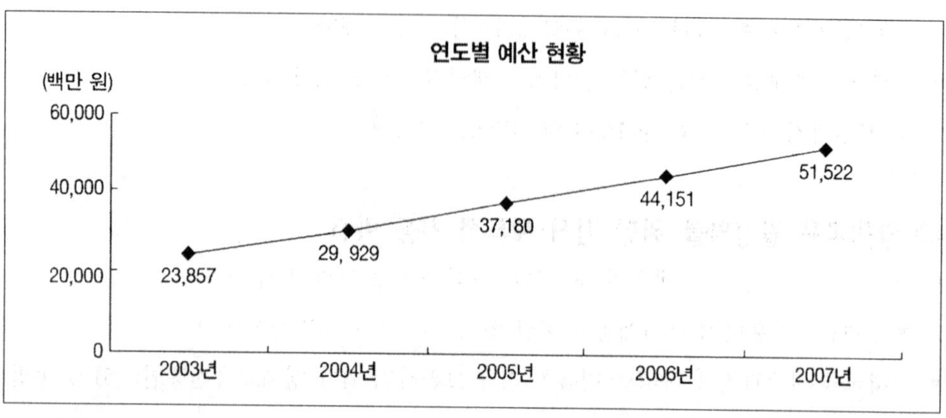

2. 반성

> 2003년 공교육 차원에서 영재교육이 본격 시행된 이래 영재교육대상자, 영재교육기관, 예산 등 양적 성장을 통해 가시적인 성과를 거두었으나, 시행초기의 법·제도적 기반 미비에 따른 문제점도 함께 대두

영재교육의 질 관리 미흡

- 영재교육기관 운영 프로그램 평가를 위한 국가적 기준이 마련되지 않아 영재교육의 질적 수준의 제도적 관리 어려움
  - 영재교육기관평가 실시비율('07): 영재학급(41.7%), 영재교육원(34.1%)

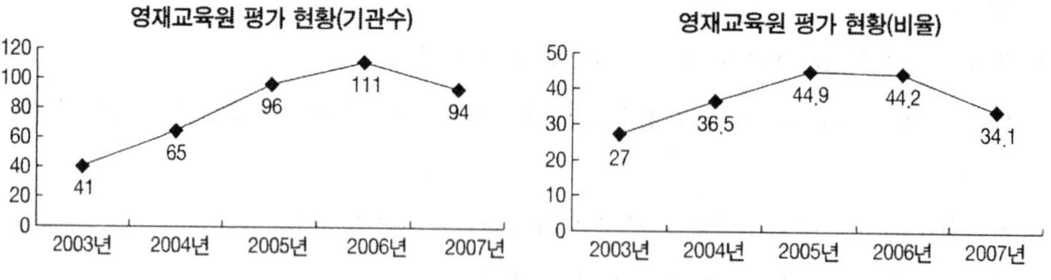

- 영재교원 연수 이수자 배치·관리 전략 미비에 따른 영재교육 담당교원 전문성 축적 및 영재교육 질 제고 미흡

〈영재교육 담당교원 연수자 배치 현황〉

구분	영재학급		영재교육원		교사수	이수자수 (비율)
	교사수	이수자수(비율)	교사수	이수자수(비율)		
인원	2,194	1,447 (66.0)	4,890	3,437 (70.3)	7,084	4,884 (68.9)

출처: 교육인적자원부/16개 시·도교육청/한국교육개발원, 2007.

◎ 지속적인 영재교육 기회 제공 부족

- 고등학교급 영재교육기관 부족 및 고등교육과의 연계 미흡으로 영재교육 기회가 단절되는 사례 발생

※ 영재교육 수혜 비율('07): 초(1.11%), 중(1.03%), 고(0.13%)

◎ 정책 여건 변화에 따른 영재교육 정책 비전 및 전략 제시 미흡

- 지자체의 영재학교 운영 수요 증대되고 있으나 타 정책과 맞물려 정책 결정 지연
- 체계적인 정책·지원체제가 미흡하여 시·도교육청별 특성화·자율화된 영재교육 추진 애로

◎ 영재교육 프로그램의 제한적 운영으로 영재교육 효과 감소

- 영재교육 분야 편중 및 대상자 선발 시기가 늦어 영재교육 기회 부족

〈분야별 영재교육 현황(2007년도)〉

구분	수학	과학	수·과학	발명	정보	언어	예술	체육	인문사회	기타
학급수	621	753	736	60	203	5	76	6	20	103
학생수	11,334	12,544	14,114	1,169	3,173	1,028	1,184	114	366	980
비율(%)	24.6	27.3	30.7	2.54	6.90	2.23	2.57	0.25	0.80	2.13

- 다양한 영역의 영재교육 교수·학습자료 및 합리적인 선발도구 개발 부족

◎ 관련 부처 간 협력 체제 구축 미흡

- 부처 간 영재교육 정책을 조율할 정기적인 실무협의회 등 기구 구성 미흡으로 분야별 영재교육 추진 시 부처간 연계 미비

◎ 영재교육에 대한 이해 부족

- 영재교육을 지적 능력 우수자를 위한 교육으로 인식하는 경향이 있어 영재교육을 받기 위한 선행학습으로 영재교육 취지 왜곡
- 관리자 및 일반 교사들의 영재교육에 대한 이해 부족으로 잠재능력을 지닌 학생의 발굴에 한계

III. 정책 여건

1. 국내 여건

- 지식·정보화 사회로의 급속한 변화에 따라 세계 각국은 우수인재 양성에 정책역량을 결집하고 있으며, 우리나라도 영재교육진흥법 제정 등 법적·제도적 기반을 마련하였으나
  - ■ 영재교육 수혜 비율이 선진국에 비해 낮은 편이고 대부분 학교 교육과정 외 프로그램 형태로 운영되고 있음

〈영재교육 수혜 비율〉

구분	한국	미국	영국	이스라엘	싱가포르	중국	러시아
비율	0.59%	1~15%	5%	5%	1%	0.01%	1%

출처: 한국교육개발원, 2007.

  - ■ 저소득층, 도서·벽지 등 소외계층 영재교육 참여의 실질적 기회보장 제한적
    ※ 소외계층 영재교육 실시 현황('07):15개 교육청, 103개 기관, 2,615명
- 그 동안 영재교육 정착을 위해 「영재교육진흥 종합계획」('02), 「수월성 교육 종합대책」('04), 「예술영재 양성 종합계획」('06), 「과학영재 발굴·육성 종합계획」('07) 수립 등 체계적인 영재교육 정책 추진
  - ■ 그러나 관련 부처 간 연계 미흡, 영재교육 지원예산 부족 등으로 인해 영재교육 정책의 파급효과 미약
- 영재교육 본래의 목적을 벗어난 상급학교 진학 수단으로 인식됨에 따라 부정적 여론 확산

■ 영재교육대상자 확대, 영재교육기관 설치 및 영재교육 프로그램 운영에 대해 부정적 여론 형성

- 서울, 대전, 경기 등 일부 지자체에서 과학고의 영재학교 전환 및 과학영재학교 신설 요구에 따라 영재학교 운영에 대한 정책적 판단 필요

2. 해외 사례

미국

- 1988년 연방정부의 영재교육법 제정 이후 2001년 재승인
- 1990년 국립영재연구센터(NRC-GT) 설립 예산 지원(2007년 9백만불)
- 1993년 국가 수월성 보고서: 영재학생의 교육적 필요 충족 미흡 반성
- 35개 주에서 다양한 형태의 영재교육 실시(1~15%)
  ■ K-12 공립학교 내에서 학교 교육과정의 일환으로 영재교육 제공
  ■ 14개 주에서 주립 수학과학고 운영
  ■ 주지사 학교(Governor's Schools): 4~6주 기숙 프로그램 운영
- 다단계 전형 선발
  ■ 추천 ⇒ 심리검사(다중준거: 창의성, 지능, 동기 등) ⇒ 면접
- 조기 교육, 소수 공연예술 영재, 전인교육 지향 등 다양한 유형의 예술영재 교육기관 운영
  ※ 유아를 대상으로 음악 영재교육 실시

싱가포르

- 1984년부터 교육부에 전담과를 설치하고 상위 1% 학생 대상 영재교육 프로그램(GEP: Gifted Education Programme) 제공 시작
  ■ 3학년 말에 선발하여 일반학교 내의 상설 영재학급 형태로 제공
- 교원은 교육부(영재교육과)에서 다양한 경로를 통해 엄격한 절차로 선발, 선발된 교원은 3년 동안 연수과정 의무 이수
- 전문 예술가보다는 정규 교사 중심의 예술영재학교 운영

이스라엘

- 교육부의 전담부서에서 영재교육 정책 관장
- 상위 5%에게 다양한 형태의 영재교육 제공: 특별학급, 풀아웃 프로그램, 특수학교, 방과 후 심화교실, 가상학교 등
  - ■ 상위 1%는 gifted students, 5%는 outstanding students로 명명
  - ■ 연령별 약 10명의 매우 우수한 영재에게 사사교육 제공
  - ■ 영재학교: Israel Arts and Science Academy
    ※ 예술-과학 연계 프로그램 운영
- 영재교육대상자 선발기준이 지능 중심에서 창의성과 동기를 함께 포함시키는 방향으로 개선
- 영재교육 담당 교원은 2년 동안 224시간 교육 후 임용

영국

- 2000년 '교육기준예산법령' 제정
  - ■ 약 5~10% 학생에게 영재교육 실시: 사회통합 성격 강함
- 2002년 국립영재교육원을 설립하여 기초연구, 영재교육 프로그램, 교사연수 등을 제공함
- 2005년 Higher Standards, Better Schools for All 보고서
  - ■ 일반학교의 영재에게 도전 기회와 보다 나은 학교 환경을 제공하여 영재학생의 능력을 신장시키고자 하는 정부의 비전 제시
  - ■ 모든 초·중등학교에 영재교육 전문 지도교사 배치
  - ■ 소외 계층 영재교육에 최고 백만 파운드(약 20억 원) 예산 지원
- 미술 분야의 경우 응용 미술 중심으로 타 분야와의 통합을 시도하기 위한 선발로 전환

호주

- 주 정부 차원에서 개별적으로 영재교육 실시
- 1991년 뉴사우스웨일즈에서 '영재교육 추진전략'을 수립 추진(10%)
- 다양한 형태의 영재교육 제공
  - ■ 특별고(selective high schools): 공립 명문고 성격의 영재학교이나 수준이 높지 않은 편이고 현재 31개 운영 중, 최근 영재학생이 일반학교에 남아 있어야 한다는 주

정부의 제안에 따라 축소 움직임

- ■ 기회학급(opportunity classes): 72개 초등학교에 상설 영재학급 형태로 115개 운영
- ■ 2004년 이후 일반고내 영재학생에게로 정부 지원 확대

- 영재교육대상자는 수행보다는 능력에 역점을 두어 선발
  - ■ 호주교육연구소(ACER)에서 출제, 선발고사 비용은 학생 부담
- 체육 분야의 경우 상위 2%를 영재교육대상자로 선발

해외 동향의 시사점

- 국가 차원의 영재교육정책 수립 강화 및 지원 확대
- 각국의 여건에 따라 다양한 유형의 영재교육기관 운영
- 영재교육 담당 교원의 선발 및 관리 철저
- 분야별 영재성 발현 시기가 상이함에 따라 영재교육대상자 선발 시기를 유연하게 적용

IV. 영재교육의 비전과 목표

1. 영재교육의 비전

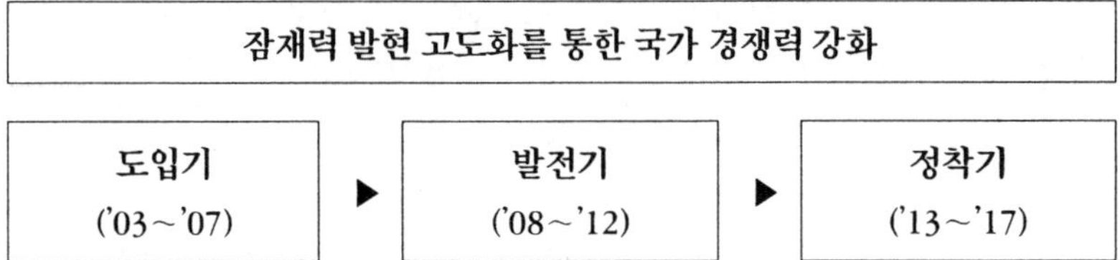

2. 영재교육의 목표

2012년까지 전체 초·중·고생의 1%(7만여 명)에게 영재교육기관별로 특성화된 영재교육 제공

영재교육 수혜자 목표치

구 분		2008년	2009년	2010년	2011년	2012년
초·중·고 학생 수(추산)*		7,769,000	7,738,000	7,569,000	7,343,000	7,115,000
영재교육 수혜자 비율 목표치		0.8%	0.9%	1%	1%	1%
영재교육 수혜자 목표 인원	전체	62,150명	69,640명	75,690명	73,430명	71,150명
	초	33,850명	35,110명	37,890명	36,530명	34,250명
	중	27,700명	28,730명	31,000명	29,900명	28,800명
	고	3,600명	5,800명	6,800명	7,000명	8,100명

*교육통계('07, 학년별 학생수), 통계청('07, 연령별 추계인구) 자료를 인용하여 산출.

V. 추진 전략 및 추진 체제

1. 추진 전략

추진 전략	주요 과제	
1. 영재교육기관 특성화	과제 1	영재학교 특성화
	과제 2	영재학급 특성화
	과제 3	영재교육원 특성화
2. 영재교육기관 운영 개선	과제 1	영재교육 프로그램 개선
	과제 2	영재교육기관 운영 효율성 제고
3. 영재교육의 연속성 확보	과제 1	영재교육대상자 선발 제도 개선
	과제 2	사회적 통합성 강화
	과제 3	고등교육 단계의 영재교육 기능 강화
4. 영재교육 담당교원 전문성 신장	과제 1	우수 교원 확보
	과제 2	영재교육 담당 교원의 양성·연수·배치 체계화
	과제 3	영재교육 담당 교원 연수 강화
5. 영재교육 지원 체제 정비	과제 1	관계 법령·제도 정비
	과제 2	영재교육 유관 기관 협력체제 강화

2. 추진 체제

추진 체제

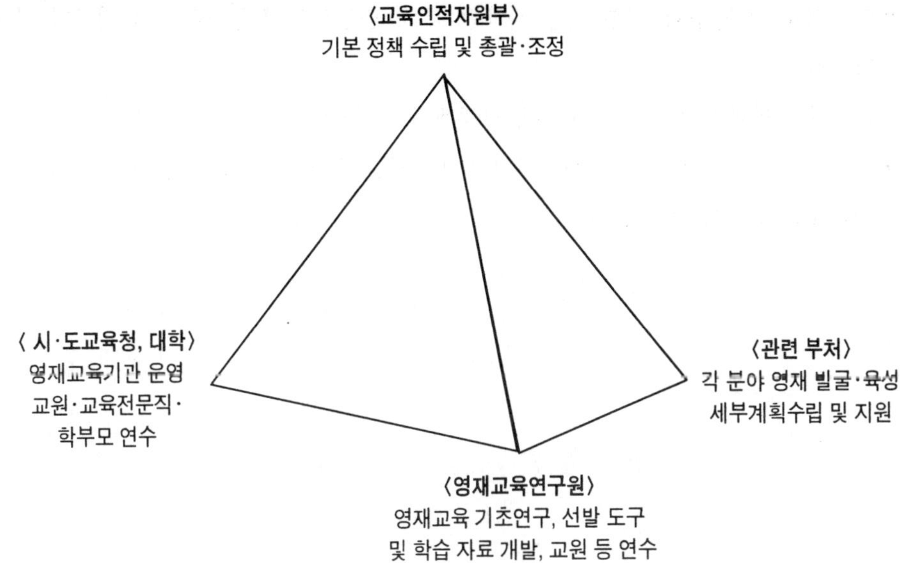

추진 방법

- 국가수준에서 제도적으로 영재교육 질 관리
  - 정기적인 영재교육기관 프로그램 평가 실시로 영재교육 질 보장
  - 영재교육기관 운영에 필요한 최소한의 권장 기준 제시·활용으로 국가 차원에서 영재교육기관 질 관리
  - 우수 영재교육 담당교원 확보를 위한 규정 마련
- 영재교육기관 특성화에 따른 최적의 영재교육 프로그램 제공
  - 영재학교, 영재교육원, 영재학급 운영 프로그램의 특화를 통해 지역별, 학교급별, 기관별 특성에 맞는 영재교육 프로그램 제공
  - 소득(저소득층), 지역(도서·벽지), 성별 등에 의한 상대적 소외계층에게 영재교육 프로그램 제공 기회를 점진적으로 확대
  - 영재교육 연계성을 고려한 영재교육기관 설치 및 프로그램 개발 등 지원
- 중앙정부, 지자체, 대학 등 영재교육 관련기관 간 협력체제 구축
  - 영재교육 안착을 위한 중앙부처, 지자체, 대학 및 정부출연기관 등의 인적·물적 자

원을 영재교육에 투입하고 기관별 영재교육 역할분담 추진체제 정립

- 영재교육 관련자료 공동개발 및 DB구축으로 자료 활용 및 영재 학생 지도능력을 극대화하고 우수프로그램 지원
- 영재교육 정책 수립·시행 시 영재관련 학회, 중앙위원회 등 영재교육전문가 참여 활성화

- 종합계획의 체계적 추진을 위한 후속 시행계획 수립·추진
  - 시·도교육청 및 관련 부처별로 매년 시행계획을 수립·추진하고, 점검·평가를 통해 영재교육 문제점 개선·보완

VI. 주요 추진 과제

전략 1. 영재교육기관 특성화

- 영재교육 기회제공 위한 영재학교 지정, 영재학급·영재교육원 설치가 확대되었으나
  - 영재교육 프로그램 및 교육기관 운영 방식이 획일화되어 학생의 발달 단계와 지원 주체를 고려한 영재교육 내용의 재정비 필요

※ 학교급별 영재교육기관 설치현황('07)

- 영재학급: 초등(425학급, 60.0%), 중(215학급, 30.4%), 고(68학급, 9.6%)
- 영재교육원: 초등(216학급, 48.8%), 중(216학급, 48.8%), 고(11학급, 2.5%)

(단위: 기관, 명, %)

기관	기관수	초등학생	중학생	고등학생	합계*
영재학교	1	–	–	427	427
영재학급	408	7,980	4,013	1,242	13,255
교육청 영재교육원	216	11,873	12,783	663	25,299
대학·과학영재교육원	38	2,468	4,504	53	7,025
합계	663	22,321	21,300	2,385	46,006
전체 학생에 대한 비율	–	1.11	1.03	0.13	0.80
상대적 비율	–	100.0	95.4	10.7	–

* 특목고(과학·예술·체육 계열) 재학생 미포함
  - 과학·예술·체육 계열 특목고 재학생 22,679명 포함 시 고교생 25,064명(초등 대비 112.3%), 전체 고교생의 1.35%(총 68,685명, 0.89%)

출처: 교육인적자원부/16개 시·도교육청/한국교육개발원, 2007.

영재교육기관 운영 기본방향

- 영재학교: 고등학생을 중심으로 특정 분야 잠재력을 지닌 소수 정예 학생의 전문 분야별 집중 교육 실시
- 영재교육원: 중학생을 중심으로 지원 기관을 고려한 통합교육 및 분야별 특화된 영재교육 프로그램 제공
- 영재학급: 초등학생을 중심으로 지역 여건을 고려한 통합교육 위주의 영재교육 프로그램 제공

〈학교급별 영재교육기관 운영 계획('12)〉 (단위: 기관, 명, %)

기관	기관수	초등학생	중학생	고등학생	합계*
영재학교	6	-	-	3,200	3,200
영재학급	800	16,250	8,800	4,400	29,450
교육청 영재교육원	250	14,000	15,000	400	29,400
대학 등 영재교육원	45	4,000	5,000	100	9,100
합계	1,101	34,250	28,800	8,100	71,150
전체 학생에 대한 비율	-	1.82	1.53	0.40	1.00
상대적 비율	-	100.0	84.1	23.6	-

* 특목고(과학·예술·체육 계열) 미포함
  ∘ 과학·예술·체육 계열 특목고 재학생 22,000명 포함 시 고교생 30,100명(초등 대비 87.9%), 전체 고교생의 1.48%(총 93,150명, 1.31%)

〈학년당 영재교육 수혜자 비교〉 (단위: 명, %)

구분	초		중		고*		비고
	인원(명)	비율	인원(명)	비율	인원(명)	비율	
'07	7,440	1.00	7,100	1.00	795	1.00	초4년 이상
'12	8,562	1.15	9,600	1.35	2,700	3.40	초3년 이상

* 특목고(과학·예술·체육 계열) 미포함
  ∘ 과학·예술·체육 계열 특목고 재학생 7,333명 포함 시: '07년 8,128명(1.00)→'12년 10,033명(1.23)

1. 영재학교 특성화

분야별 영재학교 확대

- 특수 분야의 우수 인재 양성을 위한 영재학교는 질적 수준 유지를 위하여 관련 부처와 협의하여 교육인적자원부가 지정

  ※ 영재학급 및 영재교육원은 시·도교육청이 지정

- 영재학교 신설·전환을 위한 세부 기준 마련('08)
  - 관련 부처와 협의하여 영재학교 신설·전환에 필요한 교원, 시설, 교육과정, 예산 확보, 졸업생의 진로 등 분야별 세부적인 기준 마련

    ※ 영재학교 지정 기준 관련 정책연구 추진

  - 영재학교 난립 및 교육의 질 저하 방지를 위해 지정 · 신청한 학교가 기준을 충족한 경우에 한하여 중앙영재교육진흥위원회의 엄정한 심의를 거쳐 영재학교로 지정·운

영

- 분야별로 관련 부처가 집중 지원
  - ■ 예술영재학교를 지정하여 저소득층 예술영재 양성

분야	과학	예술	체육	기타
지원 부처	과기부	문화부	문화부	특허청 등
향후 계획	• 기존 학교 전환 또는 신설	• 기존 학교 전환 또는 신설	• 기존 학교 전환 또는 신설	• 대상영역, 실행 가능성 등 연구·검토

- '12년까지 권역별로 4~5개 영재학교를 확대·운영
  - ■ 과학영재학교는 기존 과학영재학교(부산) 외 2~3개교를 확대하고 예술·체육 영재학교는 2개교 확대
  - ■ 구체적인 확대범위는 관련부처간 협의를 통해 결정
- 영재학교 추가지정은 운영체제, 예산확보, 졸업생 진학경로 등에 대한 중앙영재교육진흥위원회의 엄격한 심의를 기쳐 결정
  - ■ 졸업생 진학경로는 대학과 해당 영재학교 간의 MOU 체결을 통해 보장하고
  - ■ 기타 재원 및 설립주체에 대해서는 교육부와 영재학교 관련 부처 공동의 별도 T/F를 구성하여 논의

◎ 영재교육 기능 강화

- 특화된 교육과정 운영으로 창의성 및 리더십 계발 고도화
  - ■ 사사교육, R&E(Research and Education)지원, 학점제 운영 등을 통한 전문 분야 심화교육 강화

    ※ 과학고의 영재교육 기능 강화와 연계
  - ■ 우수 프로그램 및 교수·학습방법 개선 사례 등을 공개하여 일반 학교 교육의 질적 수준 견인
- 정기적인 학교 운영 평가 실시로 영재교육의 질적 수준을 제도적으로 관리('09)
  - ■ 국가차원에서 (가칭)영재학교평가위원회를 구성하여 매년 교육과정 및 교수·학습방법, 교원, 시설활용 및 예산 활용 등 평가

- ■ 평가 후 개선·보완 사항 컨설팅, 개선노력 미흡 시 영재학교 지정 해제 등 행정적 조치 강화
  ※ 영재학교평가위원회: 영재교육 및 평가 전문가, 행정가 등으로 구성, 평가·컨설팅 전담기구와 연계

◌ 관련 부처의 영재학교 운영 지원 참여 및 역할 확대

- 학교 시설 및 운영 예산 지원
  - ■ 학교시설 및 운영에 필요한 예산 지원 또는 대학, 연구소 등의 관련 시설 사용 지원(과학연구단지, 예술 관련 시설 등)
  - ■ 교육인적자원부와 해당 학교가 지원 부처의 요구를 반영하여 프로그램 편성 가능하되, 학교운영의 자율성은 최대한 보장
- 우수 교원 확보 지원
  - ■ 해당 분야 교수 및 강사 요원 인력의 한시적 파견

2. 영재학급 특성화

◌ 지역에 따라 영재학급 운영 유형 특성화

- 영재교육 효율성 제고를 위한 지역별, 학교규모별 다양한 영재학급 운영 모델 적용('08)
  - ■ 대도시 또는 대규모 학교는 단위학교 중심 영재학급 운영 권장
  - ■ 중·소도시 및 소규모 학교는 중심학교 중심으로 지역공동 영재학급 운영 권장
  - ■ 농·산·어촌, 도서·벽지학교는 지역 교육청이 사이버 영재학급 개설·운영 권장
    ※ 사이버 영재학급 수혜자: 17,907명('07) → 30,000명('12)
  - ■ 전국 182개 지역거점학교에 설치된 발명교실의 교육인프라를 활용, 발명 영재학급 확대 운영

◌ 학교급에 따라 영재학급 운영 유형 특성화

- 영재성 조기 발굴 및 영재교육기회 확대 등 영재교육 접근성 제고를 위해 초등학교 단계의 영재학급 운영 활성화
- 중학교 단계에서는 분야별 심화 교육, 고교 단계에서는 분야별 전문 교육 중심의 영재

교육 프로그램 제공

- 고교에 학교단위 영재학급 운영 확대로 영재교육기회 연속성 확보
  ※ 방과 후 및 방학을 활용하여 3% 이내의 학생에게 수학·과학·예술 프로그램 제공
- 수·과학, 예술, 인문, 리더십 등 통합적인 영재교육 프로그램 운영 및 영재교육 기회의 지속적 보장

◎ 정규 교육과정 내 운영 확대

- 영재교육 프로그램을 특별·재량활동 등 정규 교육과정 내에 시범 운영
  - ■ 단위학교 영재학급에서 정규 교육과정 내 운영 방안 모색을 위한 정책연구학교 운영('08~'09, 3개교)
  - ■ 정책연구학교 운영에 분야별 관련 부처 참여 권장
  - ■ 연구학교 운영 성과 분석 후, 정규 교육과정 내 영재학급 운영 점진적 확대 검토
    ※ 근거: 영재교육진흥법시행령 제32조제5항

제32조(영재교육기관의 수업 등) ⑤ 영재학급에서 영재교육을 수업시간 중에 실시하는 경우에는 교과활동외의 재량활동 및 특별활동 등의 형태로 하여야 한다.

◎ 영재학급 운영 환경 조성

- 영재학급 운영 부실을 방지하기 위해 영재학급 설치 시 교원확보, 예산, 프로그램 평가 후 승인 등 설치기준 강화
- 영재학급 운영 학교에 영재전담교사 또는 영재부장교사 배치를 권장하여 영재교육 담당교원 업무 경감 및 교육 효과 제고

3. 영재교육원 특성화

◎ 영재교육원별 특화 운영

- 지역교육청별 최소 1개 이상 영재교육원 운영으로 학생들의 영재교육 기회 확대('09)
  - ■ 영재교육 부실 방지를 위해 영재교육원 설치 시 교원확보, 예산, 프로그램 평가 후

승인 등 설치 기준 강화

※ 영재교육원 운영 지역교육청:166개(92%, '07) → 180개(100%, '12)

- 영재 프로그램의 질적 수준 고도화를 위해 교육청별 영재교육 프로그램 특화 운영
  - ■ 중앙 부처·지자체·지역대학 등과 영재교육 프로그램 공동 개설, 캠프 공동 운영, 강사 교류 등 연계 강화
  - ■ 분야별 관련 부처와 연계하여 과학, 예술, 발명, 정보 등 특화된 영재교육원 운영 권장

◎ 영재교육원 운영 방식 개선

- 시·도교육청별 집중적인 영재교육이 가능하도록 1~2개 영재교육원 대상으로 정규 수업시간(주 1~2회) 시범 운영('09)
  - ■ 독립 공간 및 영재교육 전담교원 확보된 영재교육기관 우선 도입하고 행·재정적 지원 강화

    ※ 영재전담교사 확보, 별도 공간 확보 등 지원
  - ■ 정기적으로 영재교육원 수업에 출석하여 집중적으로 영재교육 프로그램에 참여하여 영재성 계발 고도화
  - ■ 운영 성과 분석 후 전체 영재교육원으로 점진적 확대

    ※ 근거: 영재교육진흥법시행령 제32조제6항

> 제32조(영재교육기관의 수업 등)
>
> ⑥ 학교의 수업시간에 영재교육원에서 영재교육을 받고자 하는 자는 그의 보호자의 동의를 얻어 당해 학교의 장의 허가를 받아야 한다. 이 경우 당해 학교의 장은 영재교육기관에 출석한 것을 학칙이 정하는 바에 따라 당해 학교에 출석한 것으로 인정할 수 있다.

◎ 부처별 영재교육원 운영 특성화

- 교육청 영재교육원은 초·중·고 학생을 대상으로 영역간 통합교육 및 분야별 교육 병행
- 중앙 부처가 지원하는 영재교육원은 중등 과정 중심으로 해당 분야 집중 교육

〈부처별 영재교육원 운영 계획〉

부처	영재교육원	교육 분야	학년
교육부	교육청 영재교육원	통합교육, 수·과학 등	초3~6년, 중1~3년, 고1~3년
과기부	과학영재교육원	수·과학 등	초4~6년*, 중1~3년
문화부	예술영재교육원	음악, 미술, 무용 등	초1~6년, 중1~3년, 고1~3년
특허청	발명영재교육원	발명	초3~6년, 중1~3년, 고1~3년
정통부	IT영재교육원	정보과학	고1~3년

* 예외적인 초3년 이하 포함

전략 2. 영재교육기관 운영 개선

- 영재성 계발을 위한 교수·학습자료 개발, 영재캠프 운영 등 교과영역 관련 다양한 프로그램을 운영하고 있으나,
  - ■ 특정 영역에 편중되어 있어 다양한 영역으로의 확대 및 정서적 교육 필요성 증대(수학·과학 영역 약 83%)
- 영재교육기관의 확대에 비해 운영 프로그램 평가와 컨설팅 부족으로 영재교육의 실태 파악 및 질적 수준 유지 어려움
  - ■ 영재교육기관 평가를 통한 영재교육 내실화 유도 등 영재교육기관 관리·유지에 대한 정책적 보완 필요

    ※ 평가실시현황('07): 영재교육원(34.1%), 영재학급(41.7%)

1. 영재교육 프로그램 개선

◎ 영재교육 프로그램 운영 다양화 및 인성교육 강화

- 분야별 영재교육 프로그램 다양화('08)
  - ■ 중앙 부처 지원 영재교육기관 간 교류 강화: 강사 및 프로그램 교류, 공동 캠프 운영 등
- 분야별 전문 교육과 함께 인성 교육 및 리더십 교육 강화로 차세대 지도자로 육성
- 방과 후 학교와 연계하고 초등학교부터 참여 기회 확대
- 영재교육대상자들의 인성 및 리더십 계발 기회의 양적·질적 확대를 위한 다양한 영재캠프 운영
  - ■ 영재교육기관과 지자체, 대학, 연구소, 학회, 기업 등과 연계 운영

영재 캠프 운영 사례

삼성, ICU 등에서 과학고 대상으로 방학 중 영재캠프 운영

KEDI 영재교육연구원에서 영재리더십캠프 운영

한국예술영재교육연구원에서 예술영재캠프 운영

과학영재교육원에서 과학영재캠프, 한국과학영재학교에서 APEC 캠프, KAIST에서 See KAIST 캠프 운영

교수·학습 자료의 체계적 개발·보급

- 영재성 계발에 주안을 두고 영재교육기관별, 영역별 자료 개발
  - ■ 부처별 관련 분야 자료 개발 및 영재교육데이터베이스에 탑재하여 개발 자료 공유 ('09)

    ※ 개발 계획:1개 부처 287종(~'07) → 4개 부처 2,719종('08~'12)

영역	개발주체	2008	2009	2010	2011	2012	비고
수학과학	과기부*	500종	500종	500종	500종	500종	2,500종
예술	문화부	6종	6종	6종	6종	6종	30종
발명	특허청	3종	6종	6종	6종	6종	27종
인문사회	교육부, 교육청**	6종	6종	6종	6종	6종	102종
창의성	교육부, 교육청**	12종	12종	-	-	-	
리더십	교육부, 교육청**	-	12종	12종	-	-	
문예창작	교육부, 교육청**	-	-	-	12종	12종	
통합	교육부	6종	6종	6종	6종	6종	60종
소외계층	교육부	6종	6종	6종	6종	6종	
계	4개 부처	539종	554종	542종	542종	542종	2,719종

* 영재교육기관 단위 자체 개발 계획(대학부설 과학영재교육원, 한국과학영재학교) 개발 자료 포함

** 16개 시·도교육청 공동 개발 자료만 포함(영재교육기관 단위 자체 개발 계획 미포함)

2. 영재교육기관 운영 효율성 제고

◎ 영재교육기관 평가 체제 구축

- 국가 차원의 영재교육기관 평가·컨설팅 전담기구 설치·운영
  - ■ 교육인적자원부와 영재교육 관련 부처가 함께 공동으로 전담기구를 구성하여 평가·컨설팅 실시
  - ■ 전담기구 기능: 중앙 부처 지원 영재교육기관 및 시·도교육청의 대표적인 영재교육기관(영재학교, 영재교육원) 평가·컨설팅 실시
- 정기적인(3~5년) 영재교육기관 평가·컨설팅을 통해 영재교육 프로그램의 수준을 국가에서 제도적으로 관리
- 컨설팅 기능 강화
  - ■ 영재교육기관 평가 결과에 나타난 문제점 보완·개선을 위한 컨설팅 기능 제공하여 영재교육 프로그램 정착 지원
  - ■ 중앙 컨설팅단: 영재교육전문가, 평가전문가, 행정가 등을 중심으로 구성·운영

영재교육 중앙 컨설팅단 기능

- 영재학교, 대학 및 교육청 부설 영재교육원 평가·컨설팅
- 평가 편람 개발·활용·보급
- 인력풀 및 자문 제공 등으로 시·도교육청 컨설팅단 지원

  - ■ 시·도교육청 컨설팅단: 영재학급, 지역교육청 등 부설 영재교육원 평가·컨설팅을 위하여 시·도교육청별 행정가, 전문가, 지역주민이 참여하는 영재교육기관 평가지원단 설치·운영

    ※ 한국교육개발원 평가·컨설팅 실시 현황('06~'07): 시·도교육청 34기관
- 영재교육기관 평가 전문가 양성: 교육인적자원연수원과 시·도교육청연수원에 연수과정 개설

◎ 영재교육기관 평가·컨설팅 실시

- 정기적인(3~5년) 영재교육기관 평가·컨설팅을 통해 영재교육 프로그램의 수준을 국

가에서 제도적으로 관리('10)

- 우수기관 사례를 공개하고, 평가 결과 부실 영재교육기관에 대해 컨설팅 지원
  - ▪ 우수기관: 교수·학습자료 개발비, 프로그램 등 행·재정적 지원
  - ▪ 부실기관: 운영 부실기관은 컨설팅 기능을 제공
    ※ 영재교육기관 승인 기관이 부실기관에 대한 행정조치(통합 권고 또는 승인 취소 등)를 취하는 근거로 활용

◎ 영재교육기관 평가 자료 개발·보급

- 영재교육기관 평가 편람 및 평가 기준안 개발·보급('09)
  - ▪ 영재교육기관별, 지역별, 학교급별 운영 특성을 고려한 맞춤형 평가 편람 및 평가 기준안 개발
- 기 개발된 영재교육기관 평가 편람 보완 및 활용
  - ▪ 세부 평가항목 추가, 삭제 등 수정 보완 후 활용

전략 3. 영재교육의 연속성 확보

- 특정 분야의 잠재성을 지닌 학생을 발굴하기 위한 다단계 전형을 통한 선발 등의 노력을 경주하고 있으나,
  - ■ 조기 발굴의 제한으로 교과 성적과 선행학습의 영향이 큼
    ※ 대부분 초등학교 4학년 단계에서 영재교육대상자 선발
- 매년 영재교육대상자 선발로 인한 영재교육의 지속성의 한계 및 영재교육기관 간 연계성 부족
- '03년 시행 이후 이루어진 영재교육의 양적 성장에 비해 상대적으로 저소득층, 도서·벽지 등 소외계층에 대한 프로그램 운영 미흡
  ※ 소외계층 영재교육 현황('07): 기관에서 2,615명에게 프로그램 제공
- 고교급 영재교육기관 부족 및 대학 단계의 지원체계 부재로 연속성 미비

1. 영재교육대상자 선발 제도 개선

◎ 조기 선발 도입

- 영재교육대상자 선발 시기를 점진적으로 낮춰 영재교육의 효과 극대화('09)
  - ■ 영재성 발현 시기를 감안하여 분야별 선발 시기 조정
    ※ 예술 분야: 초등1학년 선발 가능
  - ■ 시·도교육청 및 영재교육기관의 여건을 고려하여 선발 시기를 유연하게 조정
    ※ 초등3학년 선발 가능

◎ 학교급별 1회 선발로 지속적인 영재교육 기회 제공

- 추후 영재성이 드러난 학생에게도 영재교육 참여기회를 부여할 수 있도록 시·도교육청 및 영재교육기관의 여건에 따라 학급 당 선발 인원 등 조절('09)
  ※ 초등3(4)학년 선발 → 중1학년 선발 → 고1학년 선발

◎ 영재성 측정 중심으로 선발

- 교사 추천 강화 및 영재성 측정 강화로 잠재능력을 지닌 학생 선발
  - ■ 학교 교육과의 연계 강화로 사교육, 선행학습 효과 최소화 및 소외계층의 영재성 발

굴 강화

구분	현행	변경
1단계	교사추천	교사추천 강화*
2단계	논리적 사고력 검사	영재성 검사 (창의성·지능·동기 강화)
3단계	창의적 문제해결력 검사 (수학, 과학, 정보과학)	해당 분야 적성 검사 (수학, 과학, 정보과학, 예술 등)
4단계	면접	면접(심층 면접, 캠프 등)

* 교사 추천 양식(학생 행동 관찰 기록, 학부모 지원서, 학생 자기 보고서, 각종 심리검사 결과 등 포함)을 근거로 종합·판단

■ 초기에는 국가에서 영재성 측정 도구 개발·보급하되 장기적으로 영재교육기관별로 적용·활용('08)

※ 초등단계에 적용한 후 점차 중등단계로 확대

■ 교사 추천 반영 및 전문성 정도를 영재교육기관 평가에 반영

2. 사회적 통합성 강화

소외계층 정의

사회·경제적 지위가 낮은 가정의 학생, 다문화가정의 학생, 지리적으로 영재교육 접근성이 제한된 도서·벽지의 학생, 장애가 있는 학생, 북한 이탈 주민, 특정 영역에서 수혜가 부진한 학생들로 영재교육의 기회가 상대적으로 제한되어 있는 계층

◎ 소외계층 영재교육 기회 확대

- 특출한 영재교육대상자의 경우 학부모의 경제적 부담 없이 국가가 집중 지원·관리
  - ■ 가정의 사회·경제적 요인으로 인한 영재성 발굴 기회 제한이 없도록 지원 제도 확충
- 소외계층 영재교육 참여 기회의 실질적 보장
  - ■ 소지역별로 영재교육기관 설치 권장하고 선발 시 교사 추천 강화
  - ■ 교육복지 사업과 연계한 소외계층 영재교육 프로그램 운영: 「교육복지투자우선지

역」에 영재교육기관 설치·운영 권장

※ 영재교육진흥법시행령에 소외계층 영재교육 의무화 규정 신설('06)

■ 영재교육기관별 소외계층을 위한 영재교육 프로그램 운영 확대

※ 소외계층을 위한 영재교육 수혜자: 2,615명('07) → 5,000명('12)

소외계층 프로그램 외국사례

- 미국: 영재교육법 예산 지원 하에 10개의 소외계층 프로그램 운영
  ※ 프로젝트 CLUE(Clustering Learners Unlocks Equity): 인디애나주 초3~중2(초 52교, 중 15교)의 소수민족 영재학생 대상 cluster grouping 시범 운영
  ※ 프로젝트 SIS(Scientists-in-the Schools): 펜실베니아주 저소득층 및 소수민족 중고 영재학생 대상 과학교육
- 영국: 사회경제적으로 소외된 지역 공립학교를 중심 영재교육 제공
  ※ 도시 내 수월성 프로그램(Excellence in Cities Programme): 초 2,000교, 중 1,000교 학생 150,000명 대상
  ※ 런던 영재교육(London Gifted and Talented): 33개 런던 지부의 혁신적 e-learning을 기반으로 교육문제가 열악한 수도 거주 학생에게 제공
- 이스라엘: 소외계층 아동에게 학습경험을 제공하고, 학습과정을 관찰하여 영재성 여부를 판별하고자 노력
  ※ Israel Sephardic Education Foundation: 도시 저소득층 및 소외지역 아동들에게 장학금 지급
  ※ 텔아비브대학의 청소년 여름대학 (Youth Summer University)
- 호주: 소외계층 영재학생을 포함하여 보다 많은 영재학생 지원 위해 정부 예산증액 및 다양한 기금조성
  ※ Telstra Foundation Community Development Fund: 다양한 프로그램을 통해 소외계층 영재아동 지원
  ※ Australian Chamber Orchestra: 소외계층 음악영재 지원

소외계층 영재교육 기반 확충

- 소외계층의 특성을 고려한 맞춤형 교수·학습자료 및 선발도구 개발·보급('08, 매년 교

수·학습자료 6종)

- 우리 현실에 적합한 소외계층 영재교육 프로그램 운영 모델 개발('08)
- 소외계층 영재 프로그램 운영 다양화와 지자체, 관련 부처, 대학의 참여 활성화
  ※ 사이버 교육, 캠프 등 소외계층의 특성에 맞는 영재교육 프로그램 운영
- 소외계층 수혜 현황을 영재교육기관 평가에 반영

3. 고등교육 단계의 영재교육 기능 강화

◌ 영재교육대상자를 위한 교육과정 개발·운영 지원

- 대학에 진학한 영재교육 수혜자를 위한 교육과정 개발 및 적용('08)
- 영재교육 수혜자를 위한 학부의 교육과정 운영으로 대학의 교육역량 강화
- 우수 고교생에게 대학 수준의 학습 기회 제공 및 학점 인정 활성화
  - ■ 속진·심화 학습 장려로 수업 기간 단축
    ※ 대학과목선이수제: 고교 재학 중 이수한 대학 수준의 교과목에 대하여 대학 학점으로 인정하는 제도(영재교육진흥법시행령 및 고등교육법 참조)
    ※ PT 제도: 시험을 통하여 특정과목 학점을 이수하게 만드는 학점인정제도(PT: Placement Test)
- 학부생 연구프로그램(URP) 활성화를 통한 우수한 학부생의 학술연구 지원('09)
- Honors Program 시범 운영

국내 대학 사례

- 서울대의 특별 신입생 조기 연구 참여 프로그램('08)
  - ■ 대상: 자연대 모집정원의 5% 내외의 우수한 신입생
  - ■ 목표: 학부 졸업 전 수준급 논문 발표(3~4학년 연구 시작)
  - ■ 지원: 지도교수단 구성·운영, 연구 지도교수 선정, 1~2학년의 기초 필수 교과목 이수 면제

영재교육진흥법시행령 제35조의2(영재교육의 연계성 확보)

「고등교육법」 제2조에 따른 학교 및 다른 법률에 따라 설치된 이에 준하는 학교(이하 "대학 등"이라 한다)의 장은 영재교육과정을 이수한 학생이 동일계열로 진학하는 경우 학칙이 정하는 바에 따라 영재교육기관에서 이수한 대학교육 과정에 상당하는 교과목을 해당학교에서 취득한 학점으로 인정할 수 있다.

고등교육법 제23조(학점의 인정 등)

① 학교는 학생이 다음 각 호의 어느 하나에 해당하는 경우(해당 학교에 입학하기 전의 경우를 포함한다)에 대통령령으로 정하는 범위 안에서 학칙으로 정하는 바에 따라 이를 해당 학교에서 취득한 학점으로 인정할 수 있다.

3. 국내외의 고등학교와 국내의 제2조에 따른 각 호의 학교(다른 법률에 따라 설립된 고등교육기관을 포함한다)에서 대학교육과정에 상당하는 교과목을 이수한 경우

전략 4. 영재교육 담당 교원 전문성 신장

- 영재교육 담당 교원에 대한 연수 실시로 전문성 신장을 위한 노력하고 있으나, 고도의 전문성을 함양 미흡
  ※ 연수현황('07 누계): 기초연수(9,619명), 심화연수(1,937명), 국외연수(1,572명)
- 영재교육 담당 교원의 양성·연수·배치가 임의적으로 운영되고 있어 효율성 제고 필요
  ※ 영재교육담당교원 배치현황: 영재교육 연수 이수자 비율(68.9%)
- 영재교육대상자 발굴을 위해 교사들의 영재교육에 대한 이해가 전제되어야 하므로 교원양성과정에서 영재교육 인식 제고 필요
- 교사자격증 없는 전문가를 영재교육기관 교원으로 임용토록 하는 등 우수 교원 확보를 위해 노력하고 있으나, 체계적 양성 시스템 미흡

1. 우수 교원 확보

◎ 영재교육 담당 교원 인사시스템 개선

- 영재교육기관 운영 학교에 영재교육부장 교사제 운용 및 업무 경감방안 마련 시행
- 시·도교육청별 영재교육 담당교원 승진, 전보 가산점 부여('08)
  ※ 인센티브 부여 현황: 전보 및 승진 가산점, 연구비 지급 등
  - 영재교육 지도경험 및 전문성 축적을 위해 교원 전보 시 전보유예기간 연장 등 예외 적용 추진
- 영재학급 및 영재교육원에 영재교육 전담교사제 운영
  - 영재교육에 전문성을 지닌 우수 강사 요원의 확보 배치를 위해 지역교육청 및 영재교육기관 단위 공개 선발 실시
  - 영재교육기관별 영재교육 담당 교원 선정 심사위원회 운영
    ※ 정책연구를 통한 적정 직무 분석 후 전담교사 배치 기준을 마련, 시범 운영('10)

2. 영재교육 담당 교원의 양성·연수·배치 체계화

◎ 영재교육 전문 교사 양성 강화

- 교·사대 등 교원 양성과정에 영재교육 관련교과 이수 의무화로 교사들의 영재교육에 대한 이해 제고('09)

  ※ 교직소양 과정으로 개설하고 이를 교원양성기관 평가와 연계

- 대학원에 영재교육 전공과정 개설 권장
  - 서울대학교, 한국교원대학교, KAIST, 한국예술종합학교 등 희망 대학(또는 이에 준하는 학교)에 영재교육 전공과정※을 신설하여 교원 연수파견 권장('09)

    ※ 관련 학부에 관련 전공 학과 설치 및 교수 확보 필요

    ※ 영재교육 전공과정: 석·박사 학위 과정 또는 이에 준하는 전문 과정
  - 별도의 영재교육연수 이수 없이 영재교육 담당 가능하도록 기준을 갖춘 대학원에 영재전문가 과정(1년) 개설 권장

    ※ 영재교육진흥법시행령 제31조: 영재교육 담당 교원의 교육 및 연수

◎ 영재교육 연수 이수 교원의 참여도 제고

- 시·도교육청 주관 영재교육기관에 대한 (가칭)영재교육담당교원 연수·배치에 관한 규정(훈령) 제정
  - 영재교육기관에 영재 연수를 이수한 교원을 우선 배치, 미 이수 교원 배치 영재교육기관은 인가 취소 등 행정적 제재

    ※ 시·도교육청별 영재교육 담당 교원 수급을 고려한 배치 기본계획 수립
  - 영재교육 연수 이수 교사의 일정기간 영재교육 담당 의무화

3. 영재교육 담당 교원 연수 강화

◎ 영재교육 담당 교원 연수 체계화

- 기초연수 및 심화연수는 시·도교육청이 대학 등 전문기관과 연계 ·운영하여 교원연수 기회 확대
- 영재교육 전문기관 중심으로 전문연수과정 개설하여 연수 이수교사 재교육 기회 부여로 전문성 신장 제고

- 표준화된 영재교육 담당교원 연수과정 운영기준을 마련, 교원 연수 내실을 도모('09)
- 영재교육 연수과정의 질 관리를 위해 국가 차원 교원연수기관 평가인정제 도입('10)

〈연수 필수 강좌 및 권장 시수〉

구분	권장시수	필수 강좌	연수기관
기초연수	60시간	영재 및 영재교육의 이해, 선발을 위한 영재성 판단 등	교육청, 대학, 영재교육연구원*
심화연수	120시간	영재 및 영재교육의 심화된 이해, 검사도구 사용방법, 교과내용, 다양한 교수학습 및 평가 방법, 프로그램 개발	교육청, 영재교육연구원*
전문연수	90시간	영재교육 정책 방향, 영재교육과정 개발, 교수·학습자료 개발 등	영재교육연구원*
관리자연수	30시간	영재교육 및 정책방향의 이해, 학생 선발, 교사 연수, 기관평가에 대한 이해	교육부, 교육청, 영재교육연구원*

* KEDI영재교육연구원, 한국예술영재교육연구원, KAIST과학영재교육연구원

〈영재교육 담당교원 연수 계획('08~'12)〉 (단위: 명)

구분	2008	2009	2010	2011	2012	계
기초연수	3,000	3,000	3,000	3,000	3,000	15,000
심화연수	1,000	1,500	1,500	2,000	2,500	8,500
전문연수	500	500	800	1,000	1,500	4,300
국외연수	200	200	250	300	350	1,300
관리자연수	100	100	200	200	300	900
계	4,800	5,300	5,750	6,500	7,650	30,000

◎ 관리자 및 교육전문직 대상 연수과정 개설·운영

- 관리자(교장·교감·담당 부장교사) 및 장학직의 영재교육 장학기능 강화를 위해 시·도 교육청별 장학위원회 구성·운영 및 연수기회 제공('08)
  ※ 교육인적자원연수원, 시·도교육청교육연수원, KEDI영재교육연구원, 한국예술영재교육연구원에 연수과정 개설

전략 5. 영재교육 지원 체제 정비

- 영재교육의 안착을 위한 영재교육연구원 지정('03), 영재교육 담당 장학사 협의회 구성·운영('02) 등 영재교육 지원 기반 마련
- 영재교육 정책 관련 부처 간 정책조율을 위한 기능 미흡
  - ■ 부처 간 영재교육 지원체제 구축 필요
- 지속적으로 영재 교수·학습자료 개발·보급하고 있으나, 일정 영역에 편중되어 다양한 영역의 자료 개발·보급 필요
  - ■ 장기적인 계획에 따른 추진, 특정 분야의 경우 관련 부처 참여 권장 필요
- 홍보자료 발간 등을 통해 학부모들의 영재교육에 대한 이해도 제고 필요
- 지속적인 법·제도적 정비로 영재교육 정착 기반 마련 필요

1. 관계 법령·제도 정비

관계 법령 정비

- 영재교육 담당교원의 체계적 관리·활용을 위한 영재교육 담당교원 연수·배치에 관한 규정 제정 추진
  - ■ 연수방법, 시기 등에 관한 내용, 교원 배치방법, 기준 등 규정
    - ※ 영재교육진흥법시행령 제29조, 제31조에 근거
- 영재교육대상자 선발 지침 마련
- 정기적인 영재교육기관 운영 실태분석을 통한 영재교육 관련 법령 정비

관계 제도 정비

- 교육인적자원부·교육청 영재교육 전담부서 설치 및 교육청간 연계 체제 구축
  - ■ 영재교육 기본계획 수립, 기관 운영 및 평가지원, 교원 연수, 영재교육종합데이터베이스 구축·관리, 홍보 등 체계적 지원
    - ※ 영재교육종합데이터베이스: 영재교육 수혜자의 종단자료, 영재교육 담당 교원의 종단자료, 교수 학습 자료, 연구물 탑재
  - ■ 중앙부처-교육청-연구기관 간 연계체제 구축을 통해 영재교육 시행의 문제점 해결 및 개선방안 모색

- 영재교육 프로그램 구성·운영 권장기준 재정비
  - 영재교육기관 운영 및 평가기준 설정 등 각 영재교육기관에서 준수하여야 할 국가 차원의 기준

    ※ 영재교육 프로그램 구성·운영 권장 기준: 2002년 수립
- 시·도교육청평가에 영재교육 실적을 반영

  ※ 시·도교육청 인력확보 현황, 영재교육 담당 교원 연수 실적 등

◎ 중앙 부처 역할 분담 명확화

- 관계 법령에 근거 중앙 부처 역할 분담을 명확히 하여 영재교육 정책 실행의 효율성 증대
  - 교육인적자원부는 관련 부처와 협의하여 영재교육진흥종합계획을 수립하고 관련 부처는 시행 세부계획을 수립하여 시행

영재교육진흥법시행령 제2조제3항: 교육인적자원부장관은 종합계획을 수립한 때에는 이를 관계중앙행정기관의 장에게 통보하고, 통보를 받은 관계중앙행정기관의 장은 종합계획에 따라 소관업무와 관련된 시행계획을 세우고 추진하여야 함 **과학기술기본법시행령 제39조**: 과학영재의 발굴 및 육성계획을 관계 중앙행정기관의 의견을 들어 세우고 이를 영재교육종합계획에 반영하여야 함 **제1차 영재교육진흥종합계획(8쪽)**: 종합계획 구체화를 위하여 각 부처 및 시·도교육청별로 매년 시행계획을 수립·추진할 것

  - 이에 따라 교육인적자원부는 영재교육의 기본정책을 수립 또는 조정하고 관련 부처는 각 분야 영재 발굴·육성 세부계획을 수립하여 지원

2. 영재교육 유관 기관 협력체제 강화

◎ 유관 기관 협력체제 구축

- 중앙 부처·교육청·유관기관 협력체제 구축
  - 분야별 영재교육실무위원회 구성·운영(법제화 검토)
    - 중앙 부처 실무자·유관기관 전문가로 구성

- 정기적 협의회 개최로 영재교육 정책 조정, 부처간 협력 강화
  - ※ 영재교육연구원: KEDI영재교육센터(교육부), KAIST과학영재교육연구원(과기부), 한국예술영재교육연구원(문화부)

외국의 영재교육전문기관 운영 사례

- 미국: '국립영재연구원(NRC-GT)'에서 기초연구, 교사연수 등 제공
- 영국: '국립영재교육원(NAGTY)'에서 기초연구, 영재교육, 교사연수 등을 주도
- 스코틀랜드: '우수학생지원네트워크(SNAP)'에서 교사연수, 학부모 연수, 학생교육 등을 제공
- 호주: '영재교육연구정보센터(GERRIC)'에서 교수·학습 자료 개발, 교사·학부모 워크숍 제공

- 공동 심포지엄 및 워크숍 개최 등을 통해 영재교육기관 평가, 정책 제안 등 관련 분야 전문기관 기능 강화
- 영재교육대상자 선발방안 개선, 영재교육 프로그램 개발, 교원연수, 현장교사 자문 등 지원

- 중앙 부처 및 시·도교육청의 영재교육 DB 구축 및 연계로 정보 공유('09)
  - ■ 영재교육에 관련된 자료를 종합적으로 관리하기 위한 국가차원 영재교육종합데이터베이스와 연계 운영함
    - ※ 근거: 영재교육진흥법시행령 제38조의2
  - ■ 중앙 부처 간 개발 자료 공유로 교수·학습 자료의 활용도 제고 및 공동개발을 통한 교수·학습 자료의 질적 수준 제고
  - ■ 영재교육 통계 인프라 구축: 성별 통계를 포함하고 교육통계에 포함('08)

◎ 영재교육연구원 기능 강화

- 영재교육 관련 기초 연구 기능 강화
- 영재교육 현장 지원 기능 강화
  - ■ 선발 도구, 교수·학습 자료 개발 및 보급
  - ■ 교원, 관리자, 학부모 등을 대상으로 하는 연수 및 워크숍 확대

※ 영재교육진흥법시행령 제38조의3에 의한 연수원 지정
- 영재교육 컨설팅 자료 개발 및 컨설팅 서비스 제공

◎ 영재교육 담당 교원 지원체제 구축

- 심포지엄, 워크숍, 국내·외 연수 등 자발적 연구 활동 지원
  - 영재교육 담당 교원 중심의 영재교육연구회 조직 운영, 우수 연구회에 행·재정적 지원
  - 영재교육 지도사례발표 및 교수·학습자료 개발 대회 개최, 영재교육 연구·시범학교 운영 등 교원연구 활동 지원 강화
  - 매년 전국 단위 워크숍, 심포지엄 개최를 통해 영재교육 담당 교원 간 영재교육 정보공유 기회 부여
- 교사 안내서 개발 및 보급('08)
  - 영재교육기관 운영 방법, 학생 지도 방법 등 영재교육 업무 전반에 관한 지침서
  - 영재교육데이터베이스를 통해 정보 제공

◎ 외국 영재교육 담당 부처 및 연구기관 간 교류 강화

- 외국의 영재교육 담당 부처 및 연구기관과의 해외 협력체제 강화
  - 싱가포르, 이스라엘, 호주 등의 교육부(청) 영재교육 담당 부서와 교류·협력
  - 미국 NRC-GT, 영국 NAGTY, 스코틀랜드 SNAP, 호주 GERRIC, 러시아 PAO 영재심리학연구실 등과 영재교육 연구협력망 구축 및 공동연구 추진
  - ASEAN+3 과학영재센터 설립 추진, APEC국가내 과학영재 네트워크 구축 등
- 영재교육연구원과 외국 영재교육 연구기관 간 영재교육 정보 교류를 위한 MOU 체결

◎ 시·도교육청별 영재교육지원센터 설치·운영('10)

- 영재교육 교수·학습자료, 판별도구, 연구결과물 등 자료 상시 제공
- 영재교육전문가, 행정가 등이 영재교육 담당 교원·학부모·영재교육대상자 등에게 자문 제공

  ※ 관련 부처에서 자문단 구성 인력풀 제공 및 운영 지원

영재교육에 대한 올바른 이해 제고를 위한 홍보 활동 강화

- 국가 차원에서 영재교육의 필요성 홍보
- 영재교육대상자의 학부모 대상 연수, 워크숍 확대
- 전체 교원·학부모 대상으로 영재교육 이해를 위한 정기 안내 실시

행·재정적 지원 강화

- 영재교육연구원 국고 예산 확대 및 사업의 안정화
- 중앙 부처·교육청별 영재교육 예산 지원 확대

VII. 과제별 추진일정

1. 영재교육기관 특성화

추진 과제		'08	'09	'10	'11	'12	주관 부처	관련 부처
영재학교 특성화	• 분야별 영재학교 확대	■	■	■	■	■	교육인적자원부	과학기술부, 문화관광부, 특허청
	• 국가 차원의 학교 평가 및 컨설팅 실시		■	■	■	■	교육인적자원부	과학기술부, 문화관광부, 특허청
영재학급 특성화	• 영재학급 유형 다양화	■	■	■	■	■	교육인적자원부	과학기술부, 문화관광부, 특허청
	• 정규 교육과정 내(재량활동, 특별활동) 영재학급 시범 운영		■	■	■	■	교육인적자원부	–
영재교육원 특성화	• 1지역교육청 1영재교육원 운영		■	■	■	■	교육인적자원부	–
	• 시·도교육청별 1개의 영재교육원 정규 수업시간 시범 운영		■	■	■	■	교육인적자원부	–

2. 영재교육기관 운영 개선

추진 과제		'08	'09	'10	'11	'12	주관 부처	관련 부처
영재교육 프로그램 개선	• 분야별 프로그램 개발 및 적용	■	■	■	■	■	교육인적자원부	과학기술부, 문화관광부, 특허청
	• 인성교육 프로그램 개발 및 적용	■	■	■	■	■	교육인적자원부	과학기술부, 문화관광부, 특허청
영재교육 기관 운영 효율성 제고	• 영재교육기관 평가·컨설팅 전담기구 설치·운영			■	■	■	교육인적자원부	과학기술부, 문화관광부, 특허청
	• 영재교육기관 평가자료 개발·보급		■	■	■	■	교육인적자원부	과학기술부, 문화관광부, 특허청

3. 영재교육의 연속성 확보

추진 과제		'08	'09	'10	'11	'12	주관 부처	관련 부처
영재교육 대상자 선발 제도 개선	• 선발도구 개발·적용	■	■	■	■	■	교육인적자원부	과학기술부, 문화관광부, 특허청
	• 학교급별 1회 선발 (조기선발 기능)		■	■	■	■	교육인적자원부	-
사회적 통합성 강화	• 영재교육기관의 소외계층 프로그램 운영 모델 개발	■	■	■	■	■	교육인적자원부	과학기술부, 문화관광부, 특허청
대학 등의 영재교육 기능 강화	• 대학의 영재교육과정 개발 및 적용	■	■	■	■	■	교육인적자원부	-
	• URP를 통한 학부생의 학술연구 참여 유도		■	■	■	■	교육인적자원부	과학기술부

4. 영재교육 담당 교원 전문성 신장

추진 과제		'08	'09	'10	'11	'12	주관 부처	관련 부처
우수 교원 확보	• 영재교육 전담교사제 시범 운영			■	■	■	교육인적자원부	-
	• 영재교육 담당 교원 승진·전보 가산점 부여 확대	■	■	■	■	■	교육인적자원부	-
영재교육 담당 교원 양성·연수·배치 체계화	• 교·사대 교육과정에서 영재교육 관련 교과 이수 의무화		■	■	■	■	교육인적자원부	-
	• 영재교육 전공과정 개설 확대		■	■	■	■	교육인적자원부	-
	• 표준 연수교육과정안 개발		■	■	■	■	교육인적자원부	-
	• 교원연수기관 평가인정제 도입			■	■	■	교육인적자원부	-

5. 영재교육 지원 체제 정비

추진 과제		'08	'09	'10	'11	'12	주관 부처	관련 부처
관계 법령·제도 정비	• 영재교육 프로그램 구성·운영 권장기준 재정비	■	■	■	■	■	교육인적자원부	-
	• 영재교육대상자 선발 지침 마련		■	■	■	■	교육인적자원부	-
	• 영재교육 담당 교원 연수·배치에 관한 규정(훈령) 제정	■	■	■	■	■	교육인적자원부	-
영재교육 유관 기관 협력체제 강화	• 분야별 영재교육실무위원회 구성·운영	■	■	■	■	■	교육인적자원부	과학기술부, 문화관광부, 특허청
	• 영재교육 DB 구축 및 연계		■	■	■	■	교육인적자원부	과학기술부, 문화관광부, 특허청
	• 시·도교육청별 영재교육지원센터 설치·운영			■	■	■	교육인적자원부	과학기술부, 문화관광부, 특허청

부록 11

영재교육진흥법

[일부개정 2008.2.29 법률 제8852호]

제1조(목적) 이 법은 교육기본법 제12조 및 제19조의 규정에 따라 재능이 뛰어난 사람을 조기에 발굴하여 타고난 잠재력을 계발할 수 있도록 능력과 소질에 맞는 교육을 실시함으로써 개인의 자아실현을 도모하고 국가·사회의 발전에 기여하게 함을 목적으로 한다.

제2조(정의) 이 법에서 사용하는 용어의 정의는 다음과 같다. 〈개정 2005.12.7〉

1. "영재"라 함은 재능이 뛰어난 사람으로서 타고난 잠재력을 계발하기 위하여 특별한 교육을 필요로 하는 자를 말한다.
2. "영재교육"이라 함은 영재를 대상으로 각 개인의 능력과 소질에 맞는 교육내용과 방법으로 실시하는 교육을 말한다.
3. "영재교육기관"이라 함은 영재학교, 영재학급 및 영재교육원을 말한다.
4. "영재학교"라 함은 영재교육을 위하여 이 법에 의하여 지정 또는 설립되는 고등학교 과정 이하의 학교를 말한다.
5. "영재학급"이라 함은 초·중등교육법에 의하여 설립·운영되는 고등학교 과정 이하의 각급학교에 설치·운영되는 영재교육을 위한 학급을 말한다.
6. "영재교육원"이라 함은 영재교육을 실시하기 위하여 「고등교육법」 제2조의 규정에 따른 학교 및 다른 법률에 따라 설치된 이에 준하는 학교(이하 "대학등"이라 한다)등에 설치·운영되는 부설기관을 말한다.
7. "영재교육연구원"이라 함은 효율적인 영재교육 운영을 위하여 필요한 각종 연구·개발 및 지원 업무를 수행하기 위하여 지정 및 설치·운영되는 기관을 말한다.
8. "영재교육특례자"(이하 "특례자"라 한다)라 함은 이 법이 정한 영재교육대상자 중에서 하나 또는 그 이상의 분야에서 타고난 재능과 잠재력이 현저히 뛰어나 특별한 교육적 지원을 필요로 하는 자를 말한다.

제3조(국가 및 지방자치단체의 임무 〈개정 2005.12.7〉) ① 가는 영재교육의 진흥을 위하여 다음 각 호의 시책을 강구하여야 한다. 〈개정 2005.12.7〉

1. 영재교육에 관한 종합계획의 수립
2. 영재교육관련 연구·개발 및 보급
3. 영재교육기관의 지정·설립·설치 및 운영
4. 영재교육연구원의 지정·설치 및 운영
5. 초등학교·중학교·고등학교간 영재교육의 연계성확보방안 강구 및 시행
6. 영재교육담당 교원의 임용과 연수
7. 영재교육에 소요되는 경비의 지원
8. 그 밖에 영재교육 진흥을 위한 시책

② 지방자치단체는 영재교육의 진흥을 위하여 다음 각 호의 시책을 강구하여야 한다. 〈신설 2005.12.7〉

1. 제1항의 규정에 따른 국가 시책 중 해당 지방자치단체의 영재교육진흥을 위하여 필요한

지역 영재교육에 관한 세부실천계획의 수립

2. 그 밖에 지역 영재교육 진흥을 위한 지원시책

③ 국가는 제2항의 규정에 따른 영재교육 시책이 부진하거나 예산이 부족하다고 인정되는 지방자치단체에 대하여 예산확충 등 필요한 조치를 하도록 권고할 수 있다. 〈개정 2005.12.7〉

제4조(중앙영재교육진흥위원회의 설치·기능) 영재교육에 관한 다음 각 호의 사항을 심의하기 위하여 교육과학기술부에 중앙영재교육진흥위원회(이하 "중앙위원회"라 한다)를 둔다. 〈개정 2008.2.29〉

1. 영재교육에 관한 기본정책
2. 종합계획의 수립에 관한 사항
3. 영재교육 관련제도의 개선
4. 제6조의 규정에 따른 영재학교의 지정·설립에 관한 사항
5. 제7조의 규정에 따른 영재학급 중 국립의 학교에 설치하는 영재학급의 설치에 관한 사항
6. 제8조의 규정에 따른 영재교육원 중 관계중앙행정기관의 장이 행하는 영재교육원의 설치 승인에 관한 사항
7. 영재교육에 소요되는 예산의 확보 및 경비의 지원에 관한 사항
8. 그 밖에 영재교육의 진흥을 위하여 필요한 사항

[전문개정 2005.12.7]

제4조의2(중앙위원회의 구성) ① 중앙위원회는 위원장·부위원장 각 1인을 포함한 15인 이내의 위원으로 구성하고, 위원장은 교육과학기술부차관이 된다. 〈개정 2008.2.29〉

② 위원은 다음 각 호의 어느 하나에 해당하는 자 중에서 교육과학기술부장관이 위촉 또는 임명한다. 〈개정 2008.2.29〉

1. 교육과학기술부 그 밖에 교육과학기술부장관이 영재교육의 진흥을 위하여 필요하다고 인정하는 관련부처의 3급 이상 또는 이에 상당하는 공무원 중에서 해당부처의 장이 지명하는 자
2. 대학이나 공인된 연구기관에서 조교수 이상 또는 이에 상당한 직에 있거나 있었던 자로서 영재교육에 관하여 전문지식이 있는 자
3. 「비영리민간단체 지원법」 제2조의 규정에 따른 비영리민간단체에서 추천한 자
4. 영재의 보호자
5. 영재교육 경력이 5년 이상인 교원 및 강사
6. 그 밖에 영재교육에 관한 학식과 경험이 풍부한 자

③ 위원의 임기는 3년으로 하되, 연임할 수 있다. 다만, 제2항제1호의 규정에 따른 위원의 임기는 해당 직에 재직하는 기간으로 한다.

④ 위원회의 사무를 담당하기 위하여 교육과학기술부 소속 공무원 중에서 교육과학기술부장관이 임명하는 간사 1인을 둔다. 〈개정 2008.2.29〉

⑤ 그 밖에 중앙위원회의 조직 및 운영에 관하여 필요한 사항은 대통령령으로 정한다.
[본조신설 2005.12.7]

제4조의3(시·도영재교육진흥위원회의 설치·기능) 지역 영재교육의 진흥에 관한 다음 각 호의 사항을 심의하기 위하여 특별시·광역시 또는 도(이하 "시·도"라 한다) 교육청에 시·도영재교육진흥위원회(이하 "시·도위원회"라 한다)를 둔다.

1. 해당 시·도의 영재교육에 관한 기본정책
2. 제7조의 규정에 따른 영재학급 중 공·사립학교에 설치하는 영재학급의 설치에 관한 사항
3. 제8조의 규정에 따른 영재교육원 중 교육감이 행하는 영재교육원의 설치에 관한 사항
4. 제8조의 규정에 따른 영재교육원 중 교육감이 행하는 영재교육원의 설치 승인에 관한 사항
5. 제17조의 규정에 따른 재심에 관한 사항
6. 해당 시·도의 영재교육에 소요되는 예산의 확보 및 경비의 지원에 관한 사항
7. 그 밖에 해당 시·도의 영재교육진흥을 위하여 필요한 사항

[본조신설 2005.12.7]

제4조의4(시·도위원회의 구성) ① 시·도위원회는 위원장·부위원장 각 1인을 포함한 15인 이내의 위원으로 구성하고 위원장은 부교육감이 된다.

② 위원은 다음 각 호의 어느 하나에 해당하는 자 중에서 교육감이 위촉 또는 임명한다.

1. 해당 시·도 교육청 소속 영재교육 담당공무원
2. 영재교육기관의 장(영재학급의 경우에는 영재학급을 설치한 학교의 장을 말한다. 이하 같다)
3. 변호사 등 법률에 관하여 전문지식이 있는 자
4. 영재교육경력이 3년 이상인 교원 및 강사
5. 영재의 보호자
6. 그 밖에 영재교육에 관한 학식과 경험이 풍부한 자

③ 위원의 임기는 3년으로 하되, 연임할 수 있다. 다만, 제2항제1호 및 제2호의 규정에 따른 위원의 임기는 해당 직에 재직하는 기간으로 한다.

④ 그 밖에 시·도위원회의 조직 및 운영에 관하여 필요한 사항은 대통령령으로 정한다.
[본조신설 2005.12.7]

제5조(영재교육대상자의 선정) ① 영재교육기관의 장은 다음 각 호의 어느 하나의 사항에 대하여 뛰어나거나 잠재력이 우수한 사람 중 당해 교육기관의 교육영역 및 목적 등에 적합하다고 인정하는 자를 영재교육대상자로 선발한다. 〈개정 2005.12.7〉

1. 일반 지능

2. 특수 학문 적성
3. 창의적 사고 능력
4. 예술적 재능
5. 신체적 재능
6. 그 밖의 특별한 재능

② 영재교육기관의 장은 제1항의 규정에 따른 영재교육대상자를 선발함에 있어서 저소득층 자녀, 사회적 취약 지역 거주 등 사회·경제적 이유로 잠재력이 충분히 발현되지 못한 영재를 선발하기 위하여 별도의 선발절차를 마련하는 등의 조치를 취할 수 있다. 〈개정 2005.12.7〉

③ 제1항 및 제2항의 규정에 따른 영재교육대상자의 선발의 기준 및 절차 등에 관하여 필요한 사항은 대통령령으로 정한다. 〈개정 2005.12.7〉

제6조(영재학교의 지정·설립과 운영 〈개정 2005.12.7〉) ① 국가는 영재교육을 실시하기 위하여 고등학교과정 이하의 각급학교 중 일부학교를 지정하여 영재학교로 운영하거나 새로이 영재학교를 설립·운영할 수 있다. 〈개정 2005.12.7〉

② 제1항의 규정에 따른 영재학교의 지정·설립기준 및 운영방법 등에 관하여 필요한 사항은 대통령령으로 정한다. 〈신설 2005.12.7〉

제7조(영재학급의 설치·운영) ① 국가 또는 지방자치단체는 영재교육을 실시하기 위하여 고등학교과정 이하의 각급학교에 교과영역의 전부 또는 일부에 대하여 영재학급을 설치·운영할 수 있다.

② 제1항의 규정에 따른 영재학급의 설치기준 및 운영방법 등에 관하여 필요한 사항은 대통령령으로 정한다. 〈신설 2005.12.7〉

제8조(영재교육원의 설치·운영) ① 시·도 교육청, 대학, 국공립 연구소, 정부출연기관 및 과학·기술, 예술, 체육등과 관련 있는 공익법인은 영재교육원을 설치·운영할 수 있다.

② 제1항의 규정에 따른 영재교육원의 설치기준 및 운영방법 등에 관하여 필요한 사항은 대통령령으로 정한다. 〈신설 2005.12.7〉

제9조 삭제 〈2005.12.7〉

제10조 삭제 〈2005.12.7〉

제11조(이수 인정 및 위탁교육 〈개정 2005.12.7〉) ① 영재교육대상자가 영재교육기관에서 이수한 영재교육과정의 전부 또는 일부에 대하여는 이에 상응하는 정규교육과정을 이수한 것으로 인정할 수 있다. 〈개정 2005.12.7〉

② 영재교육기관의 장은 필요하다고 인정하는 경우 당해 영재교육대상자에 대한 교육과정

의 일부를 다른 영재교육기관 또는 대학 등에 위탁할 수 있다. 〈신설 2005.12.7〉

③ 제2항의 규정에 따라 교육과정의 일부를 위탁받은 대학 등의 장은 당해 과정을 이수한 학생이 입학할 경우 학교규칙(이하 "학칙"이라 한다)이 정하는 바에 따라 이를 학점으로 인정할 수 있다. 〈신설 2005.12.7〉

④ 제1항 및 제3항의 규정에 의한 이수 인정 등에 관하여 필요한 사항은 대통령령으로 정한다. 〈개정 2005.12.7〉

제11조의2(영재교육의 연계성 확보) ① 국가 및 지방자치단체는 영재교육기관에서 영재교육과정을 이수한 학생에 대하여 동일계열의 상급 교육기관에서 교육을 받을 수 있는 연계체계를 강구하여야 한다.

② 제1항의 규정에 따른 영재교육의 연계체계 확보 등에 관하여 필요한 사항은 대통령령으로 정한다.

[본조신설 2005.12.7]

제11조의3(영재학교의 학사운영) ① 영재학교는 학생의 진급 또는 졸업에 있어 학칙이 정하는 바에 따라 학년제 외의 제도를 실시할 수 있다.

② 영재학교의 학기·수업일수·학급편성 및 휴업일과 그 밖의 학사운영에 관하여 필요한 사항은 「초·중등교육법」 제24조제3항의 규정에 불구하고 대통령령이 정하는 바에 따른다.

[본조신설 2005.12.7]

제11조의4(학교생활기록) 영재교육기관의 장은 「초·중등교육법」 제25조의 규정에 불구하고 해당 교육기관의 목적에 따라 학생들의 교육과 성취도 등에 대한 자료를 별도로 작성·관리한다. 다만, 교육과학기술부장관은 필요하다고 인정하는 경우 최소한의 필수기재사항을 정하여 고시할 수 있다. 〈개정 2008.2.29〉

[본조신설 2005.12.7]

제12조(교원의 임용·보수 등) ① 교원의 임용권자는 영재교육을 위하여 필요하다고 인정하는 경우 「초·중등교육법」 제21조의 규정에 따른 교원의 자격기준에도 불구하고 영재교육을 담당할 능력이 있다고 인정되는 자로서 대통령령이 정하는 자격을 가진 자를 영재교육기관의 교원으로 임용할 수 있다.

② 영재교육을 담당하는 교원의 임용기준·보수·수당·근무조건·배치기준 등에 관하여 필요한 사항은 대통령령으로 정한다.

[전문개정 2005.12.7]

제12조의2(교원의 파견근무) ① 교원의 임용권자는 영재교육관련 연구 및 능력개발 등을 위하여 필요한 때에는 영재교육 담당 교원을 다른 영재교육기관, 영재교육연구원, 교육행정기

관, 국내외의 교육연수·연구기관 그 밖의 기관에 일정기간 파견근무하게 할 수 있다.

② 파견권자는 파견사유가 소멸하거나 파견목적이 달성될 가망이 없는 경우에는 그 교원을 지체 없이 원 소속 기관에 복귀시켜야 한다.

③ 파견되는 교원의 파견근무기간·절차 및 파견근무 중 복무 그 밖에 필요한 사항은 대통령령으로 정한다.

[본조신설 2005.12.7]

제12조의3(교원의 교육 및 연수) ① 국가 및 지방자치단체는 영재교육 담당교원의 자질향상을 위한 교육 및 연수를 정기적으로 실시하여야 한다.

② 제1항의 규정에 따른 교육 및 연수에 관하여 필요한 사항은 대통령령으로 정한다.

[본조신설 2005.12.7]

제13조(교육과정 및 교과용도서) ① 영재교육기관의 장은 「초·중등교육법」 제23조제2항의 규정에 불구하고 해당 교육기관의 교육영역 및 목적 등에 적합한 교육과정을 정하여 이를 운영하여야 한다.

② 영재교육기관의 장은 「초·중등교육법」 제29조의 규정에 불구하고 대통령령이 정하는 바에 따라 당해 교육기관이 정한 별도의 교과용 도서를 제작하여 사용하거나 그 밖의 교재 및 자료를 사용하여 교육할 수 있다.

[전문개정 2005.12.7]

제14조(재정지원) 국가 및 지방자치단체는 영재교육기관에 대하여 그 시설비·운영비·실험실습비·영재교육대상자가 부담하는 수업료·입학금 그 밖에 영재교육활동에 필요한 경비의 전부 또는 일부를 지원할 수 있다.

[전문개정 2005.12.7]

제15조(영재교육연구원) ① 국가는 영재교육 관련 연구·개발 및 지원업무를 수행하기 위하여 영재교육연구원을 설치하거나 영재교육연구원으로 지정할 수 있다.

② 영재교육연구원은 다음 각호의 1에 해당하는 업무를 수행한다. 〈개정 2005.12.7〉

1. 영재교육에 관한 이론적 기초연구
2. 영재교육 정책연구
3. 영재판별에 관한 연구·개발
4. 영재교육 방법 및 자료의 연구·개발
5. 영재교육지원시스템 연구·개발
6. 교원 연수자료의 연구·개발 및 연수 실시
7. 영재교육에 관한 종합데이터베이스 구축·관리
8. 특례자의 판별 및 적정 교육과정에 관한 심사

9. 특례자에 적합한 교육실시를 위한 전문가 및 유관기관과의 연계 등 진로지도
10. 그 밖에 영재교육 관련 연구업무 수행

③ 국가는 제1항의 규정에 따른 영재교육연구원을 영재교육담당 교원을 위한 연수기관으로 지정할 수 있다. 〈신설 2005.12.7〉

④ 제1항의 규정에 따른 영재교육연구원의 조직·운영 및 경비지급, 제2항의 규정에 따른 종합 데이터베이스의 구축·관리, 제3항의 규정에 따른 연수기관 지정요건 등에 관하여 필요한 사항은 대통령령으로 정한다. 〈개정 2005.12.7〉

제16조(특례자 선정 등) ① 특례자로 선정되고자 하는 자 또는 그의 보호자는 거주지의 교육감에게 특례자 선정을 신청하여야 한다.

② 제1항의 규정에 따라 신청을 받은 교육감은 이 법이 정한 영재교육연구원에 판별·심사를 의뢰하여야 하며, 영재교육연구원의 심사결과에 따라 특례자를 선정하여 이를 당사자에게 통보하여야 한다.

③ 특례자로 선정된 자에 관하여 해당 학생의 재능과 잠재력이 충분히 발휘될 수 있도록 필요한 범위 안에서 「초·중등교육법」 제13조, 제24조 내지 제27조, 제39조, 제42조, 제43조, 제46조, 제47조의 규정에 불구하고 이를 달리 적용할 수 있다.

④ 특례자로 선정되어 상급학교에 조기입학한 자는 그에 필요한 자격을 갖춘 것으로 본다.

⑤ 제1항 내지 제4항의 규정에 따른 특례자에 관한 판별·심사의 기준 및 절차와 통보 등에 관하여 필요한 사항은 대통령령으로 정한다.

[본조신설 2005.12.7]

제17조(특례자 선정에 관한 재심 등) ① 특례자로 선정되고자 거주지의 교육감에게 신청한 자와 그 보호자는 제16조제2항의 규정에 따른 교육감의 조치에 대하여 이의가 있을 때에는 결정서를 송달받은 날부터 30일 이내에 해당 시·도위원회에 그 재심을 청구할 수 있다.

② 시·도위원회는 제1항의 재심청구를 받은 때에는 30일 이내에 이를 심사·결정하여 청구인에게 통보하여야 한다.

[본조신설 2005.12.7]

제18조(특례자의 전학·배치 등) ① 특례자 및 보호자 또는 특례자의 교육을 담당하는 기관의 장은 해당 기관의 교육과정이 특례자에게 적합하지 아니하다고 인정되는 경우에는 다른 교육기관으로의 전학·배치를 거주지의 교육감에게 신청할 수 있다.

② 제1항의 규정에 따른 전학·배치 등에 관해서는 해당 학생과 보호자의 의견을 청취하여야 한다.

③ 제1항 및 제2항의 규정에 따른 전학·배치, 의견청취 등에 관하여 필요한 사항은 대통령령으로 정한다.

[본조신설 2005.12.7]

부칙 〈제6215호, 2000.1.28〉

이 법은 2002년 3월 1일부터 시행한다.

부칙(정부조직법) 〈제6400호, 2001.1.29〉

제1조(시행일) 이 법은 공포한 날부터 시행한다. 다만, 부칙 제3조제20항은 2002년 3월 1일부터 시행한다.

제2조 생략

제3조(다른 법률의 개정) ①부터 〈19〉생략
〈20〉영재교육진흥법 중 다음과 같이 개정한다.
제4조 중 "교육부"를 "교육인적자원부"로 한다.
〈21〉내지 〈79〉생략

제4조 생략

부칙 〈제7702호,2005.12.7〉

이 법은 공포 후 1년이 경과한 날부터 시행한다.

부칙(정부조직법) 〈제8852호,2008.2.29〉

제1조(시행일) 이 법은 공포한 날부터 시행한다. 다만,···〈생략〉···, 부칙 제6조에 따라 개정되는 법률 중 이 법의 시행 전에 공포되었으나 시행일이 도래하지 아니한 법률을 개정한 부분은 각각 해당 법률의 시행일부터 시행한다.

제2조부터 **제5조**까지 생략

제6조(다른 법률의 개정) ①부터 〈87〉까지 생략
〈88〉 영재교육진흥법 일부를 다음과 같이 개정한다.
제4조 각 호 외의 부분 중 "교육인적자원부"를 "교육과학기술부"로 한다.
제4조의2제1항 중 "교육인적자원부차관"을 "교육과학기술부차관"으로 하고, 같은 조 제2항 각 호 외의 부분 중 "교육인적자원부장관"을 "교육과학기술부장관"으로 하며, 같은 항 제1호 중 "교육인적자원부·과학기술부"를 "교육과학기술부"로, "교육인적자원부장관"을 "교육과학기술부장관"으로 하고, 같은 조 제4항 중 "교육인적자원부"를 "교육과학기술부"로, "교육인적자원

부장관"을 "교육과학기술부장관"으로 한다.
제11조의4 단서 중 "교육인적자원부장관"을 "교육과학기술부장관"으로 한다.
〈89〉부터 〈760〉까지 생략

제7조 생략

부록 12

영재교육진흥법 시행령

[일부개정 2008.10.14 대통령령 제21081호]

제 1 장 총칙

제1조(목적) 이 영은 영재교육진흥법에서 위임된 사항과 그 시행에 관하여 필요한 사항을 규정함을 목적으로 한다.

제2조(영재교육진흥종합계획의 수립) ① 교육과학기술부장관은 영재교육진흥법(이하 "법"이라 한다) 제3조제1항제1호의 규정에 의한 영재교육에 관한 종합적인 계획(이하 "종합계획"이라 한다)을 관계중앙행정기관의 장과의 협의와 법 제4조의 규정에 의한 중앙영재교육진흥위원회의 심의를 거쳐 세워야 한다. 종합계획을 변경하는 경우에도 또한 같다. 〈개정 2008.2.29〉

② 종합계획에는 다음 각호의 사항이 포함되어야 한다. 〈개정 2006.12.21〉

1. 영재교육의 기본방향
2. 영재교육기관의 설치·운영에 관한 주요내용
3. 영재교육 담당교원의 연수에 관한 사항
4. 영재교육실태의 조사·평가에 관한 사항
5. 영재교육을 위한 재원확보에 관한 사항
6. 법 제15조제1항에 따른 영재교육연구원(이하 "영재교육연구원"이라 한다)의 설치·운영에 관한 주요내용
7. 그밖에 영재교육진흥을 위한 중요사항

③ 교육과학기술부장관은 종합계획을 수립한 때에는 이를 관계중앙행정기관의 장에게 통보하고, 통보를 받은 관계중앙행정기관의 장은 종합계획에 따라 소관업무와 관련된 시행계획을 세우고 추진하여야 한다. 〈개정 2008.2.29〉

제 2 장 영재교육진흥위원회

제3조 삭제 〈2006.12.21〉

제4조 삭제 〈2006.12.21〉

제5조(중앙영재교육진흥위원회 위원장 등의 직무 〈개정 2006.12.21〉) ① 중앙영재교육진흥위원회(이하 "중앙위원회"라 한다)의 위원장은 위원회를 대표하고, 위원회의 업무를 통할한다. 〈개정 2006.12.21〉

② 중앙위원회의 부위원장은 위원장을 보좌하고, 위원장이 부득이한 사유로 직무를 수행할 수 없는 때에는 그 직무를 행한다.

제6조(중앙위원회의 회의 〈개정 2006.12.21〉) ① 중앙위원회의 위원장은 중앙위원회의 회의를 소집하고 그 의장이 된다.

② 중앙위원회의 위원장은 교육과학기술부장관으로부터 회의의 소집을 요구받은 때에는 지체 없이 이를 소집하여야 한다. 〈개정 2008.2.29〉

③ 회의는 재적위원 과반수의 출석과 출석위원 과반수의 찬성으로 의결한다.

④ 간사는 위원장의 명을 받아 위원회의 사무를 처리한다. 〈신설 2006.12.21〉

제7조 삭제 〈2006.12.21〉

제8조(수당 등) 중앙위원회의 회의에 출석한 위원에 대하여는 예산의 범위안에서 수당·여비 그밖의 필요한 경비를 지급할 수 있다. 다만, 공무원인 위원이 그 소관업무와 직접 관련되어 출석하는 경우에는 그러하지 아니하다.

제9조(운영세칙) 이 영에 규정한 것 외에 중앙위원회의 운영에 관하여 필요한 사항은 중앙위원회의 의결을 거쳐 위원장이 정한다.

제10조(시·도영재교육진흥위원회의 운영 등) 제5조·제6조·제8조 및 제9조는 법 제4조의3에 따른 시·도영재교육진흥위원회(이하 "시·도위원회"라 한다)에 준용한다. 이 경우 "중앙위원회"를 "시·도위원회"로, "교육과학기술부장관"을 "교육감"으로 본다. 〈개정 2008.2.29〉
[전문개정 2006.12.21]

제 3 장 영재교육대상자의 선정 등

제10조의2(시·도위원회의 간사) ① 시·도위원회에 간사 1인을 둔다.

② 시·도위원회의 간사는 교육청 소속공무원 중에서 교육감이 임명한다.
[본조신설 2006.12.21]

제11조(영재교육대상자의 선정) ① 영재교육대상자로 선정되고자 하는 자 또는 그의 보호자는 선정신청서에 재학중인 학교의 장이나 지도교사의 추천서를 첨부하여 영재교육을 받고자 하는 영재교육기관의 장에게 제출하여야 한다. 〈개정 2006.12.21〉

② 제1항에 따라 신청서를 제출받은 영재교육기관의 장은 제12조제3항에 따른 선정기준에 적합한 자를 제16조에 따른 선정심사위원회의 심의를 거쳐 영재교육대상자로 선정하고, 이를 당사자에게 통지하여야 한다. 〈개정 2006.12.21〉

③ 삭제 〈2006.12.21〉

④ 영재교육기관의 장은 학칙(영재교육원의 경우에는 당해 영재교육원의 운영규정을 말한

다. 이하 같다)이 정하는 바에 따라 제1항의 규정에 의한 선정신청자에게 선정에 필요한 비용의 전부 또는 일부를 징수할 수 있다. 다만, 제12조제2항에 해당하는 영재교육대상자에게 선정에 필요한 비용을 감면할 수 있다. 〈개정 2006.12.21〉

제12조(영재교육대상자의 선정기준 등 〈개정 2006.12.21〉) ① 영재교육대상자는 영재교육기관의 교육영역 및 목적에 적합하고, 교육내용을 이수할 능력이 있다고 인정되는 다음 각 호의 어느 하나에 해당하는 자로 한다. 〈개정 2006.12.21〉

1. 표준화된 지능검사, 사고력검사, 창의적 문제해결력검사 그 밖의 소정의 검사·면접 또는 관찰의 방법에 따라 특정교과 또는 특정 분야에서 일정수준 이상의 뛰어난 재능 또는 잠재력이 있다고 인정되는 자
2. 실기검사 그 밖의 소정의 검사·면접 또는 관찰의 방법에 따라 예술적·신체적 분야에서 일정수준 이상의 재능 또는 잠재력이 있다고 인정되는 자

② 제1항에도 불구하고 사회·경제적 이유로 잠재력이 발현되지 못한 다음 각 호의 자로서 영재교육기관의 교육영역 및 목적에 적합하고, 교육내용을 이수할 능력이 있다고 인정되는 자는 영재교육대상자로 선발될 수 있다. 〈개정 2006.12.21, 2008.10.14〉

1. 「국민기초생활 보장법」 제5조에 따른 수급권자의 자녀
2. 「도서·벽지 교육진흥법」 제2조에 따른 도서·벽지에 거주하는 자
3. 「장애인 등에 대한 특수교육법」 제15조에 따른 특수교육대상자
4. 행정구역상 읍·면 지역에 거주하는 자
5. 그 밖에 사회·경제적 이유로 교육기회의 격차가 발생하였다고 인정되는 자

③ 영재교육대상자의 선정에 필요한 기준·방법 등(이하 "선정기준"이라 한다)은 학칙으로 정한다. 〈개정 2006.12.21〉

④ 영재교육기관의 장은 선정기준을 영재교육대상자 선정신청접수일 1월전까지 공고하여야 한다. 다만, 제15조 단서의 규정에 의한 영재학급 또는 영재교육원의 학생정원결원의 경우에는 선정신청접수일 7일전까지 공고할 수 있다. 〈개정 2006.12.21〉

제13조 삭제 〈2006.12.21〉

제14조(영재학교의 입학자격 등) ① 영재학교에 입학할 수 있는 자는 중학교를 졸업한 자 또는 법령에 의하여 이와 동등 이상의 학력이 있다고 인정된 자로 한다.

② 중학교 및 이에 준하는 각종학교의 장은 당해 학교의 재학생이 영재학교에 지정·배치되는 경우에는 초·중등교육법 제27조제1항의 규정에 의한 상급학교 조기입학을 위한 자격을 부여할 수 있다.

③ 영재학교는 초·중등교육법시행령 제80조의 규정에 의한 전기학교로 보되, 선발시기의 구분에 관계없이 신입생을 입학시킬 수 있다.

④ 초·중등교육법시행령 제81조의 규정에 불구하고 영재학교의 입학의 경우에는 출신중학

교 소재지 및 거주지의 제한을 두지 아니할 수 있다.

⑤ 초·중등교육법시행령 제85조제1항의 규정에 불구하고 영재학교에 지정·배치된 자는 다른 학교에 입학할 수 있다.

제15조(영재교육대상자의 입학시기) 영재교육대상자의 입학은 매학년도 단위로 하되, 영재학급 및 영재교육원의 입학의 경우에는 학기단위로 할 수 있다. 다만, 학생정원의 결원이 생긴 경우에는 그러하지 아니하다.

제16조(영재교육대상자 선정심사위원회의 설치 〈개정 2006.12.21〉) 다음 각호의 사항을 심의하기 위하여 영재교육기관에 영재교육대상자 선정심사위원회(이하 "선정심사위원회"라 한다)를 둔다. 〈개정 2006.12.21〉

1. 영재교육대상자의 선정에 관한 사항
2. 제24조의 규정에 의한 영재학교 학생의 교육과정 이수의 인정, 조기진급 및 조기졸업에 관한 사항
3. 그밖에 학칙에서 선정심사위원회의 심의를 거치도록 정한 사항

제17조(선정심사위원회의 구성·운영 〈개정 2006.12.21〉) ① 선정심사위원회는 위원장 1인을 포함한 15인 이내의 위원으로 구성하되, 다음 각호의 1에 해당하는 자중에서 당해 영재교육기관의 장이 위촉 또는 임명한다. 〈개정 2006.12.21〉

1. 당해 영재교육기관에서 영재교육을 담당하는 교원
2. 영재교육전문가
3. 영재교육대상자 선정에 관한 전문적인 지식을 갖춘 자
4. 교육행정경력 5년 이상의 교육공무원
5. 그밖에 영재교육에 관한 학식과 경험이 풍부한 자

② 위원장은 위원중에서 호선한다.

③ 위원의 임기는 3년으로 하되, 연임할 수 있다. 다만, 영재교육기관의 교원인 위원의 임기는 당해 기관에서 재직하는 기간으로 한다.

④ 위원장은 위원회의 회의를 소집하고 그 의장이 된다.

⑤ 위원장이 부득이한 사유로 직무를 수행할 수 없는 때에는 위원장이 미리 지정한 위원이 그 직무를 대행한다.

⑥ 회의는 재적위원 과반수의 출석과 출석위원 과반수의 찬성으로 의결한다.

⑦ 회의에 출석한 위원에 대하여는 예산의 범위 안에서 수당·여비 그밖의 필요한 경비를 지급할 수 있다. 다만, 공무원인 위원이 그 소관업무와 직접 관련되어 출석하는 경우에는 그러하지 아니하다.

⑧ 이 영에 규정한 것 외에 선정심사위원회의 운영에 관하여 필요한 사항은 선정심사위원회의 의결을 거쳐 위원장이 정한다. 〈개정 2006.12.21〉

第18조(영재학교 학생의 전학 또는 편입학) ① 영재학교의 학생 또는 그의 보호자는 거주지의 이전 그밖에 부득이한 사유가 있는 경우에는 다른 영재학교 또는 영재학교외의 학교의 장에게 전학 또는 편입학을 신청할 수 있다. 이 경우 재학중인 영재학교의 장에게 이를 통보하여야 한다.

② 제1항의 규정에 의한 전학신청을 받은 학교의 장은 당해 학교의 학생정원 및 당해 학생의 교육과정 이수 정도 등을 고려하여 전학 또는 편입학을 허가할 수 있다.

제 4 장 영재교육기관의 설립 및 설치

第19조(영재학교의 지정) ① 국·공·사립의 고등학교 중 영재학교로 지정받고자 하는 학교의 장은 다음 각호의 사항이 포함된 지정신청서에 당해 교육감의 추천서(국립의 고등학교를 제외한다)를 첨부하여 교육과학기술부장관에게 제출하여야 한다. 〈개정 2008.2.29〉

1. 학칙
2. 교원(제27조의 규정에 의한 강사, 제28조 및 다른 법령에 의하여 영재학교에 파견 또는 겸임되어 영재교육을 담당하는 자를 포함한다)현황 및 확보계획
3. 학교시설·설비현황 및 확보계획
4. 소요경비의 조달계획 및 재정운영계획
5. 학교법인의 지정·전환동의서(사립학교에 한한다)
6. 그밖에 영재학교의 지정을 위하여 교육과학기술부장관이 정하는 사항

② 영재학교의 운영에 필요한 시설·설비기준은 고등학교 이하각급학교설립·운영규정에 의한다.

③ 제1항의 규정에 의하여 지정신청을 받은 교육과학기술부장관은 중앙위원회의 심의를 거쳐 영재학교의 지정여부를 결정하고, 그 결과를 신청인에게 통보하여야 한다. 〈개정 2008.2.29〉

第20조(영재학급의 설치) ① 법 제7조의 규정에 의한 영재학급을 설치·운영하고자 하는 학교의 장은 교육감에게 다음 각호의 사항이 포함된 영재학급설치계획서를 제출하여야 한다. 다만, 국립학교의 경우에는 교육과학기술부장관에게 제출하여야 한다. 〈개정 2008.2.29〉

1. 학칙
2. 영재교육 담당교원(제27조의 규정에 의한 강사, 제28조 및 다른 법령에 의하여 영재학급에 파견 또는 겸임되어 영재교육을 담당하는 자를 포함한다)현황 및 확보계획
3. 영재교육에 필요한 시설·설비현황 및 확보계획
4. 소요경비의 조달계획 및 재정운영계획
5. 학교법인의 설치·운영동의서(사립학교에 한한다)
6. 그밖에 영재학급의 설치승인을 위하여 교육과학기술부장관 또는 교육감이 정하는 사항

② 제1항의 규정에 의하여 영재학급설치계획서를 제출받은 교육과학기술부장관 또는 교육감은 중앙위원회 또는 시·도위원회의 심의를 거쳐 설치승인 여부를 결정하고, 그 결과를 당사자에게 통보하여야 한다. 〈개정 2008.2.29〉

제21조(영재교육원의 설치) ① 다음 각호의 1에 해당하는 자로서 법 제8조의 규정에 의한 영재교육원을 설치·운영하고자 하는 자는 영재교육원의 설치·운영예정일 90일전까지 그 설치계획서를 당해 교육감에게 제출하여야 한다. 다만, 관계중앙행정기관의 장으로부터 영재교육원의 설치·운영비의 2분의 1 이상에 해당하는 금액을 지원 받는 자의 경우에는 관계중앙행정기관의 장에게 제출하여야 한다. 〈개정 2004.12.3, 2006.12.21〉

1. 고등교육법 제2조의 규정에 의한 학교 또는 다른 법률에 의하여 설립된 고등교육기관
2. 국·공립연구소
3. 정부출연연구기관등의설립·운영및육성에관한법률 또는 과학기술 분야정부출연연구기관등의설립·운영및육성에관한법률에 의하여 설립된 정부출연연구기관 또는 법률에 의하여 설립된 정부출연기관
4. 「공익법인의 설립·운영에 관한 법률」에 의하여 설립된 공익법인(과학·기술, 예술, 체육과 관련된 공익법인에 한한다)

② 제1항의 설치계획서에는 다음 각호의 사항이 포함되어야 한다.

1. 명칭
2. 목적
3. 위치
4. 학칙
5. 교원(제28조 및 다른 법령에 의하여 영재교육원에 파견 또는 겸임되어 영재교육을 담당하는 자를 포함한다)현황 및 확보계획
6. 영재교육에 필요한 시설·설비현황 및 확보계획
7. 소요경비의 조달계획 및 재정운영계획
8. 수강료의 징수 및 장학금에 관한 사항
9. 설치·운영예정일
10. 당해 영재교육원을 설치·운영하는 법인의 정관·재산목록 및 재산에 관한 증빙서류(제1항제4호의 규정에 의한 공익법인인 경우에 한한다)
11. 그밖에 영재교육원의 설치승인을 위하여 교육감 또는 관계중앙행정기관의 장이 정하는 사항

③ 제1항의 규정에 의하여 설치계획서를 제출받은 교육감 또는 관계중앙행정기관의 장은 시·도위원회 또는 중앙위원회의 심의를 거쳐 설치승인여부를 결정하고, 그 결과를 당사자에게 통보하여야 한다.

④ 관계중앙행정기관의 장 또는 교육감은 필요하다고 인정하는 경우에는 중앙위원회 또는 시·도위원회의 심의 전에 실지조사를 하고, 그 결과를 중앙위원회 또는 시·도위원회에 제출할

수 있다.

⑤ 교육감이 소속 교육기관 및 교육행정·연구기관에 법 제8조의 규정에 의한 영재교육원을 설치·운영하고자 하는 경우에는 제2항 각호의 사항을 갖추어 시·도위원회의 심의를 거쳐야 한다.

제22조(영재학급 및 영재교육원의 폐지) 영재학급 또는 영재교육원을 설치·운영하는 자가 이를 폐지하고자 하는 경우에는 그 설치를 승인한 자에게 보고하여야 한다.

제23조(영재학교의 지정취소 등) ① 교육과학기술부장관은 영재학교가 법령 또는 학칙을 위반하거나 그 설립목적을 달성할 수 없다고 인정되는 경우에는 당해 시·도교육감의 의견을 들은 후 중앙위원회의 심의를 거쳐 영재학교의 지정을 취소할 수 있다. 이 경우 교육과학기술부장관은 당해 영재학교의 장에게 의견진술의 기회를 부여하여야 한다. 〈개정 2008.2.29〉

② 제1항의 규정에 의하여 지정이 취소된 영재학교는 영재학교로 지정되기 전의 학교로 전환된다. 다만, 지정취소 당시 영재학교에 재학중인 학생에 대하여는 당해 학교를 졸업할 때까지 영재교육을 실시하여야 한다. 이 경우 영재교육을 받는 학생에 관하여는 당해 학교를 영재학교로 본다.

③ 교육과학기술부장관 또는 교육감은 영재학급이 법령 또는 학칙을 위반하거나 그 설치목적을 달성할 수 없다고 인정되는 경우에는 중앙위원회 또는 시·도위원회의 심의를 거쳐 영재학급의 설치승인을 취소할 수 있다. 이 경우 교육과학기술부장관 또는 교육감은 당해 영재학급을 설치한 학교의 장에게 의견진술의 기회를 부여하여야 한다. 〈개정 2008.2.29〉

④ 제3항의 규정은 영재교육원의 설치승인을 취소하는 경우에 이를 준용한다. 이 경우 제3항의 규정 중 "교육과학기술부장관 또는 교육감"은 "관계중앙행정기관의 장 또는 교육감"으로 본다. 〈개정 2008.2.29〉

제 5 장 영재교육기관의 운영

제24조(영재학교의 교육과정이수 인정) ① 영재학교의 장은 학칙이 정하는 바에 따라 당해 영재학교의 교육과정을 이수한 정도에 따라 고등학교에 해당하는 교육과정의 전부 또는 일부를 이수한 것으로 인정한다. 이 경우 선정심사위원회의 심의를 거쳐야 한다. 〈개정 2006.12.21〉

② 영재학교의 장은 「조기진급 및 조기졸업에 관한 규정」에 불구하고 학칙이 정하는 바에 따라 재능이 우수한 학생을 조기진급 또는 조기졸업시킬 수 있다. 이 경우 선정심사위원회의 심의를 거쳐야 한다. 〈개정 2006.12.21〉

제25조(영재학교 및 영재학급에 두는 교원의 임용) ① 법 제12조제1항에 따른 영재학교의 교

원 및 영재학급에서 영재교육을 담당하는 교원(이하 "영재학급 교사" 라 한다)의 임용기준은 별표 1과 같다. 〈개정 2006.12.21, 2008.10.14〉

② 제1항에 불구하고 다음 각 호의 어느 하나에 해당하는 경우 「초·중등교육법」 제21조에 따른 교원의 자격이 없는 자를 영재학교에 임용할 수 있다. 〈신설 2006.12.21, 2008.10.14〉

1. 박사학위를 취득하거나 해당 분야에 5년 이상 경력이 있는 석사학위 취득자로 영재교육을 담당할 능력이 있다고 인정되는 자
2. 해당 분야에 특수한 능력을 보유하고 있어 영재교육을 담당할 능력이 있다고 인정되는 자

③ 영재학교의 교원의 임용권자는 영재학교 교원 임용희망자 중 「초·중등교육법」 제21조에 따른 교원의 자격을 가진 자가 있는 경우에는 해당 교과 분야에서 그와 동등한 수준의 학위와 영재교육능력을 보유한 영재학교 교원 임용희망자가 있는 경우에도 교원의 자격을 가진 자를 우선하여 임용하여야 한다. 〈신설 2008.10.14〉

④ 제2항에 따라 임용하는 교원은 해당영재학교에서만 근무할 수 있으며, 다른 기관에 파견되거나 다른 기관에서 겸임 근무할 수 없다. 〈신설 2006.12.21, 2008.10.14〉

⑤ 제2항에 따라 임용하는 교원의 보수·수당에 관하여는 「공무원보수규정」 및 「공무원수당 등에 관한 규정」을 준용하고, 그 밖의 근무조건 등에 관하여 필요한 사항은 국공립학교의 경우에는 학칙으로, 사립학교의 경우에는 학교 법인의 정관으로 정한다. 〈신설 2006.12.21, 2008.10.14〉

제26조(영재교육원에 두는 교원의 임용) ① 영재교육원의 교원으로 원장 및 강사를 두되, 그 임용기준은 별표 2와 같다.

② 제1항에 따른 영재교육원 교원 임용권자는 제1항에 불구하고 해당 분야에 특수한 능력을 보유하고 있어 영재교육을 담당할 능력이 있다고 인정되는 자를 영재교육원에 강사로 임용할 수 있다. 〈신설 2008.10.14〉

③ 영재교육원의 원장 및 강사는 영재교육원을 설치·운영하는 자가 임용하되, 그 임용권한의 일부를 영재교육원의 원장에게 위임할 수 있다. 〈개정 2008.10.14〉

④ 영재교육원의 원장 및 강사의 보수·복무 및 근무조건 등에 관하여 필요한 사항은 영재교육원을 설치·운영하는 자가 정한다. 〈개정 2008.10.14〉

제27조(영재학교 및 영재학급에 두는 강사의 임용) ① 초·중등교육법시행령 제42조제1항의 규정에 불구하고 영재학교 및 영재학급에 두는 강사의 임용기준은 별표 3과 같다.

② 제1항의 규정에 의한 강사의 보수·복무 및 근무조건 등에 관하여 필요한 사항은 국·공립의 영재학교 또는 영재학급의 경우에는 학칙으로, 사립의 영재학교 또는 영재학급의 경우에는 학교법인의 정관으로 정한다.

제28조(영재교육기관에의 파견·겸임근무 등) ① 영재교육기관의 장은 「초·중등교육법」 제2

조에 따른 학교의 교원, 「고등교육법」 제2조에 따른 학교 또는 다른 법률에 의하여 설립된 고등교육기관의 교원, 국·공립연구소의 임·직원, 「정부출연연구기관 등의 설립·운영 및 육성에 관한 법률」 또는 「과학기술 분야 정부출연연구기관 등의 설립·운영 및 육성에 관한 법률」에 의한 정부출연연구기관 또는 법률에 의하여 설립된 정부출연기관의 임·직원을 파견 받거나 겸임근무하게 하여 영재교육을 담당하게 할 수 있다. 〈개정 2004.12.3, 2006.12.21, 2008.10.14〉

② 영재교육기관의 장은 제1항에 따라 파견받은 교원 및 임·직원의 파견사유가 소멸하거나 파견목적이 달성될 가망이 없다고 판단될 경우 선정심사위원회(영재학교는 학교운영위원회)의 심의를 거쳐 파견기관에 파견의 취소를 요청할 수 있다. 〈신설 2006.12.21〉

③ 법 제12조의2에 따라 교원을 영재교육기관 등에 파견하는 경우 「교육공무원임용령」 제7조의3, 제7조의4를 준용한다. 〈신설 2006.12.21〉

제29조(영재교육기관에 두는 교원의 배치기준) ① 영재학교에는 다음 각호의 기준에 따라 교원을 배치하여야 한다.

1. 교장 및 교감 각 1인
2. 학생 10인당 교사 1인 이상
3. 전문상담교사 및 사서교사 각 1인

② 영재학급을 설치한 학교에는 영재교육영역의 교과별로 영재학급 담당 교사 1인 이상을 배치하여야 한다.

③ 영재교육원에는 다음 각호의 기준에 따라 교원을 배치하여야 한다.

1. 원장 1인
2. 영재교육영역의 교과별로 영재교육을 담당할 강사 1인 이상

④ 제27조의 규정에 의한 강사, 제28조의 규정에 의하여 영재교육기관에 파견되어 영재교육을 담당하는 자 및 다른 법령에 의하여 파견되거나 겸임되어 영재교육을 담당하는 자는 제1항 내지 제3항의 규정에 의하여 영재교육기관에 두는 교원의 수를 산정함에 있어서 이를 포함한다.

제30조(영재교육 담당교원의 근무조건 등) ① 교육공무원인 교원의 임용권자는 영재학교의 교원 및 영재학급 담당교사에 대하여 본인의 희망에 따라 전보제한에 관한 규정에 불구하고 당해 학교에 계속 근무하게 하여 영재교육을 담당하게 할 수 있다.

② 영재교육기관의 교원(제27조의 규정에 의한 강사 및 제28조 또는 다른 법령에 의하여 영재교육기관에 파견되거나 겸임되어 영재교육을 담당하는 자를 포함한다)에게는 예산의 범위 안에서 매월 소정의 연구비를 지급할 수 있다.

③ 교육공무원인 교원의 임용권자는 영재교육기관의 교원(제28조 또는 다른 법령의 규정에 의하여 영재교육기관에 파견되어 영재교육을 담당하는 자를 포함한다)에 대하여 승진 등 인사상의 우대조치를 취할 수 있다.

제31조(영재교육 담당교원의 교육 및 연수 등) ① 교육과학기술부장관 및 교육감은 영재교육기관의 교원(제27조의 규정에 의한 강사 및 제28조 또는 다른 법령에 의하여 영재교육기관에 파견되거나 겸임되어 영재교육을 담당하는 자를 포함한다)의 전문성 및 자질향상을 위하여 필요한 직무교육 및 직무연수를 정기적으로 실시하여야 한다. 이 경우 직무연수의 시기·방법 등에 관하여는 교육과학기술부장관 또는 교육감이 정한다. 〈개정 2006.12.21, 2008.2.29〉

② 제26조의 규정에 의하여 영재교육원의 강사로 임용된 자 및 제27조의 규정에 의하여 영재학교 또는 영재학급에 강사로 임용된 자는 임용후 1년 이내에 교육과학기술부장관 또는 교육감이 인정하는 소정의 직무연수를 받아야 한다. 〈개정 2008.2.29〉

③ 제2항의 규정에 불구하고 관계중앙행정기관의 장이 설치를 승인한 영재교육원의 강사로 임용된 자는 관계중앙행정기관의 장이 인정하는 소정의 직무연수를 받을 수 있다.

④ 교육감은 교원의 자질 향상을 위하여 「초·중등교육법」 제2조에 따른 학교의 교원에게 60시간 이상의 직무연수를 실시하는 경우 영재교육에 관한 내용을 포함시켜야 한다. 〈신설 2008.10.14〉

제32조(영재교육기관의 수업 등) ① 영재학교는 학칙이 정하는 바에 따라 학년제외의 제도를 실시할 수 있다.

② 초·중등교육법시행령 제44조의 규정에 불구하고 영재학교의 학기는 학칙이 정하는 바에 따라 이를 달리 정할 수 있다.

③ 초·중등교육법시행령 제45조의 규정에 불구하고 영재학교의 수업일수는 교육과학기술부장관이 정하는 범위 안에서 학칙으로 정한다. 〈개정 2008.2.29〉

④ 초·중등교육법시행령 제46조의 규정에 불구하고 영재학교의 학급편성(영재학급을 둔 학교의 영재학급 편성을 포함한다)은 학칙이 정하는 바에 의하되, 학급당 학생수는 20인 이하로 한다.

⑤ 영재학급에서 영재교육을 수업시간 중에 실시하는 경우에는 교과활동외의 재량활동 및 특별활동 등의 형태로 하여야 한다.

⑥ 학교의 수업시간에 영재교육원에서 영재교육을 받고자 하는 자는 그의 보호자의 동의를 얻어 당해 학교의 장의 허가를 받아야 한다. 이 경우 당해 학교의 장은 영재교육기관에 출석한 것을 학칙이 정하는 바에 따라 당해 학교에 출석한 것으로 인정할 수 있다.

⑦ 영재교육원의 학급당 학생수는 20인 이하로 한다.

⑧ 이 영 또는 다른 법령에 규정된 사항외에 영재교육기관의 운영 등에 관하여 필요한 사항은 영재교육기관의 학칙으로 정한다.

제33조(영재교육기관의 교육내용) 법 제13조제1항의 규정에 의한 영재교육기관의 교육내용은 영재교육기관의 학칙으로 정한다.

제34조(영재교육기관의 교과용 도서 등) ① 삭제 〈2008.10.14〉

② 영재학교의 장은 해당 학교의 영재교육과정을 운영함에 있어서 필요한 도서 또는 교재를 채택하여 사용할 수 있다. 〈개정 2006.12.21, 2008.10.14〉

③ 영재학급 및 영재교육원에서 영재교육을 위하여 필요한 도서 또는 교재는 당해 영재교육기관의 장이 정한다.

④ 교육과학기술부장관, 관계중앙행정기관의 장 또는 교육감은 영재교육기관에서 사용할 도서 또는 교재 등을 개발하여 이를 영재교육기관에 무상으로 공급할 수 있다. 〈개정 2008.2.29〉

제35조(이수인정 및 위탁교육 〈개정 2006.12.21〉) 영재교육기관의 장은 필요하다고 인정하는 경우에는 그 교육과정의 일부를 다른 영재교육기관, 대학 또는 연구기관 등에 위탁할 수 있다. 이 경우 위탁된 교육과정을 이수한 것은 학칙이 정하는 바에 따라 당해 영재교육기관의 교육과정의 일부를 이수한 것으로 본다.

제35조의2 (영재교육의 연계성 확보) 「고등교육법」 제2조에 따른 학교 및 다른 법률에 따라 설치된 이에 준하는 학교(이하 "대학등"이라 한다)의 장은 영재교육과정을 이수한 학생이 동일계열로 진학하는 경우 학칙이 정하는 바에 따라 영재교육기관에서 이수한 대학교육 과정에 상당하는 교과목을 해당학교에서 취득한 학점으로 인정할 수 있다.
[본조신설 2006.12.21]

제36조(학교생활기록부의 기재) ① 영재학급을 설치한 학교의 장 및 영재교육원의 장은 해당 영재교육기관에서 영재교육을 받는 자에 대하여 학교생활기록부에 준하는 자료를 작성·관리하고 이를 매 학년 말에 소속 학교의 장에게 송부하여야 한다. 〈개정 2008.10.14〉

② 영재학급을 설치한 학교의 장 및 제1항의 규정에 의한 자료를 송부받은 학교의 장은 그 영재교육을 받은 내용을 학교생활기록부에 기재하여야 한다.

③ 영재교육기관의 장은 필요한 경우 학생의 생활기록을 전산으로 관리하되, 해당학생(학생이 미성년자인 경우에는 학생 및 학생의 부모 등 보호자)의 동의 없이 제3자에게 제공해서는 안 된다. 〈신설 2006.12.21〉

제37조 삭제 〈2006.12.21〉

제5장의2 특례자의 선정 등 〈신설 2006.12.21〉

제37조의2(특례자선정심사위원회의 설치) 영재교육연구원에 다음 각 호의 사항을 심의하기 위하여 특례자선정심사위원회를 둔다.

1. 법 제2조제8호의 영재교육특례자(이하 "특례자"라 한다) 선정심사
2. 특례자 전학·배치심사

3. 그 밖에 특례자에 대한 심사를 위해 특례자선정심사위원회가 정한 사항
[본조신설 2006.12.21]

제37조의3(특례자선정심사위원회의 구성·운영 등) ① 특례자선정심사위원회는 위원장을 포함한 10인 이내의 위원으로 구성한다.

② 위원장은 영재교육연구원장이 된다.

③ 위원은 다음 각 호의 어느 하나에 해당하는 자 중에서 위원장이 위촉 또는 임명한다.

1. 영재교육전문가
2. 심리 및 상담 분야 전문가
3. 특수재능 분야 전문가
4. 특수재능 분야의 교육을 제공하는 영재교육기관 또는 대학등의 관계자
5. 그 밖에 특례자로 선정되려는 자에 대한 연구나 경험이 풍부한 자

④ 이 영에 규정한 것 외에 특례자선정심사위원회의 운영에 관하여 필요한 사항은 특례자선정심사위원회의 심의를 거쳐 위원장이 정한다.
[본조신설 2006.12.21]

제37조의4(특례자의 선정 등) ① 특례자로 선정되려는 자 또는 그의 보호자는 법 제16조에 따라 재학 중인 학교의 장이나 지도교사의 추천서 및 증빙서류 또는 영재교육기관의 장의 추천서 및 증빙서류를 첨부하여 교육감에게 특례자선정심사신청서를 제출하여야 한다.

② 제1항에 따라 신청을 받은 교육감은 의뢰 받은 날부터 30일 이내에 특례자 선정심사를 영재교육연구원에 의뢰하여야 한다.

③ 영재교육연구원장은 교육감의 특례자 선정심사의뢰를 받은 날부터 30일 이내에 특례자 선정심사위원회를 소집하여야 한다.

④ 특례자선정심사위원회는 특례자 선정심사를 위해 특례자로 선정되려는 자에게 각종 검사에 응하거나 출석을 요청할 수 있으며, 이에 응하지 않을 경우 신청을 포기한 것으로 간주한다.

⑤ 영재교육연구원장은 선정심사결과를 해당교육감에게 통보하여야 한다.

⑥ 영재교육연구원장의 선정심사결과를 통보받은 해당교육감은 선정심사결과를 신청인에게 통보하여야 하며, 교육기관과 보호자의 동의를 얻어 특례자를 해당교육기관에 입학·배치할 수 있다.
[본조신설 2006.12.21]

제37조의5(특례자 선정기준 등) ①특례자는 다음 각 호의 어느 하나에 해당하는 자로 한다.

1. 표준화된 지능검사, 사고력검사, 창의적 문제해결력검사 그 밖의 소정의 검사·면접 또는 관찰의 방법에 따라 특정교과 또는 특정 분야에서 최상위 수준의 재능 또는 잠재력이 있다고 인정되는 자

2. 실기검사 그 밖의 소정의 검사·면접 또는 관찰의 방법에 따라 예술적·신체적 분야에서 최상위 수준의 재능 또는 잠재력이 있다고 인정되는 자

② 제1항에 따른 선정에 관한 세부심사기준 그 밖에 선정에 필요한 사항은 특례자선정심사위원회가 정한다.

[본조신설 2006.12.21]

제37조의6(특례자의 전학·배치 등) ① 법 제18조제1항에 따라 전학·배치를 신청하려는 자는 사유서 및 증빙서류를 첨부하여 교육감에게 전학·배치심사신청서를 제출하여야 한다.

② 제1항에 따라 신청을 받은 교육감은 신청 받은 날부터 30일 이내에 특례자 전학·배치심사를 영재교육연구원에 의뢰할 수 있다.

③ 영재교육연구원장은 교육감의 특례자 전학·배치심사의뢰를 받은 날부터 30일 이내에 특례자선정심사위원회를 소집하여야 한다.

④ 특례자선정심사위원회는 해당 학생과 보호자의 의견을 청취하여 전학·배치 여부를 심의하고, 영재교육연구원장은 전학·배치심사결과를 해당교육감에게 통보하여야 한다.

⑤ 영재교육연구원장의 전학·배치심사결과를 통보받은 해당교육감은 전학·배치심사결과를 신청인에게 통보하여야 하며, 교육기관과 보호자의 동의를 얻어 특례자를 해당교육기관에 전학·배치할 수 있다.

[본조신설 2006.12.21]

제 6 장 보칙

제38조(영재교육연구원의 지정·운영) ① 법 제15조제1항에 따라 영재교육연구원으로 지정받을 수 있는 기관은 다음 각 호와 같다. 〈개정 2008.10.14〉

1. 한국교육개발원
2. 한국과학기술원
3. 영재교육관련 전문 분야의 연구기관

② 제1항제1호 및 제2호의 한국교육개발원 및 한국과학기술원에 대한 영재교육연구원으로의 지정은 교육과학기술부장관이, 제1항제2호의 연구기관에 대한 영재교육연구원으로의 지정은 관계 중앙행정기관의 장이 행한다. 이 경우 「정부출연연구기관 등의 설립·운영 및 육성에 관한 법률」에 따른 정부출연연구기관(한국교육개발원을 제외한다)을 영재교육연구원으로 지정하고자 할 때에는 국무총리실장과 협의하여야 한다. 〈개정 2008.2.29, 2008.10.14〉

③ 교육과학기술부장관 및 관계 중앙행정기관의 장은 예산의 범위에서 영재교육연구원의 운영에 필요한 경비의 전부 또는 일부를 지원할 수 있다. 〈개정 2008.2.29, 2008.10.14〉

제38조의2(영재교육에 관한 종합데이터베이스 구축·관리) ① 제38조의 규정에 따른 한국교

육개발원은 영재교육에 관련된 자료를 종합적으로 관리하기 위하여 다음 각 호의 영재교육 종합데이터베이스를 구축·관리할 수 있다.

1. 영재교육기관 및 영재교육연구원과의 연계협력망 구축·운영
2. 영재교육대상자에 관한 정보의 수집 및 데이터베이스 구축
3. 영재교육기관에서 활용하는 교수·학습자료 수집 및 관리
4. 영재교육 담당교원에 관한 자료의 수집 및 관리
5. 영재교육 관련 연구·지식·정보 공유체제 구축 등

② 영재교육기관 및 영재교육연구원은 관련 자료 수집에 협조하여야 한다.

[본조신설 2006.12.21]

제38조의3(연수기관 지정요건 등) ① 영재교육연구원이 법 제15조제3항에 따른 연수기관(이하 "연수원"이라 한다)으로 지정받으려는 경우에는 다음 각 호의 사항을 기재한 서류를 첨부하여 교육과학기술부장관 또는 관계중앙행정기관의 장에게 제출하여야 한다. 〈개정 2008.2.29〉

1. 목적
2. 명칭
3. 위치
4. 연수에 소요되는 경비
5. 강사의 성명·생년월일·담당과목·전공 분야
6. 연수원 규칙
7. 교지·교사·체육장과 실습시설 등에 관한 사항(도면첨부)
8. 그 밖에 연수원 운영에 관한 사항

② 교육과학기술부장관 및 관계중앙행정기관의 장은 중앙위원회의 심의를 거쳐 영재교육연구원이 다음 각 호의 요건을 충족한 경우 연수원으로 지정한다. 〈개정 2008.2.29〉

1. 교육과정 및 교육내용의 체계성
2. 연수 관련 인력의 전문성
3. 연수시설 및 장비 등 연수 환경의 조성

③ 교육과학기술부장관 및 관계중앙행정기관의 장은 예산의 범위에서 연수원의 운영에 필요한 경비의 전부 또는 일부를 지원할 수 있다. 〈개정 2008.2.29〉

④ 그 밖의 연수원의 운영 등에 관한 사항은 「교원 등의 연수에 관한 규정」을 준용한다.

[본조신설 2006.12.21]

제39조(국가 또는 지방자치단체의 지원 〈개정 2006.12.21〉) 교육과학기술부장관, 관계 중앙행정기관의 장 또는 지방자치단체의 장은 관련 분야의 영재교육진흥을 위하여 예산의 범위 안에서 영재교육기관의 시설비·기자재비·운영비·교재개발비·교원연구비 및 학생장학금 그 밖에 필요한 경비를 지원할 수 있다. 〈개정 2006.12.21, 2008.2.29〉

부칙 〈제17578호, 2002.4.18〉

① (시행일) 이 영은 공포한 날부터 시행한다.

② (영재교육대상자 추천기준 공고에 관한 특례) 이 영 시행후 1년 이내에 영재학교의 지정을 받은 학교는 제12조제4항 본문의 규정에 불구하고 그 추천기준을 선정신청접수일 10일전까지 공고할 수 있다.

③ (영재교육담당교원의 임용기준에 관한 특례) 제25조의 규정에 의한 교원의 임용권자는 이 영 시행일부터 5년간은 별표 1의 규정에 불구하고 교육인적자원부장관 또는 교육감이 인정하는 소정의 연수과정을 이수하지 아니한 자를 영재학교 교원 및 영재학급 교사로 임용할 수 있다. 이 경우 연수과정을 이수하지 아니하고 임용된 자는 임용후 1년 이내에 별표 1에 의한 연수과정을 이수하여야 한다.

부칙(과학기술분야정부출연연구기관등의설립·운영및육성에관한법률시행령)〈제18594호, 2004.12.3〉

제1조(시행일) 이 영은 공포한 날부터 시행한다.

제2조 및 **제3조** 생략

제4조(다른 법령의 개정) ①항부터 ㉓항까지 생략

㉔ 영재교육진흥법시행령 중 다음과 같이 개정한다.

제21조제1항제3호 및 제28조 중 "정부출연연구기관등의설립·운영및육성에관한법률"을 각각 "정부출연연구기관등의설립·운영및육성에관한법률 또는 과학기술 분야정부출연연구기관등의설립·운영및육성에관한법률"로 한다.

㉕항부터 ㊷항까지 생략

제5조 생략

부칙(고위공무원단 인사규정) 〈제19513호, 2006.6.12〉

제1조(시행일) 이 영은 2006년 7월 1일부터 시행한다.

제2조 및 **제3조** 생략

제4조(다른 법령의 개정) ①항부터 ⑮④항까지 생략
⑮⑤ 영재교육진흥법시행령 일부를 다음과 같이 개정한다.
제3조제3항제1호 중 "3급 이상"을 "3급 공무원, 고위공무원단에 속하는 일반직공무원"으로 한다.
⑮⑥항부터 ㉔①항까지 생략

부칙 〈제19754호, 2006.12.21〉

①(시행일) 이 영은 공포된 날부터 시행한다.

②(영재교육대상자 선정추천심사위원회 등에 관한 경과조치) 이 영 시행 당시 종전의 규정에 따라 구성된 영재교육대상자 선정추천심사위원회는 이 영에 따라 구성된 영재교육대상자 선정심사위원회로 보고, 이 영 시행 당시 영재교육대상자 선정추천심사위원회의 위원은 이 영에 따른 영재교육대상자 선정심사위원회의 위원으로 임명된 것으로 보며, 영재교육대상자 선정심사위원회 위원의 임기는 종전의 위촉일부터 기산한다.

③(선정추천대상자에 관한 경과조치) 이 영 시행 당시 종전의 규정에 따라 영재교육대상자 선정추천심사위원회에 의해 선정추천대상자로 결정된 자는 이 영에 따라 영재교육대상자로 선정된 것으로 본다.

부칙(교육과학기술부와 그 소속기관 직제) 〈제20740호, 2008.2.29〉

제1조(시행일) 이 영은 공포한 날부터 시행한다.

제2조부터 **제6조**까지 생략

제7조(다른 법령의 개정) ①항부터 ㊳까지 생략
㊴ 영재교육진흥법 시행령 일부를 다음과 같이 개정한다.
제2조제1항 전단·제3항, 제6조제2항, 제10조 후단, 제19조제1항 각 호 외의 부분·제6호, 제19조제3항, 제20조제1항 각 호 외의 부분 단서·제6호, 제20조제2항, 제23조제1항 전

단·후단, 제23조제3항 전단·후단, 제23조제4항 후단, 제31조제1항 전단·후단, 제31조제2항, 제32조제3항, 제34조제4항, 제38조제2항 전단, 제38조제3항, 제38조의3제1항 각 호 외의 부분·제2항 각 호 외의 부분·제3항 및 제39조 중 "교육인적자원부장관"을 각각 "교육과학기술부장관"으로 한다.

별표 1의 임용기준란 중 "교육인적자원부장관"을 각각 "교육과학기술부장관"으로 한다.

별표 2의 원장 임용기준란 제3호 중 "교육인적자원부장관"을 "교육과학기술부장관"으로 한다.

㊵항부터 ⑽항까지 생략

부칙 〈제21081호, 2008.10.14〉

이 영은 공포한 날부터 시행한다.

별표 1 영재학교및영재학급에두는교원의임용기준[제25조관련]

별표 2 영재교육원에두는교원의임용기준[제26조제1항관련]

별표 3 영재학교및영재학급에두는강사의임용기준[제27조제1항관련]

[별표 1]

영재학교 및 영재학급에 두는 교원의 임용기준(제44조제2항 관련)

구분	자격 기준
영재학교 교장	초·중등교육법 [별표1]의 규정에 의한 중등학교 교장자격증을 가진 자로서 교육과학기술부장관 또는 시·도교육감이 인정하는 소정의 영재교육담당교원 연수과정을 이수한 자
영재학교 교감	초·중등교육법 [별표1]의 규정에 의한 중등학교 교감자격증을 가진 자로서 교육과학기술부장관 또는 시·도교육감이 인정하는 소정의 영재교육담당교원 연수과정을 이수한 자
영재학교 교사	초·중등교육법 [별표2]의 규정에 의한 중등학교 정교사자격증을 가진 자로서 교육과학기술부장관 또는 시·도교육감이 인정하는 소정의 영재교육담당교원 연수과정을 이수한 자
영재학급 담당교사	초·중등교육법 [별표2]의 규정에 의한 초등학교 또는 중등학교 정교사자격증을 가진 자로서 교육과학기술부장관 또는 시·도교육감이 인정하는 소정의 영재교육담당교원 연수과정을 이수한 자
전문 상담교사	1. 초·중등교육법 [별표2]의 규정에 의한 초등학교 또는 중등학교 전문상담교사 자격증을 가진 자로서 교육과학기술부장관 또는 시·도육감이 인정하는 소정의 영재교육담당 교원 연수과정을 이수한 자 2. 이 표에 의한 영재학교 교사 및 영재학급 담당교사의 자격기준에 해당하는 자로서 고등교육법의 규정에 의한 대학원 또는 대학원대학에서 상담과정의 석사 또는 박사 학위를 받은 자
사서교사	초·중등교육법 [별표2]의 규정에 의한 사서교사 자격증을 가진 자로서 교육과학기술부장관 또는 시·도교육감이 인정하는 소정의 영재교육담당교원 연수과정을 이수한 자

비고: 이 표에서 영재학급 담당교사는 영재학급을 둔 학교에서 영재학급의 학생을 직접 교육하는 담당교사 중 소속 학교의 장이 영재학급 담당교사로 지정한 자를 말한다.

[별표 2]

영재교육원에 두는 교원의 임용기준(제45조제1항 관련)

구분	자격 기준
영재교육원 원장	1. 고등교육법에 의한 학교의 교원의 자격이 있는 자 2. 초·중등교육법의 규정에 의한 초등학교 또는 중등학교 교장 또는 교감 자격증을 가진 자 3. 영재교육 분야 또는 이와 관련된 분야에서 특출한 업적을 이룬 것으로 인정되는 자 4. 영재교육 분야 또는 이와 관련 분야에서 연구 또는 교육경력이 5년 이상인 자 5. 국가가 인간문화재 또는 특수기능 보유자로 인정한 자
영재교육원 강사	1. 초·중등교육법 [별표2]의 규정에 의한 초등학교 또는 중등학교 정교사자격증을 가진 자 2. 석사학위 이상의 학력 소지자 3. 당해 영재교육원에서 교육할 분야에서 특출한 업적을 이룬 것으로 인정되는 자 4. 당해 영재교육원에서 교육할 분야에서 연구 또는 교육경력이 3년 이상인 자 5. 국가가 인간문화재 또는 특수기능 보유자로 인정한 자

비고: 이 표의 규정에 의하여 임용된 영재교육원의 강사는 임용 후 1년 이내에 교육인적자원부장관 또는 시·도교육감이 인정하는 소정의 영재교육담당교원 연수과정을 이수하여야 한다. 다만, 관계중앙행정기관의 장이 지정한 영재교육원의 강사는 관계중앙행정기관의 장이 인정하는 소정의 영재교육담당교원 연수과정을 이수하여야 한다.

[별표 3]

영재학교 및 영재학급의 계약제 교원의 임용기준(제47조제1항 관련)

구분	자격 기준
영재학교 교장및교감	1. 고등교육법에 의한 학교의 교원의 자격이 있는 자 2. 초·중등교육법의 규정에 의한 초등학교 또는 중등학교 교장 및 교감 자격증을 가진 자 3. 영재교육 분야 또는 이와 관련된 분야에서 특출한 업적을 이룬 것으로 인정되는 자 4. 영재교육 분야 또는 이와 관련된 분야에서 연구 또는 교육경력이 5년 이상인 자 5. 국가가 인간문화재 또는 특수기능 보유자로 인정한 자
영재학교 교사 및 영재학급 담당교사	1. 초·중등교육법 [별표2]의 규정에 의한 초등학교 또는 중등학교 정교사자격증을 가진 자 2. 석사학위 이상의 학력 소지자 3. 당해 영재교육원에서 교육할 분야에서 특출한 업적을 이룬 것으로 인정되는 자 4. 당해 영재교육원에서 교육할 분야에서 연구 또는 교육경력이 3년 이상인 자 5. 국가가 인간문화재 또는 특수기능 보유자로 인정한 자
전문상담 교사	1. 초·중등교육법 [별표2]의 규정에 의한 초등학교 또는 중등학교 전문상담교사 자격증을 가진 자 2. 고등교육법의 규정에 의한 대학원 또는 대학원대학에서 상담과정의 석사 또는 박사 학위를 받은 자
사서교사	초·중등교육법 [별표2]의 규정에 의한 사서교사 자격증을 가진 자

비고: 이 표의 규정에 의하여 임용된 계약제 교원은 임용일로부터 1년 이내에 교육부인적자원부장관 또는 시·도교육감이 인정하는 소정의 영재교육담당교원 연수과정을 이수하여야 한다. 다만 영재학교의 교장 및 교감으로서 제3호의 규정에 의하여 임용된 자는 그러하지 아니하다.

참고 문헌

교육인적자원부(2001). 영재교육진흥법시행령의 개요. 영재교육진흥법시행령 공청회 발표자료. 서울: 한국교육개발원.

교육인적자원부(2001). 교육인적자원분야 장관 간담회자료. 영재교육 추진방안.

교육인적자원부(2001). 국가인적자원개발회의 제5차 실무조정회의 자료 국가전략분야 인재양성을 위한 영재교육 추진방향.

과학기술부(2001). 제5차 국가인적자원개발회의, 과학영재학교 설치운영방안.

교육인적자원부(2001). 국가인적자원개발기본계획. 영재의 조기발굴 및 육성.

교육인적자원부(2002). 제3차 인적자원개발회의 국가인작자원개발기본계획에 따른 영제의 조기발굴 및 육성 2002 시행계획.

교육인적자원부(2004). 창의적 인재양성을 위한 수월성 교육 종합대책.

교육인적자원부(2007). 제2차 영재교육진흥종합계획.

교육인적자원부(2007). 수월성 제고를 위한 고등학교 운영 개선 및 체제개편 방안.

교육인적자원부(2007). 2007 대학과목선이수제 추진계획.

교육과학기술부(2008). 한국과학영재학교 KAIST 부설화 설명자료. 미발간자료.

광주유안초등학교, 경기장곡초등학교, 서울신방학중학교(2003) 영재교육 정책연구학교 운영 합동보고서, 서울: 한국교육개발원.

구자억, 김홍원, 박성익, 안미숙, 이순주, 조석희(2002). 동서양 주요 국가들의 영재교육. 서울: 문음사.

김미숙, 이정규, 이희권, 김언주, 맹희주, 이상천, 정경아, 최호진, 한수연(2007). 제1차영재교육진흥종합계획 평가 및 중장기 전망에 관한 연구. 수탁연구 CR 2007-66. 서울: 한국교육개발원.

김미숙, 이정규, 이홍란(2007). 영재교육 연계성 강화방안. 연구자료 RM 2007-. 서울: 한국교육개발원.

김미숙, 전미란, 김영동, 김진영, 성태현, 이정규, 최종원(2007). 한국과학영재학교 성과 평가 및 과학영재학교 발전 방안 연구. 연구자료 RM 2007-27. 서울: 한국교육개발원.

김미숙, 서혜애(2005). 영재교육 강화 사업성과 지표 평가 연구. 수탁연구 CR 2005-59. 한국교육개발원.

김홍원(2002), 싱가포르의 영재교육, 세계 여러 나라의 영재교육, 문음사.

김홍원, 조석희, 이윤식, 박주상(2000). 영재교육 담당 교원 양성 및 임용 방안 연구. 수탁연구 CR2000-16. 서울: 한국교육개발원.

박성익, 김홍원 등(2003). 영재교육학원론. 서울: 교육과학사.

박영숙, 이윤식, 유영국(2003). 각급 학교 교원의 적정수업시수 설정 및 배치 기준 개선방안 연구. 수탁연구 CR2003-10. 서울: 한국교육개발원

오영주, 영재의 3대 요소, 경향신문 인터넷판 2008. 7. 7.

이신동, 이정규, 이희권, 박춘성(2008). 영재교육 담당교원 양성·임용·배치 개선방안 연구. CR2008-1. 서울: 한국교육개발원.

이정규, 김미숙, 정경란(2007). 2007 영재교육기관컨설팅을 위한 기관 맞춤형 평가, 한국교육개발원.

이희권(2004). 영재교육 정책 변천 과정. 교육인적자원부 내부자료. 미발간.

이희권(2005), 창의적 인재양성을 위한 수월성교육 종합대책. 교육마당(1월호), 교육인적자원부.

이희권(2005), 수월성 교육의 방향. 충남교육(2월호), 충청남도교육청.

이희권(2005), 수월성 교육의 방향. 강원교육(2월호), 강원도교육청.

이희권(2008). 영재교육의 효율적인 연계성 구축방안 연구. 교육과학기술부.

이희권(2008), 쉽게 알아보는 영재교육, 꿈나래(10월호), 교육과학기술부.

이희권(2008), 영재교육원의 효율적 운영방안, 꿈나래(11월호), 교육과학기술부.

이희권(2008), 영재교육 정책해설, 나라경제(10월호), 한국개발원.

이희복(2007). 시·도교육청과 대학부설 영재교육기관과의 협력관계 구축방안. 2007 전국 영재교육 관계자 워크숍 자료집(p121-136). 교육인적자원부, 충청남도교육청.

조석희(2001). 영재교육 실천방안. CR2001-35. 서울: 한국교육개발원.

조석희, 김홍원, 강숙희, 장영숙, 임희준, 박성익, 김태서(2000). 영재교육중장기종합발전방안: 영재교육진흥법시행령(안)제정과 관련하여. 서울: 교육개발원.

조석희, 김홍원, 오승현, 이희권(2002). 호주 및 싱가포르 연수결과보고서. 교육인적자원부.

한국교육개발원(2002) 영재교육진흥종합계획(안)수립을 위한 공청회. 한국교육개발원연구자료 RM2002-27 서울: 한국교육개발원.

Ching-chih Kuo(2005), 대만의 영재교육, 수월성 교육 및 영재교육 정책 국제심포지움 자료.

Colangelo, N., & Davis, G. A. (2003). Introduction and Overview. In N. Colangelo & G. A. Davis (Eds.), Handbook of gifted education (3rd ed., pp. 3-23). Boston, MA: Allyn and Bacon.

Davis, G. A., & Rimm, S. B. (2004). Education of the gifted and talented (5th ed.). Boston: Allyn and Bacon.

Khong Bemng Choo(2005), 싱가포르의 영재교육, 수월성 교육 및 영재교육 정책 국제심포지움 자료.

Gifted Education Programme singapore(2005). http://www1.moe.edu.sg/gifted/gebr-gep/menu.htm.

찾아보기

(ㅈ)

(ㅊ)

(ㅌ)

(ㅍ)

(ㅎ)

(기타)

저자 소개

이희권(ieggy@korea.kr)
부산교육대학교 졸업
한국교원대학교 대학원 교육학 석사
동아대학교 대학원 교육학 박사
동아대학교, 마산대학, 창신대학 강사
교육과학기술부 영재교육담당 연구관
현, 부산광역시교육청 영재교육담당 연구관

♣ 주요 논문
제1차영재교육진흥종합계획 평가 및 중장기 전망에 관한 연구(2007)
영재교육 담당교원 양성·임용·배치 개선방안 연구(2008)
영재교육의 효율적인 연계성 구축방안 연구(2008)

영재교육 정책
-어제와 오늘-

인 쇄 일 2009년 8월 5일 초판 인쇄
발 행 일 2009년 8월 10일 초판 발행
저 자 이희권
발 행 인 구본하
발 행 처 도서출판 박학사
주 소 서울시 마포구 서교동 460-26 동아빌딩 2층
전 화 (02)3142-3764 5
팩 스 (02)3142-3766
E-mail pakhaksa@kornet.net
웹사이트 www.pakhaksa.co.kr
등록번호 제10-2230호

정가 23,000원 ISBN 978-89-91633-62-9